馬美信 注譯

新譯小窗幽記（上）

三民書局

國家圖書館出版品預行編目資料

新譯小窗幽記(上)／馬美信注譯.——初版四刷.——
臺北市：三民，2022
冊；　公分.——(古籍今注新譯叢書)

ISBN 978-957-14-5932-5（上冊:平裝）
ISBN 978-957-14-5933-2（下冊:平裝）
1. 筆記 2. 明代

075.6　　103011964

古籍今注新譯叢書

新譯小窗幽記(上)

注譯者　馬美信
發行人　劉振強
出版者　三民書局股份有限公司
地址　臺北市復興北路386號(復北門市)
臺北市重慶南路一段61號(重南門市)
電話　(02)25006600
網址　三民網路書店 https://www.sanmin.com.tw

出版日期　初版一刷 2014年7月
初版四刷 2022年9月
書籍編號　S033430
ISBN　978-957-14-5932-5

三民書局

刊印古籍今注新譯叢書緣起

劉振強

人類歷史發展，每至偏執一端，往而不返的關頭，總有一股新興的反本運動繼起，要求回顧過往的源頭，從中汲取新生的創造力量。孔子所謂的述而不作，溫故知新，以及西方文藝復興所強調的再生精神，都體現了創造源頭這股日新不竭的力量。古典之所以重要，古籍之所以不可不讀，正在這層尋本與啟示的意義上。處於現代世界而倡言讀古書，並不是迷信傳統，更不是故步自封；而是當我們愈懂得聆聽來自根源的聲音，我們就愈懂得如何向歷史追問，也就愈能夠清醒正對當世的苦厄。要擴大心量，冥契古今心靈，會通宇宙精神，不能不由學會讀古書這一層根本的工夫做起。

基於這樣的想法，本局自草創以來，即懷著注譯傳統重要典籍的理想，由第一部的四書做起，希望藉由文字障礙的掃除，幫助有心的讀者，打開禁錮於古老話語中的豐沛寶藏。我們工作的原則是「兼取諸家，直注明解」。一方面熔鑄眾說，擇善而從；一方面也力求明白可喻，達到學術普及化的要求。叢書自陸續出刊以來，頗受各界的喜愛，使我們得到很大的鼓勵，也有信心繼續推廣這項工作。隨著海峽兩岸的交流，我們注譯的成員，也由臺灣各大學的教授，擴及大陸各有專長的學者。陣容的充實，使我們有更多的資源，整理更多樣化的古籍。兼採經、史、子、集四部的要典，重拾對通才器識的重視，將是我們進一步工作的目標。

古籍的注譯，固然是一件繁難的工作，但其實也只是整個工作的開端而已，最後的完成與意義的賦予，全賴讀者的閱讀與自得自證。我們期望這項工作能有助於為世界文化的未來匯流，注入一股源頭活水；也希望各界博雅君子不吝指正，讓我們的步伐能夠更堅穩地走下去。

新譯小窗幽記　目次

下冊

導讀

《小窗幽記》是一部輯錄嘉言格論、麗詞醒語的雜著，有人稱之為「清言小品」，也有人稱之為「格言小品」，然而從此書的內容和體例而言，稱之為筆記更為妥當。

《小窗幽記》採錄的文獻，從先秦兩漢直至明代晚期，包括經史典籍、諸子百家、佛教道藏、小說戲曲、筆記雜著，內容涉及道德修養、處世原則、隱逸之樂、山水之趣等各方面。此書的編纂，並沒有明確的主題和嚴格的體例，而是隨手所記，積而成帙。全書雖分為〈醒〉、〈情〉、〈峭〉、〈靈〉、〈素〉、〈景〉、〈韻〉、〈奇〉、〈綺〉、〈豪〉、〈法〉、〈倩〉十二卷，每卷前有小引點明主旨，但每卷所收內容，多有與主旨並無干涉者，有些文字重見於各卷者也不少。由此可見此書編選的隨意性。

《小窗幽記》雖然是一部隨意撮錄的筆記，但從其內容和編排而言，還是表達了編選者的思想傾向，反映了當時的社會風尚和時代精神。

一

《小窗幽記》產生於晚明，這是一個在歷史上發生重大變革的時期。隨著商品經濟的發展和都市文化的繁榮，人們對金錢和物欲的追求更加迫切和大膽，整個社會瀰漫著奢靡的享樂之風，傳統的道德觀念受到了嚴重的挑戰。屠隆在《鴻苞節錄》中形象地描繪了當時各階層人物生活習俗和思想作風的變化：

（士大夫）通籍釋褐，甫沾一命，轉盼之間已田連阡陌，家累千萬；夤緣賄賂，仍都貴顯；花臺月榭，歌妓舞女，甲於郡邑，擬於侯王；交結有司，把持官府，僮奴豪橫，車騎光赫，親朋趨之，市井艷之。

士束髮授事，日夜垂涎富貴，望一旦得志而高堂廣廈，堆金積玉，妖姬孌童，清歌艷舞，絕不以懷仁負義濟時行道為念。

閭閻之間，厚妻子而薄父母，狎淫朋而疏兄弟，笑貧賤而輕廉恥，鮮退讓而尚爭鬥，薄本業而好冶遊。

屠隆指出，當時聚斂金錢貲財、追求生活享受，已形成社會的普遍風氣。縉紳官僚倚仗權勢，貪贓枉法，大量積聚財產，過著奢靡荒淫的生活。讀書人熱衷於追求功名富貴，「絕不以懷仁負義濟時行道為念」。普通的老百姓也去本逐末，為了經濟的利益而將倫理道德棄之腦後。

針對這樣的社會風氣，《小窗幽記》的編選者企圖用一帖清涼散驚醒世人，卷一〈醒〉的引言即說：

> 食中山之酒，一醉千日。今之昏昏逐逐，無一日不醉。趨名者醉於朝，趨利者醉於野，豪者醉於聲色車馬。安得一服清涼散，人人解醒？

此書提出濟世救時的藥方，就是要加強人們的道德修養，克制日益膨脹的欲望，甘守淡泊，與世無爭，尋求精神上的安樂。書中告誡人們：「貪得者身富而心貧，知足者身貧而心富；居高者形逸而神勞，處下者形勞而神逸。」「積丘山之善，尚未為君子；貪絲毫之利，便陷於小人。」「慾不除，似蛾撲燈，焚身乃止；貪無了，如猩嗜酒，鞭血方休。」人世的一切風波，個人的所有煩惱，皆從爭名逐利而來，只有加強道德修養，才能消除煩惱，得到精神上的解脫：「天薄我福，吾厚吾德以迓之；天勞我形，吾逸吾心以補之；天厄我遇，吾亨吾道以通之。」而其提倡的立身處世之法是安詳、謙退：「安詳是處事第一法，謙退是保身第一法。」安詳即克制欲念，謙退則放棄爭逐。

《小窗幽記》提出通過道德修養來救補時弊、挽回人心，所使用的理論武器是儒道佛三教合一的思想。儒家入世，企圖用倫理道德來溝通人與自然、人與人的關係，建立一個和諧合理的社會。佛道出世，宣揚克制個人的欲念而尋求精神的自由和肉體的解脫。儒道佛三家宗旨教義本不相同，曾發生過激烈的衝突，但在各自發展的過程中，他們之間也互相吸收融合。宋代理學即援佛入儒，將佛教的理論用於心性的修養。到了明代，尤其是嘉靖之後，三教合一成了一種普遍的趨勢。晚明文人以儒家為本色，兼收佛道。他們在堅守「達則兼濟天下，退則獨善其身」儒家人生準則的同時，通過禮佛學道破除世俗的執縛，獲得心性的自由，尋求任情自適的生活方式。《小窗幽記》卷一云：

一間屋，六尺地，雖沒莊嚴，卻也精緻。蒲作團，衣作被，日裡可坐，夜間可睡。燈一盞，香一炷，石磬數聲，木魚幾擊。龕常關，門常閉，好人放來，惡人迴避。髮不除，葷不忌，道人心腸，儒者服制。不貪名，不圖利，了清淨緣，作解脫計。無掛礙，無拘繫，閒便入來，忙便出去。省閒非，省閒氣，也不遊方，也不避世。在家出家，在世出世。佛何人？佛何處？此即上乘，此即三昧。日復日，歲復歲，畢我這生，任他後裔。

《小窗幽記》對儒道佛三家採取了兼收並蓄的態度，分別摘錄一些宣揚三家思想的言論。如宣揚儒家思想的有：「豪傑向簡淡中求，神仙從忠孝上起。」「忠孝吾家之寶，經史吾家之田。」「讀諸葛武侯〈出師表〉而不墮淚者，其人必不忠；讀韓退之〈祭十二郎文〉而不墮淚者，其人必不友。」而在宣揚儒家的忠孝節義觀念的時候，還對佞佛求仙的行為提出了批評：「佞佛若可懺罪，則刑官無權；尋仙可以延年，則上帝無主。達士盡其在我，至誠貴於自然。」宗教是種信仰，是通過道德的修煉和自我完善達到的人生境界。可是世間俗人常把宗教當做換取實際利益的手段，認為拜佛求菩薩保佑，就能化解一切的罪惡；修煉道教的養生之術，就可以延年益壽。於是一些貪汙的官員求菩薩保佑官運亨通；不法商人求菩薩保佑財源滾滾；邪惡之人求菩薩保佑免受牢獄之災……。也有許多人享盡榮華富貴，但感到人生苦短，就去求仙學道以求長生。這些人的宗教信仰，不是向善，而是作惡。真正的求福免災，在於自身的道德修養，而不是盲目的宗教信仰。此條文字對佞佛求仙的批評，至今依然有深刻的現實意義。

《小窗幽記》所摘錄有關佛教的文字，大多是宣揚四大皆空，不可執著於世俗塵緣的言論，如「形骸非親，何況形骸外之長物；大地亦幻，何況大地內之微塵」。「雲煙影裡見真身，始悟形骸為桎梏；禽鳥聲中聞自性，方知情識是戈矛」。「愛是萬緣之根，當知割捨；識是眾欲之本，要力掃除」。佛教宣揚世間一切皆虛幻，榮華富貴只是過眼煙雲，因此人們在現實生活中的一切追求和努力都是沒有意義的。書中還摘錄了大量有關道家思想的文字，宣揚老莊崇尚自然、與世無爭，抱樸守拙、韜光養晦的哲學。如「真廉無廉名，立名者，正所以為貪；大巧無巧術，用術者，乃所以為拙」。「智者不與命鬥，不與法鬥，不與理鬥，不與勢鬥」。「善嘿即是能語，用晦即是處明，混俗即是藏身，安心即是適境」。在中國歷史上，老莊思想對文人生活理念和生活方式的影響最為深刻久遠，《小窗幽記》的編選者對老莊思想也最感興趣，收錄有關道家的文字也最多。

二

晚明追求生活享樂的社會風氣，衝擊著封建禮教的堤防，激發了個人意識的覺醒，掀起了以李贄為代表的追求個性自由的啟蒙運動。李贄等人針對宋明理學鼓吹的「滅人慾，存天理」的觀念，強調「好貨好色」是人的本性，肯定人們追求物質利益和情欲滿足的合理性。他們崇尚自然，順應天性，力圖打破傳統觀念的束縛，追尋任情適意的生活方式。《小窗幽記》收錄了一些表達啟蒙思想的言論，如「童子智少，愈少而愈完；成人智多，愈多而愈散」。這一條從李贄的「童心說」而來。李贄在〈童心說〉一文中說：「童心」即人的天性，是「絕假純真，最初一念之本心」。人的「童心」在成長的過程中逐漸迷失，是因為「聞見道理」的束縛，而「聞見道理」「皆自多讀書識義理而來」。李贄認為，孩童沒知識，不懂義理，飢食倦眠，率性而為，喜怒哀樂，出於自然，及至長大讀書，懂得義理，一切行為都受義理束縛，人的自然本性就受到傷害。李贄提倡「童心說」，具有鮮明的反傳統色彩。又如「世多理所難必之事，莫執宋人道學；世多情所難通之事，莫說晉人風流」。此條言理和情的關係，體現了晚明「尊情反理」的思潮。情理是宋明理學的核心論題，也是明代中後期長期爭論不休的熱門話題。宋明理學認為「理」，即「天理」——主要指封建的倫理道德，是先天的善，而「情」，即「人情」——包括人的感情和欲望，是後天形成的「惡」，他們主張用「天理」去限制和改造「人情」，消除不合理的感情和欲望，這就是「滅人慾，存天理」。晚明啟蒙思潮充分肯定人的情欲，提出衝破封建教條的束縛，去追求情欲的滿足，提倡率性任情的生活方式，在當時形成了「尊情」的風氣。馮夢龍充分肯定男女之情在現實生活中的重要作用，在〈情史序〉中提出「情始於男女」，是人類社會生活的基礎：「天地若無情，不生一切物。一切物無情，不能環相生。生生而不滅，由情不滅故。四大皆幻設，惟情不虛假。」屠隆公開宣稱男女之欲出自人的天性，也是人類生存的根本，因此情欲是無法克制的，如果硬加克制，就會給人們帶來痛苦。他認為不論是帝王聖賢，還是凡夫俗子，都不免留情於男女之欲，「根之所在，難去若此，即聖人不能離慾，亦淡之而已」。《小窗幽記》的編選者順應晚明「尊情」之風，編了一卷〈情〉，專收男女情詞，並在小引中對男女之情給以高度的重視和評價。小引云：

語云：當為情死，不當為情怨。明乎情者，原可死而不可怨者也。雖然，既云情矣，此身已為情有，又何忍死耶？然不死終不透徹耳。韓翃之柳，崔護之花，漢宮之流葉，蜀女之飄梧，令後世有情之人咨嗟想慕。托之語言，寄之歌詠，而奴無崑崙，客無黃衫，知己無押衙，同志無虞侯，則雖盟在海棠，終是陌路蕭郎耳。

小引所說「當為情死，不當為情怨」數語，與湯顯祖〈牡丹亭題詞〉所論相契合。〈牡丹亭題詞〉云：「如麗娘者，乃可謂之有情人耳。情不知所起，一往而深，生者可以死，死可以生。生而不可與死，死而不可復生者，皆非情之至也。……嗟夫，人世之事，非人世所可盡，自非通人，恆以理相格耳。第云理之所必無，安知情之所必有。」晚明文人充分肯定男女之情，並強調「情」與「理」的對立，是對儒家「發乎情，止乎禮儀」的突破，是對理學家「滅人慾，存天理」觀念的否定，具有積極的意義。

在晚明啟蒙思潮的影響下，晚明文壇也發生了巨大的變化。李贄、袁宏道、湯顯祖、馮夢龍等人分別提出了具有革新意義的文學主張，使晚明的文學發展呈現出新的趨向。李贄提出「童心說」，把真情實感作為評判文章好壞的唯一標準，反對以時代先後論高下的復古主義，把儒家經典斥之為「道學之口實，假人之淵藪」。以袁宏道為代表的公安派提倡「性靈說」，強調詩文要自由表達真實感情，即喜怒哀樂嗜好情欲，力求在內容上擺脫道德的束縛，在藝術上打破陳舊的格套，對前後七子模擬復古的風氣提出了嚴厲的批評。湯顯祖把他的戲曲創作經驗總結為「因情成夢，因夢成戲」，強調戲曲作品要通過藝術形象打動觀眾讀者的感情，從而起到潛移默化的教育作用。晚明文人重視文學的抒情特徵，是當時「尊情」思潮的體現。從尊情出發，他們在文學風格上反對雕琢藻飾，崇尚自然真實。李贄提出「以自然為美」，袁宏道則強調文章要有自然之趣、天然之韻，充分表達作者的個性。晚明文人還提出「借男女之真情，發名教之偽藥」，肯定小說、戲曲和民歌的文學價值。李贄把《水滸》、

《西廂記》視作「天下之至文」，袁宏道認為「真詩在民間」，民歌是最好的文學作品，對小說的評價甚至高於六經。馮夢龍在〈序山歌〉中說：「但有假詩文，無假山歌」，「以是為真情而不可廢也」。在〈古今小說序〉中，他又提出小說通俗易懂，適合於廣大民眾的欣賞口味，其社會意義和影響遠遠超過儒家的經典。晚明的文學革新，是對傳統的顛覆，首次打破了「文以載道」的教條和「是古非今」的傾向，推動了中國古代文學向近代化的發展。

《小窗幽記》摘錄了一些談文論藝的材料，其觀點充分體現了晚明文學的革新精神。卷四云：「作詩能把眼前光景，胸中情趣，一筆寫出，便是作手，不必說唐說宋。」這是對公安派文學理論的概括。自元代以後，中國詩壇一直存在著宗唐或宗宋的兩種傾向，無論宗唐還是宗宋，都擺脫不了復古的積習。明代公安派出，提倡「不拘一格，獨抒性靈」，主張詩歌只須充分表達真實的感情，不必受形式格律的束縛，更無須講究學唐還是學宋。《小窗幽記》還強調文學作品的情感作用：「文章之妙，語快令人舞，語悲令人泣，語幽令人冷，語憐令人惜，語險令人危，語慎令人密，語怒令人按劍，語激令人投筆，語高令人入雲，語低令人下石。」文學是語言的藝術，它通過語言塑造的形象和構造的意境，引起讀者的共鳴，激發讀者的感情，振奮讀者的情緒，從而使讀者在審美欣賞的同時，經受了情感的陶冶。明代後期的文人，很重視文學藝術的言情功能和教化作用，湯顯祖在〈宜黃縣戲神清源師廟記〉中說戲曲能「使天下之人無故而喜，無故而悲。或語或默，或鼓或疲，或端冕而聽，或側弁而咍，或窺視而笑，或市擁而排。乃至貴倨弛傲，貧嗇爭施。……無情者可使有情，無聲者可使有聲。寂可使喧，喧可使寂，饑可使飽，醉可使醒，行可以留，臥可以興。鄙者欲艷，頑者欲靈。」《小窗幽記》引錄此條，與湯氏所言精神相一致。

又如對文學復古模擬的批評，云：「文如臨畫，曾至誚於昔人；詩類書抄，竟沿流於今日。」「緗綈遞滿而改頭換面，茲律既湮；縹帙動盈而活剝生吞，斯風亦墜。」「優人代古人語，代古人笑，代古人憤，今文人為文似之。優人登臺肖古人，下臺還優人，今文人為人又似之。假令古人見今文人，當何如憤，何如笑，何如語？」明代中葉，以李夢陽、何景明為代表的前七子，以李攀龍、王世貞為代表的後七子，標舉「文必秦漢，詩必盛唐」，一度占據了文壇的主導地位，影響了一代文風。前後七子末流，一味剽竊古人，詩文毫無生氣，袁宏道曾批評他們的作品如土木形骸，優人登場。演員登場扮演角色，言語舉動都要模仿劇中人物，不能露出絲毫本來面目。七子末流跟在古人後面，亦步亦趨，用古人的語言表達古人的情感，缺乏的是自己的真情實感。《小窗幽記》對復古派的批評，頗能切中要害。

《小窗幽記》受時代風尚的影響，對小說戲曲等通俗文學也給予充分的重視。書中多次提及戲曲的評價問題：「《蔡中郎傳》情思逶迤，《北西廂記》興致流麗。學他描神寫景，必先細味沉吟，如曰寄趣本頭，空博風流種子。」「有此世界，必不可無此傳奇，有此傳奇，乃可維此世界，則傳奇所關非小。正可藉口《西廂》一卷，以為風流談資。」「情詞之嫻美，《西廂》以後，無如《玉盒》、《紫釵》、《牡丹亭》三傳。置之案頭，可以挽文思之枯澀，收精神之懶散。」這幾段有關戲曲評論的文字，雖然簡短，內容卻很豐富。這裡首先提出了戲曲評論的標準，即「情詞嫻美」，好的戲曲既要有充實的感情，又要有華麗的文采。明代萬曆年間，在戲曲創作中存在「重格律」和「重文采」兩種傾向，曾發生過「湯沈之爭」。以沈璟為代表的吳江派強調戲曲創作必須合律依腔，適合場上演唱。湯顯祖則主張戲曲創作以「意趣神色」為主，作者應該用富有文采的語言充分地表達自己的情思。此後，王驥德、馮夢龍等人綜合了兩家的意見，提出格律文采兼顧，場上案頭兩美。《小窗幽記》的戲曲評論，傾向於「文采派」，其中提到的《玉盒記》、《紫釵記》、《牡丹亭》都是以文采藻飾著稱的作品。書中還提到當時流傳甚廣的小說：「冬夜宜茗戰，宜酌酒說《三國》、《水滸》、《金瓶梅》諸集。」封建統治者將小說視作「淫詞邪說」而加以禁止，這條文字卻把閱讀講說小說當成風流韻事，兩者的態度相差何啻千里。袁宏道在給龔惟長的信中說起人生的五大快樂，其三是「館中約真正同心友十餘人，人中立一識見極高，如司馬遷、羅貫中、關漢卿者為主，分曹部署，各成一書，遠文唐宋酸儒之陋，近完一代未竟之篇」。袁宏道在《觴政》中把《水滸傳》、《金瓶梅》稱為「逸典」，「不熟此典者，保面甕腸，非飲徒也」。由此可見，《小窗幽記》中對小說戲曲的評價，在當時有相當的代表性。

《小窗幽記》中有關文學批評的文字並不多，但其觀點皆符合晚明文學革新精神，而未收錄傳統的文論、詩論，由此可見晚明文學革新影響之深廣，也顯示出編選者的胸襟和眼光。

三

《小窗幽記》用大量篇幅描寫文人的山水之樂、田園之趣，既反映了中國文人傳統的休閒自適的生活理念和審美情趣，又折射出晚明那個時代獨特的社會風尚和文人的生存狀態。晚明的經濟發展、文化繁榮，激發了人們享受生活的欲望。尤其是江南地區，土地肥沃、物產豐富、山水秀美、氣候宜人，加上悠久的文化傳統和自由灑脫的個性，使江南文人更加注重生活情趣，他們在熱切地尋求山水田園之美的同時，日常生活也更加精細講究。

《小窗幽記》描寫了田園隱逸生活的寧靜安逸：

竹籬茅舍，石屋花軒；松柏群吟，藤蘿翳景；流水繞戶，飛泉掛簷；煙霞欲棲，林壑將暝。中處野叟山翁四五。予以閒身作此中主人，坐沉紅燭，看遍青山，消我情腸，任他冷眼。

累月獨處，一室蕭條。取雲霞為侶伴，引青松為心知。或稚子老翁，閒中來過，濁酒一壺，蹲鴟一盂，相共開笑口。所談浮生閒話，絕不及市朝。客去關門，了無報謝。如是畢餘生足矣。

在對田園隱逸生活的禮讚中，寄寓著厭棄世俗紅塵，追求個性自由的思想：「柴門不扃，筠簾半捲，梁間紫燕，呢呢喃喃，飛出飛入。山人以嘯詠佐之，皆各適其性。」「風晨月夕，客去後，蒲團可以雙跏；煙島雲林，興來時，竹杖何妨獨往。」「各適其性」是晚明啟蒙思潮一個重要的命題，李贄等人反對以封建禮教和制度束縛人的個性，主張讓人的個性自由發展，而毫無拘束任情適意的田園生活，正可以滿足人們對個性自由的需求。

《小窗幽記》還寫到了觀月賞花、飲酒喝茶等日常活動，這是中國文人的傳統愛好，然而到了晚明，這些平常的事情增添了許多內容。如書中寫到賞花：「花有喜怒、寤寐、曉夕，浴花者得其候，乃為膏雨。淡雲薄日，夕陽佳月，花之曉也；狂號連雨，烈焰濃寒，花之夕也；檀唇烘日，媚體藏風，花之喜也；暈酣神斂，煙色迷離，花之愁也；欹枝困檻，如不勝風，花之夢也；嫣然流盼，光華溢目，花之醒也。」這一段文字，出自袁宏道的《瓶史》，細緻入微地刻畫出花在不同時間和環境下的種種神態。寫飲酒則有許多講究：「法飲宜舒，放飲宜雅，病飲宜小，愁飲宜醉，春飲宜郊，夏飲宜庭，秋飲宜舟，冬飲宜室，夜飲宜月。」「甘酒以待病客，辣酒以待飲客，苦酒以待豪客，淡酒以待清客，濁酒以待俗客。」日益精細的生活，滿足了晚明文人在物質和精神上的享受，也使他們的審美體驗更加豐富和深刻，影響於文學，則推動了晚明小品文的興盛。

《小窗幽記》中的一些文字涉及到園林建築，這也是晚明風尚的體現。謝國楨在〈明末清初的學風〉一文中指出：晚明封建地主和大商人積聚了大量的資金，很少用於投資農業和工商業生產，大部分消耗在日常消費中，主要花在修建園林和觀劇狎妓上。明代的園林建築，盛於嘉靖末年，且集中在江南地區。許多官僚士大夫愛園林成癖，為建造園林殫心竭慮，耗盡囊橐也在所不惜。祁彪佳在〈寓山注序〉中提到他修建園林的情形：「兩年來，橐中如洗，予亦病而愈，愈而復病，此開園之癲癖也。」《金瓶梅詞話》中也有關於西門慶大動土木，修造園林的描寫。大規模的園林修建工程，促進了中國的園林藝術的發展，產生了《園冶》等園林建築的專著。《小窗幽記》摘錄的關於園林建築的文字，也反映了當時園林建築的成就和經驗。如轉引程羽文《清閑供．小蓬萊》的一段文字：

門內有徑，徑欲曲；徑轉有屏，屏欲小；屏進有階，階欲平；階畔有花，花欲鮮；花外有墻，墻欲低；墻內有松，松欲古；松底有石，石欲怪；石面有亭，亭欲樸；亭後有竹，竹欲疏；竹盡有室，室欲幽；室旁有路，路欲分；路合有橋，橋欲危；橋邊有樹，樹欲高；樹陰有草，草欲青；草上有渠，渠欲細；渠引有泉，泉欲瀑；泉去有山，山欲深；山下有屋，屋欲方；屋角有圃，圃欲寬；圃中有鶴，鶴欲舞；鶴報有客，客不俗；客至有酒，酒欲不卻；酒行有醉，醉欲不歸。

此文總結了中國古代營造園林的方法，提出了一些建造園林的基本法則，如對比法則，「低橋」與「高樹」，一高一低，一豎一橫，通過形態的對比形成完美的構圖；如平衡法則，「路合有橋，橋欲危」，路上有橋，橋臨泉水，將路、橋、水三者和諧地結合在一起；如發射法則，「室旁有路，路欲分」，通過路的延伸增強了園林的縱深感；如調和法則，「松古」與「石怪」，互相映襯，顯得十分和諧。這些法則是中國古代園林建築經驗的總結，是珍貴的文化遺產。

《小窗幽記》在讚賞田園生活的寧靜淡雅時，並未否定世俗的聲色之好。晚明狎妓之風盛行，謝肇淛的《五雜俎》談到當時青樓的興盛：「金陵秦淮一帶夾岸樓閣，中流簫鼓，日夜不絕。蓋其繁華佳麗，自六朝以來已然矣。杜牧詩云：『商女不知亡國恨，隔江猶唱〈後庭花〉。』夫國之興亡，豈關於遊人歌妓哉。六朝以盤樂亡，而東漢以節義、宋人以理學，亦卒歸於亡耳。但使國家承平，管弦之聲不絕，亦足以妝點太平，良勝悲苦呻吟之聲。」中國的封建傳統觀念把女人看成亡國的禍水，把好色看作莫大的罪孽。謝肇淛認為把亡國的責任歸咎於歌妓舞女是不公平的，講節義、講理學照樣可以亡國。國家安定時，以歌舞點綴昇平，沒有什麼害處。人們追求聲色之好的欲望是合理的，不應遭到非難。晚明文人認為「好貨好色」乃人之本性，在「尊情」思潮的影響下，肯定了男女情愛的正當合理，並將狎妓好色視作風流雅事。袁宏道公開宣稱自己好色：「後來期，不敢問，我好色，公多病。」（〈別石簣〉）「弟世情覺冷，生平濃習，無過粉黛。」袁宏道的弟弟袁中道也坦率承認年輕時的孟浪行為：「吾生平固無援琴之挑，桑中之恥，然浮冶之場，倡家桃李之蹊，或未得免。」（〈心律〉）《小窗幽記》卷二則直截了當地說：「世無花月美人，不願生此世界。」此卷還引錄了袁宏道的一句話：「山河綿邈，粉黛若新。椒華承彩，竟虛待月之簾；瘞骨埋香，誰作雙鸞之霧。」這段話出自袁宏道〈靈巖〉一文，該文寫袁宏道遊靈岩，看到西施留下的足跡，命僮兒用袖子擦拭乾淨，僮兒皆徘徊色動，袁宏道感慨道：「雖復鐵石作肝，能不魂消心死？色之於人甚矣哉！」該文最後一段云：「嗟夫，山河綿邈，粉黛若新。椒華沉彩，瘞骨埋香，誰作雙鸞之霧，既已化為灰塵白楊青草矣。百世之後，幽人逸士猶傷心寂寞之香趺，斷腸虛無之畫屧，矧夫看花長洲之苑，擁翠白玉之床者，其情景當何如哉？」袁宏道指出，好色之心人皆有之，情欲具有強大的力量。不要說親自接觸絕色佳人，就是目睹美人遺跡，追思美人風韻，鐵石心腸的人也要魂消魄散。《小窗幽記》卷九〈綺〉輯錄了有關男女豔情的文字，此卷小引云：

朱樓綠幕，笑語勾別座之春；越舞吳歌，巧舌吐蓮花之艷。此身如在怨臉愁眉、紅妝翠袖之間，若遠若近，為之黯然。嗟乎，又何怪乎身當其際者，擁玉床之翠而心迷，聽伶人之奏而隕涕乎！

小引寫到情色之感人，表現出對男女之情的肯定和尊重，顯然受到袁宏道等人思想的影響。

四

《小窗幽記》現存的最早版本，是天啟四年（西元一六二四年）刊刻的《醉古堂劍掃》，題「松陵陸紹珩湘客父選，兄陸紹璉宗玉父閱」。另有日本嘉永六年（西元一八五三年）星文堂、文泉堂的和刻本，係據天啟本翻刻。乾隆三十五年（西元一七七〇年）出現了另一種刻本，書名為《小窗幽記》，署「眉公陳先生輯」，目錄首頁題「雲間陳繼儒眉公手輯」。民國二十四年中央書店的「國學珍本文庫」收入該書，題「雲間陳繼儒眉公手錄」「襟霞閣主人重刊」。從此書的內容和編排看，與乾隆刻本當為同一版本系統。

《小窗幽記》與《醉古堂劍掃》的內容基本相同，只有個別字句的差異、少數條目的增刪，以及個別條目編排的變動，可以確定是不同版本的同一部書。

上世紀八十年代後，晚明小品成了研究的熱門，此書也迅速走紅，大陸接連出版了數十種標點注釋本，絕大部分以《小窗幽記》為書名，題「陳繼儒著」，《醉古堂劍掃》遂被湮沒，鮮有人知。於是有些學者對此提出質疑，作了一些考證辨偽的工作，認為此書原名《醉古堂劍掃》，後偽託陳繼儒著，書名改為《小窗幽記》。綜合各家之說，得出此結論的理由是：

《醉古堂劍掃》刊刻於天啟四年，早於乾隆三十五年刊刻的《小窗幽記》。從版本學的角度言，年代早的版本一般比後出的版本真實可靠。在尚未發現更早版本的情況下，《醉古堂劍掃》應該比《小窗幽記》更符合實際情況。

陳繼儒是明代萬曆年間的大名士，在詩文、戲曲、書畫各方面都有很高的造詣，著述頗豐。在有關陳繼儒著述的資料中，皆未提及《小窗幽記》。因為陳繼儒的名聲大，在坊間出現了許多假冒其名的著作，《小窗幽記》即為其中之一。

民國年間襟霞閣主人重刊本〈提要〉云：「本書為陳眉公先生手錄本。」然此手錄本的來龍去脈都未交代，似為刊刻者憑空臆造。上世紀三十年代，曾掀起研究晚明小品文的熱潮，並未提到《小窗幽記》。周作人談及晚明小品時說：「明洪應明遂作《菜根譚》，以駢語述格言，《醉古堂劍掃》與《娑羅館清言》亦均如此，可見此體之流行一時。」只提《醉古堂劍掃》而未及《小窗幽記》。林語堂在文章中多次引用此書的文字，也沒有說出自陳繼儒所著《小窗幽記》，僅說明代作家、古代文人、某中國作家如何如何說。由此可見，襟霞閣重刊《小窗幽記》在當時未被認可。

此書輯有張岱《陶庵夢憶》的文字。《陶庵夢憶》成書於明亡之後，至乾隆四十年（西元一七九四年）才初版問世，而陳繼儒去世於崇禎十二年（西元一六三九年），不可能從《陶庵夢憶》中摘錄有關文字。此書還輯錄了不少陳繼儒的言論，分別出自《安得長者言》、《巖棲幽事》、《太平清話》、《讀書十六觀》、《茶董補》等著作。若此書作者果真是陳繼儒，不太可能把自己的著述一併採錄。

認定《小窗幽記》偽託陳繼儒之名，其理由是充分的。然現存各種版本文字沒有多大出入，本書又是普及性的通俗讀物，故為工作方便，以「國學珍本文庫」本為底本，參校天啟、乾隆和當今出版的各種版本，加以標點、注釋，並翻譯成白話文，再作研析，以期有助於讀者的閱讀和理解。

此書輯集眾書而成，搜尋其出處就成了一項十分繁難卻又不得不做的基礎工作。書中有些文字，如果不知道其出處，就無法理解，注釋、翻譯和研析也就無從做起。如：「何為聲色俱清？曰松風水月，未足比其清華；何為神情俱徹？曰仙露明珠，詎能方其朗潤。」原文出自唐太宗李世民〈大唐三藏聖教序〉：「有玄奘法師者，法門之領袖也。幼懷貞敏，早悟三空之心；長契神情，先包四忍之行。松風水月，未足比其清華；仙露明珠，詎能方其圓潤。」以松風水月、仙露明珠形容玄奘姿態儀容、風度神情的清麗明澈。若不知道出處，就會不知所云。又如：「靜若清夜之列宿，動若流彗之互奔。」只看這兩句，不知所言何物，及至找到其出處為晉蔡洪〈圍棋賦〉，方能領悟上句言下棋布局之穩定，下句言行子之流暢。

此書在摘引其他著作時，時常發生抄錄、刊刻的錯誤，如不以原文校對，有礙於對文意的理解。如：「椒華承彩，竟虛待月之簾；瘞骨埋香，誰作雙鸞之霧。」「瘞骨」本作「癸骨」，有的注釋本想當然地解釋為「女子的骨殖」；有的注釋本將「癸骨」改為「夸骨」，解釋為誇讚埋葬美女，語意扞格難通。查袁宏道〈靈巖〉原文，「癸骨」當作「瘞骨」，「瘞骨埋香」，指埋葬美女，文從字順，意思顯豁。又如：「舉黃花而乘月艷，籠黛葉而卷雲嬌。」「卷雲嬌」本作「卷雲翹」，今據王勃〈七夕賦〉原文改。這兩句是駢文，「月艷」與「雲嬌」

相對，若作「雲翹」，文字便不工整，意思也不通順。

此書自成段落，後來的注釋本將其分為一千五百多則。然原本分則並不盡合理，經常將兩、三條意思不相關的文字合為一則，現酌情作適當的調整。如：「玩飛花之度窗，看春風之入柳。命麗人於玉席，陳寶器於紈羅。」出自梁簡文帝〈箏賦〉；「忽翔飛而暫隱，時凌空而更颺。竹依窗而庭影，蘭因風而送香。」出自梁蕭和〈螢火賦〉；「風暫下而將飄，煙才高而不暝。」出自唐太宗〈小山賦〉。各本均將此三條合為一則，現據原文將其分為三段。

此書引用的書目甚多，且有不少明代後期的著作，包括小說、戲曲、筆記、雜著等，搜尋其出處實非易事。由於本人學識不足，現能找到出處的文字，僅占全書的一小部分，其他只能暫付闕如，俟高明補正。

馬美信

二〇一四年一月

卷一　醒

一·一　食中山之酒❶，一醉千日。今之昏昏❷逐逐❸，無一日不醉。趨❹名者醉於朝，趨利者醉於野❺，豪者醉於聲色車馬。安得一服❻清涼散❼，人人解酲❽？集醒第一。

【注釋】❶中山之酒　中山，古國名，在今河北定州、唐縣一帶。晉干寶《搜神記》載：「狄希，中山人也，能造千日酒，飲之千日醉。」後以「中山酒」作為美酒的代稱。❷昏昏　昏聵；糊塗。❸逐逐　奔忙；匆忙。❹趨　追逐。❺野　朝廷之外的民間。《漢書‧劉向傳》：「眾賢和於朝，則萬物和於野。」這裡指市井之地。❻服　用於中藥的量詞，一劑稱一服，也稱一帖。❼清涼散　去熱解毒的中藥。❽解酲　使醉酒的人清醒過來。酲，酒醉後神智不清。

【語譯】喝了中山酒，一醉就是千日。現在那些喪失理智到處奔走的人，沒有一天不是醉醺醺的。求名的人沉醉於朝廷的權位，求利的人沉醉於市井的實惠，富豪則沉醉於聲色車馬的享樂。怎麼能得到一劑清涼散，讓每一個醉得神智不清的人都清醒過來？集醒第一。

【研 析】俗話說：「利欲薰心」，一個人如果貪戀功名利祿，沉湎聲色車馬，就會喪失心智，變得渾渾噩噩。陳繼儒身處明代後期，隨著社會經濟的發展，傳統的道德觀念被打破，人們長期受到壓抑的生活欲望得以釋放，在狂熱攫取金錢和財富的同時，普遍追求豪華奢靡的生活享受，社會的理念和風尚發生了巨大的變化。顧炎武在《天下郡國利病書》中描述了晚明社會的變化過程，批評當時社會「金令司天，錢神卓地，貪婪罔極，骨肉相殘，受享于身，不堪暴殄」。面對奢靡盛行，世風日下的社會現實，許多人提出要加強道德教化，以此挽救世道人心，這就是陳繼儒所說的清涼散。

一·二 倚高才而玩世，背後須防射影之蟲❶；飾厚貌以欺人，面前恐有照膽之鏡❷。

【注 釋】❶射影之蟲 指蜮，傳說中潛伏在水中含沙噴射人影的動物，又名射影、射工。《詩經·小雅·何人斯》：「為鬼為蜮。」三國吳陸璣疏：「蜮，短狐也，一名射影。如龜，三足，江淮水濱皆有之。人在岸上，影見水中，投人影則殺之，故曰射影也。」後以陰謀中傷他人為「含沙射影」。❷照膽之鏡 葛洪《西京雜記》載：秦宮中有神鏡，能照見人的內臟，女子有邪心，則膽張心動。秦始皇常以此鏡照宮人，膽張心動者則殺之。

【語 譯】倚仗才高而玩世不恭，須提防背後含沙射影的小人；裝出一副忠厚的樣子去騙人，恐怕面前有照膽鏡映照出你的邪心。

【研　析】此條也見於明洪應明的《菜根譚》。有才能的人往往恃才傲物，更容易引起別人的嫉妒和誹謗。裝出忠厚的樣子欺騙世人的人，終有一天會被揭穿真面目。在人心不古的社會中，充斥著各種各樣的卑鄙小人和騙子，這是需要小心提防的。

一・三　怪小人之顛倒豪傑，不知慣❶顛倒方為小人；惜吾輩之受世折磨，不知唯折磨乃見❷吾輩。

【注　釋】❶慣　縱容；放任。❷見　同「現」。顯示；顯露。

【語　譯】責怪小人對豪傑顛倒黑白，造謠中傷，不知縱容他人中傷才是小人；歎息我等經受世事的折磨，不知只有折磨才能顯示出我等的品格。

【研　析】此條也見於《菜根譚》。縱容小人之人，比小人更可惡。小人顛倒黑白，造謠中傷，容易被人識破，而縱容小人之人，裝出一副寬容大度的樣子，實際上助長了小人的氣焰，扮演了一個幫兇的角色。因此，對小人絕不能姑息。「梅花香從苦寒來」，一個人只有經歷過磨難，才能有所作為。

一・四　花繁柳密處❶撥得開，才是手段❷；風狂雨急時立得定，方見腳跟❸。

【注　釋】❶花繁柳密處　指繁華熱鬧的地方，或指花街柳巷，即青樓妓院。❷手段　本領；技巧。❸腳跟　此處指立場、立腳點。

【語　譯】能在繁華熱鬧的場所抽身而退，才是本領；在風狂雨急的惡劣環境中能夠站立得穩，才顯示出立場堅定。

【研　析】《老子》曰：「五色令人目盲，五音令人耳聾，五味令人口爽，馳騁田獵令人心發狂，難得之貨，令人行妨。」老子認為聲色繁華只能令人昏眩失智，主張淡泊自守，遠離各種物質的誘惑。然而，逃避現實容易，要在繁華場中堅持淡泊的操守，才是真本領。「烈風知勁草，板蕩識英雄」，只有經受過考驗，才能成為英雄。

一·五　淡泊之守，須從穠豔場❶中試來；鎮定之操，還向紛紜境❷上勘❸過。

【注　釋】❶穠豔場　即上文所說「花繁柳密處」，指繁華豔麗的場所。❷紛紜境　紛亂複雜的環境。❸勘　考查；審核。

【語　譯】淡泊的操守，須要經受過繁華豔麗場所的考驗；鎮定的品格，還要經過紛亂複雜環境的檢驗。

【研　析】此條也見於《菜根譚》，意思與上一條相同。

一・六　市恩❶不如報德之為厚，要譽❷不如逃名之為適，矯情❸不如直節之為真。

【注釋】❶市恩　用恩惠討好別人。❷要譽　獵取名譽。要，同「邀」。謀取。❸矯情　掩飾真情。

【語譯】用恩惠去討好別人不如以德相報厚道，獵取榮譽不如逃避名聲閒適，掩飾真情不如剛直的操守真率。

【研析】此條也見於《菜根譚》，講做人的原則。與人為友，不能以利相交，而應以德相交。以利相交，用小恩小惠去拉攏別人，這樣的友誼是不能長久的。因為人的欲望是不斷膨脹的，當你不能滿足朋友的利益需求時，以利益維繫的友誼就必然終止。以德相交，才能成為真正的朋友。因此古語說：「君子之交淡如水。」獵取名譽不如逃避名聲閒適，人不能為虛名所累。一個人沒有名聲時，為了獲取名聲，就要努力進取，博得上位；一旦有了名聲，要保持名聲則要付出更大的代價。可是一旦醒悟，那些虛名就如行雲流水，沒有什麼實際意義，才會後悔「享虛名而受實禍」。一個人也不要克制、掩飾自己的感情，那樣就顯得虛偽。只有胸襟坦蕩的人，才是真誠的人。

一・七　使人有面前之譽，不若使人無背後之毀；使人有乍交❶之歡，不若使人無久處之厭。

【注　釋】❶乍交　初交。

【語　譯】讓人當面讚譽自己，不如讓人不在背後詆毀自己；讓人感到初交的喜悅，不如讓人沒有相處久了的厭煩。

【研　析】此條也見於《菜根譚》，前兩句乃從韓愈〈送李愿歸盤谷序〉而來。世上小人，心地險惡，「人前說人話，人後說鬼話」，當面極盡阿諛奉承之能事，背後或造謠誹謗，或揭人隱私。當面讚譽自己，除了滿足一時的虛榮心，並沒有實際的好處，背後遭人誹謗詆毀，後果就嚴重了。從屈原的忠而見疑，賈誼的無端遭逐，到岳飛因莫須有的罪名屈死風波亭，及至近代的阮玲玉死於流言，都說明背後遭人誹謗是多麼嚴重的事情。可是，「誰人背後不說人，誰人背後無人說」，被人背後議論也是免不了的。為了防止嚴重後果的發生，就只有遠離小人。

一·八　攻人之惡毋太嚴，要思其堪受❶；教人以善毋過高，當原❷其可從。

【注　釋】❶堪受　能夠接受。❷原　推究；考慮。

【語　譯】批評別人的過錯不要太嚴厲，應該考慮他能不能接受；教導別人向善要求不要過高，應考慮他能不能做到。

【研　析】此條也見於《菜根譚》。無論對親人還是朋友，對子女還是學生，要求不能太嚴，期望不能過高，古語云：「水至清則無魚，人至察則無徒。」也是這個道理。

一·九　不近人情，舉世皆畏途❶；不察物情❷，一生俱夢境。

【注釋】❶畏途　指危險可怕的地方。❷物情　物理人情；世情。

【語譯】不近人情，就會覺得整個世界到處是危險可怕的地方；不通世情，一生就會像夢境那樣虛幻不實。

【研析】不近人情，就不能和人和睦相處，就會覺得處處是陷阱，寸步難行。不通人情世故，就看不清事實的真相，於是一輩子就如在夢中。

一·一〇　遇嘿嘿❶不語之士，切莫輸心❷；見悻悻❸自好之徒，應須防口。

【注釋】❶嘿嘿　同「默默」。❷輸心　交心。❸悻悻　剛愎傲慢。

【語譯】遇到默默不言的人，一定不要和他交心；碰見剛愎自用的人，應該說話謹慎。

【研析】此條也見於《菜根譚》。遇到城府深的人，摸不透他的心思，因此不能隨便向他交心。剛愎自用的人，聽不得別人的意見，因此對他說話一定要小心。

一·一一　結纓整冠❶之態，勿以施之焦頭爛額之時；繩趨尺步之規❷，勿以用之救死扶危之日。

【注　釋】❶結纓整冠　繫好帽帶，整理好帽子。《左傳・哀公十五年》：「子路曰：『君子死，冠不免。』結纓而死。」後以結纓整冠形容危急時的從容不迫。❷繩趨尺步之規　指行動舉止皆符合規範，與「循規蹈矩」意同。《宋史・朱熹傳》：「方是時，士之繩趨尺步，稍以儒名者，無所容其身。」繩、尺，木工用來校正曲直長短的工具。趨，快走。步，行走。

【語　譯】結纓整冠的從容不迫姿態，不要用在焦頭爛額的窘迫時候；循規蹈矩的舉止，不要用在救死扶危的非常時期。

【研　析】結纓整冠、繩趨尺步，指人們在日常生活中應該遵循的禮儀，但遇到特殊的情況，應該知道變通，不能拘泥於禮儀，故步自封。《孟子》記載了孟子與淳于髡這樣一段對話：「淳于髡曰：『男女授受不親，禮與？』孟子曰：『禮也。』曰：『嫂溺，則援之以手乎？』曰：『嫂溺，不援是豺狼也。男女授受不親，禮也；嫂溺援之以手者，權也。』」孟子認為，按照禮法，男女授受不親。但遇到嫂嫂掉入水中，小叔子就應該伸手去救。這不是不遵守禮法，而是知道權變。如果為了遵守禮法而袖手旁觀，那就如同豺狼沒有人性。

一・一二　議事者身在事外，宜悉利害之情；任事者身居事中，當忘利害之慮。

【語　譯】議論事情的人置身事外，應該洞悉事情的利害關係；做事的人身在事中，應該忘掉對利害關係的考慮。

【研　析】此條也見於《菜根譚》，也見於陳繼儒《安得長者言》。俗話說：「當局者迷，旁觀者清。」蘇軾詩說：「不識廬山真面目，只緣身在此山中。」置身事外，才能客觀地認清事情的利害關係。承擔一件事情，置身事中，就應該忘卻自身的利害關係，如果患得患失，就做不好事情。

一·一三　儉，美德也，過則為慳吝❶，為鄙嗇❷，反傷雅道❸；讓，懿行❹也，過則為足恭❺，為曲謙❻，多出機心❼。

【注　釋】❶慳吝　吝嗇。❷鄙嗇　小氣；吝嗇。❸雅道　正道，忠厚之道。❹懿行　善行。❺足恭　過度謙恭。《論語·公冶長》：「巧言、令色、足恭，左丘明恥之，丘亦恥之。」❻曲謙　不恰當的謙虛。❼機心　巧詐之心。

【語　譯】節儉是美德，過頭了就是吝嗇小氣，反而失去了忠厚之道；謙讓是善行，過頭了就是過度的謙恭諂媚，這樣做大多出於機巧虛假之心。

【研　析】此條也見於《菜根譚》。任何事都講究個「度」，中國人提倡不偏不倚的中庸之道，認為「過猶不及」，也是講個「度」。事情做得恰到好處，就是「合度」，但是很不容易的。

一·一四 藏巧於拙，用晦而明❶；寓清於濁，以曲為伸。

【注釋】❶用晦而明 《周易·明夷》：「君子以蒞眾，用晦而明。」意為君子應該謹慎治理眾人，使用韜晦之計，以退為進，前途光明。用，同「以」。憑藉。晦，糊塗愚昧。而，能夠。

【語譯】藏機巧於笨拙，以裝糊塗為聰明；將高潔寄寓於惡濁，以退為進。

【研析】此條講應世之道，也見於《菜根譚》。《菜根譚》在上述四句後還有兩句：「真涉世之一壺，藏身之三窟也。」意為如能遵守上述原則，就能明哲保身。老莊哲學宣揚以無為用，以退為進，老子提出「曲則全，枉則直，窪則盈，敝則新，少則得，多則惑」，莊子則說：「山木自寇也，膏火自煎也。桂可食，故伐之；漆可用，故割之。人皆知有用之用，而莫知無用之用也。」所謂無用之用，就是能保全自己的性命。莊子曾舉櫟樹為例：因為櫟樹的質地疏鬆，不能製作器具，因此長得很大也沒有人去砍伐，而那些木材有用的樹，還沒長大就被砍伐完了。

一·一五 彼無望德❶，此無不恩，窮交所以能長；望不勝奢❷，欲不勝饜❸，利交所以必忤❹。

【注釋】❶望德 希望得到。望，期望。德，通「得」。得到。❷望不勝奢 期望沒有止境，越來越多。不勝，不盡。奢，大；多。❸欲不勝饜 欲望不能滿足。不勝，無法承擔；承受不了。饜，滿足。❹忤 違逆。

【語　譯】對方不想得到什麼，自己也不要表示恩惠，貧賤之交所以能長久；期望無止境地擴大，欲望得不到滿足，以利相交所以一定會有矛盾。

【研　析】貧賤之交才能長久，以利交友必只是暫時的。純真的友誼不能被金錢利益所汙染。

一・一六　怨因德彰❶，故使人德我，不若德怨之兩忘；仇因恩立，故使人知恩，不若恩仇之俱泯❷。

【注　釋】❶彰　昭著；顯明。❷泯　滅。

【語　譯】怨恨因恩德而顯著，所以讓人對我感恩戴德，不如恩德和怨恨兩者都忘掉；仇恨因為恩德而產生，所以讓人知恩圖報，不如恩德仇恨全都泯滅。

【研　析】此條也見於《菜根譚》。德怨、恩仇互相依存，又互相轉化，無德也就無怨，無恩也就無仇。然而在現實中，很難做到德怨兩忘、恩仇俱泯，也許只有遠離人世的隱士才能做到。

一・一七　天薄我福，吾厚❶吾德以迓❷之；天勞我形，吾逸吾心以補之；天厄❸我遇，吾亨❹吾道以通之。

【注釋】❶厚　增益；加深。❷迓　迎接。❸厄　災難；困苦。❹亨　通暢、昭明。

【語譯】上天使我的福分淺薄，我就以積累自己的德行來迎接它；上天使我的形體勞累，我放鬆自己的心情來彌補它；上天使我的際遇困窘，我光大自己的道德修養來打通它。

【研析】此條也見於《菜根譚》，體現了人定勝天的積極進取精神，與前面宣揚的老莊「無為」思想不同。

一一八　淡泊之士，必為穠豔者❶所疑；檢飾之人❷，必為放肆者所忌。事窮勢蹙❸之人，當原❹其初心；功成行滿之士，要觀其末路。

【注釋】❶穠豔者　生活豪華奢侈的人。❷檢飾之人　指言行檢點謹慎的人。❸勢蹙　形勢緊迫。❹原　推究；考量。

【語譯】淡泊處世的人，一定會被豪華奢侈的人所猜疑；檢點謹慎的人，一定會被放蕩不羈的人所忌恨。身處窮途困境的人，要推究他當初的心志；功成名就的人，要看他最後的結局。

【研析】人們行為處世的方式各不相同，因此容易產生隔閡和誤解。生活奢華的人會懷疑淡泊處世的人虛偽做作，淡泊處世的人也會懷疑生活奢華的人擺闊炫富。不拘小節的人討厭循規蹈矩的人，循規蹈矩的人也討厭不拘小節的人。世界是多元的，只有互相寬容謙讓，才能構建一個和諧的社會。

一·一九　好醜心太明，則物不契❶；賢愚心太明，則人不親；須是內精明而外渾厚，使好醜兩得其平❷，賢愚共受其益，才是生成的德量❸。

【注　釋】❶不契　不契合。❷平　平允；公正。❸德量　道德涵養和氣量。

【語　譯】分辨好與醜的意識太明確，那麼就不能與事物相契合；分辨賢和愚的意識太明確，那麼就不能與人親近；必須是內心精明而外表渾厚，讓好和醜兩方面各得其所，賢和愚共同受到益處，這才是養育萬物的厚德雅量。

【研　析】此條也見於《菜根譚》，言做人不可鋒芒太露，應該「內精明而外渾厚」，這樣才能左右逢源，不得罪人。這是中國傳統的處世哲學和道德修養，老子說：「和其光，同其塵。」班固《漢書·東方朔傳》說：「水至清則無魚，人至察則無徒。」以及人們經常說的「大智若愚」、「韜光養晦」，都在講這個道理。

一·二〇　好辯以招尤❶，不若訒默❷以怡性❸；廣交以延譽❹，不若索居❺以自全；厚費以多營，不若省事以守儉；逞能以受妒，不若韜❻精以示拙。

【注釋】❶尤　責備；怪罪。❷訒嘿　少說話或不開口。嘿，同「默」。❸怡性　怡養性情。❹延譽　傳揚聲譽。延，傳播；傳揚。❺索居　單身獨處。❻韜　隱藏；斂藏。

【語譯】喜歡爭辯就會招致他人的責怪，不如少言寡語來怡養自己的性情；通過廣交朋友來播揚自己的聲譽，不如離群索居來保全自己；花費大量錢財和精力到處經營，不如省些事情自守節儉；賣弄才能就會受到他人的嫉妒，不如掩藏精明顯示自己的笨拙。

【研析】此條出自明顧璘〈座右銘〉，宣揚的是退守自保，韜光養晦的老莊哲學。當一個社會充滿風險，人們難以預測自己命運的時候，就會採取躲避現實，遠離紛爭的方法求得自保。老子提倡「小國寡民……鄰國相望，雞犬之聲相聞，民至老死，不相往來」，主張構建一個封閉的社會，來保持生活的寧靜。

一·二二　費千金而接納賢豪，孰若傾半瓢之粟以濟饑餓？構千楹❶而招徠賓客，孰若葺❷數椽❸之茅以庇孤寒❹？

【注釋】❶楹　廳堂前的柱子，也用作房屋的計量單位。一列或一間房為一楹。❷葺　用茅草覆蓋房屋，也指修建房屋。❸椽　房屋中架在檁上的木條，也指房屋的間數。❹孤寒　孤獨貧寒的人。

【語譯】花費千金去接納賢士豪傑，怎麼比得上倒半瓢粟米來救濟飢餓的人？構築千間豪宅去招徠賓客，怎麼比得上修建幾間茅屋來庇護孤獨貧寒的人？

【研　析】此條也見於《菜根譚》。錦上添花，不如雪裡送炭，這個道理是很淺顯的。明代後期，一方面隨著經濟的發展，財富的大量聚集，形成了社會的奢靡之風；另一方面，自萬曆後期至崇禎年間，災荒不斷，戰亂頻仍，為了應付日益膨大的軍費開支，朝廷不停加徵練餉和攤派，廣大群眾的生活更顯艱難。此條材料也反映了明代後期貧富不均的社會現實。

一・二三　恩不論多寡，當厄的壺漿，得死力之酬❶；怨不在深淺，傷心的杯羹，召亡國之禍❷。

【注　釋】❶當厄的壺漿二句　用春秋時趙盾和靈輒的典故。《左傳・宣公二年》載：趙盾在翳桑遇見三天沒進食的靈輒，施食相救。後靈輒成為晉靈公的甲士。晉靈公欲殺趙盾，靈輒倒戈相救，趙盾才幸免於難。壺漿，盛在壺中的茶水、酒漿，這裡泛指飲食。死力，最大的力量。❷傷心的杯羹二句　用春秋時鄭靈公和公子宋的典故。《左傳・宣公四年》載：楚人獻了一隻黿給鄭靈公，鄭靈公召眾大夫同享，卻不給公子宋吃。公子宋很生氣，「染指於鼎，嘗之而出」。鄭靈公怒，要殺公子宋。公子宋與子家密謀，搶先發難，殺鄭靈公。

【語　譯】恩惠不論多少，在別人身處危難的時刻，給予一壺漿水的救濟，就會得到全力的回報；怨恨不在深淺，讓人傷心的一杯羹，就可以招致亡國之禍。

【研　析】中國人講究恩怨分明，「一飯之德必償，睚眥之怨必報」，因此應經常檢點自己的行為，勿以惡小而為之，勿以善小而不為。

一・一二三 仕途須❶赫奕❷，常思林下❸的風味，則權勢之念自輕；世途須紛華，常思泉下❹的光景，則利欲之心自淡。

【注釋】❶須 雖然。❷赫奕 顯赫。❸林下 指山林田野退隱之處。❹泉下 黃泉之下，指人身死之後。

【語譯】仕途雖然顯赫，常想到隱居山林的情趣，那麼自然就把權勢看得輕了；人生雖然繁華富麗，常想到死後的光景，那麼自然就把利欲看得淡了。

【研析】此條也見於《菜根譚》。在繁華聲色場中，能保持淡泊的操守，就不會被名韁利鎖所累，也就是前面所說：「花繁柳密處撥得開，才是手段。」

一・一二四 居盈滿❶者，如水之將溢未溢，切忌再加一滴；處危急者，如木之將折未折，切忌再加一搦❷。

【注釋】❶盈滿 指達到極限。❷搦 按壓。

【語譯】一個登峰造極的人，就像水已滿還沒有溢出，千萬不能再加一滴；一個處於危急狀態的人，就像木頭快要折斷，千萬不能再加上一分壓力。

【研析】此條也見於《菜根譚》。有一句諺語：「一根稻草可以壓死一頭駱駝。」此條表達的是同一個意思。許多災難性的後果，都是由不起眼的小事情累積而成的，因此要見微知著，防患於未然。

一・二五　了❶心自了事，猶根拔而草不生；逃世不逃名，似羶❷存而蚋❸還集。

【注釋】❶了　了斷；了結。❷羶　腥羶味。❸蚋　蚊子一樣的小蟲。

【語譯】了斷心中的雜念，自然了斷凡俗的事務，猶如根被拔掉，草就不能再生長；逃避人世而不逃避名聲，好似羶味尚在，蚊子還會聚集。

【研析】此條也見於《菜根譚》，言欲破除名利之念，必須斬草除根。明代後期，出現一批「山人」，從未踏入仕途，自視清高，然而經常出入達官貴人之宅，以此抬高自己的名聲，並能獲取實際的利益。這條材料，當是有感於此而發。

一・二六　情最難久，故多情人必至寡情；性自有常❶，故任性人終不失性。

【注釋】❶性自有常　言人的天性是固定不變的。

【語譯】情感最難持久，所以多情的人一定會走向寡情；天性是固定不變的，所以任性的人最終也不會失去自己的天性。

【研　析】多情人到處留情，就會見異思遷，到頭來變得寡情薄意。任性人率性而為，不加掩飾，一言一行都是天性的流露。晚明以李贄為代表的啟蒙思潮，反對封建禮教對人性的束縛，提倡個性自由，率性而為，在當時有很大的影響。

一・一二七　才子安心草舍者，足登玉堂❶；佳人適意❷蓬門❸者，堪貯金屋❹。

【注　釋】❶玉堂　泛指宮殿，亦為官署名。漢代有玉堂署，唐宋以後翰林院也稱玉堂。❷適意　合意。❸蓬門　用蓬草編成的門，借指貧苦人家。❹金屋　用漢武帝金屋藏嬌的典故。《漢武故事》載：漢武帝年幼時，喜歡表妹陳阿嬌，曾說：「若得阿嬌作婦，當作金屋貯之也。」

【語　譯】才子能安心在草舍刻苦讀書，將來就會登上朝廷顯身揚名；佳人能安於貧寒的生活，將來就能夠被藏在金屋中享受豪華。

【研　析】此條言要實現自己的人生目標，就必須耐得住寂寞，經得起磨難。一切成果須經自己的努力才能獲取。

一・一二八　喜傳語者，不可與語；好議事者，不可圖事❶。

【注　釋】❶圖事　計議、商量事情。

【語　譯】喜歡傳話的人，不能與他交談；愛好議論的人，不能與他商量事情。

【研　析】喜歡議論的人，往往誇誇其談而不切實際，因此不能與他商量事情。

一・二九　甘人之語，多不論其是非；激人之語，多不顧其利害。

【語　譯】討好人的話，大多不管說得對還是錯；刺激人的話，大多不顧說出來有利還是有害。

【研　析】阿諛奉承的話，能把壞的說成好的，死的說成活的，根本沒有是非標準。刺激人的話，往往只圖痛快而不計後果。阿諛奉承的話不能聽，刺激人的話不能說。

一・三〇　真廉無廉名，立名者，正所以為貪；大巧無巧術，用術者，乃所以為拙。

【語　譯】真正廉潔的人是沒有廉潔名聲的，那些為自己樹立廉潔名聲的人，正是為了掩蓋自己的貪婪；大的智巧是不用權術的，那些使用權術的人，正是因為他們笨拙。

【研　析】真正廉潔的人，不追求廉潔的名聲，如果為了好名聲而廉潔，那麼就是貪名。貪利是貪，貪名也是貪，所以貪名也談不上廉潔。大巧無巧術，老子說：「大直若屈，大巧若拙，大辯若訥。」

意為大巧即自然，是沒有人工雕琢痕跡的自然形態，若故意雕琢，就是「弄巧成拙」。

一·三一　為惡而畏人知，惡中猶有善念；為善而急人知，善處即是惡根。

【語　譯】做壞事而怕人知道，在惡行中還保存著善的念頭；做了好事而急於讓人知道，在善舉中就埋藏著惡的根苗。

【研　析】做壞事怕人知道，說明還有是非觀念和羞恥之心。若做了壞事，還以為自己是在做好事，那就無可救藥了。李漁在《無聲戲》中說：清官比貪官更可惡，貪官做壞事，只能偷偷摸摸，而清官審錯案，還理直氣壯地說是為民伸冤。做善事急著讓人知道，那是沽名釣譽，動機不純，好事也會變成壞事。

一·三二　譚❶山林之樂者，未必真得山林之趣；厭名利之譚者，未必盡忘名利之情。

【注　釋】❶譚　同「談」。談論。

【語　譯】喜歡談論隱逸山林之樂趣的人，未必能真正理解山林的樂趣；討厭談論名利的人，未必完全擺脫了名利的誘惑。

【研　析】喜歡談論山林之樂的人，未必能真正領會山林的樂趣，也有人借山林獵取清譽，抬高自己的身價。唐代盧藏用求官不得，隱居終南山，名聲日盛，最後得到玄宗的賞識重用，於是隱居成了做官的捷徑，有了「終南捷徑」這個成語。不談名利的人，心裡不一定忘卻名利。要真正擺脫名利的束縛，需要切實的修養功夫，不是輕易能做到的。

一·三三　從冷觀熱，然後知熱處之奔馳無益；從冗❶入閒，然後覺閒中之滋味最長。

【注　釋】❶冗　繁雜；忙亂。

【語　譯】從冷落處旁觀熱鬧場，然後知道在熱鬧場中奔忙是沒有益處的；從繁忙中進入悠閒，然後覺得悠閒的滋味最為悠久。

【研　析】易地而處，對事物的觀察更加客觀深入，這也是「當局者迷，旁觀者清」的道理。

一·三四　貧士肯濟人，才是性天❶中惠澤❷；鬧場能篤學❸，方為心地❹上功夫。

【注釋】❶性天　即天性，上天賦予人的本性。❷惠澤　給予他人的恩惠。❸篤學　專心好學。❹心地　本為佛教語，指心，即思想、意念。宋後儒家用以稱存養心性。

【語譯】貧寒的人願意救助別人，才是出自天性的善舉；在喧鬧的場合能專心學習，才是在修身養性上下功夫。

【研析】現在有些大牌明星，熱衷於慈善事業，但有人是為了博取虛名，也有人則純粹是商業操作，這些人並沒有善良之心、慈悲之念。有些普通的老百姓，自己的經濟並不寬裕，卻以助人為樂，做善事而不張揚，這才是真正的善人。在熱鬧的場合能專心學問，不受外界的干擾，才是心如止水，修養到家了。

一·一三五　伏久者，飛必高；開先者，謝❶獨早。

【注釋】❶謝　凋謝。

【語譯】蟄伏已久的鳥，一旦騰飛必然高遠；搶先開放的花，凋謝得也特別早。

【研析】「伏久者，飛必高」，三年不鳴，一鳴驚人，厚積薄發，必有成就，急功近利，難成大器。

一・三六　貪得者身富而心貧，知足者身貧而心富；居高者形逸而神勞，處下者形勞而神逸。

【語譯】貪得無厭的人生活富有而精神貧乏，知足常樂的人生活貧乏而精神富有；身居高位的人身體安逸而精神勞累，處於下層的人身體勞累而精神安逸。

【研析】貪婪的人無休止地追求財富，在市場上博弈，錙銖必較，成為金錢的奴隸。他們除了賺錢，沒有別的念頭，也沒有時間和興趣去從事文化活動，精神生活極其貧乏，就像一句俗語所說：「窮得除了錢，別的什麼也沒有了。」而知足的人，在物質上沒有更多的企求，因此心情很寧靜，有時間和精力從事各種文化活動，精神生活就很豐富。這也應了一句老話：「知足者常樂。」然而，物質和精神並不是絕對矛盾的，擁有物質財富的人也能有豐富的精神生活，只要他不被物欲所支配，不做金錢的奴隸。

身居高位的人，是勞心者，所以身體安逸而精神勞累；處於下層的人是勞力者，所以身體勞累而精神安逸。這也是相對而言。從事高強度腦力勞動的人，在體力上也有很大的支出，精神勞累身體也不安逸。那些從事體力勞動的下層人，往往為生計而發愁、奔波，精神上也同樣的勞累。

一・三七　局量❶寬大，即住三家村❷裡，光景❸不拘；智識卑微，縱居五都市❹

中，神情亦促。

【注　釋】❶局量　器量；氣度。❷三家村　偏僻的小鄉村。❸光景　風光；景象。這裡指人的神態風采。❹五都市　五方都會，泛指繁華的城市。宋玉〈登徒子好色賦〉：「臣少曾遠遊，周覽九土，足歷五都。」《文選》李善注：「五都，五方之都。」

【語　譯】器量寬大的人，即使住在偏僻的小鄉村，他的風韻氣度也不會受到拘束；智慧和見識低下的人，縱然居住在繁華的都市中，神情也是局促不安。

【研　析】此條講人的主觀意識不受客觀環境的局限和制約，器量寬大的人，即使住在偏僻的小鄉村，也會保持高雅的風韻氣度，智慧見識低下的人，即使住在大都市，也沒有宏大的氣派。晚明時期，陽明心學盛行，強調主觀對客觀的超越，然而這只是事情的一個方面。人的主觀意識是在與客觀世界接觸中形成的，不可避免地受到客觀世界的局限和制約。如果一個人長期住在三家村，就不可能形成宏大的器量和廣闊的胸襟。

一・三八　惜寸陰❶者，乃有凌鑠❷千古之志；憐微才者，乃有馳驅❸豪傑之心。

【注　釋】❶寸陰　形容時間的短促。❷凌鑠　壓倒；凌駕。❸馳驅　奔走；效力。此處是使動用法，意為使豪傑奔走、效力。

【語　譯】珍惜點滴光陰的人，才能有凌駕千古之上的志向；愛惜微小的人才，才能有駕馭豪傑的志向。

【研　析】千里之行始於足下，只有珍惜每一刻光陰，腳踏實地努力進取，才能成就千秋大業。千秋大業是從眼前的一點一滴累積而成的。能夠愛惜微小的人才，才能有駕馭豪傑的志向。豪傑往往來自微不足道的人才。平原君禮賢下士，門下食客三千，多雞鳴狗盜之徒，其中不乏豪傑之士。信陵君能厚待東門監守侯嬴，才能完成圍魏救趙的大業。

一·三九　天欲禍人，必先以微福驕之，要看他會受；天欲福人，必先以微禍儆❶之，要看他會救。

【注　釋】❶儆　告誡；警示。

【語　譯】上天要降禍於人，一定會先給他小小的福分使他驕縱，就要看他能否承受得起這樣的福分；上天要降福於人，一定會先給他小小的災禍來警告他，就要看他能否從災禍中自救。

【研　析】禍福是互相依存、互相轉化的，在一定條件下，禍可以變為福，福也可以變為禍，《老子》曰：「禍兮福之所倚，福兮禍之所伏。」說的即是這個道理；《淮南子》中「塞翁失馬」的成語故事也是說明這個道理。因此我們在順利的時候，不可掉以輕心，要居安思危，防微杜漸；

在危難的時候，不能灰心失望，要充滿信心，提高勇氣。這樣才能使我們的事業興旺發達，生活幸福美滿。

一·四〇 書畫受俗子品題❶，三生浩劫❷；鼎彝❸與市人賞鑒，千古奇冤。

【注　釋】❶品題　對書畫的評論，或寫在書畫上的題跋。❷三生浩劫　指世界經歷了三次從形成到毀滅的劫難。三生，佛教語，指前生、今生、來生。佛教說世界從形成到毀滅為一大劫。❸鼎彝　古代的祭器，上面刻有文字，是珍貴的文物。

【語　譯】書畫受到俗人的品評，是巨大的劫難；鼎彝給小市民鑑賞，是千古奇冤。

【研　析】品評書畫、鑑賞古玩，本是風雅之事，需要一定的學識修養，才能領會其中的奧妙。書畫古玩若落入俗子市民手中，就無法發現其藝術價值，只是當做可以換取錢財的商品而已。

一·四一 脫穎之才❶，處囊而後見；絕塵之足❷，歷塊❸以方知。

【注　釋】❶脫穎之才　指有才能的人。《史記·平原君虞卿列傳》載：秦圍邯鄲，趙王派平原君往楚國求救。平原君要帶二十個有文才武勇的隨從一同前往，挑選出十九人，還缺一人。於是毛遂自薦，平原君問毛遂在自己門下多久了，毛遂說已有三年，「平原君曰：『夫賢士之處世也，譬若錐之處囊中，其末立見。今先生處勝之門下三年於此矣，左右未有所稱頌，勝未有所聞，是先生之無所有也。先生不能，先生留。』毛遂曰：『臣乃今日請處囊中耳，使遂早日得處囊中，乃穎脫而出，非特其末見而已。』」後以「脫穎而出」比喻有才能的人得到機會，就能顯示出來。❷絕塵之足　奔馳飛速的駿馬。絕塵，形容奔走之快，如足不沾塵土。漢武帝有駿馬九匹，其一名「絕塵」。❸歷塊　形容速度之快。《漢書・王褒傳》：「過都越國，蹶如歷塊。」顏師古注：「如經歷一塊，言其疾之甚。」「歷塊」亦為駿馬名。

【語譯】有才能的人，就像刀錐脫穎而出，放在囊中才能顯現；神速的駿馬，經過長途奔跑才能知道有多快。

【研析】有才能的人，只有經過磨礪，才能顯示出他的價值。就像刀錐，放在一起分不出利鈍，若置之囊中，能脫穎而出者，方是利器。駿馬平時也顯示不出牠的能耐，只有經過長途奔跑，才能知道牠的速度有多快。

一・四二　結想❶奢華，則所見轉多冷淡；實心❷清素❸，則所涉都厭塵紛。

【注釋】❶結想　糾結於心，無法擺脫的想法。❷實心　真心。❸清素　清高淡雅。

【語譯】一心追求奢侈繁華，那麼所見所聞更覺得幽寂冷清；內心嚮往清高淡雅，那麼所到之處都覺得塵世紛亂而感到厭煩。

【研析】繁華和淒清、清淡和紛亂，往往是人們對生活的體驗，代表了一種感覺和心境。而這種對生活的感覺往往是相對的，並沒有一定的標準。魯迅在雜文中曾舉這樣一個例子：有個農婦在勞作的時候，想像現在王后一定是坐在大樹底下，一邊吃著柿子一邊乘涼，那是多麼幸福的生活。對農婦來講，在樹底下乘涼吃柿子，就是奢華的享受，可是在王公貴族眼中，這樣的日子絕對是淒涼的。

一・四三　多情者，不可與定妍❶媸❷；多誼者❸，不可與定取與；多氣者❹，不可與定雌雄；多興者❺，不可與定去住。

【注釋】❶妍　美貌。❷媸　醜陋。❸多誼者　講究義氣的人。誼，同「義」。❹多氣者　意氣用事的人。❺多興者　多動的人。

【語譯】多情的人，不能與他商量美和醜的問題；多義的人，不能與他商量收取和給予的問題；多氣的人，不能與他商定高下和強弱的問題；多動的人，不能與他商量離去和住留的問題。

【研析】情人眼裡出西施，多情的人評判事情喜歡從個人好惡出發，得出的結論往往主觀而偏激。講義氣的人為了維護一個「義」字，毫不考慮個人利益，赴湯蹈火在所不辭，因此不能與他們談論利益攸關的問題。意氣用事的人，喜歡逞一時之勇，魯莽行事，不能正確分析客觀形勢的利弊和敵我雙方力量的強弱。喜歡到處流浪的人，不習慣在一個地方定居，因此無法與他商量去留的問題。

一·四四　世人破綻處，多從周旋❶處見；指摘處，多從愛護處見；艱難處，多從貪戀處見。

【注釋】❶周旋　交際應酬。

【語譯】世人的過失，大多從與人交往中顯現；指摘別人的時候，大多是從愛護關心別人出發；處境艱難，大多是因為貪戀而造成。

【研析】言多必失，一個人經常交際應酬，就容易被人抓住把柄。如果離群索居，不與人打交道，也就不會犯錯誤。愛之深，望之切，越是愛一個人，對這個人的要求就越嚴格，因此指摘一個人，往往是愛護這個人的特殊表現形式。任何事情，過於貪戀痴迷，就會產生嚴重的後果，做事情都必須掌握分寸，也就是要有一個「度」。

一·四五　凡情留不盡之意，則味❶深；凡興留不盡之意，則趣❷多。

【注釋】❶味　即意味。意境、趣味。❷趣　興趣；興致。

【語譯】感情的表達要留有餘地，意味就深遠；做事情不要盡興，興致就越高。

【研析】從語言學的角度來講，文字語言並不能完全表達人的意緒、思想和情感，有些事情是無法用語言來表達的。從文學的角度來講，好的文學作品應該是「言有盡而意無窮」，應該有豐富的內涵讓讀者去欣賞回味，如果把一切都說透了，文學作品也就失去了藝術魅力。從為人處事角度講，做什麼事情都要留有餘地，才能有周旋的空間。講究感情表達的含蓄，是中國傳統文化的特點。《紅樓夢》寫寶玉和黛玉的愛情，寫得迴腸盪氣，感人至深，然而他們感情的表達是很含蓄的。正因為感情表達的含蓄，才產生了寶黛之間的誤會，於是有了心靈的碰撞，使他們之間愛情的發展充滿了戲劇性。中國的文學作品，更講究含蓄，從司空圖的「不著一字，盡得風流」，到嚴羽《滄浪詩話》提出「言有盡而意無窮」，及至清代王士禎創立「神韻說」，主張詩歌創作要「羚羊掛角，無跡可求」，都是強調詩歌的情感應隱藏在形象之內，而不應該直接說出。

一·四六　待富貴人，不難有禮，而難有體❶；待貧賤人，不難有恩，而難有禮。

【注釋】❶有體　得體，指言行得當，恰如其分。

【語譯】對待富貴的人，不難做到有禮，而難做到得體；對待貧賤的人，不難對他有恩，而難對他有禮。

【研析】對待權貴富豪，不能低聲下氣，要維護自己的尊嚴；對待貧困低微的人，不能盛氣凌人，要尊重對方的人格。對權貴趨炎附勢，對窮人驕橫跋扈，是勢利小人的作風。明朱之瑜說：「聖賢自有中正之道，不亢不卑，不驕不諂，何得如此也。」不卑不亢，自尊敬人，是正確的處世待人之道，也是個人道德修養的體現。

一·四七

山棲❶是勝事❷，稍一縈戀❸，則亦市朝❹；書畫賞鑑是雅事，稍一貪癡，則亦商賈；詩酒是樂事，稍一狥人❺，則亦地獄；好客是豁達❻事，稍一為俗子所撓，則亦苦海。

【注釋】❶山棲　棲息山林；在山林中隱居。❷勝事　美好的事情。❸縈戀　貪戀。縈，牽掛；牽纏。❹市朝　市場和朝廷，指爭名逐利的地方。❺狥人　曲從迎合他人。❻豁達　胸襟開闊，豪爽大方。

【語譯】隱居山林本是美好的事情，稍有所貪戀，山林也成了嘈雜的市場和朝廷；書畫鑑賞本是高雅的事情，稍有所貪求和痴迷，也就和商人一樣俗氣；作詩喝酒本是高興的事情，稍為曲從迎合他人，那就如進了地獄般痛苦；好客本是豪爽的事情，稍受俗人干擾，那就如跌入苦海般難受。

【研析】隱居山林，本來是清高的事情，但很多人身在江湖，心存魏闕，還是忘不了爭名於朝、爭利於市，那麼住在深山老林與住在街坊集市中也沒有什麼兩樣。鑑賞書畫本來是高雅的事情，但有些人總想獨占，那麼這些文人和商人也沒有什麼不同。寫詩喝酒本是高興的事情，但為了奉承他人而寫詩喝酒，就是一件痛苦的事情。好客本是痛快的事情，但客人中有那麼幾個俗人，痛快的事情就變成痛苦的事情了。明代後期，由於經濟的發展，人們的物欲也開始膨脹，許多文人受到時代風尚的影響，變得世俗起來。他們雖然維持著原有的生活方式，但生活理念已經發生了變化。上述幾條，就是批評那些文人附庸風雅的行為。

一·四八 多讀兩句書，少說一句話。讀得兩行書，說得幾句話？

【語譯】多讀兩句書，少說一句話。讀了兩行書，能說幾句話？

【研析】多讀書，少說話，既是厚積薄發，又是大智若愚。俗話說：「滿瓶水不響，半瓶醋咣噹。」越是知識淺薄，對事情一知半解的人，越是喜歡賣弄自己。

一·四九 看中人❶，在大處不走作❷；看豪傑，在小處不滲漏❸。

【注釋】❶中人　中等的人。古代把人分為上中下三品，中人即為普通人。❷走作　越軌；出紕漏。❸滲漏　漏洞；破綻。

【語譯】看一個普通人，在大地方不出紕漏就可以了；看一個豪傑，就要看他在小地方是不是有破綻。

【研析】這條說對不同的人有不同的要求。普通人難免不犯錯誤，只要大處不出紕漏就行，不必苛求。對豪傑則要嚴格要求，小地方也不能有差錯。有些人以豪傑自居，不拘小節，結果大事也做不成。

一・五〇 留七分正經以度生，留三分癡呆以防死。

【語　譯】用七分的正經來謀生，留三分痴呆來養老。

【研　析】這是一條人生格言，意思是說年輕時做事情要認真，來不得半點馬虎，老了就應該灑脫些，遇事不可過於計較，這樣才能心情平靜地養老。

一・五一 輕財❶足以聚人，律己足以服人，量寬❷足以得人❸，身先足以率人❹。

【注　釋】❶輕財　輕視錢財，仗義疏財。❷量寬　氣量寬宏。❸得人　獲得人才。❹率人　為人表率。

【語　譯】仗義疏財足以團結人，嚴格要求自己足以使人信服，氣量寬宏足以招集有才能的人，遇事帶頭足以成為他人的表率。

【研　析】這條講做人的原則。仗義疏財才能收買人心，招攬人才。戰國時平原君揮金如土，門下食客三千。《水滸》中宋江仗義疏財，成了梁山首領。律己才能服人，己不正，焉能正人，孔子說：「其身正，不令而行；其身不正，雖令不從。」領導者能嚴格要求自己，凡事做出表率，那麼下屬就會信服，沒有命令也會積極工作。如果領導者自己行為不端，在下屬面前就沒有威嚴，即使下了命令也沒有人聽從。氣量寬宏，就能得到人才。《三國演義》中有這樣一段故事：曹操攻克袁紹後，在袁紹處搜獲一箱子曹操手下官員和袁紹私自來往的信件，有人提議嚴懲這些官員，曹操說：「那時袁紹勢力強大，有些人與袁紹聯絡，給自己留條後路，是可以理解的。」他下令將信件全部燒毀，再也不許提及此事，那些私通袁紹的官員被曹操的寬宏大量所感動，此後一直忠心耿耿地追隨著曹操。「身先足以率人」與「律己足以服人」是同一層意思，當領導者身先士卒，為下屬做出榜樣，下屬自然會仿效。

一五二 從極迷處識迷，則到處醒；將難放懷一放，則萬境寬。

【語譯】在最複雜的情況下能識破迷局，那麼在每個地方都能保持清醒；能將最難釋懷的事情全都放下，那麼無論遇到什麼事情，心境都會寬廣平靜。

【研析】人生在世，有很多難以釋懷的事情：家庭、愛情、事業等等。如果什麼都放不下，就會生活在各種矛盾和焦慮之中。一旦放下了，就會省卻許多煩惱，心境變得寬廣舒暢。唐代布袋和尚有首詩說：「手把青秧插滿田，低頭便見水中天；心地清淨方為道，退步原來是向前。」俗話說「退一步海闊天空」，懂得忍讓、捨棄，就能獲取更大的自由。

一·五三 大事難事看擔當❶，逆境順境看襟度❷，臨喜臨怒看涵養，群行群止看識見❸。

【注釋】❶擔當　敢於承擔責任，有魄力。❷襟度　胸襟氣度。❸識見　即見識。

【語譯】遇到大事和難事可以看出一個人的魄力，在逆境和順境中可以看出一個人的胸襟和氣度，面臨喜事或怒事可以看出一個人的涵養，在和眾人相處的言行舉止中可以看出一個人的見識。

【研析】一個人在平時誇誇其談，顯示不出他的才能，只有在遇到重大的事情時，能夠承擔責任，才能顯示出魄力和膽識。一個人能在順利的時候不傲慢，在困難的時候不頹唐，這樣才能顯示出他的胸襟氣度。一個人高興的時候不喜笑顏開，煩難的時候不垂頭喪氣，才能顯示出喜怒不形於色的涵養。一個人不盲目追隨依附他人，才能顯示出他獨立的見識。

一·五四 安詳是處事第一法，謙退是保身第一法，涵容是處人第一法，灑脫是養心第一法。

【語　譯】平靜從容是處理事情的最重要方法，謙虛退讓是保護自己的最重要方法，包涵寬容是與人相處的最重要方法，悠閒自在是修養心神的最重要方法。

【研　析】此條宣揚謙讓淡泊、包容瀟脫的處世方法，也是老莊思想的體現。

一·五五　處事最當熟思緩處。熟思則得其情❶，緩處則得其當❷。

【注　釋】❶得其情　瞭解事情的實際情況。❷得其當　指處理事情恰當合適。

【語　譯】處理事情最恰當的方法是深思熟慮謹慎行事。深思熟慮就能掌握事情的實際情況，謹慎行事就能將事情辦得合適妥帖。

【研　析】做事情要深思熟慮，切忌盲目衝動，要根據實際情況考慮事情的利弊得失，籌畫好實施的具體方案，並預想到可能遇到的各種複雜情況和困難。好的開始是成功的一半，經過深思熟慮制訂的行動計畫是成功的保障。在具體執行的過程中，一定要小心謹慎，不可魯莽冒進，這樣才能達到預期的目的。凡事必深思熟慮，對執政者尤為重要，蘇軾因此作〈思治論〉曰：「其始不立，其卒不成，惟其不成，是以厭之而愈不立也。夫所貴于立者，以其規摹先定也。古之君子，必定其規摹，而後從事，故其應也有候，而其成也有形。眾人以為是汗漫不可知，而君子以為理之必然，如炊之無不熟，種之無不生也。是故其用力省而成功速。昔者子太叔問政于子產，子產曰：『政如農功，日夜以思之，思其始而圖其終，朝夕而行之，行無越思，如農之有畔。』子產以為不思而行，與凡行而出于思之外者，如農之無畔也，其始雖勤，而終必棄之。」蘇軾文中所言「日夜以思之，思其始而圖其終」即「熟思」，「朝夕而行之，行無越思」即「緩處」。

一・五六　必能忍人不能忍之觸忤❶，斯❷能為人不能為之事功❸。

【注釋】❶觸忤　冒犯。❷斯　乃。❸事功　功勞；功績。

【語譯】一定要能忍受一般人無法忍受的冒犯，才能成就一般人做不到的功績。

【研析】此條講一「忍」字。韓信能忍胯下之辱，日後才能拜將封侯。婁師德唾面自乾，別人把口水吐到他臉上，他也不擦掉，讓唾沫自然蒸發，後來成為名相。做大事的人，胸懷遠大目標，絕不逞一時之勇。

一・五七　輕與必濫取，易信必易疑。

【語譯】輕率地給予，一定會導致沒有節制地索取，輕易地相信，一定會導致輕易地懷疑。

【研析】此條出自明薛瑄《薛文清公讀書錄》，言做人做事應該謹慎，不能過於輕率，不然事情會朝反面轉化。

一·五八 積丘山之善，尚未為君子；貪絲毫之利，便陷於小人。

【語譯】累積起像山丘那樣高的善行，還不能算是君子；貪圖蠅頭小利，就會墮落為小人。

【研析】做君子難，做小人易。君子至善至美，不能有一絲差錯，做了一輩子好事，就做了一件壞事，那就功虧一簣，別人只看見你做的壞事，而忘了你一輩子做的好事。私心未去，容易為名利所驅使，就是小人。人之向善，如逆水行舟，絲毫鬆懈不得；人之為惡，如順流而下，一發而不可收拾。

一·五九 智者不與命鬥，不與法鬥，不與理鬥，不與勢鬥。

【語譯】聰明的人不與命運抗爭，不與法律抗爭，不與情理抗爭，不與權勢抗爭。

【研析】此條宣揚「不爭」，是對老子思想的發揮。老子說：「天之道，不爭而善勝，不言而善應，不召而自來。」面對充滿矛盾的世界，老子認為只要順應自然，放棄一切人為的努力，就可以消解矛盾，使世界歸於太平。

一·六〇 良心在夜氣❶清明❷之候，真情在簞食豆羹❸之間。故以我索人，不如使人自反；以我攻人，不如使人自露。

【注　釋】❶夜氣　夜間清涼之氣。儒家亦將晚上靜思所產生的善念稱為「夜氣」。《孟子．告子上》：「牿之反覆，則其夜氣不足以存。夜氣不足以存，則其違禽獸不遠矣。」❷清明　指神志清晰。❸簞食豆羹　指簡單的飲食。《孟子．告子上》：「一簞食，一豆羹，得之則生，弗得則死。」簞，盛食物的竹器。豆，古代盛食物的器皿，形狀如高腳盤。

【語　譯】良心在夜晚清朗的時候流露，真情在簡單的飲食中流露。因此我去要求別人，不如讓他自省；我去攻擊別人，不如讓他自己暴露。

【研　析】古人認為，夜深人靜的時候，神志最為清醒，心靈最為純淨。《易箋》云：「若其夜氣清明之時，果能惕然悔悟，未有不可振之志氣，不可除之積習，在乎一念之自克而已。」王陽明說：「夜氣清明時，無視無聽無思無作，淡然平懷，就是羲皇世界。」文中所說「良心」，就是沒有世俗雜念紛擾的平靜之心。

一．六一　俠之一字，昔以之加義氣，今以之加揮霍，只在氣魄❶氣骨❷之分。

【注　釋】❶氣魄　此處指內在的精神。❷氣骨　此處指外在的形態。

【語　譯】「俠」這個字，以往用來形容義氣，如今用來形容揮霍，兩者只是在精神和行為上有區別。

【研　析】俠之本義，是重然諾，輕生死，行俠仗義，濟困扶危。《史記・游俠列傳》形容俠客：「其言必信，其行必果，已諾必誠，不愛其軀，赴士之阸困。」及至後來，將肆意揮霍當做俠客的氣派，與原先的俠義精神全不符合。

一・六二　不耕而食，不織而衣，搖唇鼓舌，妄生是非❶，故知無事人好生事。

【注　釋】❶不耕而食四句　出自《莊子・盜跖》：「不耕而食，不織而衣，搖唇鼓舌，擅生是非。」搖唇鼓舌，形容能言善辯、花言巧語。

【語　譯】不耕種而有飯吃，不織布而有衣穿，那些人只是花言巧語搬弄是非，因此知道無所事事的人喜歡製造事端。

【研　析】《莊子・盜跖》載：盜跖在泰山休整隊伍，孔子去見他，盜跖痛斥孔子曰：「此夫魯國之巧偽人孔丘非邪？為我告之：『爾作言造語，妄稱文武，冠枝木之冠，帶死牛之脅，多辭謬說，不耕而食，不織而衣，搖脣鼓舌，擅生是非，以迷天下之主，使天下學士不反其本，妄作孝弟而僥倖封侯富貴者也。子之罪大極重，疾走歸！不然，我將以子肝益晝餔之膳。』」文中借盜跖之口，批評孔子到處鼓吹仁義之說，是不耕而食，不織而衣，搖脣鼓舌，擾亂人心，罪大惡極的巧偽之人。〈盜跖〉還指出，歷史上依照仁義行事的人都沒有善終，仁義之說違背人性，遺禍百姓，是虛偽的說教，具有很大的欺騙性。儒家鼓吹仁義，只是將其當作沽名釣譽，求取富貴的工具。〈盜跖〉雖非莊子所作，但對仁義的批評，與莊子思想是一致的。莊子主張順應自然，摒棄人為，反對以仁義道德束縛人的自然本性，指出「仁義非人之情」，就像「駢拇枝指」、「附贅懸疣」，完全是多餘的。莊子還認為儒家所宣揚的教條，都是人性中的偽，儒家「以仁義攖人之心」，會導致天下大亂。

此條所言，並非針對宣揚仁義之說的儒士，而是批評自明代以來活躍在官場民間的「山人」「隱士」。明代文人分化出「山人」這一特殊群體，都是沒有功名或功名不顯的人。他們奔走四方，以書畫詩文和能言善辯投靠達官貴人，從而獲取衣食之資。有些「山人」名氣大，深得王公貴族的賞識，甚至可以干預政治。李維楨說：「蓋自嘉、隆以來，寓內所著山人彌道踵地矣。上者閉戶談道，藜羹短褐不厭死而已；次者寄適于山川花月，時時遊大人以成名。大人亦喜延攬，見能為下士，互相評目而山人滋重。」（《大泌山房集》卷二十二〈瀟湘編序〉）陳繼儒即是明代著名的山人，表面上不問政治，實際上經常出入王公大臣的官邸，於是有人作詩諷刺他：「翩翩一只雲間鶴，飛來飛去宰相家。」

一·六三　才人❶經世❷，能人取世❸，曉人❹逢世❺，名人垂世❻，高人玩世，達人❼出世。

【注　釋】❶才人　有才能的人。❷經世　治理國家。❸取世　取之於世，從社會獲得自己需要的東西。❹曉人　通達世情事理的人。❺逢世　迎合世俗；適應社會。❻垂世　流傳於世。❼達人　豁達豪放的人。

【語　譯】有才能的人治理國家，能幹的人取之於世，通達事理的人迎合社會，有聲望的人名垂青史，不同凡俗的人玩世不恭，豁達豪放的人超脫塵俗。

【研　析】此條說明不同的人具有不同的社會價值和影響。晚明文學家袁宏道在給徐漢明的信中說：「弟觀世間學道有四種人：有玩世、有出世、有諧世、有適世。玩世者，子桑、伯子、原壤、莊周、列禦寇、阮籍之徒是也。上下幾千載，數人而已，已矣，不可復得矣。出世者，達摩、馬祖、臨濟、德山之屬皆是。其人一瞻一視，皆具鋒刃，以狠毒之心，而行慈悲之事，行雖孤寂，志亦可取。諧世者，司寇以後一派措大，立定腳跟，講道德仁義者是也。學問亦切近人情，但粘帶處多，不能迥脫蹊徑之外，所以用世有餘，超乘不足。獨有適世一種，其人甚奇，然亦甚可恨。以為禪也，戒行不足；以為儒，口不道堯、舜、周、孔之學，身不行羞惡辭讓之事，於業不擅一能，於世不堪一務，最天下不緊要人。雖於世無所忤違，而賢人君子則斥之惟恐不遠矣。弟最喜此一種人，以為自適之極，心竊慕之。」袁宏道將人分為四種，玩世者指具有道家思想憤世嫉俗的人，出世者指佛教徒，諧世者指信奉儒家思想的士人，適世者指具有叛逆性格和思想的人。此條所說高人即玩世者，達人即出世者，才人、能人、曉人、名人當屬於諧世者，而未提及適世者。

一·六四　寧為隨世❶之庸愚，勿為欺世❷之豪傑。

【注釋】❶隨世　順應世俗；隨大流。❷欺世　欺騙世人。

【語譯】寧可做順應世俗的庸人，不要做欺世盜名的豪傑。

【研析】順應世俗的庸人，雖然幹不了驚天動地的大事，但也幹不了太大的壞事，而欺世盜名的豪傑，做起壞事更有欺騙性，危害更大。

一·六五　沾泥帶水❶之累❷，病根在一「戀」字；隨方逐圓❸之妙，便宜❹在一「耐」字。

【注釋】❶沾泥帶水　比喻做事不利索乾脆。❷累　弊病；過失。❸隨方逐圓　比喻立身行事沒有一定的準則，根據實際情況不斷變化。❹便宜　好處。

【語譯】沾泥帶水的弊病，病根在一個「戀」字；隨方逐圓的妙處，好處就在一個「耐」字。

【研析】正因為有貪戀之念，才會執著於某一事物而難割捨，遇事不能決斷。貪戀之念，無非是名利之心和聲色之好，若被名利聲色所牽纏，便失去了自由。凡事能忍耐，就能適應各種環境，與人們和諧相處。

一·六六　天下無不好諛❶之人，故諂❷之術不窮；世間盡是善毀❸之輩，故讒人❹之路難塞。

【注釋】❶好諛　喜歡聽好話，被人奉承。諛，阿諛奉承。❷諂　諂媚；奉承討好。❸毀　詆毀；誹謗。❹讒人　進讒言的人。

【語譯】天下沒有不喜歡聽好話的人，所以諂媚的手段層出不窮；世間全是善於詆毀誹謗的人，所以說壞話的人難以堵塞。

【研析】人都有虛榮心，都希望別人尊重自己，充分肯定自己的社會價值。恰如其分的好話，能讓人樹立信心，激發前進的動力。可是許多人只願聽好話，喜人面諛，俗稱「愛戴高帽子」。古代筆記載有這樣一個故事：「有京官將赴任之巴陵者，往辭其師。師誡之曰：『地方官為之不易也，慎之！』其人曰：『學生已備高帽一百，詣尊長，遇同仁輒遍送之，不吝也，當不使有所齟齬。』師怒曰：『吾輩素以正直立身，豈可諛人如此！』其人曰：『天下惡戴高帽如吾師者，能幾人耶？』師頷其首曰：『誠哉斯言！』其人還，自語曰：『吾備高帽一百，未贈已損一頂。』」可見喜聽好話，愛戴高帽，是人性的一大弱點。諛人正是利用人性的弱點，施展諂媚之術，以達到其個人目的。世上諂媚之術層出不窮，就是說好話拍馬屁也有技巧。當面唱頌歌是最普遍也是最低級的拍馬術，可稱之為直拍法。有時候直接讚揚對方不一定有成效，可以向旁人讚美對方的種種過人之處，宣揚對方的才能和個性魅力，然後讓旁人將這些話轉達給對方，使對方覺得自己的讚美出自真誠，此可稱為「側拍法」。也可以通過貶低自己，來突出對方的優點和特長，使對方具有優越感。

如上司交辦的工作，故意留下明顯的錯誤或漏洞，讓上司批評指正，以此顯示上司的高明，此可稱為「意拍法」。也可以用批評的形式達到吹捧的效果。如某上司徵求下屬意見，下屬批評上司只知工作，不注意休息，並說不懂得休息就是不懂得工作，此可稱為「反拍法」。總之，馬屁有術，奧妙無窮。

人有虛榮性，當別人在某些方面比自己優越，而自己又不甘心時，就會產生嫉妒心理。嫉妒性是人性又一弱點。培根在〈論嫉妒〉中說：「虛榮心甚強的人，假如他看到別人在一件事中總是強過他，他也會為此產生嫉妒的。」「無德者必會嫉妒有道德的人。因為人的心靈如若不能從自身的優點中取得養料，就必定要找別人的缺點作為養料。而嫉妒者往往是自己既沒有優點，又看不到別人的缺點的，因此他只能用敗壞別人幸福的辦法來安慰自己。」「在人類的一切情欲中，嫉妒之情恐怕要算作最頑強，最持久的，所以古人說過：『嫉妒是不懂休息的』。」培根指出，嫉妒以毀滅別人幸福為目的，具有極大的破壞性；嫉妒心是最頑強最持久的，因此也最難以消除。培根所論，正可為「世間盡是善毀之輩，故讒人之路難塞」作注解。

一・六七　進善言，受善言，如兩來船，則相接耳。

【語譯】一方提供有益的意見，一方接受有益的意見，就像兩條對向而駛的船，能夠互相對接。

【研析】有人發表有益的意見，也要有人善於接納有益的意見，才能形成暢所欲言的政治氛圍。

有魏徵這樣的諫臣，也須有唐太宗這樣的明君，天下才能清平。

一・六八 清福❶上帝所吝，而習忙❷可以銷福；清名❸上帝所忌，而得謗可以銷名。

【注釋】❶清福 享受清閒的福分。❷習忙 學會忙碌。❸清名 廉潔美好的名聲。

【語譯】清福是上帝所吝惜的，而學會忙碌可以抵銷福分；清名是上帝所妒忌的，而遭誹謗可以抵銷名聲。

【研析】清福不是能容易得到的，人一生下來，就學會忙碌，清福日益受損。清名也不是能容易得到的，人生一世總要受到他人的誹謗攻擊，使自己的名聲受到損害。

一・六九 造謗者甚忙，受謗者甚閒。

【語譯】製造流言蜚語的人很忙碌，遭到誹謗誣陷的人很悠閒。

【研析】製造流言蜚語的人，要挖空心思尋找別人的差錯，無中生有地編造謊言，還要到處傳播讓人相信，精神不得安寧。然而清者自清，遭誹謗的人心地坦蕩，就不會被流言蜚語所困擾。

一・七〇 蒲柳之姿❶，望❷秋而零❸；松柏之質，經霜彌❹茂。

【注　釋】❶蒲柳之姿　形容體質衰弱或未老先衰。《世說新語・言語》：「蒲柳之姿，望秋而落；松柏之質，經霜彌茂。」蒲柳，即水楊，一種入秋就凋謝的樹木。❷望　接近。❸零　凋零。❹彌　更加。

【語　譯】蒲柳的姿態搖曳飄逸，但一接近秋天就凋謝零落；松柏的資質結實堅挺，經歷過霜打更加茂盛青翠。

【研　析】《世說新語・言語》載：東晉顧悅在揚州刺史殷浩手下做官，因為勞累過度，三十多歲頭髮就白了。有一次顧悅謁見簡文帝，簡文帝問他：「我們年紀相仿，你怎麼頭髮這樣白了。」顧悅回答說：「我像蒲柳，一到秋天就凋落了，皇上像松柏，經歷風霜後更加茂盛。」《論語》說：「歲寒，然後知松柏之後凋也。」後來以松柏常青比喻一個人的品質。

一・七一 人之嗜名節❶，嗜文章❷，嗜遊俠❸，如好酒然，易動客氣❹，當以德消之。

【注　釋】❶名節　名譽和節操。❷文章　文采修辭。❸遊俠　行俠仗義。❹客氣　一時的意氣；衝動的情緒。

【語　譯】一個人愛好名譽節操，愛好文采修辭，愛好行俠仗義，就像喜歡喝酒那樣，容易激發衝動的情緒，應該用道德修養來消解這樣的情緒。

【研 析】陽明心學提倡保持心靈的純淨，排除一切欲念和情感的糾纏。儒家注重名譽節操，心學認為那是好名之心未泯，如果修養到一定的程度，就不會為了名譽節操而強迫自己的言行符合道德規範，而是順應自然，隨性而為，言行在表現出來之前已經符合道德規範了。心學認為文采修辭不切實用，潛心於文學創作，有礙於道德修養，因此主張棄文學道。王守仁早年熱衷於詩文創作，積極參與前七子的文學復古運動。正德二年後，王守仁創立心學，反悔早年從事文學創作是白白浪費精力，專心於傳播心學。在心學的影響下，唐順之、鄭善夫等一批文人都具有棄文學道的傾向。行俠仗義本是濟困扶危的豪傑行為，但後來逐步成為某些人獵取名利的手段，俠義精神逐漸淪喪。名譽節操、文采修辭、行俠仗義，都是好事，如果存有私心，過分計較這些，就會失去心情的平衡和寧靜，這正是道德修養的不足。

一·七二 好談閨閫❶，及好譏諷者，必為鬼神所忌，非有奇禍，必有奇窮❷。

【注 釋】❶閨閫 婦女的居處，亦指閨房的隱私。❷窮 困窮；厄運。

【語 譯】喜歡談論閨閣隱私，以及喜歡譏諷他人者，一定會被鬼神所忌恨，不是有意想不到的災禍，就是有意想不到的厄運。

【研 析】喜歡談論他人家庭內隱私的人，都是心理陰暗，有窺視癖的小人。這些人毀人名節，因此必有惡報。

一·七三　神人❶之言微，聖人❷之言簡，賢人❸之言明，眾人❹之言多，小人之言妄。

【注釋】❶神人　即神仙，道教中修煉得道的人。❷聖人　道德和智慧最高尚的人。❸賢人　有才學和道德的人。❹眾人　普通的人。

【語譯】神人的話微妙，聖人的話簡要，賢人的話明瞭，眾人的話絮叨，小人的話虛妄。

【研析】神仙的話微妙難測，一般的人難以理解；聖人的話言簡意賅，句句是經典；賢人的話明瞭清楚，切合實用；普通人的話囉嗦繁複，沒有深奧的道理；小人的話虛妄不實，不能相信。

一·七四　士君子❶不能陶熔❷人，畢竟學問中工力未到。

【注釋】❶士君子　有學問而品德高尚的人。❷陶熔　陶鑄熔煉，比喻培育、造就人。

【語譯】有學問道德的君子，不能培育造就人才，畢竟是學問中工夫還未到火候。

【研析】士君子進修德業，不是為自己，而是為了教化眾人，澤被天下。孔子周遊列國，是要推廣他的儒家思想，建設他理想中的社會。如果只是為自己的名聲，甚至為了自己的私利而講究道德學問，那就不是真正的道德學問。

一·七五　**有一言而傷天地之和，一事而折終身之福者，切須檢點。**

【語　譯】有一句話就損傷了天地之間的和諧，一件事情就斷送終身幸福的情況，所以一言一行都必須小心檢點。

【研　析】按照古代迷信的說法，舉頭三尺有神明，湛湛青天不可欺，人的一言一行，都有神明在冥冥中監視，並記錄在案，善言善行有好報，惡言惡行有惡報。傳說有一個姓張的讀書人進京趕考，路上遇到一個漂亮的女子，就起了邪念，後來考試未中。這一科的考官後來對人說：他看到有個姓張的考生，文章寫得很好，就把他放在考生試卷的最上面，準備取為第一名。誰知一陣風把考卷吹落地上，考官把試卷拾起，還是放在最上面，又被風吹掉了。這樣重複三次，考官認為這是神靈的意旨，就沒有錄取該生。這是一事而折終身之福的例子。還有個故事說唐代宰相裴度，年輕時找人算命，算命先生說他面相不好，將來必定窮困終身。有一次裴度上廁所，拾到一個裝著金銀的袋子。裴度就在原地等候失主，把那袋金銀還給了失主。幾天後，算命先生碰見裴度，大為驚訝，說他原先臉上的餓死紋消失了，現在的面相大富大貴。日後裴度果然位極人臣，應了善有善報這句話。因果之說雖不可信，但以鬼神設教，讓人時時檢點，謹慎言行，還是有一定意義的。

對於一般民眾，言行是否妥當，只是關係到個人的命運際遇，而對統治者來說，則關係到國家的前途和百姓的安危。古代有「一言興邦，一言喪邦」的說法，《論語》記載了春秋時魯定公與孔子的一段對話，魯定公問孔子：「一言而可以興邦，有諸？」「一言而喪邦，有諸？」孔子回答說：「如果你能知道做國君的艱難，那就接近於一言興邦了。如果你具有絕對的權力，說錯話也沒有人違抗你，那就接近於一言喪邦了。」對於統治者來講，他說的每一句話牽涉到國計民生，他做的每一件事關係到國家的安危盛衰。因此，對於統治者來講，言行必須謹慎小心。《資治通鑑》載：隋煬帝看到螢火蟲，隨口說了一句：「如果把螢火蟲放進口袋中，用它的光照亮，一定很有趣。」旁邊的臣子聽了，下令在全國大規模捕捉螢火蟲，放在囊中送往京師，引起了大騷動。這就是一言而傷天地之和的例子。

一・七六　**能受善言，如市人求利，寸積銖累❶，自成富翁。**

【注釋】❶寸積銖累　一點點積累。銖，重量單位，一兩的二十四分之一。寸、銖皆言數量之微小。

【語譯】能接受善言，就如商人追求利潤，一點點積累，自然成為富翁。

【研析】從善如流，樂於接納他人有益的批評和建議，對自己有確實的好處。這樣的好處積累多了，就能使自己在道德學問上大有長進。

一·七七　金帛❶多，只是博得垂老❷時子孫眼淚少，不知其他，知有爭而已；金帛少，只是博得垂老時子孫眼淚多，不知其他，知有哀而已。

【注釋】❶金帛　錢物。金，黃金。帛，絲綢。古代以金和帛作為交換的商品的中介物，故以金帛作為財產的象徵。❷垂老　即垂死。

【語譯】財產多，只是在臨死時換得子孫的眼淚少，因為子孫不知道還有其他的事情，只知道爭奪財產而已；財產少，只是在臨死時換取子孫的眼淚多，因為子孫不知道還有其他的事情，只知道悲哀而已。

【研析】中國有句成語：「富家出逆子，窮家出孝子。」富家子弟，從小養尊處優，任性驕縱，只知道享受祖上的福蔭，自己根本沒有謀生的本領。當父母去世，在分遺產時，互相爭得不可開交，喪親之痛早丟之腦後。《紅樓夢》就描寫了賈府一群紈綺子弟的醜惡面目。賈赦去世，賈珍和賈蓉依然和尤氏姊妹打情罵俏，連身旁的丫鬟都看不下去，勸他們收斂些，賈蓉還搬出「臭漢濫唐」的謬論為自己辯護，可謂喪盡天良，禽獸不如了。貧窮人家子弟，自幼與父母相依為命，深知生活之艱苦，因此與父母的感情尤其深厚。父母去世，自然更覺悲痛。

一·七八　景❶不和，無以破昏蒙❷之氣；地不和，無以壯光華❸之色。

【注釋】❶景　亮光；日光。❷昏蒙　昏暗；陰暗。❸光華　光芒；光彩。

【語譯】日光不和諧，不能驅散昏暗陰沉的雲霧；大地不和諧，不能增添絢麗的色彩。

【研析】「和」是儒家思想中一個十分重要的範疇，《論語・學而》說：「禮之用，和為貴，先王之道斯為美，小大由之。」意為禮的作用，是要使人們的言行都符合道德規範。《禮記・中庸》說：「喜怒哀樂之未發謂之中，發而皆中節謂之和。中也者，天下之大本也；和也者，天下之達道也。致中和，天地位焉，萬物育焉。」儒家宣揚中正平和的「中和思想」，認為道德修養達到中和的境界，天地萬物都能各得其所，達到和諧的境界。

一・七九

一念之善，吉神❶隨之；一念之惡，厲鬼❷隨之。知此可以役使❸鬼神。

【注釋】❶吉神　吉祥之神，降福人間的神靈。❷厲鬼　興災作禍的惡鬼。❸役使　驅使；支配。

【語譯】一個善良的念頭，可以使吉神隨之而來；一個邪惡的念頭，可以使厲鬼隨之而來。知道了這個道理就可以驅使鬼神。

【研析】善惡全在一念間。佛家說：「一念惡即此岸，一念善即彼岸。」萬法唯心，成佛成魔只是一念之差。陽明心學認為「性無不善，心無不正」，而意之所發——即人的思想活動有善惡之分。

若意循良知而發，則謂之善；若受私欲影響，則為惡。王陽明說：「欲正其心者，必就意念之所發而正之。凡發一念而善也，好之真如好好色，發一念而惡也，惡之真如惡惡臭，則意無不誠而可正也。」善惡之辨，也全在一念之間。《太上感應篇》說：「善惡之報，如影隨形。」中國人歷來相信「善有善報，惡有惡報，不是不報，時候未到」，冥冥之中，自有神靈主宰人間的禍福。這種因果報應的思想，雖缺乏科學依據，卻是人們實際生活經驗的總結，對於訓誡人們趨善避惡有一定的積極意義。

一・八〇 出一個喪元氣❶進士，不若出一個積陰德平民。

【注釋】❶元氣 指人的精神力量。

【語譯】培養一個喪失了精神追求的進士，還不如培養一個積累陰德的平民。

【研析】「萬般皆下品，唯有讀書高」，中國古代文人將讀書做官視作最好的出路。讀書做官，在明清科舉時代要經過縣試、鄉試、會試三級考試。縣試合格成為諸生，俗稱秀才，正式取得士人的資格。鄉試也稱秋試，是省一級的科舉考試，考中便成為舉人，可望入仕，即使不做官，也成為享有特權的地方鄉紳。會試也稱春試、省試，是全國性的科舉考試，通過會試還要經過殿試，原先由皇帝親自面試，後來由大臣代表皇帝主持面試，殿試合格便成為進士，由國家任命為中央各部門和地方官員。進士是科舉考試中最高的功名，在等級森嚴的中國古代社會中，其與平民的地位相差懸殊。在通常情況下，「讀書明理」，書讀得多，道德修養也就高；社會地位高，對社會的貢獻也就大。但事情並不是絕對的。有的人書讀得越多，個人的私欲越發膨脹，心機越深，道德越敗壞。社會地位越高，做起壞事危害性越大。在中國封建社會末期，科舉的弊病日益顯露，許多讀書人只是為求取功名利祿參加科舉考試，以八股文應試的規定，使讀書人只知道背誦四書五經，缺乏真實的學問和處理事務的能力。許多人雖然考中進士，卻胸無大志，只知苟安度日。與這些進士相比，那些底層的平民保持著淳樸的道德觀念，他們對社會的貢獻超過了那些飽食終日無所事事的達官貴人，孔子說：「禮失而求之野。」就是這樣的情形。

一・八一　眉睫纔交❶，夢裡便不能張主❷；眼光落地❸，泉下❹又安得分明❺。

【注釋】❶眉睫纔交　眼睛閉上，指剛睡著。❷張主　做主。❸眼光落地　指人死去。❹泉下　黃泉之下，指人死後埋葬的地方。❺分明　明白；清楚。

【語譯】眼睛一閉，夢裡便失去了清醒的意識；人已去世，黃泉之下又怎麼能辨明是非。

【研析】人在夢裡，身不由己，去世之後，是非難辨，只有在清醒的時候多做好事，才不枉此生。

一・八二　佛只是個了❶，仙也是個了，聖人了了❷不知了。不知了了是了了，若知了了便不了。

【注釋】❶了 了卻；了斷。❷了了 明白、聰明，通達事理。

【語譯】佛只是講了卻世俗之心，神仙也講了卻世俗之心，聖人通達事理卻不知了卻世俗之心。不知道聰明才是真正的聰明，如果知道聰明就不能了卻世俗之心。

【研析】佛道講出世，提倡斬斷一切塵緣俗念，儒家講入世，雖然通達事理，卻不能摒棄世俗之念。佛道講絕聖棄智，一切順應天意、自然，放棄一切人為的努力，這樣才是真正的領悟，儒家講道德修養，要努力進取，總有難以釋懷之處。

一·八三 萬事不如杯在手，一年幾見月當頭。

【語譯】世間萬事不如酒杯在手快活，一年之中能見到幾回明月當頭。

【研析】明何良俊《四友齋叢說》載：此兩句詩是明代蘇州詩人朱存理所作。董其昌《畫禪室隨筆》說存理好友、著名的書法家文徵明曾寫此兩句詩。清孔尚任《桃花扇》云明末大臣王鐸曾為南明弘光帝書此兩句為楹聯，不知何據。這兩句話表達了人生苦短，不如及時行樂的思想。

一・八四　憂疑杯底弓蛇❶，雙眉且展；得失夢中蕉鹿❷，兩腳空忙。

【注　釋】❶杯底弓蛇　用「杯弓蛇影」的典故。應劭《風俗通義・怪神》載：杜宣夏至日赴宴，「時北壁上有懸赤弩照于杯，形如蛇。宣畏惡之，然不敢不飲。」杜宣酒後感到腹痛，久醫不癒，後來知道杯中之蛇是壁上懸弓的倒影，腹痛頓時消失。後以此典故比喻因疑神疑鬼而引起的恐懼。❷夢中蕉鹿　指夢幻不實。《列子・周穆王》：「鄭人有薪於野者，遇駭鹿，御而擊之，斃之。恐人見之也，遽而藏諸隍中，覆之以蕉，不勝其喜。俄而遺其所藏之處，遂以為夢焉。」蕉，通「樵」，柴薪。

【語　譯】心存憂疑就像杯弓蛇影，自己驚嚇自己，且展開雙眉，樂觀地對待生活；人世的得失，就像夢裡的蕉鹿那樣虛幻，若為此奔走，只是空忙一場。

【研　析】胸懷坦蕩，不為名利得失奔忙，是許多晚明文人追求的自適悠閒的理想生活。

一・八五　名茶美酒，自有真味❶，好事者投香物佐❷之，反以為佳。此與高人❸韻士❹誤墮塵網中何異。

【注　釋】❶真味　本來的味道。❷佐　輔助；幫助。這裡是增加、調和茶酒味道的意思。❸高人　志行高尚的人。❹韻士　風流之士。

【語　譯】名茶美酒，自有其本來的味道，好事的人放入香料來增加味道，反而認為這樣更好。這與高人韻士誤入風塵有什麼兩樣。

【研　析】中國文人受老莊思想的影響，提倡自然本色的審美理念，反對人為的雕琢藻飾，晚明文人表現得尤為特出。明代中葉，由何良俊發起，在戲曲領域展開了一場關於本色論的大討論；唐宋派則在詩文領域提出了「本色論」，主張人品高詩文的格調就高，反對在辭藻格律上抄襲模仿古人。李贄則提出了「童心論」，認為「童心」即「真心」，是「絕假純真，最初一念之本心」。李贄把能不能表達童心作為評判文學作品的唯一標準。在李贄影響下，晚明公安派提出「獨抒性靈，不拘格套」，都是強調文學必須自然本色。

一・八六　花棚石磴❶，小坐微醺❷。歌欲獨，尤欲細；茗欲頻，尤欲苦。

【注　釋】❶石磴　石頭臺階。❷微醺　微醉。

【語　譯】花棚下臺階上，帶著微醺稍坐片刻。歌要獨自吟唱，更要悠揚委婉；茶要頻頻地端上，更要有苦澀的味道。

【研　析】此條描寫士大夫的生活情趣。喝酒微醺是最佳境界，沒有幾分酒意就沒有喝酒的趣味，喝得酩酊大醉則煞風景，唯有將醉未醉之際，精神亢奮而意識未亂，才能領會到喝酒的妙處。古人唱曲講究清揚婉轉，袁宏道〈虎丘〉一文描寫中秋虎丘千人石唱曲的盛會：「布席之初，唱者千百，聲若聚蚊，不可辨識。分曹部署，競以歌喉相鬥，雅俗既陳，妍媸自別。未幾而搖頭頓足者，得數十人而已；已而明月浮空，石光如練，一切瓦釜，寂然停聲，屬而和者，才三四輩。一簫，一寸管，一人緩板而歌，竹肉相發，清聲亮徹，聽者魂銷。比至深夜，月影橫斜，荇藻凌亂，則簫板亦不復用。一夫登場，四座屏息，音若細髮，響徹雲際，每度一字，幾盡一刻，飛鳥為之徘徊，壯士聽而下淚矣。」袁宏道在文章中描寫了唱曲的五種境界：千百人的群眾會唱、數十人的大合唱、三四人的小合唱、兩人伴奏的獨唱、一個人的清唱。一個人清唱是唱曲的最高境界，而「音若細髮，響徹雲際，每度一字，幾盡一刻」是對「歌欲獨，尤欲細」的具體描寫。「茗欲頻」並不是說不斷地喝茶，而是喝茶要慢慢品嘗，不可一飲而盡的意思。喝茶若一飲而盡，就不是品茶，而是牛飲了。上品好茶，初入口有些苦澀，但苦後有甘甜的回味，便是茶的妙處。若是舌頭嘗到的，但當茶經由喉嚨入肚時，便留下甘醇之味，滿嘴清香了。

一·八七　**善默即是能語，用晦❶即是處明❷，混俗❸即是藏身，安心即是適境。**

【注釋】❶用晦　隱藏才能，不露鋒芒。❷處明　顯示才幹。❸混俗　混同於俗世。

【語譯】善於沉默就是能言善辯，不露鋒芒就是顯示才能，混同世俗就是安身立命，心情安定就是適應環境。

【研析】此條宣揚老子順應自然、無為而為、以退為進、韜光養晦的思想。《老子》第四十一章說：「明道若昧，進道若退，夷道若纇；上德若谷，大白若辱，廣德若不足，建德若偷，質真若渝；大方無隅，大器晚成，大音希聲，大象無形。道隱無名。」「善嘿即是能語」，有時候沉默比語言更能表達一個人的思想和態度，「此時無聲勝有聲」，在某些場合，沉默比不著邊際的繁言瑣語更有意義。「用晦即是處明」，韜光養晦是一種智慧，一種才能。韜光養晦不是退縮逃避，而是堅持忍耐，只有胸懷大志，審慎地判斷形勢，是非得失了然於胸，才能正確地採取韜光養晦的策略。「混俗即是藏身」，大隱隱於市，能混同世俗而保持高尚的氣節，是更高的思想境界。「安心即是適境」，只要內心安寧祥和，無論外部環境多麼惡劣，都能夠適應。

一・八八　雖無泉石❶膏肓❷，煙霞❸痼疾❹，要識山中宰相❺，天際真人❻。

【注釋】❶泉石　指山水。❷膏肓　指難以治療的病。此指酷愛山水如病入膏肓。古代把心尖脂肪稱為「膏」，心臟與膈膜之間稱為「肓」，病入膏肓即病重難醫。《左傳・成公十年》：「疾不可為也，在肓之上，膏之下，攻之不可，達之不及，藥不至焉，不可為也。」❸煙霞　雲霞，泛指山水。❹痼疾　久治不癒的病。此指酷愛山水成癖。❺山中宰相　指隱居山林的高賢。《南史・陶弘景傳》載：陶弘景隱居茅山，梁武帝時禮聘不出，國家每有大事常去諮詢，「月中常有數信，時人謂為山中宰相」。❻天際真人　指天上的仙人。

【語譯】雖然沒有對山水的癖好痴狂，還是要結識山中的賢人和天上的神仙。

【研析】山中宰相不一定隱居深山，大隱隱於市，朝市中也有風雅高尚的賢人。神仙也不一定高高在上，他們時常混跡於人世，就看你有沒有靈性去識別他們。

一·八九　氣收❶自覺怒平，神斂自覺言簡，容人自覺味❷和，守靜自覺天寧。

【注釋】❶氣收　氣息平和。氣，呼吸；氣息。❷味　味道，指情味、意味。

【語譯】氣息平和自然覺得怒火平息，精神收斂自然覺得言語簡明，待人寬厚自然覺得情味和暢，保持內心的平靜自然就覺得天道寧靜平和。

【研析】怒氣傷身，中醫認為「怒傷肝，喜傷心，悲斷肝腸。輕者氣逆不下，積血薄凝；重者面留兇相，氣絕嘔血」。佛教將「貪嗔癡」稱為「三毒」，嗔即忿怒。養生家主張調身、調息、調心平息怒氣，從而達到養生之目的。佛教則講禪定，通過調和氣息使心念安定。所謂調息，是把呼吸調和成慢、細、長的氣息。語言是表達思想的工具，精神散漫，思想混亂，就會語不及意，雜亂無章。精神專注，思想明確，語言就簡明扼要。有容人的雅量，才能處理好人際關係，從而感覺到人情世味和諧舒暢。若待人刻薄寡恩，四面樹敵，就會生活在惶恐不安之中。「守靜」語出《老子》：「致虛極，守靜篤。」指保持平靜的心態，達到心靈空明的境界，其目的是「歸根曰靜，靜曰復命，復命曰常，知常曰明」，守靜才能「歸根復命」，體悟大道，即體會道宇宙的法則。明呂坤《呻吟語》說：「造化之精，性天之妙，唯靜觀者知之，唯靜養者契之，難與紛擾者道。」一個充滿私心雜念，為名利四處鑽營的人，不可能把握生命的真諦，對人生有清醒的認識。

一·九〇　處事不可不斬截❶，存心不可不寬舒❷，待己不可不嚴明，與人不可不和氣。

【注釋】❶斬截　果斷俐落。❷寬舒　寬厚平和。

【語譯】處理事情不能不果斷，心裡的念頭不能不寬厚，對待自己不能不嚴格，對待別人不能不和氣。

【研析】此條講處世為人的道理和方法，但並不是完全正確。處理事情應該果斷，但也要謹慎，如果該果斷時拖泥帶水，就會貽誤時機，辦不成事情。但一味強調果斷而缺乏謹慎，就會流於冒失魯莽，只會把事情辦壞。處理事情，存心寬厚是不錯的，但不能有東郭先生那樣的仁慈，放走惡狼不僅危害自己，還會危害更多的人。然而佛教講普度眾生，認為一切皆有佛性；儒家講善惡分明，主張從善如流，疾惡若讎。這是佛教和儒家的區別。

一·九一　居不必無惡鄰，會不必無損友❶，唯在自持者兩得之。

【注釋】❶損友　對自己有害的朋友。

【語譯】居住不一定要選擇沒有壞鄰居的地方，聚會不一定要拒絕那些有害於自己的朋友，只有能自守節操的人，才能使自己與鄰居、朋友都有所收益。

【研　析】孟母擇鄰而居，是重視環境的作用，然而相對於環境而言，人的主觀意識更為重要。如果具有高尚的節操，環境再汙濁，也能出於汙泥而不染，而且能夠影響、改造環境。

一·九二 要知自家是君子小人，只須五更頭檢點思想的是什麼便見得。

【語　譯】要知道自己是君子還是小人，只要在五更拂曉時，檢點自己想些什麼就見分曉了。

【研　析】本卷第六〇條說：「良心在夜氣清明之候。」與此條是一個意思。王守仁《王文成全書》說：「夜氣清明時，無視無聽無思無作，淡然平懷，就是羲皇世界。平旦時神清氣朗，雍雍穆穆，就是堯舜世界。」王守仁認為，深夜清晨，神氣清明，是人們精神狀態最佳的時刻，到了白天，世事俗念糾纏擾雜，神氣昏沉不清，因此深夜清晨，最適合自我反省，修身養性。

一·九三 以理聽言❶，則中有主；以道窒欲❷，則心自清。

【注　釋】❶以理聽言　根據事理來判斷別人的言論。❷以道窒欲　用道德來克制欲望。

【語　譯】根據事理來判斷別人的言論，那麼心中就有主見；用道德來克制欲望，那麼心境自然清明。

【研析】佛道講禁欲，認為欲望是萬惡之源。儒家講「發乎性情，止乎禮儀」，要把欲望克制在道德許可的範圍內，宋明理學則講「滅人欲，存天理」。陽明心學認為，人心如鏡，本來明亮，被欲念蒙蔽，如鏡沾塵，只有摒除欲念，才能保持心地的明淨。

一·九四 先淡後濃，先疏後親，先遠後近，交友道也。

【語譯】交朋友感情上先淡漠後濃烈，關係上先陌生後親密，行動上先疏遠後接近，這是交朋友的規律。

【研析】交友從相識到相知，有個逐漸瞭解的過程，所以朋友間的正常關係應該從淡到濃，從疏到親，從遠到近。朋友間的友誼要經過時間的考驗，有些人善交朋友，看到誰都一見如故，但因為缺乏瞭解，日後就會發生齟齬衝突，故友誼不能長久。只有先淡後濃，先疏後親，先遠後近的朋友，才能夠持久。《莊子·山木》說：「君子之交淡如水，小人之交甘若醴。」君子以德交友，沒有功利的目的，因此與人交往真誠而悠久。小人以利交友，把結交朋友作為獲取私利的手段，當有利可圖時，與朋友打得火熱，一旦無利可圖，就翻臉不認人了。因此交友須謹慎。

一·九五 苦惱世上，意氣❶須溫；嗜欲場中，肝腸❷欲冷。

【注釋】❶意氣　指人的情緒。❷肝腸　指人的內心。

【語譯】在充滿苦惱的世界上，情緒一定要平和；在充滿欲望的場合中，內心一定要冷靜。

【研析】意氣須溫，用今天的話來講，就是保持良好的心態。有了良好的心態，就能克服一切困難，使自己的生活充滿陽光。在世事紛爭，眾人為名利奔忙的時候，能保持冷靜的態度，可以減少許多煩惱。

一・九六　形骸非親，何況形骸❶外之長物❷；大地亦幻，何況大地內之微塵。

【注釋】❶形骸　人的形體。❷長物　多餘的東西。

【語譯】人的身體並不真正屬於自己，更何況身外多餘的東西；大地也是虛幻的，更何況大地之內的細小塵土。

【研析】此條宣揚佛教四大皆空，一切都是虛妄的觀念。佛教把人身稱為「臭皮囊」，即裝汙穢事物的袋子。佛教還認為，人身是地水火風「四大」假合而成，是虛幻不實，汙穢不淨的，因此不值得留戀。既然自身都不值得留戀，那麼世上還有什麼值得留戀的呢？

一・九七　人當溷擾❶，則心中之境界❷何堪？人遇清寧❸，則眼前之氣象❹自別。

【注釋】❶溷擾　煩擾；打攪。❷心中之境界　即心境。心情；情緒。❸清寧　清淨；寧靜。❹氣象　景色；景象。

【語譯】人處於紛擾的環境中，那時的心境怎麼能夠忍受？人處於清淨的環境中，眼前的景色自然別有風致。

【研析】《小窗幽記》是隨手撮錄的筆記，內容或有矛盾，觀念也不相同。此條講環境對人心情的影響，但書中更多講主觀對環境的超越。

一·九八　寂而常惺❶，寂寂❷之境不擾；惺而常寂，惺惺之念不馳。

【注釋】❶惺　清醒。❷寂寂　寂靜無聲。

【語譯】孤獨的時候經常保持清醒的頭腦，寂靜的心境就不會受到干擾；清醒的時候經常處於孤獨的狀態，清醒活躍的思想就不會放縱。

【研析】此條宣揚「慎獨」，即在無人監督時要保持清醒的頭腦，堅持自己的道德信念，自覺地按照道德規範行事。《禮記·中庸》說：「道也者，不可須臾離也，可離非道也。是故君子戒慎乎其所不睹，恐懼乎其所不聞，莫見乎隱，莫顯乎微。故君子慎其獨也。」

一・九九 童子智少，愈少而愈完❶；成人智多，愈多而愈散❷。

【注釋】❶完 保存；保全。❷散 喪失；亡失。

【語譯】兒童知識少，知識越少天性越能保全；成人知識多，知識越多天性就越喪失。

【研析】此條從李贄的「童心說」而來。李贄在〈童心說〉一文中說：「童心」即人的天性，是「絕假純真，最初一念之本心」。人的「童心」在成長的過程中逐漸迷失，是因為「聞見道理」的束縛，而「聞見道理」「皆自多讀書識義理而來」。李贄認為，孩童沒知識，不懂義理，飢食倦眠，率性而為，喜怒哀樂，出於自然，及至長大讀書，懂得義理，一切行為都受義理束縛，人的自然本性就受到傷害。李贄的「童心說」直接從孟子的「赤子之心」而來，但也受到老莊思想的影響。老莊提倡「絕聖棄智」，認為知識只會產生奸詐虛偽，人類應該保持原始的質樸狀態。《莊子》記載了這樣一個寓言：天地開闢時候，混沌無知無識，於是有人為他鑿開七竅，七竅成而混沌亡。莊子用這個寓言說明，知識的積累，文明的發展，會戕害人的自然本性。

一・一〇〇 無事便思有閒雜❶念頭否，有事便思有粗浮❷意氣否；得意便思有驕矜辭色❸否，失意便思有怨望❹情懷否。時時檢點得到，從多入少，從有入無，才是學問真的消息❺。

【注釋】❶閒雜　混雜不純。❷粗浮　粗俗浮誇。❸辭色　言辭和神色。❹怨望　怨恨不滿。❺消息　關鍵。

【語譯】沒有事情的時候就反思自己有沒有雜亂的念頭，有事情的時候就反思自己有沒有粗俗浮誇的情緒；得意的時候要反思自己有沒有驕傲自負的言辭和神色，失意的時候要反思自己有沒有怨恨不滿的情緒。時時檢查自己的行為，使這些習氣從多到少，從有到無，這才是做學問的關鍵。

【研析】此條講道德修養的途徑和方法。〈大學〉說：「欲修其身者，先正其心；欲正其心者，先誠其意。」正心指端正而不存邪念，誠意指真誠而不自欺。〈大學〉又說：「所謂誠其意者，毋自欺也。如惡惡臭，如好好色，此之謂自謙。故君子必慎其獨也。」正心誠意是個人修養的基礎，而其表現為慎獨自律，即一人獨處時，也要嚴格要求自己。孔子強調「內省不疚，夫何憂何懼」，主張在內心省察自己的思想、言行有無過失，孟子的「存心」、「求放心」，程頤的「誠敬」、「致和」、「集義」，王陽明的「致良知」，都是「內省」說的發揮。王陽明還提出「省察克治之功，則無時而不可間」，主張不斷進行自我反省，自覺克制各種私欲和不良習氣。此條所講四個「思」，皆是內省自律的修養方式，而「時時檢點得到，從多入少，從有入無」，則是強調個人的修養必須堅持不懈，循序漸進，反對禪宗「直入頓悟」的方法。

一・一〇一　筆之用以月計，墨之用以歲計，硯之用以世❶計。筆最銳，墨次之，硯鈍者也。豈非鈍者壽❷，而銳者夭❸耶？筆最動，墨次之，硯靜者也。豈非靜者壽而動者夭乎？於是得養生焉。以鈍為體，以靜為用❹，唯其然是以能永年❺。

【注　釋】❶世　人的一輩子。❷壽　長壽；年歲大。❸夭　短命；早死。❹以鈍為體二句　以鈍為本體，以靜為作用。「體」和「用」是中國哲學的一對範疇。「體」代表本體、本質，「用」代表作用、形式。❺永年　長壽。永，長久的意思。

【語　譯】筆的使用時間是以月計算的，墨的使用時間是以年計算的，硯臺的使用時間是以人的一世計算的。筆最鋒利，墨其次，硯臺是最鈍的。難道不是鈍的東西長壽，而鋒利的東西短命嗎？筆最好動，墨在其次，硯臺是最安靜的。難道不是安靜者長壽而好動者短命嗎？從這裡可以得到養生的道理了。以鈍為本體，以靜為作用，只有這樣才能長壽。

【研　析】以鈍為體，以靜為用，實則是老子所宣揚的「抱樸守拙」、「無為而治」的思想。佛教也強調「一動不如一靜」。宋代張端義《貴耳集》載：「孝守幸天竺及靈隱，有僧輝相隨。見飛來峰，問輝曰：『既是飛來，如何不飛去？』對曰：『一動不如一靜。』」此條從養生的角度，提出靜者長壽的道理，具有一定的合理性。現在常說「生命在於運動」，運動有利於健康，但要因人因時而宜，要適可而止。運動過量，對人們，尤其是對老年人，也是有損健康的。

一·一〇二 貧賤之人，一無所有，及臨命終時，脫一「厭」字；富貴之人，無所不有，及臨命終時，帶一「戀」字。脫一「厭」字，如釋重負；帶一「戀」字，如擔枷鎖。

【語譯】貧賤的人，什麼都沒有，到臨死時擺脫了對人世的厭煩；富貴的人，什麼都有，臨死時帶著對人世的貪戀。擺脫了對人世的厭煩，就像放下了沉重的負擔；始終不忘對人世的貪戀，就像扛著一副枷鎖。

【研析】此條言窮人厭世，視死亡為解脫，富人戀世，難以擺脫對人生的留戀。自古及今，亡命之徒以窮人為多，而富家子弟珍惜生命，有「千金之子坐不垂堂」的說法。

一·一〇三 透得❶名利關，方是小休歇❷；透得生死關，方是大休歇。

【注釋】❶透得 指參透、明瞭。❷休歇 休息；歇息。此處指解脫。

【語譯】參透名利，只是小解脫；參透生死，才是大解脫。

【研析】名利事小，容易參透，生死事大，難以參透。千百年，人們對生死的思考始終沒有停止，生死的道理，看似簡單，但要真正看透很難。人的生命只有一次，死亡誰也不能避免，對死亡的恐懼，來自對生命的珍惜。然而，生命的意義並不相同。古人有句話：「不知死，焉知生。」不能正確地對待死亡，也就不能正確地對待生活。中國的儒家，講殺身成仁，提倡生命要有意義，要有益於社會。道教、佛教重視個體的生命，但對待生命的態度有所不同。道教貪生，因此要求長生，延續生命；佛教怕死，因此要求解脫，減少人們對死亡的恐懼。人們的信仰不同，對待生死的態度也就不同。

一・一〇四　人欲求道❶，須於功名上鬧一鬧方心死，此是真實話。

【注　釋】❶求道　追求得道，指成仙成佛。

【語　譯】人要得道，必須在功名上折騰一番才死心，這是真實話。

【研　析】成仙成佛，必須斷絕功名之念，然要斷絕功名之念，必須先在功名場中折騰一番，才能知道功名給人帶來的煩惱，然後徹底摒棄功名的念頭。

一・一〇五　病至，然後知無病之快；事來，然後知無事之樂。故禦病❶不如卻病❷，完事❸不如省事。

【注釋】❶禦病　治病。❷卻病　避免疾病。❸完事　完成；了結。

【語譯】病來了，然後知道沒有病的快樂；事情來了，然後知道沒有事情的快樂。所以治療疾病不如預防疾病，解決事情不如省卻事情。

【研析】有人說過：世上有兩件東西，有的時候不能愛惜，失去後才知道它的珍貴，那就是青春和健康。人只有生病的時候，才覺得健康的寶貴。人閒的時候，並不覺得快樂，只有在忙碌的時候，才體會到悠閒的快樂。

一・二〇六　諱❶貧者死於貧，勝心❷使之也；諱病者死於病，畏心蔽之❸也；諱愚者死於愚，癡心❹覆❺之也。

【注釋】❶諱　忌諱；嫌惡。❷勝心　好勝之心。❸蔽之　使他昏聵不明。❹癡心　執迷不悟。❺覆　覆蓋；遮蔽。

【語譯】忌諱貧窮的人死於貧窮，是好勝之心使他這樣的；忌諱疾病的人死於疾病，是畏懼之心使他昏聵不明的；忌諱愚笨的人死於愚笨，是執迷之心使他受蒙蔽的。

【研析】這一條是對人性弱點的剖析。害怕貧窮的人，無止境地追求著財富，臨死的時候，儘管已有萬貫家財，還是覺得自己不夠富有。有病的人諱疾忌醫，最終還是死於疾病。害怕自己成為愚笨的人，於是處處弄機巧，結果弄巧成拙，到頭來還是執迷不悟。生活中經常發生這樣的事情，要的東西得不到，可是怕什麼來什麼，這也是一種辯證法。如果以平常心對待生活，不執著一端，就可以活得很悠閒瀟灑。

一・一〇七　古之人，如陳玉石於市肆，瑕瑜❶不掩；今之人，如貨❷古玩於時賈❸，真偽難知。

【注釋】❶瑕瑜　缺點和優點。瑕，玉中的斑點和裂痕，引申為瑕疵。瑜，美玉，亦指玉的光彩，引申為優點。❷貨　購買。❸時賈　即行商。外出經營的流動商人。

【語譯】古代的人，就像把玉石陳列在市場上，好壞都不掩飾；現在的人，就像從行商手中買古玩，真假難辨。

【研析】此條感歎世風日下，人心不古。作者認為古代人心地淳樸，不虛偽、不矯飾，好壞一目了然，是個自然真實的人。現在的人浮誇虛飾，善於偽裝，使人不辨真假。《紅樓夢》說：「假作真時真亦假。」就是對是非不分，真假難辨世道的批評。

一・一〇八　士大夫損德處，多由立名心太急。

【語　譯】士大夫道德有所缺損，大多是由於追求名聲的心情太迫切。

【研　析】士大夫能視金錢如糞土，不為利祿所誘惑，卻往往為高名清譽所耽誤。有人為追求名聲，不惜弄虛作假，這就於道德有虧了。

一・一〇九　多躁者，必無沉潛之識❶；多畏者，必無卓越之見；多欲者，必無慷慨之節❷；多言者，必無篤實之心❸；多勇者，必無文學之雅。

【注　釋】❶沉潛之識　深沉的見識。❷慷慨之節　激昂的氣節。❸篤實之心　淳樸的心思。

【語　譯】過分急躁的人，一定沒有深沉的見識；膽小怕事的人，一定沒有卓越的見解；欲望太多的人，一定沒有激昂的氣節；誇誇其談的人，一定沒有淳樸的心思；過分勇猛的人，一定沒有文學的雅趣。

【研　析】過分急躁的人，是因為沒有涵養，而涵養從學問見識中來。膽小怕事的人，因為沒有卓越的見解，不能掌控事態發展的局面，預見事情的結果，才會感到害怕。被欲望纏縛的人，患得患失，就不會有慷慨激昂的氣概。誇誇其談的人，經常文過飾非，言論缺乏誠信。勇猛的人往往缺乏文學的天賦和興趣，因為文學需要含蓄委婉，而不能直來直去。

一·一二〇　剖去胸中荊棘❶，以便人我往來，是天下第一快活世界❷。

【注　釋】❶胸中荊棘　心中的嫌隙、隔閡。❷快活世界　快樂的境界。世界，此處意為境界。

【語　譯】除去心中的隔閡，以方便自己與他人的往來，是天下最快樂的境界。

【研　析】此條講交友之道，與朋友推心置腹，胸無芥蒂，是很高尚的境界。

一·一二一　古來大聖大賢，寸針相對；世上閒言閒語，一筆勾銷。

【語　譯】以古代的大聖人大賢人為榜樣，在每一個細小的地方對照自己；對於世上的閒言閒語，全不放在心上。

【研　析】做人應該對己嚴對人寬，要以聖賢的標準衡量自己，對於他人的閒言閒語，不要放在心上。

一·一二二　揮灑❶以怡情❷，與其應酬，何如兀坐❸；書札以達情，與其工巧❹，何若直陳；棋局以適情❺，與其競勝❻，何若促膝❼；笑談以怡情，與其謔浪❽，何若狂歌❾。

【注釋】❶揮灑　揮灑筆墨，指寫字、繪畫運筆不受拘束。❷怡情　怡悅心情；使心情快樂。❸兀坐　獨自端坐。❹工巧　經人工雕琢而成的細緻、精巧。❺適情　順應性情得到滿足。❻競勝　爭勝。❼促膝　相對而坐，兩膝接近，形容親密地交談。❽謔浪　戲謔放蕩。❾狂歌　縱情歌唱。

【語譯】寫字作畫是為了怡悅心情，與其去應酬別人，不如獨自端坐欣賞；用書信來傳達情意，與其寫得精美雕琢，不如直抒胸臆；下棋使性情舒暢，與其與人一爭輸贏，不如親切的交談；談笑使心情快樂，與其戲謔放蕩，不如放聲歌唱。

【研析】此條宣揚悠閒自適、淳樸自然的生活方式。寫字作畫本為怡悅心情，有人將其作為應酬的方式，更有人作為謀生獲利的手段，就變高雅為世俗了。書信本是用來傳遞信息，表達情感的，直抒胸臆、簡明扼要就好，後人將書信作為一種文學體裁，寫信不僅是給特定對象看的，而且是給公眾欣賞的，於是講究構思精巧、詞句華美，背離了寫信的初衷。下棋本來是種娛樂，兩人對弈，猶如促膝談心，互相交流，所以古人把下棋稱為「手談」。可是許多人下棋只是為爭輸贏，往往為一著棋爭得面紅耳赤，失去了娛樂的意義。李漁在《閒情偶寄》中說到，看人下棋比自己下棋開心，因為看人下棋不必為輸贏而操心，置身局外，更能體會下棋的樂趣。棋如人生，若在人生的棋局上，置名利得失於度外，就能擺脫許多煩惱，更充分地享受到生活的樂趣。聊天應該在安靜的環境中輕鬆地進行，若是打鬧取樂，還不如縱情高歌，更讓人高興。

一・一一三 「拙」之一字，免了無千❶罪過；「閒」之一字，討了無萬便宜。

【注釋】❶無千 無數之意。後面「無萬」意同。

【語譯】一個「拙」字，免去了無數的罪過；一個「閒」字，討了無數的便宜。

【研析】老莊思想提倡「抱樸守拙」，主張人們應該少私寡欲，淡泊名利，保持自然本性。天下熙熙，皆為利來，天下攘攘，皆為利往，於是生出無數是非、無數爭鬥。古人有格言云「求名心切必作偽，求利心重必趨邪」，許多人犯罪，皆因不能擺脫名利的誘惑。「閒」指悠閒，既指淡泊名利的胸襟，又指與世無爭的生活態度。世人所爭，無非名利，若與世無爭，超然於名利，就能擺脫無數煩惱，使身心獲得充分的自由。

一・一一四 斑竹❶半簾，惟我道心❷清似水；黃粱一夢❸，任他世事冷如冰。欲住世出世❹，須知機❺息機❻。

【注釋】❶斑竹 有紫褐色斑點的竹子，也稱湘妃竹。傳說舜的妃子娥皇、女英因思念死去的丈夫，日夜悲啼，眼淚滴落竹上，就成了斑竹。❷道心 悟道之心。❸黃粱一夢 唐李泌《枕中記》載：盧生在旅店遇到神仙呂翁，向他訴說自己的窮困。呂翁拿出一瓷枕，讓他枕著睡覺。盧生在夢中享盡榮華富貴，醒來後才發現只是一場夢。這時旅舍主人煮的黃米飯還沒熟。後來就以黃粱夢比喻人生的虛幻。❹住世出世 指人住在塵世之中，心卻在塵世之外。❺知機　有預見，能看到事物變化的細小徵兆。機，徵兆；預兆。❻息機　熄滅機巧功利之心。機，機巧；巧詐。

【語譯】斑竹簾半遮半掩，只有我的求道之心清涼如水；人生如黃粱一夢，任他世事冷如冰雪。要身在塵世之中，而心在塵世之外，必須有先見之明，平息機巧功利之心。

【研析】此條言修道之人，要心如止水，不受塵俗擾亂，要具有識見，洞察事物的發展變化。

一・二五　書畫為柔翰❶，故開卷❷張冊❸貴於從容；文酒為歡場，故對酒論文忌於寂寞。

【注釋】❶柔翰　毛筆。❷卷　書畫的卷軸。❸冊　冊頁，分頁裝潢成冊的字畫。

【語譯】書畫是用柔軟的毛筆創作而成，所以打開卷軸翻開冊頁的時候貴在從容不迫；飲酒賦詩是歡樂的場合，所以一邊喝酒一邊談論詩文切忌寂寞冷清。

【研析】書法繪畫是個人靜坐一室，揮毫而成，打開卷冊欣賞時也要從容不迫，仔細品味。古人總是把酒和文聯繫在一起，以酒助詩興，有「李白斗酒詩百篇」的說法。文人相聚，把酒論文，高談闊論，自然不會寂寞。此條以書畫詩酒為例，說明人生處境總有冷熱兩端，須根據不同情況泰然處之。

一・一一六 榮利❶，造化❷特以戲人。一毫著意❸，便屬桎梏❹。

【注釋】❶榮利　榮華利祿。❷造化　指創造自然的上天。❸著意　留心，此處作貪戀講。❹桎梏　刑具；手銬腳鐐。引申為拘禁、束縛。

【語譯】榮華利祿，是上天特地用來戲弄人的。若有一絲一毫的貪戀，就成了拘禁人的枷鎖。

【研析】古人視名利為束縛人的桎梏，有「名韁利鎖」之說。名利本身是成功和榮譽的象徵，是對人們努力的回報，對業績的嘉獎。正確地對待名利，可以激勵人們努力進取，為社會和人類作出更大的貢獻，不必對名利談虎色變，避之唯恐不及。如果沒有正確的名利觀，把追逐名利當作人生的最高目標，名利就成為束縛人的桎梏。刻意追逐名利，以致不擇手段、弄虛作假、損人利己，勢必損害心靈健康和人格尊嚴。《茶花女》中有一句名言：「金錢是好僕人，壞主人。」名利也是如此。一旦為名利所驅使，陷入爭名奪利的漩渦不能自拔，就會失去理智，放棄良知、正義、情感和責任，心靈不再安寧，人性失去自由。

一・一一七 士人不當以世事分❶讀書，當以讀書通世事。

【注釋】❶分　割裂；分開。

【語譯】讀書人不應當把世事和讀書相分離，應當通過讀書通達世事。

【研析】儒家歷來強調，讀書為經世致用，若讀書而不能應用，不通世事，就成了書呆子，知識再多也無濟於事。《南史．陸澄傳》載：「澄當世稱為碩學，讀《易》三年不解文義，欲撰《宋書》竟不成。王儉戲之曰：『陸公，書櫥也。』」願天下讀書人不要像陸澄那樣，成為只知記憶而不能應用知識的書櫥。

一二八 天下之事，利害常相半。有全利而無小害者，惟書。

【語譯】天下的事情，利與害常常是對半的。全是好處而沒有一點害處的，只有書本。

【研析】天下之事，有一利必有一弊，而且利和弊是互相轉換的。若說書本有全利而無小害，並不正確。書本中所說的道理，並不一定對，還有許多書是謬種流傳，遺禍後人，需要讀書者自己去鑑別，千萬不能迷信書本。孟子就說過：「盡信書不如無書。」

一二九 意在筆先❶，向庖羲❷細參❸《易》畫❹；慧生牙後❺，恍顏氏❻冷坐書齋。

【注釋】❶意在筆先　指詩文書畫創作中，先醞釀構思成熟，然後落筆。❷庖羲　即伏羲，傳說中古代三皇之一，創造了天地八卦之象。❸細參　潛心參悟天地萬物。❹易畫　《易經》中的八卦圖像。❺慧生牙後　即拾人牙慧，拾取他人的一言半語當做自己的話。此處意謂智慧都是在學習、繼承前人的學問基礎上形成的。❻顏氏　顏回，孔子的學生，甘於清貧，專心向學。孔子曾讚揚他：「賢哉回也，一簞食，一瓢飲，在陋巷，人不堪其憂，回也不改其樂，賢哉回也！」（《論語・雍也》）

【語　譯】醞釀構思在落筆之前，從前庖羲先潛心參悟透天地萬物，然後畫出了《易經》的八卦圖；繼承前人的學識智慧，恍然如顏回冷清地坐在書齋中刻苦攻讀。

【研　析】知識要通過學習積累，創作要厚積薄發，在積累知識和經驗的基礎上，才能創作出成功的作品。

一・一二〇　明識紅樓❶為無冢之丘壠❷，迷來❸認作捨生岩❹；真知舞衣為暗動之兵戈，快去暫同試劍石❺。

【注　釋】❶紅樓　同「青樓」。妓女所居處。❷無冢之丘壠　沒有墳墓的墳地。冢，墳墓。丘壠，墓地。❸迷來　痴迷的時候。❹捨生岩　佛教傳說中跳下去能得到解脫的山崖。❺試劍石　測試寶劍是否鋒利的石頭。相傳春秋時秦王和吳王在虎丘試劍，漢代馬援在桂林伏波山試劍，三國時劉備和孫權在鎮江的北固山試劍，那些地方都有試劍石。

【語　譯】明明知道紅樓是沒有墳墓的墓地，痴迷的時候把它當做能夠求得解脫的地方；真切地明白妓女的舞衣就像看不見的殺人兇器，能否趕緊離去就成了考驗一個人定力的「試劍石」。

【研　析】古人將聲色場視作虎狼窩，將色欲視作伐性斧，認為放縱情欲會戕害人的生命。自宋以來，流傳著一組〈四貪詞〉，其中提到「色」是這樣說的：「休愛綠鬢美朱顏，少貪紅粉翠花鈿。損身害命多嬌態，傾國傾城色更鮮。　莫戀此，養丹田，人能寡欲壽長年。從今罷卻閒風月，紙帳梅花獨自眠。」古人提出寡欲以養壽，並不科學。根據現代科學研究，滿足人的正常情欲有益於健康，而禁欲、寡欲只會有害於健康。中國古代還有「女人禍水」、「紅顏誤國」的議論，認為迷戀女色，會消磨男人的豪情壯志，給事業帶來巨大的損失，甚至禍國殃民。在一些中國的古代小說中，開頭經常引用這樣的一首詞：「丈夫隻手把吳鉤，欲斬萬人頭。如何鐵石，打成心性，卻為花柔？請看項籍與劉季，一似使人愁。只因撞著，虞姬、戚氏，豪傑都休。」這首詞說項羽劉邦都是英雄，但遇到虞姬和戚夫人，就英雄氣短，兒女情長了。在中國古代小說中，英雄豪傑都是不近女色的，《水滸》就是如此。這是帶有封建色彩的落後的「情色觀」和「婦女觀」。

一·一二　調性❶之法，須當似養花天❷；居才❸之法，切莫如妒花雨。

【注　釋】❶調性　調養性情。❷養花天　指輕雲微雨適合養花的氣候。楊慎《丹鉛總錄·時序·養花天》：「《花木譜》云：越中牡丹開時，賞者不問疏親，謂之看花局。澤國此月多有輕陰微雨，謂之養花天。」❸居才　儲養人才。

【語　譯】調養性情的方法是心平氣和，應當像輕雲微雨適合養花的氣候；儲養人才的方法是春風化雨，絕不能像摧殘花朵的疾風驟雨。

【研　析】調養性情應該心平氣和，循序漸進，不可急於求成。高尚的品格、優雅的氣質，不是一朝一夕形成的，必須經過長時期的修養磨練。培育人才，應該如春風化雨，潤物無聲，切忌粗暴嚴苛。中國的傳統教育有個錯誤做法，以為越嚴格越好，甚至以體罰作為教育的必要手段，說什麼「不打不成器」，「棍棒底下出孝子」。如此教育，抹殺了人的個性和創造力，只能培養出低眉順眼、唯唯諾諾的庸才。

一·一二二 事忌脫空❶，人怕落套❷。

【注　釋】❶脫空　即落空，指事情沒有著落。❷落套　落入俗套。

【語　譯】事情切忌沒有著落，人害怕落入俗套。

【研　析】做事要踏實，做人要有個性。做事不踏實，就一事無成，做人沒有個性，就索然無味。

一·一二三 煙雲❶堆裡，浪蕩子逐日❷稱仙；歌舞叢中，淫欲身幾時得度❸。

【注　釋】❶煙雲　煙花雲雨，指妓女。❷逐日　一天接一天；每天。❸度　度脫；解脫。

【語譯】混在妓女堆裡，浪蕩子每天覺得像仙人一樣快活；身處歌舞場中，充滿淫欲的人什麼時候才能從罪惡中解脫出來。

【研析】明代後期，都市繁榮，青樓興盛，許多人迷戀聲色場，到頭來蕩盡家產，落得個身敗名裂，成為當時一個普遍的社會問題。於是有人不斷大聲疾呼，警示人們不要沉湎於聲色情欲之中不能自拔。

一·一二四 山窮鳥道❶，縱藏花谷少流鶯❷；路曲羊腸❸，雖覆柳陰難放馬。

【注釋】❶鳥道 險峻狹窄的山路。❷流鶯 叫聲婉轉的黃鶯。❸路曲羊腸 形容小路似羊腸般彎彎曲曲，即羊腸小道。

【語譯】險峻的山路通往山的盡頭，縱然隱藏著長滿鮮花的山谷，也缺少婉轉啼鳴的黃鶯；小路彎曲似羊腸，雖然覆蓋著柳蔭，也難以放馬馳騁。

【研析】此條疑為曲詞，出處不詳。在中國古代戲曲中，常以花谷喻指妓院，流鶯喻指歌姬，柳蔭放馬喻指青樓尋歡。若依照字面理解，其意為荒僻偏遠的地方，難以招攬人才，施展才能。

一·一二五 能於熱地思冷，則一世不受淒涼；能於淡處求濃，則終身不落枯槁❶。

【注釋】❶枯槁　窮困潦倒。

【語譯】能在熱鬧的境地想到冷落時的景況，那麼一生一世不會感受到淒涼；能在平淡的生活中求得生動的情趣，那麼終身就不會窮困潦倒。

【研析】順利的時候不要忘乎所以，應該留有餘地；窮困的時候不要垂頭喪氣，應該振作精神。這才是積極的生活態度。

一・一二六　會心之語❶，當以不解解之；無稽之語❷，是在不聽聽耳。

【注釋】❶會心之語　即知心話。會心，知心；情投意合。❷無稽之語　沒有根據的話。

【語譯】知心的話，應當是不用語言解釋就能理解；沒有根據的話，聽了也當做沒有聽見。

【研析】知心話，自然心領神會，不須解釋就能互相理解；知心朋友，甚至不用語言就可以交流。無稽之談，聽過就當沒有聽到，就如蘇軾所說：「姑妄言之，姑妄聽之。」

一・一二七　佳思❶忽來，書能下酒❷；俠情一往，雲可贈人❸。

【注釋】❶佳思　好的構思；美好的意趣。❷書能下酒　宋龔明之《中吳紀聞・蘇子美飲酒》載：蘇舜欽住在岳父杜衍家，每天晚上讀書，要喝一斗酒。有一天讀《漢書・張良傳》，喝了一杯又一杯。杜衍知道後，說：「有如此下物，一斗誠不為多也。」❸雲可贈人　陶弘景〈詔問山中何所有賦詩以答〉：「山中何所有？嶺山多白雲。只可自怡悅，不堪持寄君。」詩云山中白雲只能自己欣賞，不能拿來送人。此處反用其意，言雲也可贈人。

【語譯】興致突然來了，書也能用來下酒；豪俠之情一旦激發，雲也可拿來送人。

【研析】以書下酒，展示了文人的豪情逸興。中國古代文人與酒結下不解之緣，李白高唱「人生得意須盡歡，莫使金樽空對月」，杜甫低吟「淺把涓涓酒，深憑送此身」，蘇軾感歎「明月幾時有，把酒問青天」，辛棄疾悲歌「掩鼻人間臭腐場，古來惟有酒偏香」……文人喝酒，是在品味人生，激發豪情，消解愁悶。可以這樣說，沒有酒，就沒有中國的文學。

以雲贈人，形容情誼深厚。白雲飄忽浮動，本非掌中之物，能用以贈人，是俠情感動天地所致。南朝陶弘景隱居茅山，齊高帝下詔讓他出山輔政，他婉言謝絕。齊高帝在詔書中問「山中何所有」？意為山中有什麼值得你留戀的呢？陶弘景以詩答道：「山中何所有？嶺上多白雲。只可自怡悅，不堪持贈君。」然而蘇軾作有〈攘雲篇〉，他在序言中說：「余自城中還道中，雲氣自山中來，如群馬奔突，以手掇開，籠收其中。歸家，雲盈籠，開而放之，作〈攘雲篇〉。」則雲也可以贈人。

一・一二八 藹然可親，乃自溢❶之沖和❷，裝不出溫柔軟款❸；翹然❹難下，乃生成之倨傲，假不得遜順❺從容。

【注　釋】❶自溢　自然流露。❷沖和　淡泊平和。❸軟款　溫柔、殷勤。❹翹然　昂首挺立的樣子。❺遜順　溫順。

【語　譯】和藹可親，是自然流露出來的淡泊平和，不是裝出來的溫柔殷勤；昂然挺立難以折腰，是天生的傲慢不恭，做作不來溫順從容的樣子。

【研　析】淡泊平和的人，不追逐名利，不爭強好勝，待人接物自然和藹可親。假裝恭順殷勤的人，都是心有所圖，俗語說：「無事獻殷勤，非奸即盜。」和藹可親與表面上恭順殷勤，形式上有相似之處，但目的和出發點皆不相同，故兩者有真偽之分。生性高傲的人，寧折不彎，裝不出謙遜平和的樣子。李白天性狂傲，當了幾年翰林供奉，為唐玄宗創作歌詞，成為皇帝的近臣，但他狂放如故，杜甫〈飲中八仙歌〉說：「李白一斗詩百篇，長安市上酒家眠。天子呼來不上船，自稱臣是酒中仙。」李白最終還是忍受不了侍候皇帝的工作，高唱「安能摧眉折腰事權貴，使我不得開心顏」，掛冠而去。中國文人多有傲骨，從積極方面講，是維護自尊，爭取個性自由的表現；從消極方面講，容易憤世嫉俗，與現實格格不入。

一·一二九　風流得意，則才鬼獨勝頑仙❶；孽債❷為煩，則芳魂❸毒於虐祟❹。

【注釋】❶則才鬼獨勝頑仙　陶弘景〈與梁武帝論書啟〉：「每以為得作才鬼，亦當勝於頑仙。」才鬼，有才氣的鬼怪。頑仙，愚笨的仙人。❷孽債　前世作惡欠下的債。此處特指不正當的情緣。❸芳魂　美人的魂魄。❹虐祟　惡鬼。

【語譯】若說到風流得意，那麼有才氣的鬼怪卻勝過愚鈍無知的神仙；若被孽債所牽纏，那麼美人的魂魄比惡鬼還要狠毒。

【研析】此條讚賞風流，反對貪淫。風流指瀟灑不羈，任情而行，追求包括愛情在內的適意生活，而不受禮教的束縛。貪淫則是為滿足生理需求，將女子視作發洩性慾工具的下流行徑。俗話道：「風流而不下流，多情而不濫情。」道出了兩者的區別。中國古代流傳著許多才鬼的故事，明代梅鼎祚就編有《才鬼記》一書。所謂才鬼，指情誼深重、行俠仗義、博學詳說、才能出眾的鬼怪精靈。這些才鬼的形象，寄託著文人對現實的不滿和批評，對現世無法實現的美好理想的嚮往和追求。中國古代還有不少描寫男子負心，遭女子鬼魂復仇的故事，最著名的是王魁負桂英。這個故事最早見於宋代南戲《王魁》，後來發展為《情探》，寫王魁落難，得到妓女敫桂英的救助，兩人結為夫妻。後來王魁科舉得中，休妻另娶，桂英自縊，化作鬼魂前去復仇，將王魁帶往陰間。崑劇《活捉》演閻惜嬌活捉張文遠、話本小說《滿少卿飢附飽颺》寫焦氏勾取滿少卿性命，都是同類題材的作品。女子多情，但一旦結怨，復仇的手段比男子更兇狠。

一・一三〇　極難處是書生落魄，最可憐是浪子白頭。

【語　譯】最難忍受的處境是書生窮困潦倒，最可憐的人是浪子老了還一事無成。

【研　析】在中國封建社會中，讀書人唯一的出路就是考中科舉，進入仕途。可是天下的讀書人眾多，能通過科舉考試取得功名的人少之又少。明清兩代，三年一次會試，錄取的進士也就數百人。在科舉道路上的競爭，比今日的考大學、考公務員激烈得多。古代的讀書人，除了寫幾篇八股文，背幾首唐詩宋詞，別無一技之長，科舉失利，就別無謀生手段，他們的處境就更為悲慘。《儒林外史》中的范進，就是一個生動的藝術典型。

古人說「浪子回頭金不換」，但浪子回頭須乘早，到老了再後悔就來不及了。

一・一三一　世路如冥，青天障蚩尤之霧❶；人情若夢，白日蔽巫女之雲❷。

【注　釋】❶蚩尤之霧　傳說蚩尤是上古時代九黎族首領，曾與黃帝戰於涿鹿之野，蚩尤放出迷霧為屏障，黃帝造指南車辨認方向，大破蚩尤。❷巫女之雲　宋玉〈高唐賦序〉載：楚懷王在夢中與神女幽會，神女臨別時說：「妾在巫山之陽，高丘之阻。旦為朝雲，暮為行雨，朝朝暮暮，陽臺之下。」後以巫山雲雨比喻男女歡愛之事。

【語　譯】人世的道路如夜晚般黑暗，清朗的天空被蚩尤散布的大霧所籠罩；人間的感情像夢一樣虛幻，就像白天的太陽被巫女化成的雲所遮掩。

【研　析】此條感歎世道黑暗，人情反覆，是古代失意文人常發的牢騷，疑出自曲詞，出處不詳。古代文人科舉失利，入仕無望，看透世道險惡，深感人情冷暖，滿腹抑鬱不平之氣從作品中傾瀉而出：「今日世途非向日，賢，誰問你，愚，誰問你。」（陳草庵〈山坡羊〉）「功名攬鏡看，悲歌把劍彈。心事魚緣木，前程羝觸藩。世途艱，一聲長嘆，滿天星斗寒。」（呂止庵〈後庭花〉）此條當亦為失意文人所作。

一·一三二　密交定有夙緣❶，非以雞犬盟❷也；中斷知其緣盡，寧關萋菲❸間❹之。

【注　釋】❶夙緣　前世的緣分。❷雞犬盟　古代結盟，殺雞狗立誓。此處指臨時的盟誓。❸萋菲　同「萋斐」。花紋錯雜的圖案，比喻讒言。《詩經·小雅·巷伯》：「萋兮斐兮，成是貝錦，彼譖人者，亦已太甚。」❹間　阻隔；離間。

【語　譯】密切的交往一定有前世的緣分，不是以雞犬結盟的臨時關係；友誼中斷知道緣分已盡，哪裡與讒言的離間有關。

【研　析】此條言人的交往皆有緣分，緣分到了，自然親近，緣分已盡，友情不復繼續。因此對於人際關係，應順其自然，泰然處之，不必刻意周旋。

一・一三三　堤防不築，尚難支移壑❶之虞；操存❷不嚴，豈能塞橫流之性❸。發端❹無緒，歸結還自支離❺；入門一差，進步終成恍惚❻。

【注　釋】❶移壑　河流改道。❷操存　即操守。❸橫流之性　私欲氾濫。❹發端　開始。❺支離　支離破碎，繁瑣雜亂。❻恍惚　模糊不清，難以捉摸。

【語　譯】不修建堤防，尚且難以消除河流改道的憂慮；操守不嚴，怎麼能堵塞私欲的氾濫；開始就沒有頭緒，最終依然是雜亂無章；入門就走錯了一步，再往前走最終還是找不到方向。

【研　析】「千里之行，始於腳下」，一切大的成就都是從眼前一點一滴的努力開始的；「千里之堤，潰於蟻穴」，一切大的失敗也是從不被人注意的小錯誤積累而成的。漢賈誼《新書》說：「失之毫釐，差以千里，故君子慎始。」有個良好的開始，就等於成功了一半；開始發生了偏差，就會完全迷失方向。

一・一三四　打渾❶隨時❷之妙法，休嫌終日昏昏；精明當事之禍機❸，卻恨一生了了❹。

【注　釋】❶打渾　即打諢。戲曲演出中即興的滑稽表演，稱作「插科打諢」。日常生活中的說笑逗樂也稱為打諢。❷隨時　順應時勢。❸禍機　隱伏的禍患。❹了了　明白；清楚。

【語　譯】說笑逗樂是順應時勢的巧妙方法，不要嫌棄他們是整天糊裡糊塗地混日子；精明是處事隱伏的禍患，卻恨是一生聰明。

【研　析】此條宣揚老莊大智若愚、棄絕聰明的思想。老莊倡導順應自然，與世無爭的處世態度，在中國社會有深遠的影響，很多人都相信「聰明反被聰明誤」的信條，《紅樓夢》中王熙鳳「機關算盡太聰明，反誤了卿卿性命」，就是極好的例子。然而，聰明並不是壞事，關鍵在聰明用在什麼地方，是否得當。在不該聰明的地方要小聰明，為獲取私利採取一些不正當的手段，即使成功了一次兩次，最終還是會敗露的。

一・一三五　藏不得是拙，露不得是醜。

【語　譯】隱藏不得的是拙，顯露不得的是醜。

【研　析】笨拙和醜陋有相似的表現形式，但實質上有很大的區別。不應該隱藏自己的笨拙，即使你很聰明，也應該表現出笨拙的樣子。但是醜陋卻不能公諸於眾，只能遮蓋隱藏起來。

一・一三六　形同雋石❶，致❷勝冷雲，決非凡士；語學嬌鶯，態摹媚柳，定是弄臣❸。

【注釋】❶雋石　不同一般的奇石。❷致　風致；意態風度。❸弄臣　在宮廷中以戲謔滑稽取樂皇帝的侍從。

【語譯】形體挺立如同奇石，意態風度勝過冷雲，一定不是個普通的人；說話學黃鶯嬌柔，體態模仿柳條嫵媚，一定是取樂皇帝的弄臣。

【研析】此條以雋石冷雲形容遺世獨立、卓越不凡的人士，以嬌鶯媚柳形容缺乏操守、善於奉承的佞臣，十分形象生動。

一・一三七　開口輒生雌黃月旦❶之言，吾恐微言❷將絕，捉筆便驚。

【注釋】❶雌黃月旦　妄加評論。劉孝標〈廣絕交論〉：「雌黃出其唇吻，朱紫由其月旦。」雌黃，一種礦物，能作顏料，古人用來塗改文章。後將胡亂評論稱為「妄下雌黃」。月旦，「月旦評」的簡稱，謂品評人物。《後漢書・許劭傳》：「初，劭與靖俱有高名，好共覈論鄉黨人物，每月輒更其品題，故汝南俗有『月旦評』焉。」❷微言　精深微妙的言辭。

【語譯】張口就是妄加評論，我恐怕精深微妙的言論將斷絕，別人一拿筆就會驚恐不安。

【研析】此條講批評的態度和方法。如果對一切都妄加批評，那麼就會妨礙言論的自由。批評應該合情合理，而不能簡單粗暴。

一·一三八 風波肆❶險，以虛舟❷震撼，浪靜風恬❸；矛盾相殘，以柔指❹解分，兵銷戈倒❺。

【注釋】❶肆 放縱；恣肆。❷虛舟 空虛之舟。❸恬 安靜；平靜。❹柔指 纖柔的手指。❺兵銷戈倒 銷毀兵器，放下戈矛，指消弭戰爭。

【語譯】狂風肆虐波浪兇險，以空船去應對風波的震撼，就像風平浪靜那麼安全；矛和盾互相殘殺，用纖柔的手指就可以分解，平息了戰爭。

【研析】此條宣揚老莊以無勝有、以柔克剛的思想。司馬光《溫公易說》云：「至誠以涉險，如乘虛舟，物莫之害。」程頤《伊川易傳》云：「以中孚涉險難其利，如乘木濟川，而以虛舟也，舟虛則無沉覆之患。」在生活中，以無勝有、以柔克剛是常有的事情。即以繪畫而言，有時候在畫面上留下一片空白，就能有很好的藝術效果。南宋馬遠的「寒江獨釣圖」，畫著一隻小舟，一個漁翁在垂釣，畫面上沒有一絲水，卻讓人感到煙波浩渺。在音樂上，則有「此時無聲勝有聲」的說法。以柔克剛的例子更多，《三國演義》中「諸葛亮安居平五路」，就是「以柔指解分，兵銷戈倒」的極好例子。

一·一三九 豪傑向簡淡中求，神仙從忠孝上起。

【語　譯】豪傑從簡淡的生活中求得，做神仙先從忠孝上做起。

【研　析】豪傑在熱鬧場中容易出彩，在簡淡處難以表現。若能在簡淡處顯示豪傑氣質，那才是真豪傑。要修煉成神仙，要從眼前踏實做起，不可好高騖遠。學道求仙，是道家宗旨，忠孝是儒家教義。道家是中國本土的宗教，在儒道佛三家中，極力拉攏儒教而排斥佛教。佛教認為僧人出家便脫離紅塵，與君親再無關係。儒家抨擊佛教無君無父，不忠不孝，道家則提倡忠孝來符合儒家思想。佛教為能在中國生存發展，也宣揚盡忠盡孝，以求與儒家思想一致。

一・一四〇　人不得道，生死老病四字關，誰能透過❶。獨美人名將，老病之狀，尤為可憐。

【注　釋】❶透過　參透。

【語　譯】人若不能得道，生老病死四個關口，又有誰能參透。唯獨美人和名將，衰老疾病的樣子，特別可憐。

【研　析】有人說過：「美人遲暮、英雄末路，是人生最大的悲哀。」美人全憑姿色獲取名聲和錢財，一旦年老色衰，便無人問津，其淒涼的景象超過普通的人。英雄全憑威武勇猛獲得人們的尊重，一旦受到疾病的折磨，不能像往日那樣叱咤風雲，就會感到格外的失落。

一・一四一 日月如驚丸❶，可謂浮生❷矣，惟靜臥是小延年；人事如飛塵，可謂勞攘❸矣，惟靜坐是小自在。

【注釋】❶驚丸 疾駛的彈丸。❷浮生 形容人生的短暫虛幻。❸勞攘 勞碌繁忙。

【語譯】日月如飛丸疾駛而過，可以說人生是多麼短暫虛幻，只有靜臥能稍為延長壽命；人事如飛揚的塵土，可算是紛亂繁忙，只有靜坐能獲得小小的自在。

【研析】佛教講坐禪，道家講靜修，儒家講寧靜，都是強調一個「靜」。從養生角度講，靜坐靜臥可以延壽，可是整天靜坐靜臥，無所事事，那就是為活著而活著，生命的意義又何在？生命不在於長短，而在於質量。

一・一四二 平生不作皺眉事，天下應無切齒❶人。

【注釋】❶切齒 切齒痛恨。

【語譯】平生不做一件讓人皺眉的事情，那麼天下就沒有痛恨自己的人了。

【研析】古人說：「人非聖賢，孰能無過，過而能改，善莫大焉。」一個人不可能不犯錯誤，也不可能不招致他人的批評，關鍵在於知錯能改，取得他人的諒解，就不會發展到不可收拾的地步，讓人切齒痛恨了。

一・一四三 暗室之一燈，苦海❶之三老❷，截疑網之寶劍，抉盲眼之金針❸。

【注釋】❶苦海 指塵世的煩惱和苦難。❷三老 行船的舵工。❸抉盲眼之金針 言用金針撥開眼內遮擋視線的白翳，使盲人復明。抉，剔除；撥開。

【語譯】暗室中的一盞燈，在苦海航行的舵工，斬斷疑惑的寶劍，醫治盲人的金針。

【研析】暗室之燈給人光明，行船的舵工指示方向，決斷的智慧給人信心，醫治盲人的醫術給人希望。這是比喻學問修養對人的重要性。

一・一四四 攻取❶之情化，魚鳥亦來相親；悖戾❷之氣銷，世途不見可畏。

【注釋】❶攻取 獵取。❷悖戾 違逆；乖張。

【語譯】獵取的情緒化解了，魚鳥也會來親近；暴戾乖張的氣質消除了，塵世的道路也不見得可怕了。

【研析】《莊子・胠篋》云：「夫弓弩畢弋機辟之知多，則鳥亂於上矣；鉤餌罔罟罾笱之知多，則魚亂於水矣；削格羅落罝罘之知多，則獸亂於澤矣；知詐漸毒、頡滑堅白、解垢同異之變多，則俗惑於辯矣。」莊子認為，人們發明了弓箭漁網等工具，那些魚鳥就失去了平安；人們施展心術計謀，社會的風氣就越來越壞。如果人類沒有捕殺魚鳥的行為，魚鳥自然會和人親近。如果一個人沒有暴戾乖張的行為，處處與人為善，那麼就沒有人反對他。人與人、人與自然和諧相處，就會建立一個祥和的世界。

一・一四五　吉人❶安詳，即夢寐神魂，無非和氣；兇人狠戾❷，即聲音笑語，渾❸是殺氣。

【注釋】❶吉人　善良的人。❷狠戾　兇狠暴戾。❸渾　全。

【語譯】善良的人安詳，在睡夢中他的心靈，也沒有不和氣的；兇狠的人暴戾，即便歡聲笑語，也充滿了殺氣。

【研析】此條的意思與第一二八條相近，講人的氣質，表現在各個方面，裝不出來，也掩蓋不住。一個善良的人，與人為善已成為發自內心的本能，並不需要用道德觀念來支配自己，也沒有任何功利目的，甚至不需要什麼理由。正如《孟子》所說：「人皆有不忍人之心，今人乍見孺子將入於井，皆有怵惕惻隱之心。非所以內交於孺子之父母也，非所以要譽於鄉黨朋友也，非惡其聲而然也。」一個心地善良的人，待人接物一團和氣，即使在無人之處，甚至在夢寐之間，也始終心存善念。惡人兇狠暴戾，談笑間也充滿殺氣，《三國演義》有六十二處寫到曹操的笑，表現了曹操作為一代梟雄而具有複雜多變的性格。如小說第五十九回寫到曹操與馬超交戰，接連敗北，於是施展離間計，破壞馬超與韓遂的聯盟。他在陣上與韓遂敘交情套近乎，不時大笑，笑聲中就充滿了殺氣。若看京劇《捉放曹》、《華容道》，對曹操充滿殺氣的笑印象更深。

一・一四六　**天下無難處之事，只要兩個如之何❶；天下無難處之人，只要三個必自反❷。**

【注　釋】❶兩個如之何　《史記・項羽本紀》載：劉邦入咸陽，項羽發兵來攻，劉邦問計於張良，先問「為之奈何？」再問「且為之奈何？」此處謂虛心求教，接納善言。❷三個必自反　即「三省吾身」。《論語・學而》：「曾子曰：『吾日三省吾身，為人謀而不忠乎？與朋友交而不信乎？傳不習乎？』」自反，自省；自我反思。

【語　譯】天下沒有難處理的事情，只要問人兩次「怎麼辦」；天下沒有難以相處的人，只要每天自己反省三次。

【研　析】虛心向他人求教，善於聽取他人的意見，學習他人的長處，就能解決難題，取得成功。劉邦曾將他和項羽比較，說自己的本領和實力皆不及項羽，卻能打敗項羽一統天下，因為項羽獨斷驕橫，不能用人，最後只有范增一個有謀之士，也不能聽取他的意見。自己雖沒有本事，卻善於用人，能虛心接納部下的建議，有張良出謀劃策，韓信領兵打仗，蕭何保障供給，才能取得楚漢相爭的最後勝利。與人相交，寬於待人，嚴於律己，發生矛盾，多從自己方面檢討，沒有處理不好關係的。《論語》載曾子「吾日三省吾身」，不僅是個人修養的方法，也是做好人際關係的訣竅。反省「為人謀而不忠乎」，是處理下級與上司的關係；反省「與朋友交而不信乎」，是處理朋友之間關係；反省「傳不習乎」，是處理學生和老師的關係。處理好這三種關係，天下就無難處之人了。

一·一四七 能脫俗便是奇，不合汙便是清。

【語譯】能脫離世俗就是奇特，不同流合汙就是清廉。

【研析】世俗與奇異、汙濁與清廉，是互相依存的矛盾體。沒有世俗，顯示不出奇異，沒有汙濁，顯示不出清廉。

一·一四八 處巧若拙，處明若晦，處動若靜。

【語譯】處事靈巧卻顯得笨拙，處事聰明卻顯得糊塗，處事迅捷卻顯得寧靜。

【研析】此條講的是「大巧若拙」、「大智若愚」、「以靜制動」的道理，都是老莊思想的引申。

一·一四九 參玄❶借以見性❷，談道❸借以修真❹。

【注釋】❶參玄 即參禪。佛教禪宗的修持方法。❷性 佛教語，謂領悟清淨的佛性。❸談道 此處指談論道家宣揚的自然之道。❹修真 道家稱學道修行為修真，即通過修煉體認自然。

【語譯】參禪是為了領悟佛性，談道是為了體認自然。

【研析】此條講述佛、道兩教修煉的宗旨和方法不同。佛教要通過參禪領悟佛性，佛性即般若，即大覺悟、大智慧。有了大覺悟、大智慧，就能成佛，顯示出佛性。佛教的修煉過程有三：即文字般若、觀照般若、實相般若。從誦經入手，然後觀照體會其中道理，最後參透四大皆空的道理。道教講究天人合一，認為人和自然是對稱的，宇宙有三十六大周天，人身有三十六小周天。因此道教通過談道來溝通自然和自身，通過各種修煉的方法，用天地之氣來延長自己的生命。

一·一五〇 世人皆醒時作濁事，安得睡時有清身❶？若欲睡時得清身，須於醒時有清意。

【注釋】❶清身 清淨之身。

【語譯】世人都在醒著的時候做齷齪的事情，怎麼能在睡覺時有個清淨之身？若要在睡覺時能有清淨之身，必須在醒的時候有清淨的意念。

【研　析】心存邪念，便如惡夢纏身，不得安寧。只有修養得心如明鏡，才得太平。

一·一五一　好讀書非求身後之名，但異見異聞❶，心之所願。是以孜孜❷搜討❸，欲罷不能，豈為聲名勞七尺❹也。

【注　釋】❶異見異聞　不同尋常的見聞和知識。❷孜孜　勤勉；不懈怠。❸搜討　研究探討。❹七尺　七尺之軀，指身體。

【語　譯】喜歡讀書並不是要追求身後的名聲，只是書中的異常見聞，是心裡想要得到的。因此勤勉地研究探討，想停也停不下來，哪裡是為名聲而勞累這七尺之軀。

【研　析】讀書是為了積累知識，不是圖個虛名。可是，積累知識又是為什麼？讀書不切實用，還不如不讀書。

一·一五二　一間屋，六尺地，雖沒莊嚴❶，卻也精緻。蒲作團❷，衣作被，日裡可坐，夜間可睡。燈一盞，香一炷，石磬❸數聲，木魚幾擊。龕❹常關，門常閉，好人放來，惡人迴避。髮不除，葷不忌，道人❺心腸❻，儒者服制。不貪名，不圖利，了清淨緣❼，作解脫計。無掛礙，無拘繫，閒便入來，忙便出去。省閒非，省閒氣，也不遊方❽，也不避世。在家出家，在世出世。佛何人？佛何處？此即上乘❾，此即三昧❿。日復日，歲復歲，畢我這生，任他後裔。

【注　釋】❶莊嚴　指端莊威嚴的佛像。❷蒲作團　用蒲草編成墊子，其名為「蒲團」，多為僧人坐禪和跪拜時所用。❸石磬　石製的打擊樂器，僧人念經和做法事時常用。❹龕　供奉神佛的石室或小閣。❺道人　此處指佛教徒。❻心腸　猶「心地」，思想意識。❼了清淨緣　白居易〈仲夏齋戒月〉詩：「但減葷血味，稍結清淨緣。」此處「了」當作「結」講，了清淨緣即為與清淨結緣。❽遊方　謂僧人雲遊四方。❾上乘　即大乘佛教。佛教分大乘、小乘兩派。大乘信奉三世十方無數佛，小乘以釋迦為教主；大乘主張普渡眾生，小乘追求自我解脫。❿三昧　奧妙；訣竅。

【語　譯】一間小屋，六尺地皮，雖然沒有莊嚴的佛像，卻也精緻。蒲草作坐墊，衣服作被子，白天可以坐，夜間可以睡。燈一盞，香一炷，石磬響數聲，木魚敲幾下。佛龕常關，房門常閉，好人放進來，惡人就迴避。頭髮不剃，葷腥不忌，有僧人的思想，穿儒者的服裝。不貪求名聲，不謀取功利，與清淨結緣，做解脫的打算。沒有掛礙，沒有拘束，閒的時候就進來，忙的時候就出去。省卻無關緊要的是非，省卻無關緊要的氣惱，也不雲遊四方，也不逃避人世。在家如同出家，在世如同出世。佛是什麼人？佛在什麼地方？這就是大乘，這就是奧妙。日復一日，年復一年，就這樣了卻我的一生，管他後人怎麼樣。

【研　析】明代後期，三教合一的思潮盛行，許多文人借坐禪談道，為自己縱情適意，狂放不羈的生活方式辯護，在社會上形成一股狂禪之風。這些文人也誦經，也參禪，但也詩酒風流，不守佛門戒律。如李贄萬曆年間在湖北麻城講學，住在廟中，剃去頭髮，但並未皈依佛門。他說自己光頭儒服，住在廟裡，研究的是老莊的學問。他講學吸引了許多女弟子，紛紛帶著鋪蓋住進廟裡。他還帶著弟子攜妓出遊，在當時引起很大轟動，以致有官員上疏彈劾他敗壞風俗，要把他趕出麻城。此節文字所述，真實地反映了明代後期的社會風氣和文人的生活狀況。

一·一五三　草色花香，遊人賞其真趣❶；桃開梅謝，達士❷悟其無常❸。

【注　釋】❶真趣　真實自然的意趣。❷達士　見識高超的人。❸無常　一切事物不能長久，都處於生死變異之中。

【語　譯】草色花香，遊人從中欣賞到自然的趣味；桃花開梅花謝，見識高超的人從中領悟到世上一切事物皆不能長久。

【研　析】花開花落，使人想到韶光易逝，生命苦短，引出了歷代文人的吟誦唱歎。明代晚期，人們的個體意識增強，更敏銳地覺察到生命的無常。唐寅〈花下酌酒歌〉云：「枝上花開能幾日，世上人生能幾何？昨朝花勝今朝好，今朝花落成秋草。花前人是去年身，去年人比今年老。今日花開又一支，明日來看知是誰？」這種對生命的感歎，是具有普遍意義的，此後《紅樓夢》中黛玉的〈葬花詞〉，即脫胎於唐寅此詩。

一・一五四　招客留賓，為歡可喜，未斷塵世之板援❶；澆花種樹，嗜好雖清，亦是道人之魔障❷。

【注釋】❶板援　牽纏。❷魔障　妨礙修道的障礙。

【語譯】招待客人款留賓朋，覺得高興開心，是未能斷絕塵世的牽纏；澆花種樹，這樣的嗜好雖然清雅，也是修道之人的障礙。

【研析】佛教宣揚四大皆空，六根清淨，斬斷一切塵緣，朋友即為塵緣之一種，執著於友情，是塵緣未了的表現。佛教提出排斥一切欲念，嗜好澆花種樹，也是一種孽緣，是修道的障礙。結交朋友、澆花種樹，用世俗的眼光來看，已算是高雅的行為，但並不能得到佛教的認可。

一・一五五　人常想病時，則塵心❶便減；人常想死時，則道念❷自生。

【注釋】❶塵心　凡俗之心；名利之念。❷道念　修道的信念。

【語譯】人經常想到生病時的光景，那麼追逐名利的念頭就減退了；人經常想到死時的光景，那麼修道的信念就自然發生。

【研析】人在病時，已經沒有興趣和精力去追逐功名利祿；人臨死時，才覺悟到人生如夢，一切都是虛幻難久。

一・一五六　入道場❶而隨喜❷，則修行之念勃興；登丘墓而徘徊，則名利之心頓盡。

【注釋】❶道場　寺觀，亦指和尚念經禮拜做法事的場所。❷隨喜　因瞻仰佛像而生喜歡之心，遊謁寺院也稱隨喜。

【語譯】進入寺院瞻仰佛像，修行的念頭就勃然興起；登上墳墓徘徊感歎，名利之心就頓時消失。

【研析】進入寺院，看到佛相莊嚴，虔敬之心便油然而生。在墳墓青冢間徘徊，體會到人生短促，一切都是過眼煙雲，名利之心自然淡薄。環境，或說氛圍、氣場，能影響人的情緒，甚至能掌控人的意識。

一・一五七 鑠金❶玷玉❷，從來不乏乎讒人❸；洗垢索瘢❹，尤好求多於佳士。止作秋風過耳❺，何妨尺霧障天。

【注　釋】❶鑠金　鎔化金屬。此指傷人的讒言。❷玷玉　玷汙寶玉，也指造謠中傷他人。❸讒人　專門說壞話的人。❹洗垢索瘢　洗去汙垢尋找瘢痕，比喻吹毛求疵。❺秋風過耳　就像秋風從耳旁吹過，比喻毫不在意。

【語　譯】讒言能鎔化金屬玷汙寶玉，從來就不缺少造謠中傷的讒人；吹毛求疵，尤其是對品行學問優良的人總要提出過分的要求。對於那些讒言，只是當做吹過耳旁的秋風，小小的迷霧遮蔽天空又有什麼關係。

【研　析】《史記・張儀列傳》說：「眾口鑠金，積毀銷骨。」形容輿論力量的強大，眾口一詞，積非成是，金屬都可以被鎔化；讒言無中生有，顛倒是非，能置人於死地。一個人被讒言包圍，如蛆附骨，難以擺脫，倘若極力為自己辯解，結果是越描越黑，無中生有的事情也會被人當做鐵定的事實。對付讒言最好的方法，就是不予理睬，讓其自生自滅。清者自清，濁者自濁，讒言終究無法改變事實。

一・一五八 真放肆不在飲酒高歌，假矜持❶偏於大庭❷賣弄。看明世事透，自然不重功名。認得當下真，是以常尋樂地。

【注釋】❶矜持　此處是莊重的意思。❷大庭　大庭廣眾，指人多的公開場合。

【語譯】真正的放肆不在飲酒高歌，假作莊重的人偏偏要在大庭廣眾之下賣弄自己。把世事看得明白透徹，自然不會注重功名。對眼前的事情認識真切，所以經常能尋到取樂的地方。

【研析】真正的狂放不羈，並不是表現在飲酒高歌上，而是不受世俗禮法的拘束，敢於標新立異。那些假作莊重的人，偏要在大庭廣眾之下突出自己如何了不起，只不過是欺世惑眾。看透世事，便體會到功名利祿都是拘縛人的韁鎖，一時的榮華富貴終難持久，正如《紅樓夢》中〈好了歌解〉所說：「陋室空堂，當年笏滿床。衰草枯腸，曾為歌舞場。」「金滿箱，銀滿箱，轉眼乞丐人皆謗。」「因嫌紗帽小，致使枷鎖扛。」人生苦短，還是及時行樂好。這樣的觀念，在明代晚期是很普遍的。

一・一五九　富貴功名，榮枯得喪❶，人間驚見白頭；風花雪月，詩酒琴書，世外喜逢青眼❷。

【注釋】❶得喪　即得失。喪，同「失」。❷青眼　比喻青春年少，常與「白頭」對舉。唐張祜〈喜王子載話舊〉：「相逢青眼日，相嘆白頭時。」

【語譯】世人追求富貴功名，計較榮枯得失，在人間驚恐地看到都是白髮蒼蒼的老頭；高人欣賞風花雪月，愛好詩酒琴書，在塵世外欣喜地碰到全是青春煥發的少年。

【研　析】追求富貴功名，計較榮枯得失，心神不寧，形體疲憊，自然容易衰老。若能風花雪月，詩酒琴書，心神寧靜，形體安逸，自然能青春常駐。元代陳草庵有散曲〈山坡羊．嘆世〉，道盡功名之害：「晨雞初叫，昏鴉爭噪，那個不去紅塵鬧。路遙遙，水迢迢，功名盡在長安道，今日少年明日老。山，依舊好；人，憔悴了。」

一．一六〇　慾不除，似蛾撲燈，焚身乃止；貪無了，如猩嗜酒，鞭血方休❶。

【注　釋】❶如猩嗜酒二句　比喻沉湎於某事物而不能自拔。《蟫史》：「猩猩嗜酒，著屐見酒，相與連臂號泣同就醉，躡屐舞而撲。每捕獲必箠之，使自言血幾何。猩猩惜其血，必少應，益痛撻之，乃增多，至必不肯言，則殺之，所得血如所許之數。」

【語　譯】欲望不除，就像飛蛾撲燈，直到燒死才停止；貪念沒有窮盡，就像猩猩酷愛喝酒，直到被鞭打取血才算完。

【研　析】許多人知道沉溺於欲望（包括情欲和物欲），會給人帶來災難性的後果，但還是如飛蛾撲火、猩猩嗜酒，不顧身家性命去追求欲望的滿足。《紅樓夢》寫賈瑞死於淫欲，是很生動的例子。小說寫賈瑞見鳳姐起淫心，一病不起。顛道人給他一面名為「風月寶鑑」的鏡子，讓他每天照看鏡子的正面，時間久了淫心消退，病自然就好了。顛道人還告誡賈瑞，萬不可照看鏡子的反面。賈瑞照看鏡子的正面，是個猙獰的骷髏，看了後覺得神志清醒了些。再照看反面，見鳳姐在鏡子裡向他招手。恍惚之中，賈瑞好似進入鏡中，與鳳姐雲雨，從夢中醒來，病情更加嚴重。可是賈瑞忍不住，不時照看鏡子的反面，最終不治身亡。歷來死於情色者不計其數，但很多人還是執迷不悟，以致有「牡丹花下死，做鬼也風流」的說法。

一．一六一　涉江湖者，然後知波濤之洶湧；登山嶽者，然後知蹊徑之崎嶇。

【語　譯】渡越過江湖，然後才知道波濤的洶湧。攀登過大山，然後才知道小路的崎嶇。

【研　析】古人說：「讀萬卷書，行萬里路。」對客觀世界的認識，光靠讀書不夠，還需要實踐經驗的積累。物有甘苦，嘗之者識；道有夷險，履之者知。只有跨越過江湖，才知道波濤的洶湧；只有攀登過大山，才知道路途的艱險。這兩句話也揭示了人生的真諦，只有經歷過生活風浪的人，才能體會到社會的兇險，只有登上事業頂峰的人，才能感受到創業的艱辛。

一．一六二　人生待足何時足？未老得閒始是閒。

【語　譯】人生等待著滿足，可是什麼時候才能滿足？未老的時候得到清閒，才是真正的清閒。

【研　析】人生永無滿足之時，因此才會產生無窮的煩惱。老來想做事也做不成，不清閒也得清閒，未老的時候能清閒才是真清閒。

一・一六三　談空❶反被空迷，耽❷靜多為靜縛。

【注　釋】❶空　佛教語。認為萬物都是虛幻不實的，世界的本質是「空」。❷耽　沉迷。

【語　譯】談「空」反被「空」迷惑，沉迷於「靜」多為「靜」束縛。

【研　析】此條言凡事不可執著，一切皆應順其自然。若學道者有求空的念頭，心中已經不空了。沉迷於寧靜的人，為了求靜，行為反而多有束縛，那就無法清靜了。

一・一六四　舊無陶令酒巾❶，新撇❷張顛❸書草。何妨與世昏昏，只問吾心了了。

【注　釋】❶陶令酒巾　《宋書・隱逸傳・陶潛》：「郡將候潛，值酒熟，取頭上葛巾漉酒，畢，還復著之。」陶令，陶淵明，曾任彭澤縣令，故稱「陶令」。❷撇　書法中的筆法，此處作書寫解。❸張顛　即張旭，唐代著名書法家，尤善草書。《新唐書・藝文傳》：「旭，蘇州吳人。嗜酒，每大醉，呼叫狂走，乃下筆，或以頭濡墨而書。既醒自視，以為神，不可復得也。世呼『張顛』。」

【語　譯】沒有陶淵明漉酒的舊頭巾，有新臨摹張旭的狂草。何妨與世人一樣昏暗不明，只要自問心裡明白就行。

【研　析】陶淵明嗜酒、寫酒，用酒表達了對於生命自由的追求。他在〈五柳先生傳〉中自述：「性嗜酒，家貧不能常得。親舊知其如此，或置酒而招之。造飲輒盡，期在必醉；既醉而退，曾不吝情去留。」而他在詩中多次寫到飲酒，梁蕭統〈陶淵明集序〉說：「陶淵明詩，篇篇有酒。」張旭性格豪放，嗜酒如命，酩酊大醉後呼叫狂走，揮毫潑墨，甚至以頭髮蘸墨書寫狂草，故有「張顛」之稱。杜甫〈飲中八仙歌〉道：「張旭三杯草聖傳，脫帽露頂王公前，揮毫落紙如雲煙。」陶淵明和張旭與常人一樣，喝醉酒昏昏然不辨人事，但他們的醉酒表達了不受拘束的豁達性情，超脫世俗的高尚志節，可謂「舉世皆醉，唯我獨醒」。

一·一六五　以書史❶為園林，以歌詠為鼓吹❷，以理義為膏粱❸，以著述為文繡❹，以誦讀為菑畬❺，以記問❻為居積❼，以前言往行為師友，以忠信篤敬❽為修持❾，以作善降祥為因果，以樂天知命❿為西方⓫。

【注釋】❶書史　典籍；經史。❷鼓吹　演奏樂曲的樂隊。❸膏粱　精美的食物。❹文繡　華美的刺繡品。❺菑畬　耕田。❻記問　記誦詩書。❼居積　囤積。❽篤敬　誠實恭敬。❾修持　修身守道。❿樂天知命　樂於順從上天的指令，明白命運的安排。⓫西方　佛教所說的西方淨土。

【語譯】把經史當做園林，把歌唱當做樂隊，把理義當做精美的食物，把著作當做華美的刺繡，把讀書當做耕作，把記誦詩書當做積蓄，把以往的言論和行為當做師友，把忠信恭敬當做修身養性，把做善事降吉祥當做因果報應，把順從天意安守本分當做西方淨土。

【研析】此條以排比形式的博喻，揭示學習修養和為人處世的原則，兼收儒佛兩家的理義。「以書史為園林」至「以著述為文繡」四句，言將讀書做學問作為人生的享受。讀書史能長見識，猶如遊覽園林欣賞美景；歌吟詩篇能宣洩情感，猶如美妙的音樂使人愉悅；理義能充實人的精神，猶如美食給人營養；著述能顯露人的才華，猶如穿著華麗的衣服。「以誦讀為菑畬」至「以前言往行為師友」三句，言讀書修養的方法。讀書猶如耕作，有一分努力便有一分收穫；記誦詩書猶如積蓄，學問逐步累積而成；以往的言論和言行猶如師友，可以作為自己的借鑑。「以忠信篤敬為修持」至「以樂天知命為西方」三句，言為人處世之道。培養忠信篤敬的品行，猶如佛教徒修持一樣，片刻不能鬆懈；行善事降吉祥，猶如因果循環，報應不爽；樂天知命，安於命運的安排，就會感到幸福快樂，猶如身處西方淨土世界。

一・一六六　雲煙❶影裡見真身❷，始悟形骸為桎梏。禽鳥聲中聞自性❸，方知情識❹是戈矛。

【注　釋】❶雲煙　雲霧、煙霧。此處指世間的聲色繁華。❷真身　佛教語。佛教認為佛有二身：法身和真身。法身是具備一切佛法的本身，真身是佛為度脫眾生而化現的世間色身。❸自性　佛教語，指諸法各自具有的不滅之性。❹情識　感覺和知識。

【語　譯】在雲煙的影子中見到佛的真身，才領悟到人的軀體是束縛天性的枷鎖。在禽鳥的啼叫聲中聽到萬物不滅的本性，才知道感覺和知識是戕害人的戈矛。

【研　析】佛教將人的軀體視作臭皮囊，拋開臭皮囊才能真正覺悟。禽鳥鳴叫，出自本性，非有意而為之。人們也應該順從本性行事，才是真實有價值的。人們往往迷失本性，就是因為有了知識。李贄在〈童心說〉中講：童心之失，皆因受聞見道理的蒙蔽。比如人們在與他人交往過程中，必須遵守一定的禮儀。人的自然行為往往並不符合禮儀，於是人們要糾正自己的行為，以適應禮儀的需求。人們受禮儀薰陶久了，就習慣成自然，原來的本性就受到了扭曲。

一·二六七　事理❶因人言而悟者，有悟還有迷，總不如自悟之了了；意興❷從外境而得者，有得還有失，總不如自得之休休❸。

【注　釋】❶事理　事物的道理。❷意興　意趣、興致。❸休休　安閒；安樂。

【語　譯】借助別人的講解而明白事理的人，有的明白有的還是糊塗，總不如自己領悟來得清楚；從外界獲得趣味興致的人，有所得還有所失，總不如從自身獲得樂趣安閒快樂。

【研　析】任何事情，自己領悟出的道理總要比從他人處聽得的見解更深刻。自己領悟的道理是從直接經驗而來，而他人講的道理則是間接經驗。直接經驗往往比間接經驗可靠，而且間接經驗是否正確，還要通過直接經驗來檢驗。與此相關，我們學習書本知識，也不可死讀書，一定要通過自己的思考，經過鑑別分析後，把書本知識化作自己的體會和認識，才能有所收益。

意興，是人們在與外界接觸過程中形成的主觀感受，這種主觀感受固然受到一定環境和條件的制約，但也是因人而異的。不同的人處在同一環境或條件下，會有截然不同的感受。因此，人的感受，不必過多地依賴於客觀環境，更重要的是心態的調整。有個常舉的例子，很能說明問題：冬天下大雪，有錢人覺得圍著火爐飲酒賞雪是很愜意的事情，而窮人則為自己無法抵禦下雪的寒冷而發愁。這就是興從心生的道理。

一・一六八　**白日欺人，難逃清夜❶之愧赧❷；紅顏❸失志，空遺皓首❹之悲傷。**

【注　釋】❶清夜　清靜的夜晚。❷愧赧　因羞愧而臉紅。❸紅顏　此處指面色紅潤的年輕人。❹皓首　白頭，指老年。

【語　譯】白天欺騙人，難以逃脫在清靜夜晚因反思而感到的羞愧；年輕時失去了志向，白白地留下了老年時候的悲傷。

【研　析】白天幹了壞事，夜晚捫心自問，感到羞愧的人，良心尚未喪盡。若喪盡良心者，幹再多的壞事，也不會感到羞愧。

「少壯不努力，老大徒傷悲」，這是至理名言。

一·一六九 定雲止水中，有鳶飛魚躍❶的景象；風狂雨驟處，有波恬❷浪靜的風光。

【注釋】❶鳶飛魚躍 《詩經·大雅·旱麓》：「鳶飛戾天，魚躍于淵。」言鳥在天上飛，魚在水中游，各得其性。鳶，老鷹。❷恬 安靜。

【語譯】在不動的雲和靜止的水中，有鳶飛魚躍的活潑景象；在風狂雨驟的地方，有波平浪靜的安定風光。

【研析】此條表面上講自然景象，在看似寧靜的環境裡，隱藏著生機勃勃的景象；在疾風暴雨中，依然有風平浪靜的景色。實際上是講人的修養境界，看似心如止水，與世無爭，但內心深處隱含著勃勃生機；雖然身處疾風暴雨之中，仍能保持風平浪靜的心境。

一·一七〇 平地坦途，車豈無蹶❶？巨浪洪濤，舟亦可渡。料無事必有事，恐有事必無事。

【注釋】❶蹶 跌倒。

【語譯】在平地大路上，車子難道不會傾覆？在巨浪洪濤中，船也可以渡。料想沒有事情必定會有事，擔心有事必定會沒有事情。

【研　析】此條講述了一條深刻的人生哲理。在平坦的道路上，要預防車子傾覆，在順利的時候，要有危機意識，要預防不測，這就是「居安思危」的道理。當人們在過分順利的時候，就會放鬆警惕，忽視隱藏著的危機，於是給日後埋下了禍根。人們在危難的時候，不敢有絲毫的鬆懈，只要堅持下去，付出十倍、百倍的努力，終究能克服各種艱難險阻，獲得最後的勝利。因此，當遇到困難的時候，不能喪失信心，不能放棄自己的努力。

一・一七一　富貴之家，常有窮親戚來往，便是忠厚。

【語　譯】富貴的家庭，經常有窮親戚來往，就是待人忠厚。

【研　析】富貴人家，總有幾門窮親戚，《紅樓夢》第六回鳳姐對劉老老說：「俗話說得好，『朝廷還有三門子窮親』呢，何況你我？」劉老老一個村婦，在賈府極受優待，不僅顯示出賈母的厚道，即使是鳳姐如此刻薄寡恩之人，對劉老老也存幾分仁厚之心。曹雪芹能寫出人物豐滿複雜的性格，是極高明的筆法。正是有了這幾分仁厚，賈府敗落之後，鳳姐才能把女兒紅兒託付給劉老老。富貴人家，也是由貧寒之家發跡變泰而來，如陳涉本是農夫，在秦末揭竿而起，成為義軍首領，自封為王。他在貧窮的時候，曾對鄉親說：「苟富貴，毋相忘。」鄉親們笑他是癡人說夢。及至陳涉封王後，就在宮廷大擺筵席招待鄉親，相互說笑取樂，並無隔閡，這便是為人忠厚之處。

然而也有不少人，「一闊臉就變」，嫌棄貧寒的親戚朋友，盡顯勢利小人的嘴臉。彈詞《珍珠塔》中方卿因為家境貧寒，奉母命至襄陽向姑丈借貸，遭姑母奚落，憤而辭歸。表姐陳翠娥以傳家寶珍珠塔相贈，並以身相許。後來方卿中狀元，官拜七省監察御史，化妝為道士，到陳府唱道情諷刺姑母。袁世凱曾從張謇學文，尊張謇為恩師，來往書信必稱「夫子大人函丈」；任山東巡撫後，書信中稱呼便降格為「季直先生閣下」；任直隸總督後，書信中的稱呼再度降格為「季直我兄」。張謇生性高傲，憤然寄書作答：「『大人』尊稱不敢，『先生』之稱不必；『我兄』之稱不像。」一闊臉就變的事情，在生活中屢見不鮮，有些人一旦飛黃騰達，便六親不認，甚至嫌棄父母，拋妻另娶。如此行為，便遠離忠厚之道了。

一·一七二　朝市❶山林❷俱有事，今人忙處古人閒。

【注釋】❶朝市　朝廷和集市，泛指名利之場。❷山林　古人隱居之處。

【語譯】朝市和山林都有世俗的事情，今人奔忙的場所，古人處身其間卻很悠閒。

【研析】古人心閒，即使身處朝市熱鬧繁華之地，依然可以生活得十分悠閒。今人心忙，即使身處山林幽靜之地，生活也不得安寧。

一・一七三　人生有書可讀，有暇得讀，有資能讀，又涵養❶之如不識字人，是謂善讀書者。享世間清福，未有過於此也。

【注　釋】❶涵養　道德、學問方面的修養，此處意謂通過讀書增加修養。

【語　譯】人生有書可讀，有時間得以讀書，有資質能夠讀書，又像不識字人那樣不斷積累知識加強修養，是算得善於讀書的人。享受人間的清福，沒有超過這樣的。

【研　析】讀書是精神享受，是種樂趣。黃庭堅說：三日不讀書，便覺語言無味，面目可憎。林語堂也說：讀書可以使人得到一種優雅和風度。然而，讀書的快樂，並不是人人能體會的。讀書，首先要有書讀，這裡有個選擇閱讀對象的問題。書海無涯，生命有限，一個人不可能讀盡所有的書，應該根據自己的需要，選擇最有價值的書來讀。讀書要有時間，但時間是由人支配的，有人工作很忙，依然能擠出時間來讀書，有人整天無所事事，卻總感到沒有時間讀書。古人歐陽脩是個善於擠時間讀書的榜樣，旅途中他在馬上讀書，睡覺前在枕上讀書，解手時坐在馬桶上讀書，於是有了「馬上、枕上、廁上」的「三上」之說。讀書還要善於讀，要在讀書中通過思考吸取書本中的營養。有人讀書，只知死記硬背，不知融會貫通，或者淺嘗輒止，不善於深入思考，結果書是讀了不少，卻成了一個書櫥。讀書還要善於積累，不能自滿，這樣才能不斷進步。

一・一七四 世上人事無窮，越幹越做不了；我輩光陰有限，越閒越見清高。

【語　譯】人世間的事情無窮無盡，越做越是做不完；我們這些人時間有限，越是清閒越見得清高。

【研　析】世上的事情做不完，就索性不去做。人的一生光陰有限，因此就難得清閒。這就是老莊的避世哲學。儒家與此相反，認為世上事情繁多，人的光陰有限，因此要抓緊時間，努力工作，使生命更有意義。這就是儒家的入世思想。

一・一七五 兩刃相迎俱傷，兩強相敵俱敗。

【語　譯】兩把刀鋒相撞擊都會受損傷，兩個強手相對抗都會遭到失敗。

【研　析】俗語說：「兩強相遇勇者勝。」此條說兩強相遇，只會兩敗俱傷，宣揚的還是老莊的「不爭」思想。

一・一七六 我不害人，人不害我；人之害我，由我害人。

【語譯】我不害別人，別人就不會害我；別人害我，因為我先害別人。

【研析】古人責己嚴、待人寬，遇到問題首先檢討自己。即使別人害我，也要首先檢討我有沒有傷害過別人。其中既有老莊的避讓思想，也有佛教的因果觀念。後來有人提出「人不犯我，我不犯人；人若犯我，我必犯人」，主張受到侵犯，必須正當防衛，這是更積極的人生態度。

一・一七七 商賈不可與言義，彼溺❶於利；農工❷不可與言學，彼偏於業；俗儒❸不可與言道，彼謬❹於詞。

【注釋】❶溺　沉湎。❷農工　農民與工匠。❸俗儒　淺陋迂腐的讀書人。❹謬　通「繆」。纏縛。

【語譯】不可與商人談義，因為他們沉湎於利益；不可與農民和工匠談學問，因為他們偏重於技藝；不可與迂腐的讀書人談道，因為他們糾纏於文詞。

【研析】商人唯利是圖，所以不講信義。過去有句話諷刺人之虛偽：「婊子談情，商人言義。」封建社會將人分為四等：士、農、工、商。士是讀書人，居四民之首。農以耕種為業，工從事手工勞作，用今天的話來講，都是體力勞動者，因此不能與他們談論學問。俗儒只知讀書識字，固執於疏通解讀經義，並不識大體，不能領悟大道的奧妙。

一·一七八 博覽廣識見，寡交少是非。

【語譯】博覽群書增長見識，少交朋友就少是非。

【研析】孔子曰：「益者三友，損者三友。友直、友諒、友多聞，益矣。友便辟、友善柔、友便佞，損矣。」若交益友，終身受益；若交損友，自然多是非。

一·一七九 明霞❶可愛，瞬眼而輒空；流水堪聽，過耳而不戀。人能以明霞視美色，則業障❷自輕；人能以流水聽弦歌❸，則性靈❹何害。

【注釋】❶明霞 燦爛的雲霞。❷業障 佛教指妨礙修行的罪業。❸弦歌 音樂歌唱。❹性靈 性情。

【語譯】燦爛的雲霞可愛，轉眼就消失了；流水聲動聽，聽了並不留戀。如果人能把美色看作明霞，那麼妨礙修行的罪業自然就輕；如果人能把音樂歌唱當做流水聲聽，那麼對性情又有什麼妨害。

【研析】白居易詩云：「大都好物不堅牢，彩雲易散琉璃脆。」朝霞雖然絢麗奪目，但很快就被太陽的光芒所掩蓋。人的姿色也是如此，俗話說：「人無千日好，花無百日紅。」青春易逝，紅顏難駐，因此交朋友談戀愛，不能只是以貌取人，更應注重對方的品格和才學。好色之心人皆有之，但不能沉湎於色。明白了美色難久，就能及時從色中解脫。佛教更說：「色即是空，空即是色。」佛教所言「色」，相當於物質（現象）世界；「空」指運動變化，有虛幻的意思。佛教認為色由心生，客觀世界虛幻不實，一切現象都是人們意識所致。若人們執著於外在的實在世界，就會產生錯誤的認識，即為「業障」。若能體認所有事物皆虛幻不實，就不會被自己的感官認識所束縛。

莊子把聲響分為天籟、地籟和人籟三種，天籟是不依賴任何外來力量的自然音響，如風聲、鳥聲和流水聲，是音樂的最高境界。古人喜歡聽泉、聽雨，宋劉克莊〈宿千歲庵聽泉〉云：「因愛庵前一脈泉，襆衾來此借房眠。驟聞將謂溪當戶，久聽翻疑屋是船。變作怒聲猶壯偉，滴成細點更清圓。君看昔日蘭亭帖，亦把湍流替管弦。」流水聲或嗚咽委婉，聽了能使人平心靜氣；或奔騰激越，聽了添人豪情逸興，是最為動聽的音樂。人們喜愛音樂，沉湎於靡靡之音使人玩物喪志，若有文人雅士的胸襟，將音樂當作自然之聲，則能陶冶性情。

一・一八〇 **休怨我不如人，不如我者常眾；休誇我能勝人，勝如我者更多。**

【語譯】不要怨我不如別人，不如我的人很多；不要誇我能勝過別人，勝過我的人更多。

【研析】天下勝過自己的人很多，不如自己的人也很多，遇到勝過自己的人不必自卑，遇到不如自己的人也不必自傲。待人接物，不卑不亢，是最妥當的態度。

一·一八一 人心好勝，我以勝應必敗；人情好謙，我以謙處反勝。

【語譯】人心喜歡爭勝，我用好勝心去應對別人必定會失敗；人情喜歡謙遜，我以謙遜的態度與別人相處反而會取勝。

【研析】人都有好勝之心，若我爭強好勝，別人必不肯相讓，互相爭鬥，總有失敗的時候。人們都喜歡別人對自己謙讓，若以謙遜的態度對待他人，就會博得對方的好感，對自己並無損失。「退一步海闊天空」，這是待人處世的妙招。

一·一八二 人言天不禁人富貴，而禁人清閒，人自不閒耳。若能隨遇而安❶，不圖將來，不追既往，不蔽❷目前，何不清閒之有。

【注釋】❶隨遇而安 安心於遇到的各種處境。❷蔽 掩飾。

【語譯】有人說上天不禁止人們富貴，而禁止人們清閒，實際上是人自己不肯閒下來。假如能夠隨遇而安，不考慮將來，不追究過去，不掩飾目前，為什麼不會有清閒呢。

【研析】隨遇而安，固然能省卻許多煩惱，圖得一時清閒，然而沒有理想，沒有追求，沒有努力，也就失去了生存的意義。

一・一八三 暗室貞邪❶誰見，忽而萬口喧傳❷。自心善惡炯然❸，凜❹於四王❺考校❻。

【注　釋】❶貞邪　忠貞和奸邪。❷喧傳　喧嚷流傳。❸炯然　光明、明白的樣子。❹凜　敬畏。❺四王　指殷王中宗、高宗、祖甲及周文王。《尚書・無逸》：「周公曰：嗚呼！自殷王中宗及高宗，及祖甲，及我周文王，茲四人迪哲。厥或告之曰：『小人怨汝詈汝。』則皇自敬德。厥愆，曰：『朕之愆。』允若時，不啻不敢含怒。」元吳澄《書纂言》解釋此段文意云：「知小人之依而或忿詈者，不能迪知也。殷周四王允蹈所知，其或有人告曰：『小人心怨口詈。』則皇皇然自敬其德，反求諸己，不尤其人。其所誣毀之愆，則安受之。」❻考校　考查比較。

【語　譯】暗室中的言行，是忠貞還是奸邪，有誰能看到，卻通過萬人之口廣為傳布。自己心中的善惡是很清楚的，要像四王那樣嚴格自律。

【研　析】〈大學〉、〈中庸〉都講到「慎獨」，提出人要嚴於律己，不管人前人後，都要謹慎言行，遵守規矩。現在有些人，在公眾場合擺出一副正人君子的面孔，可是在人後卻是男盜女娼，什麼壞事都幹得出來。這樣的人，縱能騙人於一時，騙不了人一世，遲早會原形畢露。

一・一八四 寒山❶詩云：「有人來罵我，分明了了知。雖然不應對，卻是得便宜。」此言宜深玩味。

【注釋】❶寒山 即寒山子，唐代著名的詩僧，隱居於天台山之寒岩，故名寒山子。

【語譯】寒山子的詩說：「有人來罵我，我知道得很清楚。雖然我不去應對，卻是得到了便宜。」這些話值得深深地玩味。

【研析】中國人講究謙讓容忍，有婁師德唾面自乾的典故。婁師德是唐朝的大臣，他的弟弟去代州做官，臨行時向他請教做官的訣竅，婁師德告訴他要忍耐，別人罵你，將唾沫吐到你的臉上，也不要去擦，要讓唾沫自己乾掉。西方也有提倡容忍的論調，《聖經》說別人打你的右臉，你把左臉也送上去，並說「要愛你們的仇敵」，托爾斯泰提倡道德自我完善，宣揚不以暴力抗惡的不抵抗主義。謙讓容忍是美德，每個人多一些謙讓容忍，這個世界就會更和諧美好。但不講原則地一味謙讓容忍，聽任罪惡橫行，也是一種犯罪。

一·一八五 恩愛，吾之仇也；富貴，身之累也。

【語譯】恩愛是我的仇敵；富貴是身體的拖累。

【研析】此條是從反面立論。受人恩愛本是好事，父母的疼愛使孩子健康成長，上司的器重激勵下屬更努力工作。但是父母過分溺愛縱容孩子，就使孩子失去獨立生活的能力，養成好逸惡勞的惡習，最終害了孩子，於是有「嚴是愛，寬是害」的說法。上司器重下屬而不加約束，下屬就會居功自傲，或遭致同事的嫉恨，或冒犯了上司，都會帶來嚴重的後果。富貴是人們社會地位的標誌，是自我價值的體現。人們追求富貴，本無可非議。若是使用不正當的手段去獲取富貴，或不能正確對待已經取得的地位和財富，就會深受其害。人們常說「利令智昏」，在利益的誘惑下，人往往會犯嚴重的錯誤。一個人有了地位，便仗勢欺人，必然會招致眾人的反對；有了財富隨意揮霍，總有一天傾家蕩產，這便是富貴累人之處。

一・一八六　**馮驩之鋏，彈老無魚❶；荊軻之筑，擊來有淚❷。**

【注　釋】❶馮驩之鋏二句　典出《戰國策》和《史記》，馮驩是齊國孟嘗君門客，但未得孟嘗君重用，於是彈著寶劍唱歌：「長鋏歸來乎，食無魚！」「長鋏歸來乎，出無車！」「長鋏歸來乎，無以為家！」後以馮驩彈鋏而歌表示懷才不遇。馮驩，也作「馮諼」。鋏，劍；劍柄。❷荊軻之筑二句　荊軻奉燕太子丹命去刺殺秦始皇，臨行時高漸離擊筑，荊軻和而歌，為變徵之聲，士皆垂淚涕泣。筑，古代的樂器。

【語　譯】馮驩的寶劍，彈到老也沒有魚；荊軻擊筑，引來很多人的眼淚。

【研　析】馮驩只為自己得不到主人賞識，彈劍高歌發洩不滿，並不能使人同情。荊軻為抵抗暴秦，拯救天下蒼生，義無反顧地去刺殺秦王，故能引起眾人的崇敬。為一己之私利，與任天下之公義，有本質的區別。

一・一八七　以患難心居安樂，以貧賤心居富貴，則無往不泰❶矣；以淵谷❷視康莊❸，以疾病視強健，則無往不安矣。

【注釋】❶泰　通暢；安寧。❷淵谷　深谷。❸康莊　四通八達的大路。

【語譯】身居安樂的時候抱有憂患的心情，身居富貴時抱有貧賤的心情，那麼就處處康泰順遂；把康莊大道看作深山峽谷，把身體強健看作疾病纏身，那麼就處處平安寧靜。

【研析】此條言居安思危，防患於未然的憂患意識。《左傳》說：「居安思危，思則有備，有備無患，敢以此規。」處在安樂的環境中，要想到可能有的危險，要提高警惕，防患於未然，才能長治久安。魏徵曾勸諫唐太宗說：「不念居安思危，戒奢以儉，德不處其厚，情不勝其欲，斯亦伐根以求木茂，塞源而欲流長者也。」富貴的時候，也要小心謹慎，勤儉持家，俗話說：「常將有時思無日，莫待無時思有時。」只有把富日子當窮日子過，才能長盛不衰。在平坦大道上行走，也要像行走在深山峽谷中那樣小心謹慎。《呂氏春秋・慎小》說：「人之情，不蹶于山，而蹶于垤。」在崎嶇山路上行走，都會小心謹慎，不容易摔倒，在平坦的道路上行走時，由於疏忽大意，往往被小土堆絆倒。

人在強健的時候，不可麻痹大意，要密切關注自己的健康狀況，發現問題及時治療。俗話說：「小病不治，大病吃苦。」待小病積為大病，就後悔莫及了。這幾句話，既有深刻的哲理，也有實際的意義。一切事物都在發展變化，事物的對立面可以互相轉化，安樂可以變為患難，富貴可以變為貧賤，平安可以變為危險，健康可以變為疾病，而一切的變化往往都是從細微處開始，正如歐陽脩在〈五代史伶官傳序〉中所說：「禍患常積于忽微，而智勇多困于所溺。」具有了居安思危的憂患意識，就能防止事物向壞的方向發展變化。

一・一八八　有譽於前，不若無毀於後；有樂於身，不若無憂於心。

【語譯】與其有人在面前讚揚你，不如沒有人背後毀謗你；與其身體快樂安逸，不如心裡沒有憂愁煩惱。

【研析】當面的稱譽，並沒有實際的好處；背後的詆毀，卻往往能置人於死地。身體快樂是暫時的，精神上的安逸是長久的。

一・一八九　富時不儉貧時悔，潛時❶不學用❷時悔；醉後狂言醒時悔，安不將息❸病時悔。

【注釋】❶潛時　指沒有發達的時候。《周易口義》釋「乾卦」云：「時潛則潛，時見則見，時升則升。」帝王執政前稱為「龍潛」，一般士人未考取功名前隱伏不出，也稱「潛時」。❷用　使用；任用。此處為被動用法，作被使用、受任用解。❸將息　休息；調養。

【語　譯】富裕的時候不節儉，貧窮的時候就要後悔，平時不學習，受任用的時候就要後悔；喝醉酒口出狂言，酒醒了就要後悔，健康的時候不注意調養，生病的時候就要後悔。

【研　析】此條言人容易後悔的幾件事。富足的時候不知道節儉，到貧困的時候就後悔了。元明以來，隨著貨幣流通的加劇，財富不斷地再分配，出現了貧富迅速分化的現象。許多富豪地主，因為子弟揮霍無度，不事生產，逐漸淪落為貧民，如何守住家產就成為人們關注的問題。當時出現了很多描寫「浪子回頭」的文學作品，如元雜劇《東堂老》，明代的白話小說《癡公子狠使噪皮錢》，都反映了這樣的社會現實。陸游錄有這樣一副對聯：「書到用時方恨少，事非經過不知難。」講的是要努力學習，注意知識的積累。讀書不能急功近利，立竿見影，有些知識學的時候看起來沒有實際作用，但說不定哪一天就派上了用場。酒後口出狂言，不僅會誤事，而且會招致殺身之禍。話本小說《十五貫戲言成巧禍》，即現在崑曲所演的《十五貫》，就是講一個人酒後狂言引起的冤案。一個人健康的時候不知道珍惜，當失去健康的時候就會後悔。

一·一九〇　寒灰❶內半星之活火❷，濁流中一線之清泉。

【注　釋】❶寒灰　即死灰。冷卻的灰燼。❷活火　燃燒的火。

【語　譯】冷卻的灰燼中保留著一點火星，渾濁的水流中流淌著一線清泉。

【研　析】死灰內有一點星火，就可以復燃，在困難的時候，要看到希望，不能灰心喪氣。在汙濁的流水中，依然有一線清泉，在惡劣的環境中，要潔身自好，不能隨波逐流，喪失志節。

一·一九一 攻❶玉於石，石盡而玉出；淘金於沙，沙盡而金露。

【注釋】❶攻 開鑿；開採。

【語譯】在石頭中採取玉石，石頭被開鑿盡了，玉就露出來了；在沙裡淘金，沙淘完了，金子就露出來了。

【研析】剖石取玉，沙裡淘金，有價值的東西往往隱藏在平凡的事物裡面。首先要有識寶的眼光，能從石頭裡看到玉，從沙裡找到金；其次要付出辛勤的勞動，才能有所收穫。

一·一九二 乍交❶不可傾倒❷，傾倒則交不終❸；久與不可隱匿，隱匿則心必嶮❹。

【注釋】❶乍交 初交。❷傾倒 沒有保留地全部倒出。❸不終 沒有結果；不能到底。❹嶮 陰險；奸邪。

【語譯】與人初交不能毫無保留，毫無保留交往就不能到底；與人交往久了不可有所隱瞞，如果隱瞞心地必然陰險。

【研　析】「逢人只說三分話，未可全拋一片心」，與人初交，當然要有所保留。與人相交久了，就不應該有所隱瞞嗎？其實未必。每個人都有自己的隱私，沒有可能，也沒有必要對任何人全盤托出。曾經有人討論過，夫妻雙方是不是應該絕對透明，毫無保留。大多數人還是認為，即使是夫妻，互相也應該有自己的空間和祕密，沒有必要全部公開。

一·一九三　丹❶之所藏者赤，墨之所藏者黑。

【注　釋】❶丹　朱砂，一種礦物，可做紅色的顏料。

【語　譯】朱砂埋藏的地方是紅色的，墨埋藏的地方是黑色的。

【研　析】此條從「近朱者赤，近墨者黑」成語而來，然而並不正確。玉在石中，玉是白的，石頭卻可以是黑的。

一·一九四　懶❶可臥，不可風❷；靜可坐，不可思；悶可對❸，不可獨；勞可酒，不可食；醉可睡，不可淫。

【注　釋】❶懶　疲倦困怠。❷風　同「瘋」。任性放蕩。❸對　應對；和人交流。

【語 譯】困倦的時候，可以睡覺，不能任性放蕩；安靜的時候，可以坐著，不能胡思亂想；煩悶的時候，可以和人交流，不能一個人呆著；勞累了可以喝酒，不能吃東西；喝醉了可以睡覺，不能貪色淫蕩。

【研 析】此條是從生活經驗中總結出來的幾條戒律：困倦和酒醉的時候，不能近女色，那樣有損於健康。勞累了喝點酒可以幫助入睡，吃東西則不容易消化。煩悶的時候，與人交流可以得到宣洩和安慰，一個人呆著只會胡思亂想。安靜的時候，只能坐著，不能思考問題，是佛家的打坐、道家的心齋，要求人們的思想處於虛靜的狀態。

一・一九五 書生薄命原同妾，丞相憐才不論官。

【語 譯】讀書人的命運不好，就和那些姬妾一樣，丞相愛惜人才，不問對方的官職高低。

【研 析】這兩句出自明王穉登〈答遠相公問病〉：「斜風斜雨竹房寒，雲裡蓬萊枕上看。愁過一春容鬢改，吟成五字帶圍寬。書生薄命原同妾，丞相憐才不論官。泣向青天懷烈士，古來惟有報恩難。」王穉登是明代蘇州詩人，嘉靖中北遊太學，深受內閣大學士袁煒賞識，然終身未得功名，以山人布衣出入豪門。詩中「書生薄命原同妾」，寫盡了落魄書生的艱辛和無奈。在封建社會中，一個讀書人沒有功名，就沒有社會地位，不能取得他人的認可。《儒林外史》中周進考到老還未中舉人，遭到年輕舉人的奚落和嘲諷。范進在中舉前，也飽嘗世人冷眼，處境十分艱難。小說真實地描寫了封建社會中大多數讀書人的悲慘境遇。

一・一九六 少年靈慧❶，知抱夙根❷；今生冥頑❸，可卜❹來世。

【注釋】❶靈慧 神異的智慧。❷夙根 前世的慧根。❸冥頑 愚鈍無知。❹卜 預測。

【語譯】少年具有神異的智慧，可以知道他擁有前世的慧根；今生愚昧無知，可以預測到他的來世。

【研析】佛教有三世因果說，三世即往世、今世和來世。往世是因，今世是果；今世是因，來世是果。佛經說：「欲知前世因，今生受者是；欲知來世果，今生做者是。」今世的靈慧，來自前世的慧根；今世的頑冥，又決定來世的愚笨。以現代科學的眼光看，三世因果幾近虛妄，然任何事物的發展，都有過去、現在和未來三個階段，今日相對於昨日是未來，相對於明日則成為歷史，三者互為因果。

一・一九七 撥開世上塵氛❶，胸中自無火炎❷冰兢❸；消卻心中鄙吝❹，眼前時有月到風來。

【注　釋】❶塵紛　塵世的紛亂。❷火炎　火焰燃燒升騰。❸冰兢　冰塊散發出令人戰慄的寒意。❹鄙吝　貪婪。

【語　譯】撥開塵世紛亂的塵土，胸中自然沒有燃燒的火焰和冷氣逼人的寒冰；消除心中貪婪的欲念，眼前時常有明月清風來到。

【研　析】陽明心學認為，人心如同鏡子，受到世俗塵埃的遮蔽，失去了明淨。人們應該加強修養，不斷拂拭心靈上的塵埃，使心靈保持明淨。這樣的功夫就叫「致良知」。一個人能保持心靈的明淨，就會心胸寬廣，精神爽朗。陽明心學的修行功夫，來自佛教。佛教禪宗有段公案：神秀和惠能都在禪宗五祖弘忍門下修行，有一次神秀口誦偈語：「身是菩提樹，心如明鏡臺。時時勤拂拭，勿使惹塵埃。」惠能隨口應對道：「菩提本無樹，明鏡亦非臺。本來無一物，何處惹塵埃。」神秀提出要隨時掃除心中的灰塵，使心靈保持明淨。惠能則認為人身和心靈都是虛幻不實，沒有塵埃能落到不存在的事物上，塵埃不是來自外界，而是自心見識不明而造成的。

一・一九八　塵緣❶割斷，煩惱從何處安身？世慮❷潛消，清虛❸向此中立腳。市爭利，朝爭名，蓋棺日何物可殉蒿里❹？春賞花，秋賞月，荷鍤❺時此身常醉蓬萊❻。

【注　釋】❶塵緣　與塵世的因緣。❷世慮　世俗的念頭。❸清虛　清淨虛無，佛教和道教推崇的最高境界。❹蒿里　山名，在泰山之南，是埋葬死人的地方。後泛指墓地。❺荷鍤　用晉人劉伶的典故。《晉書・劉伶傳》載，劉伶嗜酒，「常乘鹿車，攜一壺酒，使人荷鍤而隨之，謂曰：『死便埋我。』其遺形骸如此」。荷，扛。鍤，鐵鍬。❻蓬萊　蓬萊三山，相傳仙人所居之處。

【語　譯】割斷與塵世的因緣，煩惱從什麼地方安身？暗中消除世俗的念頭，清淨虛無的境地就在這裡立腳。在集市爭利，在朝廷爭名，人死後能將什麼東西帶進墳墓？春天賞花，秋天賞月，喝酒時常常醉入仙鄉。

【研　析】「天下熙熙，皆為利往；天下攘攘，皆為利來」，「取富貴青蠅競血，進功名白蟻爭穴」，人世的紛爭和煩惱，皆從爭名逐利而來。然而功名富貴皆如過眼煙雲，生不帶來死不帶去，紛爭也好，煩惱也好，到頭來都是一場空，「落了片白茫茫大地真乾淨」。只有擺脫名韁利鎖的拘縛，才能獲得心靈的自由和生活的寧靜，春賞花秋賞月，酩酊大醉到蓬萊，是多麼瀟灑悠閒。

一・一九九　駟馬難追❶，吾欲三緘其口❷；隙駒易過❸，人當寸惜乎陰。

【注　釋】❶駟馬難追　比喻說出口的話難以追回。《五燈會元》載瑞州大愚山守芝禪師答僧問：「如何是和尚家風。」師曰：「一言出口，駟馬難追。」駟馬，四匹馬拉的車。❷三緘其口　在嘴上貼了三張封條，比喻說話謹慎。《說苑・敬慎》：「孔子之周，觀於太廟。右階之前，有金人焉，三緘其口而銘其背曰：『古之慎言人也，戒之哉，戒之哉！無多言，多言多敗。』」❸隙駒易過　謂光陰易逝。《莊子・知北遊》：「人生天地之間，若白駒之過隙，忽然而已。」

【語　譯】話說出口，四匹馬拉的車也追不回來，我說話要很謹慎；時光如白駒過隙，稍縱即逝，人們應當愛惜每一寸光陰。

【研　析】一言既出，駟馬難追，說話須謹慎。俗話說：「病從口入，禍從口出。」從古至今，因言獲罪的事例不勝枚舉。明代朱元璋年輕時因家境貧困而出家當和尚，後來投靠紅巾軍，被視為賊寇。他當了皇帝後，依然有出身貧賤而帶來的自卑心理，很害怕別人揭他老底。有人在元旦賀表上讚揚他「天生睿智」，「為民作則」，因「生」與「僧」、「則」與「賊」發音相似，就認為寫賀表的人有意諷刺他，將寫賀表的人殺了。清初大興文字獄，最著名的是「清風案」。有人寫了兩句詩：「清風不識字，何必亂翻書。」雍正認為此詩譏諷大清皇朝，將寫詩的人殺了。這些是因言獲罪的極端例子，然而在封建專制統治下，人們沒有言論的自由，因言獲罪是屢見不鮮的。一言既出，駟馬難追現在更多用於勸誡人們不要輕易許諾。古人重誠信，有「一諾千金」之說。承諾的事情一定要做到，失信於人是嚴重的道德缺陷。因此在作出承諾時，一定要深思熟慮，做不到的事情不要輕易答應。

古人有很多珍惜光陰的名言警句，如「一寸光陰一寸金，寸金難買寸光陰」，「盛年不重來，一日難再晨。及時當勉勵，歲月不待人」，「少年易學老難成，一寸光陰不可輕」珍惜時間，就是珍惜生命，是生命意識的表現。光陰易逝，人生苦短，於是有人提出「少壯不努力，老大徒傷悲」，勸誡人們珍惜光陰，努力學習，積極進取，「三更燈火五更雞，正是男兒讀書時。黑髮不知勤學早，白髮方悔讀書遲」，「莫等閒，白了少年頭，空悲切」，張愛玲直截了當地說：「出名要趁早。」也有人認為人生短促，功名利祿皆是過眼雲煙，不如及時行樂，「人生得意須盡歡，莫使金樽空對月」，「古人今人若流水，共看明月皆如此。唯願當歌對酒時，月光長照金樽里」，「花開堪折直需折，莫待無花空折枝」。人們對待時間和生活的不同態度，體現了對生命意義和價值的不同認識。

一·二〇〇 萬分廉潔止是小善，一點貪汙便為大惡。

【語譯】萬分的廉潔只是小小的善行，一點點貪汙就是很大的罪惡。

【研析】廉潔本是做人的本分，一生廉潔，他人不以為功績；貪汙為人不齒，一旦沾上，便是終身罪過。

一·二〇一 炫奇❶之疾，醫以平易；英發❷之疾，醫以深沉；闊大❸之疾，醫以充實。

【注釋】❶炫奇　炫耀奇特。❷英發　顯露才華。❸闊大　迂闊不切實際。

【語譯】炫耀奇特的毛病，用平易來醫治；才華顯露的毛病，用深沉來醫治；迂闊不切實際的毛病，用充實來醫治。

【研　析】此條既講做人，也講作文。中華民族主體之一，是生活在黃河流域的農耕部落，在惡劣環境下的農業生產，需要互相協作和配合，形成了忍耐務實的品格和重視群體利益的集體意識。中國的傳統道德提倡平實誠信、循規蹈矩、謙遜退讓，反對不守成規、突出個人、鋒芒畢露、誇誇其談的作風。與此相應，在文學創作中，反對怪異、提倡平易的文風，強調文章要有充實的內容和紮實的學問。歐陽脩主張平易為人，反對以怪癖言行博取名聲。他在〈議學狀〉中說：「夫人之材行，若不因臨事而見，則守常循理，無異眾人。苟欲異眾，則必為迂僻奇怪，以取德行之名，而高談虛論，以求才識之譽。」他認為正人君子在正常的社會環境裡，無須高談闊論，標新立異，以顯示其才識，更不能違背常理，驚世駭俗，以標榜其德行。如果刻意追新逐奇，炫耀才華，就會違實失真，矯情偽飾。歐陽脩在文學上提倡平易自然的風格，反對險怪艱澀，他自己的文章「絕去刀尺，渾然天質」，「其言簡而明，信而通」。歐陽脩人品受人尊重，而他的理論也符合正統觀念。

一·二〇二　才舒放❶即當收斂，才言語便思簡默❷。

【注　釋】❶舒放　同「疏放」。放縱不受拘束。❷簡默　沉默；閉口不言。

【語　譯】才放縱就應當收斂，才說話就想到要沉默。

【研　析】此二句從陽明心學而來。王守仁〈與黃宗賢書〉：「凡人言語正到快意時，便截然能忍默得；意氣正到發揚時，便翕然能收斂得；憤怒嗜欲正到沸騰時，便廓然能消化得。此非天下之大勇者不能也。然見得良知親切時，其工夫又自不難。」陽明意思是人要善於克制自己的感情和行為，使之符合封建的道德規範。

一·二〇三　貧不足羞，可羞是貧而無志；賤不足惡，可惡是賤而無能；老不足歎，可歎是老而虛生；死不足悲，可悲是死而無補。

【語　譯】貧窮不足以羞愧，可羞愧的是貧窮而沒有志向；卑賤不足以厭惡，可厭惡的是卑賤而沒有能力；年老不足以哀歎，可哀歎的是老了虛度一生；死亡不足以悲傷，可悲傷的是死得沒有意義。

【研　析】中國古代推崇道德，輕視富貴，並以輕視富貴作為是否有道德的重要標準。因此古人不因為貧窮而感到羞愧，甚至以貧窮而自豪。這樣的傳統觀念，在晚明一度受到衝擊，袁宏道就說，人過四十，還沒有廣廈良田，不能過豐衣足食的生活，才是可恥的。中國封建社會具有森嚴的等級制度，隋唐以來，門閥制度逐漸淡化消亡，但「士農工商」四民觀念還是根深蒂固。晚明社會，隨著商品經濟的發展，傳統的等級觀念受到了挑戰，很多出身貧賤的人憑靠著自己的能力躋身於上流社會，甚至進入仕途身居高位。身居四民之末的商人，也憑著豐厚的財力成為社會的名流。

雖然自古就有「英雄不問出處」，「帝王將相，寧有種乎」？的說法，但出身卑賤者在封建社會始終受到歧視。卑賤者能憑著個人的能力出人頭地的，少之又少。晚明之後，情況有所改觀，但並未能打破封建的等級制度。衰老是不可避免的自然現象，並不可悲，到老了一事無成，才讓人可悲。死亡是必然的歸宿，也不值得悲哀，可是死得毫無意義，才讓人悲哀。

一·二〇四 身要嚴重❶，意要閒定❷，色❸要溫雅❹，氣要和平，語要簡徐❺，心要光明，量要闊大❻，志要果毅❼，機❽要縝密，事要妥當。

【注　釋】❶嚴重　嚴肅莊重。❷閒定　安閒平定。❸色　臉色；表情。❹溫雅　溫和文雅。❺簡徐　簡要從容。❻闊大　寬宏博大。❼果毅　果敢堅毅。❽機　心機。

【語　譯】身體要嚴肅莊重，情意要安閒平定，表情要溫文爾雅，聲氣要和平舒緩，語言要簡要從容，心地要光明正大，度量要寬宏博大，意志要果敢堅毅，心機要縝密細緻，辦事要妥當周全。

【研　析】此為做人的準則，可供參考，然而一切為人處世的格言，都有局限，不可奉為萬世不變的教條。即以此條所論，為人要嚴肅莊重，不可輕佻，固然不錯，但一個人只有嚴肅而無活潑，還有什麼趣味可言。《紅樓夢》中賈政就是一個方正古板，嚴肅莊重而缺乏人情味和生活韻趣的人。色要溫雅，氣要和平，在講究禮儀的中國，提倡的是溫文爾雅的風度，造就了大量的謙謙君子，然而缺少的是有血氣敢擔當的英雄。

一·二〇五 富貴家宜學寬，聰明人宜學厚。

【語譯】富貴人家應該學習寬容，聰明人應該學習忠厚。

【研析】富貴人家常以驕橫對人，故以寬來彌補；聰明人常以刻薄對人，故以忠厚來彌補。

一·二〇六 休委罪於氣化❶，一切責之人事❷；休過望於世間，一切求之我身。

【注釋】❶氣化　陰陽兩氣的變化。中國古代哲學認為陰陽兩氣是世界的本源，陰陽兩氣的變化產生萬事萬物。此處指命運氣數。❷人事　人之所為。

【語譯】不要把罪過推給命運氣數，一切責任都在人的所作所為；不要對社會寄予過高的期望，一切還要求自己。

【研析】儒家強調盡人事而知天命，重視發揮人的主觀能動性，荀子更提出「制天命而用之」的「人定勝天」的思想，與老莊的「無為」有明顯的區別。古人還說「求人不如求己」，不要把希望寄託在他人身上。

一·二〇七 世人白晝寐語❶，苟能寐中作白晝語，可謂常惺惺❷矣。

【注釋】❶寐語　夢話。❷惺惺　聰明；清醒。

【語譯】世上人都是在白天說夢話，如果能在夢中說白天的話，可以說是時常清醒的了。

【研析】世人渾渾噩噩，白晝盡說夢話，如果人們能在夢中說出清醒時的話，那就無時無刻不清醒了。

一·二〇八　觀世態❶之極幻，則浮雲轉有常情；咀世味❷之皆空，則流水翻多濃旨❸。

【注釋】❶世態　世俗情態，人與人之間的情感和交往。❷世味　人世的滋味，多指人情淡薄。❸濃旨　濃烈的味道。旨，美味。

【語譯】觀察世俗的情態極其變幻不定，浮雲反而變得有常情；體會人情淡薄毫無滋味，流水反而有更濃烈的味道。

【研析】世情比浮雲更變幻不定，人情比流水更淡薄，用反諷的方法揭露了世態炎涼的事實。

一·二〇九　大凡聰明之人，極是誤事。何以故？唯聰明生意見❶，意見一生，便不忍捨割。往往溺於愛河慾海者，皆極聰明之人。

【注釋】❶意見 見解；主張。

【語譯】大抵聰明的人，都是極誤事的。那是什麼緣故呢？只有聰明才能形成主張，主張一旦產生，就不忍心割捨。往往沉溺於情欲的人，都是極聰明的人。

【研析】人越聰明，欲望就越強烈，就越糾纏於世俗的事務而不能解脫，於是「聰明反被聰明誤」。《紅樓夢》中王熙鳳是個極聰明的人，結果「機關算盡太聰明，反誤了卿卿性命」。

一·二〇 是非不到釣魚處，榮辱常隨騎馬人。

【語譯】是非到不了釣魚的地方，榮辱經常跟隨著騎馬的人。

【研析】此兩句出自宋釋覺範《石門文字禪·跋荊公元長元度三帖》：「予兒時劇於鄰家，見壁間有詩曰：『是非不到釣魚處，榮辱常隨騎馬人。』今日見此三帖，偶憶前句。」釣魚處指隱士居住的地方，東漢初嚴光拒絕光武帝劉秀之召，隱居於富春山，以垂釣為生，後世稱為嚴子陵釣臺。騎馬人指為追逐功名而奔波的人。隱居者與世無爭，所以是非到不了隱士居住的地方。在富貴場中奔走的人，經常被榮辱所困擾。

一・二二一 名心未化，對妻孥❶亦自矜莊❷；隱衷❸釋然，即夢寐皆成清楚。

【注　釋】❶妻孥　妻子和子女。孥，子女。❷矜莊　嚴肅莊敬。❸隱衷　隱祕的念頭。

【語　譯】功名之心沒有化解，對著妻子和子女也要擺出嚴肅莊重的樣子；隱祕的念頭放下了，就是在睡夢中也都是清楚坦白的。

【研　析】此條言道學家講究修身養性，處處以封建禮教約束自己的行為，即使在家人前也要擺出一副嚴肅莊重的樣子，其目的就是要賺取虛名。

一・二二二 觀蘇季子❶以貧窮得志，則負郭二頃田❷誤人實多；觀蘇季子以功名殺身，則武安六國印害人不淺。

【注　釋】❶蘇季子　蘇秦，字季子，東周洛陽人，戰國時縱橫家。蘇秦年輕時曾遊說列國，大困而歸，被父兄、妻子嘲笑。蘇秦發奮讀書，數年後學成，乃見秦王，獻併吞六國之計，秦王不能用。蘇秦隨後遊說六國，六國立約合縱抗秦，蘇秦為縱約長，佩六國相印，趙王封他為武安君。蘇秦重返家鄉，家人對他恭敬有加，蘇秦感歎地說：「此一人之身，富貴則親戚畏懼之，貧賤則輕易之，況眾人乎！且使我有洛陽負郭田二頃，吾豈能佩六國相印乎！」（《史記・蘇秦列傳》）後秦用張儀連橫之計，對六國採取近交遠攻的策略，六國內亂，蘇秦被齊人刺死。❷負郭二頃田　指近郊肥沃的二畝土地。負郭，靠近城郭。負，背。郭，外城。

【語譯】看蘇季子因為貧窮而實現志願，二畝近城的田地太耽誤人了；看蘇季子因為功名而喪生，武安君的封號和六國相印害人不淺。

【研析】孟子說：「生于憂患，而死于安樂。」歐陽脩說：「憂勞可以興國，逸豫可以亡身。」宋儒張載說：「富貴福澤，將厚吾之生也；貧賤憂戚，庸玉汝于成也。」艱難困苦可以激勵奮發圖強、自強不息的精神；安逸享樂只會消磨人們的意志，失去進取的動力。人生不會一帆風順，總會遇到種種艱難曲折，經歷不同的失敗和挫折。只有不斷克服困難，在逆境中磨練自己，才能實現自己的人生目標。蘇秦年輕時遊說列國，得不到君主們的信任和重用，回到家中，又受到父兄的嘲笑和妻子的冷落。在經歷了失敗和挫折後，他更加發憤讀書，最終說服六國聯合抗秦，成了身佩六國相印的政治紅人。漢代匡衡鑿壁偷光、晉代車胤和孫康囊螢映雪，都是因家貧而發憤讀書，最後學有所成的事例。古今中外，類似的事例有很多。

自古道「功名誤人」，多少人迷戀功名，虛耗了青春年華。一旦功名得遂，位高權重，或貪贓枉法，事情敗露遭到制裁；或結黨營私，捲入政治鬥爭的漩渦而不能自拔；或功高震主，被皇帝以莫須有的罪名懲處。縱觀歷史，那些權相重臣，如韓信、岳飛、賈似道、嚴嵩、張居正等，或忠或奸，有幾個落得個好下場？貫雲石〈抒懷〉云：「競功名有如車下坡，驚險誰參破？昨日玉堂臣，今日遭殘禍。爭如我避風波走在安樂窩。」元雜劇《竹葉舟》直截了當地說：「你待要名譽興，爵位高，那些兒便是你殺人刀。」

蘇秦不甘貧賤，發憤讀書，終得六國相印，卻也因此丟卻性命；若蘇秦家有二頃田，安於享樂，就不能出人頭地，卻也由此安身立命。禍福相倚，生活中充滿了悖論。

一・二二三 名利場中難容伶俐❶，生死路❷上正要糊塗。

【注釋】❶伶俐 此處謂明白、清楚。❷生死路 指人生的道路。生死，生與死。

【語譯】在名利場中容不下明白，在人生的道路上正要糊塗。

【研析】清代鄭板橋有句名言：「難得糊塗。」他還說：「聰明難，糊塗尤難，由聰明而轉入糊塗更難。放一著，退一步，當下安心，非圖後來報也。」鄭板橋所說「糊塗」，是指不要斤斤計較名利得失，遇到紛爭以退讓為上。這是老莊所鼓吹的處世哲學。

一・二二四 一杯酒留萬世名❶，不如生前一杯酒❷，自身行樂耳，遑恤其他！百年人做千年調❸，至今誰是百年人？一棺戢❹身，萬事都已。

【注釋】❶一杯酒留萬世名 李白〈將進酒〉：「自古聖賢皆寂寞，惟有飲者留其名。」❷不如生前一杯酒 《世說新語》載張季鷹語：「使我有身後名，不如即時一杯酒。」❸調 志向；志趣。❹戢 收藏。

【語譯】如果喝酒是為了萬世留名，還不如生前痛痛快快地喝一杯酒，自己行樂罷了，哪裡還顧得上其他的事情！壽命百年的人卻要立千年的志向，到現在又有誰是長命百歲的人？一口棺材藏身，萬事都結束了。

【研析】生命苦短，不如及時行樂，這是千百年來詩人詠唱的主題。曹操〈短歌行〉說：「對酒當歌，人生幾何？譬如朝露，去日苦多。慨當以慷，憂思難忘。何以解憂，唯有杜康。」李白〈將進酒〉說：「人生得意須盡歡，莫使金樽空對月。」杜秋娘〈金縷衣〉詩說：「花開堪折直須折，莫待無花空折枝。」人生苦短，是生命意識的覺醒，使人們更為珍視生命，讓生命更具有價值。然而，如何讓生命更有價值，卻有不同的答案。有人把生命的價值視作理想和事業，有人視作功名利祿，有人則認為及時行樂才不虛度此生。

一·二二五 郊野非葬人之處，樓臺是為丘墓；邊塞非殺人之場，歌舞是為刀兵。試觀羅綺❶紛紛，何異旌旗密密；聽管弦冗冗❷，何異松柏蕭蕭。葬王侯之骨，能消幾處樓臺？落壯士之頭，經得幾番歌舞？達者❸統為一觀，愚者指為兩地。

【注釋】❶羅綺 絲綢所做華麗的衣服。❷冗冗 紛亂；繚亂。❸達者 通達事理的人。

【語譯】郊野不是葬人的地方，歌樓舞臺才是墳墓；邊塞不是殺人的戰場，歌舞才是殺人的兵器。請看華麗的衣服紛紛揚揚，和密密麻麻的旌旗有什麼兩樣；聽繚亂繁雜的樂曲聲，與墓地上松柏的蕭蕭聲有什麼不同。埋葬王侯的屍骨，能銷蝕幾處樓臺？斬落壯士的頭顱，須經幾番歌舞？通達事理的人把這兩者視為一體，愚笨的人認為兩者並不相干。

【研　析】此條文字採用逆向思維的方法，把聲色歌舞看作血流成河的戰場，把亭臺樓閣看作是埋葬白骨的墳墓，表現出否定現世享樂的思想。

一・二二六　節義傲青雲❶，文章高〈白雪〉❷，若不以德性❸陶熔❹之，終為血氣❺之私，技能之末。

【注　釋】❶青雲　高空的雲，比喻遠大的志向和抱負。❷文章高白雪　羅隱〈感德敘懷寄上羅鄴王〉：「腰間印綬黃樞貴，卷裡文章〈白雪〉高。」白雪，指高雅的曲調，此指高深典雅的文章。❸德性　品行；品質。❹陶熔　陶鑄熔煉，比喻培育造就。❺血氣　血性、骨氣，指剛烈的勇氣。

【語　譯】節操可以傲視青雲，文章高過〈白雪〉，假如不用道德加以陶鑄熔煉，最終節義只是表現個人剛烈之勇的私心，文章也只是最下等的技藝。

【研　析】重節操、講義氣本是美德，也要看用在什麼地方。如果為了正義的事業，為了廣大民眾的利益，講節操、義氣，那就是大賢人；如果為了邪惡的黑道買賣，或為了某一集團的私利，講節操、義氣，那就是大惡之人。因此，不符合道德的節操、義氣只不過是血氣之勇，並不是什麼美德。

寫文章不能光耍技巧，首先要考慮文章的思想內容是否符合道德規範，如果文章寫得再漂亮，而思想腐朽，內容荒誕，那也是沒有價值的。當然，這是傳統的文學觀念，而現代的文學觀念，似乎並不注重作品的思想內容以及教化作用，而更重視文學作品的審美功能。

一·二一七 我有功於人，不可念，而過則不可不念；人有恩於我，不可忘，而怨則不可不忘。

【語譯】我對別人有功勞，不可念念不忘，而自己的過失就不能不牢記；他人對我有恩，自己不可忘記，而他人對我的怨恨就不能不忘記。

【研析】中國的傳統美德是嚴於律己，寬以待人。自己有恩於人，當「施恩不圖報」，別人有恩於我，則「滴水之恩當湧泉相報」。自己有過失，當牢記在心，引為教訓；他人有過失，當存寬恕之心。

一·二一八 徑路窄處，留一步與人行；滋味濃時，減三分讓人嗜❶。此是涉世❷一極安樂法。

【注釋】❶嗜　嗜好，此處作享受解。❷涉世　經歷世事。

【語譯】道路狹窄的地方，留一步路讓別人行走；滋味濃郁時，省下三分讓別人享受。這是處理世事極為安樂的方法。

【研析】中國人講究「助人為樂」，「與他人方便，就是與自己方便」。當一個人做好事幫助別人時，自己也從中得到了快樂。

一・二一九　己情不可縱，當用逆之法制之，其道❶在一「忍」字；人情❷不可拂❸，當用順之法制❹之，其道在一「恕」字。

【注釋】❶道　途徑和方法。❷人情　眾人的情緒和願望。❸拂　違背。❹制　遵從。

【語譯】自己的感情不可放縱，應當用相反的方法加以克制，方法就是一個「忍」字；對他人的情緒不可違逆，應當用順應的辦法加以遵從，方法就是一個「恕」字。

【研析】此條依然講對己對人之道。嚴於律己，因此不能放縱自己的感情，而是要用道德規範加以克制。寬於待人，因此要順應他人的感情，用寬恕的態度去對待他人。

一・二二〇　昨日之非不可留，留之則根燼復萌❶，而塵情❷終累乎理趣❸；今日之是不可執❹，執之則渣滓未化❺，而理趣反轉為慾根❻。

【注釋】❶根燼復萌　燒成灰的草根重新萌發，即「野火燒不盡，春風吹又生」的意思。根，指草根。燼，物體燃燒後剩下的灰燼。葛洪《抱朴子》：「凡草燒之即燼。」❷塵情　世俗的情感。❸理趣　理中之趣，隱藏在義理中的情趣。❹執　固執；堅持。❺渣滓未化　渣滓未消解。渣滓，指雜質和糟粕。事物中存有渣滓則不純淨。❻慾根　情欲之根。

【語譯】昨日的錯誤不可留下，留下就會死灰復燃，世俗的情感終將影響到隱藏在義理中的情趣；今天是正確的，但不可固執，固執了思想就不純淨，隱藏在義理中的情趣會轉變為欲望的根源。

【研析】對以往的錯誤，應當斬草除根，不留後患。對今日的正確認識，不可固執不化。理學家認為，人的正確認識來自於對義理的探討，人們在探討義理的過程中，就會享受到掌握知識的樂趣。但如果固執於自己的認識，就會成為追求名利的手段，成為「慾根」。

一·二二二　文章不療山水癖，身心每被野雲羈。

【語譯】文章不能醫治對山水的癖好，身心經常被自由舒卷的雲彩所羈絆。

【研析】此條言悠然自得的心境和情趣。「文章不療山水癖」，說對山水的愛好超過了讀文章的興趣，這裡的文章特指為應付科舉考試而學習的四書五經。擺脫了功名的牽絆，身心俱獲自由，就像天上無拘無束的浮雲，隨意舒卷飄蕩。

卷二 情

二·一 語云：當為情死，不當為情怨。明乎情者，原可死而不可怨者也。雖然，既云情矣，此身已為情有，又何忍死耶？然不死終不透徹耳。韓翃之柳❶，崔護之花❷，漢宮之流葉❸，蜀女之飄梧❹，令後世有情之人咨嗟❺想慕。托之語言，寄之歌詠，而奴無昆侖❻，客無黃衫❼，知己無押衙❽，同志無虞侯❾，則雖盟在海棠，終是陌路蕭郎❿耳。集情第二。

【注釋】❶韓翃之柳　韓翃，字君平，南陽人。天寶十三載進士，唐代著名詩人，名列大曆十才子。唐人許堯佐《柳氏傳》寫韓翃與柳氏的悲歡離合。韓翃貧困落魄時，好友李生把家裡的歌姬柳氏送給他，「翃仰柳氏之色，柳氏慕翃之才」，兩情相悅。後來韓翃在節度使侯希逸手下做書記，從軍在外，柳氏獨居京城。韓翃寄詩給柳氏：「章臺柳，章臺柳，昔日青青今在否？縱使長條似舊垂，亦應攀折他人手。」柳氏也寫了一首詩回答：「楊柳枝，芳菲節，所恨年年贈離別。一葉隨風忽報秋，縱使君來豈堪折。」等到韓翃回到京城，柳氏已被番將沙叱利擄走。虞侯許俊知道後，闖入沙叱利家中，奪回柳氏交給韓翃。❷崔護之花　崔護，博陵人，貞元十二年進士。唐孟棨《本事詩》載：有一年清明，崔護郊外踏青，因口渴到一農戶家討水，接待他的是一美貌女子。第二年清明，崔護再往郊外尋找那個女子，只見房門緊閉，女子不知去向。崔護在門上題詩一首：「去年今日此門中，人面桃花相映紅；人面不知何處去，桃花依然笑春風。」❸漢宮之流葉　指紅葉題詩的故事，大意講有個宮女在紅葉上題詩一首，放入溝中漂流出宮，被某一文士拾到。後來皇帝遣散宮女，題詩的宮女得以嫁人，丈夫恰好是拾到紅葉的人。孟棨《本事詩》中文人為顧況，范攄《雲溪友議》屬諸盧渥，孫光憲《北夢瑣言》屬諸李茵。宋張實作《流紅記》傳奇小說，則將此事歸諸于祐。明王驥德作《題紅記》傳奇，即演于祐與韓氏事。❹蜀女之飄梧　五代金利用《玉溪編事》記載：蜀尚書侯繼圖一日在成都大慈寺，拾得一片飄落的梧桐葉，上面題詩一首：「拭翠斂峨眉，鬱鬱心中事。搦管下庭除，書成相思字。此字不書石，此字不書紙。書在桐葉上，願隨秋風起。天下有心人，盡解相思死。天下負心人，不識相思字。有心與負心，不知落何地。」後侯繼圖娶任氏女，即為題詩之人。元李唐賓《李雲英風送梧桐葉》雜劇，演唐代任繼圖與李雲英之事。❺咨嗟　讚歎；歎息。❻奴無崑崙　唐傳奇《崑崙奴》載：崔生一日拜訪某官員，見歌女紅綃貌美，遂一見鍾情。崔生回去後十分思念紅綃，他的家僕崑崙奴摩勒在夜間背著崔生至官員家，與紅綃相見，又背兩人回崔生居處，成就兩人的好事。宋元戲文有《磨勒盜紅綃》，明楊訥有《盜紅綃》，梁辰魚有《紅綃妓》，梅鼎祚有《崑崙奴》雜劇，更生子有《雙紅記》傳奇。❼客無黃衫　唐蔣防《霍小玉傳》云：李益和霍小玉訂有婚約，後李益負約另娶，避不見小玉。俠士黃衫客打抱不平，將李益脅迫到小玉處，讓二人相見。湯顯祖《紫釵記》傳奇也演此事。❽知己無押衙　唐薛調《無雙傳》寫王仙客和無雙有婚約，遭朱泚之亂而失散。無雙父親因曾在朱泚手下任職而被戮，無雙也被送入宮中為宮女。王仙客打聽到無雙的下落，就去求古押衙。古押衙設計將無雙帶出宮，與仙客結為夫妻。明陸采據此作《明珠記》傳奇。❾同志無虞侯　指幫助韓翃和柳氏復合的虞侯許俊。❿陌路蕭郎　范攄《雲溪友議》載：崔郊與姑母之婢相好，姑母家貧，將婢女賣於連帥。寒食時節，崔郊偶遇此婢，遂作詩云：「侯門一入深似海，從此蕭郎是路人。」陌路，陌生人；不相識的人。蕭郎，指女子所鍾愛的男人。

【語譯】有這樣的話：應當為情而死，不應當為情而怨恨。懂得情的人，原本就是可以為情而死，卻不可為情而心生怨恨的。雖然如此，既然已經說到情，自己已身在情中，又怎麼忍心去死呢？然而，不能為情而死，終究是沒有把情看透徹。韓翃的章臺柳，崔護的人面桃花，宮中流出的紅葉，蜀女題詩的梧桐落葉，讓後世的有情人感歎、羨慕。或通過語言文字的記載，讓這些事情流傳下來，或通過詩歌吟誦寄託自己的情感。然而沒有崑崙奴，沒有黃衫客，沒有像古押衙那樣的知己，沒有像虞侯許俊那樣志同道合的人，雖然有海棠花下的海誓山盟，最後還是成為陌路上的蕭郎。集情第二。

【研析】在明代後期，「尊情」是占有主流地位的普遍思潮。馮夢龍充分肯定了男女之情在現實生活中的重要作用，在〈情史序〉中他提出「情始於男女」，是人類社會生活的基礎：「天地若無情，不生一切物。一切物無情，不能環相生。生生而不滅，由情不滅故。四大皆幻設，惟情不虛假。」屠隆公開宣稱男女之欲出自人的天性，也是人類生存的根本，因此情欲是無法克制的，如果硬加克制，就會給人們帶來痛苦。他認為不論是帝王聖賢，還是凡夫俗子，都不免留情於男女之欲，「根之所在，難去若此，即聖人不能離慾，亦淡之而已」。湯顯祖更強調情有起死回生的力量，他在〈牡丹亭題詞〉中說：「如麗娘者，乃可謂之有情人耳。情不知所起，一往而深，生者可以死，死可以生。生而不可與死，死而不可復生者，皆非情之至也。……嗟夫，人世之事，非人世所可盡，自非通人，恆以理相格耳。第云理之所必無，安知情之所必有。」晚明文人充分肯定男女之情，是對儒家「發乎情，止乎禮儀」的突破，是對理學家「滅人欲，存天理」觀念的否定，具有反封建的積極意義。

二・二　家勝陽臺❶，為歡非夢。人慚蕭史❷，相偶成仙。輕扇初開，忻❸看笑靨❹；長眉始畫，愁對離妝。廣攝金屏❺，莫令愁擁；恆開錦幔，速望人歸。鏡臺新去，應餘落粉；熏爐未徙，定有餘煙。淚滴芳衾，錦花常濕；愁隨玉軫❻，琴鶴恆驚。錦水丹鱗，素書稀遠❼；玉山青鳥，仙使難通❽。彩筆❾試操，香箋❿遂滿。行雲可托，夢想還勞。九重⓫千日，詎想倡家；單枕一宵，便如浪子。當今照影雙來，一鸞羞鏡⓬；勿使推窗獨坐，嫦娥笑人。

【注　釋】❶陽臺　宋玉〈高唐賦序〉云：「昔者先王曾遊高唐，怠而晝寢，夢見一婦人，曰：『妾巫山之女也，為高唐之客，聞君遊高唐，願薦枕席。』王因幸之。去而辭曰：『妾在巫山之陽，高山之阻，旦為朝雲，暮為行雨，朝朝暮暮，陽臺之下。』」後因以陽臺指男女歡會之所。❷蕭史　據漢劉向《列仙傳》，蕭史是春秋時人，善吹簫，秦穆公把女兒弄玉嫁給他。蕭史教弄玉吹簫作鳳鳴，引來了鳳凰。穆公築鳳臺，讓蕭史、弄玉居住。數年後，兩人乘鳳凰成仙而去。❸忻　高興；欣喜。❹笑靨　笑容。❺金屏　即「金雀屏」。《舊唐書・后妃傳》載：竇毅有女美貌，為求女婿，在門屏上畫兩孔雀，諸公子有求婚者，給兩箭射之，中孔雀雙目者就成為女婿的人選。後以「雀屏中選」為被人選為女婿的典故。❻玉軫　玉製的琴柱，此處為琴的代稱。❼錦水丹鱗二句　此兩句言書信稀闊。丹鱗、素書，皆指書信。漢樂府〈飲馬長城窟行〉：「客從遠方來，遺我雙鯉魚。呼兒烹鯉魚，中有尺素書。」丹鱗，指錦鯉，紅色的鯉魚。古代用刻成鯉魚形的兩塊木板作藏書信的函，一底一蓋，把書信夾在裡面。後用鯉魚指代書信。素，生絹，古人用絹寫信，故把書信稱為素書。❽玉山青鳥二句　音信阻隔之意。玉山，傳說中西王母居住的仙山。青鳥，傳說中西王母的信使。李商隱〈無題〉：「蓬山此去無多路，青鳥殷勤為探看。」❾彩筆　五彩之筆，指辭藻富麗的文筆。傳說江淹年輕時，曾夢見仙人授以五彩之筆，醒來後文思大進。❿香箋　精美的箋紙，供題詩、寫信等用。⓫九重　指宮禁、朝廷。⓬當令照影雙來二句　南朝范泰〈鸞鳥詩序〉：「昔罽賓王結罝峻卯山中，獲一鸞鳥，王甚愛之，欲其鳴而不致也。乃飾以金樊，饗以珍饈。對之愈戚，三年不鳴。夫人曰：『聞鳥見其類而后鳴，何不懸鏡以映之？』王從言。鸞睹影悲鳴，哀響沖霄，一奮而絕。嗟乎，此禽何情之深！」

【語　譯】家庭勝過陽臺，男女尋歡作樂不是夢境。常人比不上蕭史，夫妻雙雙成仙。遮面的精緻扇子剛挪開，欣喜地看到美人的笑貌；才畫好細長的蛾眉，就憂愁地面對愛人離去的裝束。廣為鋪設描金的屏風，不要讓憂愁包圍自己；經常撥開錦製的帳幔，盼望在外的人兒快快回家。帶著鏡子的梳妝臺已經拿開，應該還剩留遺落的脂粉；焚香的熏爐還沒搬走，一定還留有餘煙。眼淚滴在芬芳的被子上，被上錦繡的花紋一直是濕漉漉的；樂曲充滿了憂愁，琴和鶴經常受到驚恐。遠方的書信稀闊；西王母的信使也難以抵達。拿起五彩之筆，信紙上寫滿離別之情。夢中還在深深地思念，託漂浮的雲彩帶去相思。在宮中千日，怎麼還能想到娼妓；孤枕獨眠一個夜晚，就好像流浪在外的遊子。應當在鏡中映出兩個人的身影，單隻的鸞鳥還羞於照鏡；不要一個人推窗獨坐，嫦娥也會嘲笑我太孤獨。

【研　析】此段文字出自南朝伏知道〈為王寬與婦義安主書〉，表達了對遠方親人的思念之情。全文通過設想對方的生活狀況、神情體態，表達了自己對妻子的關切和留戀。文字華麗精緻，大量用典，是典型的六朝駢賦。

二·三　幾條楊柳，沾來多少啼痕❶；三疊〈陽關〉❷，唱徹古今離恨。

【注　釋】❶啼痕　淚痕。❷陽關　古代樂曲名，又名〈渭城曲〉。王維〈渭城曲〉（〈送元二使安西〉）詩：「渭城朝雨浥輕塵，客舍青青柳色新。勸君更盡一杯酒，西出陽關無故人。」後以此詩譜成樂曲，反覆演唱三遍，稱為〈陽關〉三疊。疊，計算樂曲反覆演奏次數的量詞。

【語　譯】幾條楊柳枝，上面沾著多少人的淚痕；〈陽關〉三疊，唱盡了古今的離愁別恨。

【研　析】古人有折柳送別的風俗，文人以此為題的詩歌多不勝數，如戴叔倫〈堤上柳〉：「垂柳萬條絲，春來織別離。行人攀折處，閨妾斷腸時。」而在諸多的送別詩中，王維的〈渭城曲〉則最是千古絕唱。

二·四 世無花月美人，不願生此世界。

【語譯】世上沒有花月和美人，就不願意來到這個世界。

【研析】「花月美人」可作兩解，一是指觀花賞月，美人相伴的聲色之好；一是指風花雪月的男女之情。不管作何理解，此條都體現了晚明時期文人對生活欲望的肯定和追求。文人風流，明代中後期尤其如此，有「江南第一風流才子」之稱的唐寅最為典型。唐寅受科場案牽連，丟掉功名後，更加頹然自放，縱情於聲色歌舞之中，他在〈感懷詩〉中說：「不煉金丹不坐禪，饑來吃飯倦來眠。生涯畫筆兼詩筆，足跡花邊與柳邊。鏡裡形骸春共老，燈前夫婦月同圓。萬場快樂千場醉，世上閒人地上仙。」唐寅最愛賞花飲酒，〈桃花庵歌〉說：「酒醒只在花前坐，酒醉還來花下眠。」「但願老死花酒間，不願鞠躬車馬前。」唐寅有許多風流逸事，在詩歌裡也多次談到與女性的交往，如〈寄妓〉云：「相思兩地望迢迢，清淚臨風落布袍。楊柳曉煙情緒亂，梨花暮雨夢魂消。雲籠楚館虛金屋，鳳入巫山奏玉簫。明日河橋重回首，月明千里故人遙。」道學家強調經世致用，把建功立業作為人生的最高目標，而明代中後期文人則將風花雪月，追求聲色之好作為人生的最大樂趣，表現出對傳統觀念的突破。

二·五 荀令君❶至人家，坐處留香三日。

【注　釋】❶荀令君　指三國時曹操謀臣荀彧，漢時任侍中，守中書令，故稱「荀令君」。傳說荀彧生性風流，注重儀態，衣服常用香薰，坐處留有香氣，三日不散。

【語　譯】荀令君到別人家去，坐處的香氣能保存三日。

【研　析】魏晉時期，隨著自我意識的覺醒，人們對自己的容貌儀態也特別留意。當時有品評人物的風氣，而容貌儀態成為最為重要的標準。《世說新語》特設〈容止〉一卷，專門收錄魏晉時期人們注重容貌儀態的逸事。荀彧愛香，隨身攜帶香囊，坐處留有香氣，三日不散。後以「荀令香」或「令君香」形容人風雅倜儻的神采，如唐王維〈春日直門下省早朝〉：「遙聞侍中佩，暗識令君香。」南朝張正見〈艷歌行〉：「滿酌胡姬酒，多燒荀令香。」

二・六

罄南山之竹，寫意無窮；決東海之波，流情不盡❶。愁如雲而長聚，淚若水以難乾。

【注　釋】❶罄南山之竹四句　《舊唐書・李密傳》載李密作書數隋煬帝罪惡，說「罄南山之竹，書惡無窮；決東海之波，流惡難盡」。罄，盡；竭。竹，古代用竹製簡，在上面刻字，作為書寫的工具。決，掘堤放水。

【語　譯】砍盡南山的竹子做成簡，也寫不完心中所想；流盡東洋大海的水，也沖刷不完胸中的感情。憂愁猶如浮雲經常聚集在一起，眼淚如流水難以乾涸。

【研　析】前四句化用李密成句，表達自己豐富的思想感情，一字之差，與原句意思大不相同，可謂是點石成金。這幾句巧用比喻，構思巧妙，形象生動，很有文學意趣。

二·七

弄綠綺之琴，焉得文君之聽❶；濡彩毫之筆，難描京兆之眉❷。瞻雲望月，無非悽愴❸之聲；弄柳拈花❹，盡是銷魂之處。

【注　釋】❶弄綠綺之琴二句　《史記·司馬相如列傳》載：司馬相如在卓王孫家彈琴，卓王孫新寡之女文君聽了很感動，就和司馬相如連夜私奔。綠綺，古琴名，為司馬相如所有。西晉傅玄〈琴賦序〉云：「齊桓有鳴琴曰號鐘，楚莊有鳴琴曰繞梁，中世司馬相如有綠綺，蔡邕有焦尾，皆名器也。」❷京兆之眉　《漢書·張敞傳》云京兆尹張敞為婦畫眉，當時有「張京兆畫眉嫵」的說法。❸悽愴　悲傷淒慘。❹弄柳拈花　指出入風流場所。古人以花柳指繁華之地或妓院，也用以稱娼妓。

【語　譯】彈弄綠綺琴，哪裡有卓文君這樣的知音傾聽；潤溼了五彩之筆，難以描繪出張京兆所畫的眉毛。觀雲望月，發出的無非是悲傷淒慘的聲音；弄柳拈花，到處是令人銷魂的場所。

【研　析】此條寫男女情事，極有旖旎纏綿風致。「弄綠綺之琴，焉得文君之聽」寫男女戀情，「濡彩毫之筆，難描京兆之眉」寫夫妻恩愛，「瞻雲望月，無非淒愴之聲」寫情人相思之苦，「弄柳拈花，盡是銷魂之處」寫平康風流之樂。

二·八 悲火常燒心曲，愁雲頻壓眉尖。

【語譯】悲憤的火焰經常在心頭燃燒，愁苦的神色不時鎖住眉尖。

【研析】此條語本白居易〈朱陳村〉詩：「悲火燒心曲，愁霜侵鬢根。」形容人的痛苦和愁悲。

二·九 五更三四點❶，點點生愁；一日十二時❷，時時寄恨。

【注釋】❶五更三四點　古代將傍晚至拂曉分為五更，每更兩小時，一更又分為五點。❷一日十二時　古代將一天劃分為十二個時辰，按照十二地支排列，子時相當於夜裡十一點到一點，丑時相當於一點到三點……。

【語譯】五更三四點的時候，每一點都使人發愁；一天十二個時辰，每一個時辰都寄託著憾恨。

【研析】「五更三四點，點點生愁」寫男女偷歡，五更三四點，天亮就要分別，不禁愁上心來，有「歡愉嫌夜短」之意。貫雲石〈紅繡鞋〉云：「挨著靠著雲窗同坐，偎著抱著月枕雙歌。聽著數著愁著怕著早四更過。四更過情未足。情未足夜如梭。天哪，更閏一更兒妨甚麼。」可作此句註腳。「一日十二時，時時寄恨」，寫別後相思之苦，一刻也放不下。

二·一〇 燕約鶯期❶，變作鸞悲鳳泣；蜂媒蝶使❷，翻成綠慘紅愁❸。

【注　釋】❶燕約鶯期　比喻相愛男女約會的時日。張槩〈漁浦有感〉：「暗粉疎紅，依舊為誰勻注，都負了燕約鶯期。」❷蜂媒蝶使　比喻為男女雙方撮合和傳遞消息的人。周邦彥〈六醜〉：「亂點桃蹊，輕翻柳陌，多情更誰追惜？但蜂媒蝶使，時叩窗槅。」❸綠慘紅愁　形容女子神色慘澹。鮮于伯機〈湖上曲〉：「湖邊蕩槳誰家女，綠慘紅愁問無語。低迴忍淚並入船，貪得纏頭強歌舞。」

【語　譯】男女約會的歡樂時光，變成了悲悲泣泣的痛苦場景；媒人穿針引線要成就好事，反而使得女子悶悶不樂神色慘澹。

【研　析】此條寫男女情事的不如意。男女相約歡會，突生變故受阻，雙方感情受到沉重的打擊。媒人穿針引線，卻成就一樁錯誤的婚事，耽誤了女子終身。

二·二　花柳深處淑女居，何殊三千❶弱水❷；雨雲不入襄王夢，空憶十二巫山❸。

【注　釋】❶三千　形容其遙遠。❷弱水　古代傳說中險惡難渡的河流。❸雨雲不入襄王夢二句　用「巫山雲雨」的典故，參卷一第一三一條。

【語　譯】在花叢柳蔭的深處隱藏著淑女的居處，就像三千里之外的弱水那樣難以通達；朝雲暮雨的神女不進入楚襄王的夢境，只能憑空憶想著巫山十二峰。

【研　析】此條言男女之間情愫難通。在封建社會中，男女交往不如今日自由，男女間的愛情會受到更大的阻力。

二·一二 枕邊夢去心亦去，醒後夢還心不還。

【語譯】心隨著枕邊的夢境而去，醒來後夢境消逝心還收不回來。

【研析】此條言在夢中男女幽會，醒來後依然沉浸在夢境中。李煜〈浪淘沙〉詞說：「夢裡不知身是客，一晌貪歡。」意思與此相近。

二·一三 萬里關河❶，鴻雁❷來時悲信斷；滿腔愁緒，子規啼處憶人歸❸。

【注釋】❶萬里關河　形容距離遙遠。關河，關山河川。❷鴻雁　即大雁，傳書的信使。《漢書·蘇武傳》載：蘇武出使匈奴，被囚禁於北海。漢朝向匈奴索要蘇武，匈奴詭稱蘇武已死。後漢朝使者訪知蘇武的下落，對匈奴說：漢朝天子在上林苑獵獲一隻大雁，雁足上有蘇武寫給朝廷的信。匈奴無可推託，只得釋放蘇武回國。後即以鴻雁為信使或書信的代稱。❸子規啼處憶人歸　子規，鳥名，又名杜鵑。傳說蜀帝杜宇死後，魂魄化為杜鵑，深夜悲啼不止，直至泣血。其聲淒切，若呼「不如歸去」。後以杜鵑泣血表示思念家鄉和故國的情懷。憶，臆度；推測。

【語譯】遊子遠在萬里關河之外，鴻雁來了，卻沒有家鄉的書信，令人悲傷；滿腔的愁緒，子規啼叫的時候，猜想親人就要回家了。

【研　析】遊子遠離家鄉，音信久隔，看到在天空飛翔的鴻雁，更引起深沉的鄉思。元楊仲弘〈次韻陳又新真人北上〉：「秋風萬里關河道，回首那堪翔雁飛。」明陳基〈次韻和顧瑛登惠山〉：「獨憐萬里關河雁，不寄天涯一字來。」家人思念遠方的遊子，盼親人早日回歸，杜鵑聲聲，更加愁緒難解。張楫〈霜天曉角〉：「南北，千里隔。幾時重見得，最苦子規啼處，一片月，當窗白。」

二·一四　千疊雲山千疊愁❶，一天明月一天恨。

【注　釋】❶千疊雲山千疊愁　語本辛棄疾〈念奴嬌〉詞：「舊恨春江流不盡，新恨雲山千疊。」雲山，高聳入雲的山。

【語　譯】心中的憂愁就像千疊雲山那樣沉重，高掛空中的明月勾引起無盡的幽恨。

【研　析】此聯以實寫虛，用千疊雲山形容愁之沉重，用一天明月形容恨之廣泛，十分形象。以雲霧遮山比喻愁容滿面，以明月的清曠引發幽怨，也很貼切。

二·一五　豆蔻❶不消心上恨，丁香❷空結雨中愁。

【注釋】❶豆蔻　植物名。外形似芭蕉，花淡黃色，種子可入藥。豆蔻花生於葉間，其未大開者，形似懷孕之身，稱為含胎花。詩文中常用以比喻少女。唐杜牧〈贈別〉：「娉娉裊裊十三餘，豆蔻梢頭二月初。」❷丁香　喬木名，又名雞舌香。花淡紅色，簇生於莖頂如結。後以丁香結比喻愁緒鬱結難解。

【語譯】豆蔻年華的少女無以消解心中的幽恨，丁香花在雨中開放愁緒難解。

【研析】此聯寫少女心中幽怨，清代褚人獲《堅瓠集》載蘇州詹氏兩地情書，其妻給丈夫信中說：「古詩云：『豆蔻不消心上恨，丁香空結雨中愁。』奈何，奈何！」「丁香」句出自後唐李璟〈浣溪沙〉詞：「青鳥不傳雲外信，丁香空結雨中愁。」「豆蔻」句出處不詳。

二・一六

月色❶懸空，皎皎明明，偏自照人孤寂；蛩聲泣露❷，啾啾唧唧，都來助我愁思。

【注釋】❶月色　指月亮。❷蛩聲泣露　蟋蟀在露水中悲鳴。秦觀〈菩薩蠻・秋閨〉詞：「蛩聲泣露驚秋枕，羅幃淚濕鴛鴦錦，獨臥玉肌涼，殘更與恨長。」

【語譯】月兒高懸空中，皎潔明亮，偏偏照著孤寂的人們；蟋蟀在露水中悲鳴，發出啾啾唧唧的聲響，聲聲增添我的愁思。

【研析】此條描寫秋天月夜的淒清，抵得上一篇〈秋色賦〉。高濂《玉簪記・琴挑》中〈懶畫眉〉云：「月明雲淡露華濃，依枕愁聽四壁蛩。傷秋宋玉賦西風。落葉驚殘夢，閑步芳塵數落紅。」

意境與此相近。

二·一七 慈悲筏❶，濟❷人出相思海❸；恩愛梯，接人下離恨天❹。

【注釋】❶慈悲筏　比喻能濟世救人，使眾生脫離苦海的佛法。❷濟　渡；過河。❸相思海　比喻相思廣闊無邊。❹離恨天　佛教謂宇宙有三十三重天，最高一層是離恨天。後比喻男女離別，抱恨終身的境地。

【語譯】以慈悲為筏，可以渡人脫離相思的苦海；以恩愛作梯，可以接人走出離恨的情天。

【研析】人不能免於情愛，有情愛就有相思離恨。眾生憑藉佛家的慈悲寶筏，修菩薩道，六根清淨，摒除俗念，自然不會有相思之苦。夫妻之間，難免生離死別，但只要互相恩愛，就不會抱恨終身。

二·一八 費長房❶縮不盡相思地，女媧氏❷補不完離恨天。

【注釋】❶費長房　東漢方士，曾從仙人學法術，能驅使鬼神。有縮地之術，一日能至千里之外。❷女媧氏　神話中的人類始祖，曾煉五色石補天。

【語譯】費長房有縮地術，但也不能縮短兩地相思的距離，女媧氏煉石補天，但也補不完充滿離愁別恨的有情天。

【研　析】此兩句出自明楊慎〈秋懷・耍孩兒〉：「昨宵夢裡分明見，醒來時枕剩衾單。費長房縮不盡相思地，女媧氏補不完離恨天。相思離恨知多少，煩惱淒涼有萬千。別淚銅壺共滴，愁腸蘭焰同煎。」楊慎此曲寫男女相思之苦。有情人分隔兩地，費長房有縮地術，也不能消除對遠方情人的思念；女媧氏能煉石補天，但也彌補不了相思之恨。

二・一九　**孤燈夜雨❶，空把青年❷誤。樓外青山無數，隔不斷新愁來路。**

【注　釋】❶孤燈夜雨　孤單的燈，夜晚的雨，皆比喻孤單寂寞。❷青年　青春年華。

【語　譯】寂寞地對著孤燈夜雨，白白地耽誤了青春年華。樓外數不盡的青山，阻隔不斷新愁湧來。

【研　析】有人在深夜守著孤燈獨對秋雨，長夜難熬，不能入眠，孤獨淒涼之情油然而生，感歎自己青春虛擲，感情無所寄託。在中國古代的文學作品中，尤其在元明清的小說戲曲中，我們能經常看到類似的描寫。明吳炳《療妒羹》傳奇寫喬小青為他人之妾，受盡大婦的欺凌，當她讀到《牡丹亭》中杜麗娘為情而亡，感同身受，寫下了四句詩：「冷雨幽窗不可聽，挑燈閒看《牡丹亭》。人間也有癡於我，豈獨傷心是小青。」在封建社會中，像杜麗娘和喬小青殉情而死的女子，並不在少數。

二·二〇 黃葉無風自落，秋雲不雨長陰。天若有情天亦老，搖搖幽恨難禁，惆悵舊人如夢，覺來無處追尋。

【語譯】枯黃的葉子沒有風也會自己凋落，秋天的雲即使不下雨也總是陰沉沉的。天如果有感情也會變老，蕩漾在心中的怨恨難以克制，感傷舊時情人只能在夢中相見，醒來後卻無處可尋。

【研析】此條寫思念往日的情人，情景交融，構想奇特。往日的情人猶如相逢在夢中，現在夢醒了，情人離我而去，已經無處可尋，感情很是沉痛。

二·二一 蛾眉❶未贖，謾勞❷桐葉寄相思❸；潮信❹難通，空向桃花尋往跡❺。

【注釋】❶蛾眉 女子細長彎曲的眉毛，也用來指代女子。❷謾勞 徒勞。❸桐葉寄相思 用五代時任氏桐葉題詩的故事，見卷二第一條。❹潮信 潮水。潮水漲落有定時，故稱為潮信。此處指定期的消息。❺空向桃花尋往跡 用「人面桃花」的典故，參卷二第一條。

【語譯】女子還沒有贖身，在桐葉上寄託相思也是徒勞；難以得到準確的消息，白白地在桃花叢中尋找往日的蹤跡。

【研析】古代女子婚姻不能自主，無法選擇中意的配偶，只能聽任命運擺佈，於是有了紅葉題詩、桐葉傳情等故事。然而，她們的身世就像桐葉隨風飄零，桃花容易凋落。

二・二二　野花艷目，不必牡丹；村酒❶酣人❷，何須綠蟻❸。

【注釋】❶村酒　農家自釀的酒。❷酣人　醉人，使人盡興。酣，半醉，飲酒盡興。❸綠蟻　新釀的酒，有綠色的泡沫，形狀如蟻，故稱為「綠蟻酒」。白居易〈問劉十九〉：「綠蟻新醅酒，紅泥小火爐。晚來天欲雪，能飲一杯無？」

【語譯】野花鮮豔奪目，不必再要牡丹；村酒也能使人盡興，何必要新釀的綠蟻酒。

【研析】自然是美，平淡是真。野花一樣賞心悅目，村酒一樣令人陶醉。幸福是種感受，來自自己的心靈。

二・二三　琴罷輒舉酒，酒罷輒吟詩。三友❶遞相引，循環無已時。

【注釋】❶三友　指琴、酒、詩。

【語譯】彈罷琴就舉杯飲酒，飲完酒就吟詩。琴、酒、詩三友互相接引，循環往復沒有結束的時候。

【研析】此四句出自白居易詩〈北窗三友〉：「今日北窗下，自問何所為？欣然得三友，三友者為誰？琴罷輒舉酒，酒罷輒吟詩。三友遞相引，循環無已時。一彈愜中心，一詠暢四肢。猶恐中有間，以醉彌縫之。」此詩寫出白居易晚年閒適的生活。

二·二四　阮籍鄰家少婦有美色，當壚沽酒，籍常詣飲，醉便臥其側❶。隔簾聞墜釵聲而不動念者，此人不癡則慧。我幸在不癡不慧中。

【注釋】❶阮籍鄰家少婦四句　引自《晉書·阮籍傳》，後面還有兩句：「籍既不自嫌，其夫察之亦不疑也。」阮籍，字嗣宗，魏晉時期著名文人，為「竹林七賢」之一。當壚，賣酒。壚，放酒罈的土墩。沽酒，買酒或賣酒，此處作賣酒。詣，往。

【語譯】阮籍鄰居家的少婦容貌美好，在酒壚前賣酒，阮籍經常去那兒喝酒，醉了就躺在她的身邊。隔著簾子聽到美人頭上釵子落地的聲音，心裡卻沒有什麼念頭，這個人不是痴呆就是聰明。我幸虧既不痴呆也不聰明。

【研析】阮籍是魏晉名士，為人狂放不羈，時常做出與禮教相衝突的荒唐舉動。他的嫂嫂回娘家，他去送行，這是禮法所不容許的。他聽說有個美貌的女子，還未嫁人就去世了，他不認識女子的家人，卻去哭祭，盡哀而返。此條所說醉臥鄰家美婦側，也是被人津津樂道的佳話。阮籍不拘禮法，放浪形骸，是他對現實不滿的表現，儘管他有些驚世駭俗的行為，但內心深處還是遵守禮法的，因此，他醉臥鄰家女側，而無邪念，「其夫察之亦不疑也」。作者認為，「隔簾聞墜釵聲而不動念者，此人不癡則慧」。所謂癡，指不知兒女私情；所謂慧，即能參透兒女私情而不為所動。不癡不慧，則懂得兒女私情而未能參透者，世間大部分人屬於此類。作者說：「我幸在不癡不慧中。」說明作者對兒女私情的肯定。

二·二五

宋玉因而蕩心❹。桃葉題情❶，柳絲牽恨。胡天胡帝❷，登徒❸於焉怡目；為雲為雨，

【注　釋】❶桃葉題情　史載東晉王獻之有妾名桃葉，獻之在秦淮河渡口送別桃葉，作詩云：「桃葉復桃葉，渡江不用楫。但渡無所苦，我自迎接汝。」後有人將此詩入曲傳唱，名曰〈桃葉曲〉。❷胡天胡帝　語出《詩經·鄘風·君子偕老》：「胡然而天也！胡然而帝也！」詩句形容女子服飾容貌美若天神。❸登徒　即登徒子。宋玉有〈登徒子好色賦〉，後世以登徒子作為好色者的代稱。❹為雲為雨二句　宋玉有〈高唐賦〉，說楚懷王曾夢見巫山神女，旦為朝雲，暮為行雨。參卷二第二條。蕩心，心志惑亂。

【語　譯】桃葉渡口題詩表達留戀之情，柳絲牽動著離別之恨。女子服飾容貌美若天仙，登徒子對此感到賞心悅目；巫山神女朝雲暮雨，宋玉因而心志惑亂。

【研　析】女色誘人，蕩人心志，道學家將女人視作禍水。然愛美之心人皆有之，純真的愛情更值得珍惜。世人將登徒子作為好色者的代表，實在冤枉。宋玉在〈登徒子好色賦〉中說：「其（登徒子）妻蓬頭攣耳，齞唇歷齒，旁行踽僂，又疥且痔，登徒子悅之，使有五子。」登徒子的妻子

頭髮蓬亂，耳朵歪斜，裂唇缺齒，走起路來彎著腰一瘸一拐，長著疥瘡，還有痔瘡，可是登徒子很喜歡她，與她生了五個兒子。宋玉由此得出結論，登徒子是個好色之徒。登徒子喜歡一個相貌醜陋的女子，正說明他不好色，看重的不是女子的外貌，而是感情。

二·二六　輕泉刀❶若土壤，居然翠袖❷之朱家❸；重然諾❹如丘山，不忝❺紅妝之季布❻。

【注釋】❶泉刀　古代的錢幣。❷翠袖　指婦女。❸朱家　秦末漢初的俠士，以濟人急難而聞名。❹然諾　言而有信。❺忝　羞辱；有愧於。常用作謙辭。❻季布　秦末楚漢相爭時項羽的部將，後投奔劉邦。為人行俠仗義，重然諾，當時傳說「得黃金百斤，不如得季布一諾」。

【語譯】視錢財如糞土，居然是女子中的朱家；把承諾看成像山丘一樣重，不愧為紅妝中的季布。

【研析】此條讚揚有俠士之風的女中豪傑。中國古代推崇俠義精神，並形成了遊俠階層。《史記·游俠列傳》說：「今遊俠，其行雖不軌于正義，然其言必信，其行必果，已諾必誠，不愛其軀，赴士之阨困，既已存亡死生矣，而不矜其能，羞伐其德，蓋亦有足多者焉。」游俠是遊走於社會之中，具有誠信重諾，言行必果，捨生取義，仗義助人等俠義精神和價值取向的仁義之士。漢初朱家不理會劉邦追捕季布的命令，不但收留季布，還通過汝陰侯滕公，讓劉邦赦免了季布。後來季布受到劉邦重用，朱家終身不與之相見，因而名滿天下。在封建專制社會中，普通民眾無法掌握自己的命運，深受權貴豪強的壓迫和欺凌，迫切希望不畏強暴的俠義之士為他們伸張正義，除暴安良，俠義精神深入民心。不少婦女也敬仰俠義精神，以俠士為榜樣，可稱之為女俠。《拍案驚奇》卷四〈十一娘雲岡縱談俠〉在入話中列舉了紅線、聶隱娘、香丸女子、崔慎思妾等女俠，她們行俠仗義、快意恩仇，可謂巾幗不讓鬚眉。

二·二七　蝴蝶長懸孤枕夢❶，鳳凰不上斷弦鳴❷。

【注　釋】❶蝴蝶長懸孤枕夢　暗用《莊子》的典故。《莊子·齊物論》：「昔者莊周夢為蝴蝶，栩栩然蝴蝶也，自喻適志與，不知周也。俄然覺，則不知周之夢為蝴蝶與，蝴蝶之夢為周與。」後以莊周夢蝶表示人生虛幻的思想。蘇軾〈奉敕祭西太一和韓川韻〉：「夢蝶猶飛旅枕，粥魚已響枯桐。」❷鳳凰不上斷弦鳴　古語以「鳳凰于飛，和鳴鏘鏘」表示夫妻恩愛和諧。斷弦，斷絕的琴弦。古人以琴瑟調和比喻夫妻和諧，故以喪妻為斷弦。

【語　譯】孤枕獨眠就會如莊周夢蝶，感到人生的虛幻無奈。喪妻的鰥夫，彈不出鳳凰于飛的和諧曲調。

【研　析】夜晚孤枕獨眠，經常夢見與妻子在一起，待醒來才發覺是虛幻的夢境，往日夫妻恩愛的生活已經一去不復返了。此條言獨居之苦和對亡妻的思念，寫得極其委婉深沉。

二・二八 吳妖小玉飛作煙❶，越艷西施❷化為土。

【注釋】❶吳妖小玉飛作煙　干寶《搜神記》載：吳王夫差的女兒紫玉愛慕韓重，卻不能嫁給他，憂鬱而死。韓重到紫玉的墳上弔祭，紫玉的孤魂現身，贈給韓重一顆明珠，並為他唱了一支歌，後來化為煙霧飄散。妖，豔麗，借指美女。小玉，即紫玉。❷西施　越國的美女。春秋時越國被吳滅亡，越王句踐臥薪嘗膽，企圖復國。句踐聽從范蠡建議，將美女西施獻給吳王夫差。吳王沉湎女色，不理朝政，後來被越國打敗。

【語譯】吳國的美女小玉最終化作煙霧，越國的美女西施最終化為塵土。

【研析】此二句出自白居易〈霓裳羽衣歌〉，此詩寫白居易在蘇州太守任，回憶起往日在宮中看霓裳羽衣舞的情景，感歎現在已找不到能跳此舞的舞者了。

二・二九 妙唱非關舌，多情豈在腰。

【語譯】歌唱得好與舌頭無關，女子萬種風情豈是在婀娜搖擺的腰肢。

【研析】唱歌離不開舌頭，沒有舌頭就不能說話，更談不上唱歌。但光有舌頭，並不能發出動聽的歌聲，只有舌頭和聲帶以及口腔、鼻腔、胸腔等相配合，才能發出動聽的聲音。女子的風情不光是腰肢的擺動，而是腰肢和四肢，以及面容表情等相配合，才能產生萬般風情。蘇軾有一首〈琴詩〉，講的也是這個道理：「若言琴上有琴聲，放在匣中何不鳴？若言聲在指頭上，何不於君指上聽。」這首詩說明世上萬事萬物都不是孤立存在的，而是因緣而生，因緣而滅。琴和指本是沒有關聯的兩樣物件，但將兩者組合在一起，就能產生美妙的音樂。這就是《楞嚴經》宣揚的「因緣和合」的思想。《楞嚴經》說：「譬如琴瑟、箜篌、琵琶，雖有妙音，若無妙指，終不能發。汝與眾生亦復如是。」

二·三〇 孤鴻翱翔以不去，浮雲黯䨴❶而荏苒❷。

【注　釋】❶黯䨴　烏雲密集陰暗貌。❷荏苒　輾轉遷徙。

【語　譯】孤獨的大雁在空中翱翔，卻不願離開失去夥伴的地方，陰雲密布四處飄蕩。

【研　析】此條言孤獨的大雁依然堅持操守，不願離開失去夥伴的地方；浮雲雖然密集，因為沒有根基，只能四處漂流。此處大雁指忠正之士，浮雲指以利相交的小人。

二·三一 楚王宮裡，無不推其細腰❶；魏國佳人，俱言訝其纖手❷。

【注　釋】❶楚王宮裡二句　史載楚靈王喜歡細腰，他的臣子個個節食減肥，把腰捆綁得極細。當時有諺語說：「楚王好細腰，宮中多餓死。」❷魏國佳人二句　當作衛國佳人。《詩經·衛風·碩人》描寫衛莊公夫人姜氏之美：「手如柔荑，膚如凝脂，領如蝤蠐，齒如瓠犀。螓首蛾眉，巧笑倩兮，美目盼兮。」

【語譯】楚王宮中，沒有人不讚美她的細腰；魏國的佳人，都驚歎她的小手纖細柔軟。

【研析】此條出自徐陵〈玉臺新詠序〉，形容女子之細腰纖手。中國古代女子以細腰纖手為美。白居易有詩說：「樊素櫻桃口，楊柳小蠻腰。」陸機詩說：「佳人撫琴瑟，纖手清且閒。」

二·三二 傳鼓瑟❶於楊家❷，得吹簫於秦女❸。

【注釋】❶鼓瑟 彈瑟。❷楊家 指楊惲，西漢人。其〈報孫會宗書〉云：「家本秦人，能為秦聲。婦，趙女也，雅善鼓瑟。」❸秦女 指秦穆公女兒弄玉，曾隨丈夫蕭史學吹簫。參卷二第二條。

【語譯】彈瑟的技藝傳授自楊家，吹簫的技藝得之於秦女。

【研析】此二句出自徐陵〈玉臺新詠序〉，讚美宮中麗人的音樂才能，原文云：「兄弟協律，生小學歌；少長河陽，由來能舞。琵琶新曲，無待石崇；〈箜篌〉雜句，非關曹植。傳鼓瑟于楊家，得吹簫于秦女。至若寵聞長樂，陳后知而不平；畫出天仙，閼氏覽而嫉妒。」此段文字大意為此麗人出身於像漢代協律都尉李延年、漢武帝妃子李夫人那樣的家庭，從小就受到音樂歌舞的熏陶，能彈奏琵琶新曲，歌唱〈箜篌引〉樂歌，鼓瑟的技藝得自漢代楊惲的妻子，吹簫的技藝源於春秋時代秦穆公女兒的弄玉。她因為美貌而被陳皇后和閼氏嫉妒。古代宮中嬪妃要得到君王的寵愛，除了美貌，還必須精通歌舞等技藝，如趙飛燕以身輕如燕，善作掌中舞而受漢成帝寵幸，楊玉環因善作羽衣霓裳舞而深受唐明皇寵愛。〈玉臺新詠序〉描寫的這位麗人，也因美貌和歌舞技藝受到君王的寵愛，因而被皇后和其他嬪妃妒忌。

二·三三　春草碧色，春水綠波，送君南浦❶，傷如之何？

【注　釋】❶南浦　南面的水邊，常用作送別之地。

【語　譯】春天的草顏色碧綠，春天的河水蕩漾著綠色的波浪，送君到南浦，傷心又能怎樣？

【研　析】此四句出自江淹〈別賦〉。明楊慎《丹鉛餘錄》評此四句云：「取詩目前，不雕琢而自工，可謂天然之句。」春天一片碧綠，令人心曠神怡，然因送別親友，滿眼春色反而惹起幾多離愁別恨。

二·三四　玉樹以珊瑚作枝，珠簾以玳瑁❶為押❷。

【注　釋】❶玳瑁　海中爬行動物，其殼可以做裝飾品。❷押　墜在簾子下使其平衡穩定的器具。

【語　譯】玉樹用珊瑚作樹枝，珠簾用玳瑁作壓簾的工具。

【研　析】此兩句語本徐陵〈玉臺新詠序〉：「周王璧臺之上，漢帝金屋之中，玉樹以珊瑚作枝，珠簾以玳瑁為押。」言宮中嬪妃居室的豪華。漢帝金屋，用金屋藏嬌的典故。周王璧臺，嬪妃所居之處。《穆天子傳》載：「盛姬，盛伯之子也。天子賜之上姬之長（嬪妃中頭號人物），是曰盛門。天子乃為之臺，是曰重璧之臺。」

二·三五　東鄰巧笑❶，來侍寢於更衣；西子微顰❷，將橫陳於甲帳❸。

【注釋】❶東鄰巧笑　東鄰，指東鄰之女。宋玉〈登徒子好色賦〉：「天下之佳人，莫若楚國，楚國之麗者，莫若臣里，臣里之美者，莫若臣東家之子。東家之子，增之一分則太長，減之一分則太短，著粉則太白，施朱則太赤。眉如翠羽，齒如含貝。嫣然一笑，惑陽城，迷下蔡。然此女登墻窺臣三年，至今未許也。」巧笑，美好的笑。《詩經·衛風·碩人》：「巧笑倩兮，美目盼兮。」❷西子微顰　《莊子·天運》：「故西施病心而矉其里，其里之醜人見而美之，歸亦捧心而矉其里。其里之富人見之，堅閉門而不出；貧人見之，挈妻子而去之走。」顰，同「矉」。皺眉。❸甲帳　漢武帝所造陳設華麗的帳幕。

【語譯】東鄰的女子笑起來很好看，夜晚來伺候人更衣就寢；西施微皺眉頭，將睡臥於宮內華麗的帳幕中。

【研析】此節文字，出自徐陵〈玉臺新詠序〉，描寫宮中佳麗甚多。東鄰巧笑、西子微顰描繪女子的美貌和嬌態，古人刻畫人物，多用比喻虛寫，以此引發讀者的想像，不像西方文學對人物體態相貌有詳盡的描述。〈玉臺新詠序〉此節文字最後寫道：「真可謂傾國傾城，無對無雙者也。」言序中描寫的這位麗人，要比宮中其他美女更為出色。參見下一條「研析」。

二・三六 騁❶纖腰於〈結風〉❷，奏新聲於度曲❸。妝鳴蟬❹之薄鬢，照墜馬❺之垂鬟。金星與婺女❻爭華，麝月❼共嫦娥競爽。驚鸞❽冶袖❾，時飄韓掾❿之香；飛燕⓫長裾⓬，宜結陳王之佩⓭。輕身無力，怯南陽之擣衣⓮；生長深宮，笑扶風之織錦⓯。

【注釋】❶騁　舒展；顯示。❷結風　古代歌曲名。❸度曲　作曲，按曲譜演唱。❹鳴蟬　即「蟬鬢」，古代婦女的髮式，兩鬢薄如蟬翼。❺墜馬　即「墜馬髻」，亦稱「墮馬髻」，古代婦女髮髻的名稱。❻婺女　星宿名。❼麝月　月亮。❽驚鸞　形容舞姿美妙。❾冶袖　華麗的袖子。❿韓掾　指韓壽。韓壽，晉代人，曾任賈充司空掾，故稱韓掾。《晉書・賈充傳》載：韓壽與賈充女相好，賈充女將家中西域奇香偷給韓壽，被賈充發覺。賈充知道兩人已有私情，就把女兒嫁給了韓壽。⓫飛燕　即趙飛燕，漢成帝宮女，長袖善舞。⓬裾　衣服的前後襟。⓭陳王之佩　典出曹植〈洛神賦〉。曹植，字子建，曹操第三子，封陳王。諡號「思」，後人稱陳思王。〈洛神賦〉中寫到，曹植在洛水遇到洛神，解佩相邀。⓮南陽之擣衣　南北朝文學家庾信，祖籍南陽新野，先在南齊任職，後流落北方。作有〈夜聽擣衣〉詩述思鄉之情。⓯扶風之織錦　前秦竇滔，陝西扶風人。曾任秦州刺史，後徙流沙。其妻蘇氏作織錦回文璇璣圖詩寄滔，詩縱橫反覆，皆可成誦。

【語譯】在〈結風〉樂曲的伴奏下舒展細腰，按照樂曲演唱新穎美妙的歌曲。把頭髮梳成兩鬢薄薄的「蟬鬢妝」，髮髻挽成環形的「墜馬髻」。金星和婺女爭光，麝月和嫦娥媲美。跳舞時揮動華麗的長袖，不時飄散韓壽偷來奇香的氣味；飛燕舞動長長的衣裾，繫上陳王的玉佩正合適。嬌柔的身體弱不勝衣，害怕聽到南陽的擣衣聲；生長在深宮之中，笑看扶風蘇氏的織錦回文詩。

【研　析】此條寫宮中音樂、歌舞之盛，兼及舞者的裝飾打扮，出自徐陵〈玉臺新詠序〉，文字多有刪節。現逐錄原文於此：「至如東鄰巧笑，來侍寢于更衣；西施效顰，將橫陳于甲帳。陪遊馺娑，騁纖腰于〈結風〉；張樂鴛鸞，奏新聲于度曲。裝鳴蟬之薄鬢，照墮馬之垂鬟；反插金蓮，橫抽寶樹。南都石黛，最發雙蛾；北地燕脂，偏開兩靨。亦有嶺上仙童，分丸魏帝；腰中寶鳳，授曆軒轅。金星與婺女爭華，麝月與姮娥競爽。驚鸞冶袖，時飄韓掾之香；飛燕長裙，宜結陳王之珮。雖非圖畫，入甘泉而不分；言異神仙，戲陽臺而無別。真可謂傾國傾城，無對無雙者也。」

章培恒先生〈玉臺新詠為張麗華所撰錄考〉對此節文字做了詳盡的疏解：「第三段是在理解上難度最高的一段。自『至如』至『兩靨』，說漢武帝宮中的各種美女；自『亦有』至『之珮』說仙界神女的談情說愛；自『雖非』至『無別』說這位『麗人』（指張麗華）較之漢宮美人、仙界神女均毫不遜色；故最終以『真可謂傾國傾城、無對無雙』作結。具體言之，……馺娑、鴛鸞皆為漢宮殿名，〈結風〉為舞曲名，這裡說諸美女在馺娑、鴛鸞為武帝歌舞；以下諸句則言這些美女的鬢、鬟、首飾、眉毛及兩靨之美。接著引魏文帝〈遊仙詩〉中所寫他服山上仙童的丸藥而得以『輕舉』和黃帝『造曆得仙』的事，以諭示其下文所寫為仙界情狀；婺女、姮娥，皆指美麗的仙女；『驚鸞』句指仙女體態輕妙，美麗的長袖中飄出她擬贈送給所愛者的異香；『飛燕』句則指神女的長裙宜于系結曹植所送給她的玉珮。最終說這位『麗人』雖非圖畫，但與圖畫中的漢宮美女不分軒輊；她所說的話語雖與神仙不同，但其多情絕不遜於美麗的神女。」

二・三七　青牛帳❶裡，餘曲既終；朱鳥❷窗前，新妝❸已竟。

【注　釋】❶青牛帳　畫著青牛的帳幔。❷朱鳥　宮殿名。張衡〈西京賦〉提到漢代宮殿有麒麟、朱鳥、龍興、含章。❸新妝　女子新裝扮好的容貌。

【語　譯】畫著青牛的帳幔中，樂曲的餘音已經消散；朱鳥宮的窗前，女子剛剛妝飾完畢。

【研　析】此條也出自徐陵〈玉臺新詠序〉，從字面上可以理解為在青牛帳中一夜風流，晨起化妝完畢。然而原文為「青牛帳裡，餘曲未終；朱鳥窗前，新妝已竟」，「既」與「未」一字之差，意思便大不相同。章培恒先生〈玉臺新詠為張麗華所撰錄考〉解釋為：「在皇帝朝會未散，她晨妝（新妝）已畢之時。」青牛，指萬年神木；青牛帳，以萬年神木為原料的木帳。木帳即幄，王所居之帳。「餘曲未終」，指皇帝朝會時所奏音樂未畢，也即朝會未散。

二・三八　山河綿邈❶，粉黛❷若新。椒華❸承彩，竟虛待月之簾；瘞骨❹埋香❺，誰作雙鸞之霧❻。

【注　釋】❶山河綿邈　山河廣闊遙遠。❷粉黛　指女子的妝飾。❸椒華　即椒花，此處指椒房，即用椒花和泥塗壁的房間，一般為后妃所居，後也泛指后妃的宮室。前秦王嘉《拾遺記》：「越又有美女二人，貢於吳，吳處以椒華之房，貫細珠為簾幌。」❹瘞骨　埋葬的骨殖。《小窗幽記》作「癸骨」，據袁宏道〈靈巖〉改。瘞，埋葬。❺埋香　埋葬美女。❻雙鸞之霧　《香乘・身體香》：「旋波移光，越之美女，與西施、鄭旦同進於吳王，肌香體輕，飾以珠幌，若雙鸞之在煙霧。」

【語　譯】山河遼闊邈遠，女子的妝飾還像新的。椒房裝飾得十分華麗，透過月光的珠簾後面竟然空無一人；掩埋了美女的屍骨，誰能像雙鸞在煙霧中那麼輕盈飄逸。

【研　析】此六句出自明袁宏道〈靈巖〉。袁宏道的文章寫他遊覽蘇州靈巖山，憑弔吳王故宮，遙想當年西施在此地的情景，不由感慨美人的逝去，但她們的遺跡依然感動著人們，即使是廟裡的和尚也為之心動。文章表述了「好色」出自人們天性的思想。

二・三九　蜀紙❶麝煤❷添筆媚，越甌❸犀液❹發茶香。風飄亂點更籌❺轉，拍❻送繁弦❼曲破❽長。

【注　釋】❶蜀紙　蜀地出產的紙張。自唐以來，蜀紙以精美而享有盛名。❷麝煤　即麝墨，含有麝香的墨，泛指名貴的香墨。❸越甌　指越窯所製造的茶杯。❹犀液　雪水。❺更籌　夜間報更計算時間的竹籤，也泛指時間。❻拍　樂曲的拍子。❼繁弦　繁雜緊迫的弦樂聲。❽曲破　唐宋大曲的一部分。唐宋大曲由「散序」、「中序」、「破」三部分組成，節奏由慢趨快，至「破」達到高潮。主要截取「破」的部分，有歌、舞和音樂演奏者為「曲破」。

【語　譯】蜀地紙麝香墨增添筆的嫵媚，越窯茶杯雪化的水顯現出茶的清香。晚風傳來雜亂的更點聲時間迅速流轉，音樂的節拍繁雜緊迫，在高潮部分持續了很久。

【研　析】此四句描寫閨中女子的生活，出自唐韓偓〈橫塘〉詩。韓偓喜寫豔情詩，其詩多描寫女子的容貌體態、閨怨情思，風格纖巧豔麗。他的豔情詩集名《香奩集》，上承六朝宮體詩傳統，下開香奩體之先聲，在文學史上有很大的影響。

二・四〇　教移蘭燼❶頻羞影，自試香湯❷更怕深。初似洗花❸難抑按，終憂沃雪❹不勝任。豈知侍女簾帷外，賸取❺君王數餅金❻。

【注　釋】❶蘭燼　蠟燭的餘燼，狀如蘭心，故稱蘭燼。此處借指蘭燭。❷香湯　調有香料的熱水。❸洗花　原作「染花」，據韓偓詩改。❹沃雪　以熱水澆雪。❺賸取　多取。❻數餅金　幾塊金子。金塊製成餅狀，故以餅作為量詞。

【語　譯】教人移走蘭燭，因為屢屢羞見自己的身影，自己試探香湯的溫度更怕水太深。開始如洗花浮在水面不敢潛入，最終如熱水潑雪不能忍受。哪裡知道侍女在簾帳外，多取了君王幾塊餅金。

【研　析】此六句出自韓偓〈詠浴〉，寫宮中嬪妃洗浴的情景。首兩句寫女子入浴前嬌羞的神態，刻畫得十分細緻。接著兩句正面寫洗浴的形狀：開始浮在水面不敢深入，到後來泡在水中全身鬆軟，就如熱水化雪。其慵倦之態，比白居易〈長恨歌〉用「侍兒扶起嬌無力」寫楊貴妃出浴，更為形象生動。最後兩句是出人意料的神來之筆：嬪妃在洗浴，好色的君王卻與侍女在帳外幹那苟且之事，侍女因此得到了君王的賞賜。這兩句寫宮闈淫亂，含而不露，意在言外。

二・四一 靜中樓閣春深雨，遠處簾櫳半夜燈。

【語譯】在靜謐的樓閣中傾聽深春的雨聲，眺望遠處簾櫳遮掩的半夜燈光。

【研析】此二句出自韓偓〈倚醉〉：「倚醉無端尋舊約，卻憐惆悵轉難勝。靜中樓閣春深雨，遠處簾櫳半夜燈。抱柱立時風細細，繞廊行處思騰騰。分明窗下聞裁剪，敲遍欄杆喚不應。」此詩寫一男子欲與舊情人幽會，在院中苦等，見女子所住房間的燈光亮著，可是千呼萬喚就是不出來。

二・四二 綠屏❶無睡秋分簟❷，紅葉❸傷時月午❹樓。

【注釋】❶綠屏 綠樹形成的屏障。❷簟 用蘆葦或竹子編製的席子。❸紅葉 用「紅葉題詩」的典故。見卷二第一則。❹月午 月至午夜，即半夜。

【語譯】秋分時節躺在綠樹旁的竹席上，難以入睡；午夜的月亮照入樓閣，看到紅葉為身世而感傷。

【研析】此二句出自韓偓〈擁鼻〉詩：「擁鼻悲吟一向愁，寒更轉盡未回頭。綠屏無睡秋分簟，紅葉傷心月午樓。卻要因循添逸興，若為趨競愴離憂。殷勤憑仗官渠水，為到西溪動釣舟。」此詩寫一女子思念遠方的情人，夜不能寐，希冀能隨流水來到情人身邊。

二·四三　但覺夜深花有露，不知人靜月當樓。何郎❶燭暗誰能詠，韓壽❷香薰❸亦任偷。

【注釋】❶何郎　指南朝詩人何遜，有〈臨行與故友夜別〉詩寫離別：「夜雨滴空階，曉燈暗離室。」❷韓壽　韓壽偷香事參本卷第三六條。❸薰　散發香氣。

【語譯】只覺得夜深時分花上有露水，不知道人聲寂靜時明月照樓臺。何郎寫離別的燭暗詩有誰能吟誦，韓壽的奇香散發著香氣任人去偷。

【研析】此四句出自韓偓〈閨情〉：「輕風的鑠動簾鉤，宿酒猶酣懶卸頭。但覺夜深花有露，不知人靜月當樓。何郎燭暗誰能詠，韓壽香焦亦任偷。敲折玉釵歌轉咽，一聲聲作兩眉愁。」此詩寫一女子宿酒初醒，難以入眠，不顧夜深露重，在月下樓頭獨自徘徊。此時她想起遠去的往日情人，不禁悲從中來，愁眉難展。全詩細膩地展示了愛情受到挫折的女子的孤獨、迷惘和淒苦的心情。

二·四四　閬苑有書多附鶴❶，女牆❷無樹不棲鸞。星沉海底當窗見，雨過河源❸隔座看。

【注釋】❶閬苑有書多附鶴　言仙人以鶴傳書。閬苑，仙人所居之處。❷女牆　當作「女牀」。《山海經》云：女牀之山，有鳥焉，其狀如翟，五彩文，名曰鸞鳥。張衡〈東京賦〉：「鳴女牀之鸞鳥。」❸河源　黃河的源頭，此處指天河。

【語譯】仙人居住的閬苑多用鶴傳遞書信，女牀山上沒有樹木，鸞鳥就不會在此棲息。對著窗可以看到沉落海底的星星，隔著座位可以看到從大河源頭飄來的雨。

【研析】此四句出自李商隱〈碧城〉三首之一：「碧城十二曲闌干，犀辟塵埃玉辟寒。閬苑有書多附鶴，女牀無樹不棲鸞。星沉海底當窗見，雨過河源隔座看。若是曉珠明又定，一生長對水精盤。」

〈碧城〉三首是李商隱詩最難懂的篇章之一，歷來眾說紛紜，明代胡震亨認為此詩寫唐代公主出家學道之事，比較接近事實。此首詩以仙女喻入道的公主，從居處、服飾、日常生活等方面，寫她們身雖入道，而塵心不斷，情欲未除。第二聯說仙女以鶴傳書，這裡的「書」，實指情書。鸞鳳在古代詩文中常用來指男女情事，「閬苑」、「女牀」亦與入道女冠關合，故程夢星稱此聯是寫「處其中者，意在定情，傳書附鶴，居然暢遂，是樹棲鸞，是則名為仙家，未離塵垢」（《重訂李義山詩集箋注》）。第三聯表面上是寫仙女所見之景，實則暗寫其由暮至朝的幽會。「星沉海底」，謂長夜將曉。「河源」句兼用張騫為尋河源，上天河遇織女星和巫山神女朝為行雲、暮為行雨的典故，寫仙女的佳期幽會事。末聯說如果太陽永不降落，那將終無昏黑之時，仙女們只好一生清冷獨居，無復幽會之樂了。此詩通篇都用隱喻，寫得幽晦深曲。想像極其豐富，把場景安排在天上，將道教傳說和古代優美神話引入詩中，不但很好地表現了詩的主題，而且使詩顯得極其瑰偉奇麗。尤其是第三聯，設想之新奇，景象之壯美，用典之巧妙，詞意之幽深，達到了很高的造詣。

二‧四五　**風階拾葉，山人❶茶灶勞薪；月徑聚花，素士❷吟壇❸綺席。**

【注　釋】❶山人　隱居在山中的士人。❷素士　寒士，貧寒的讀書人。❸吟壇　詩壇、詩社，詩人聚會的場所。

【語　譯】在風吹過的臺階上拾取落葉，因為山人的茶灶費柴火；在月光映射的小路上搜集落花，用來做寒士詩社綺麗的坐席。

【研　析】拾葉煮茶，聚花為裀，寫出寒士風流雅趣。明王慎中〈朱碧潭詩序〉寫詩人朱汶窮愁潦倒卻倜儻不羈，太守去拜訪他，「老亭數椽欹傾，植竹撐柱，坐守其下。突煙晝濕，旋拾儲業煨火，燒筍煮茗以飲守」。李白〈襄陽歌〉說：「春風明月不用一錢買，玉山自倒非人推。」唐寅〈桃花庵歌〉說：「但願老死花酒間，不願鞠躬車馬前。車塵馬足貴者趣，酒盞花枝貧者緣。」生活的享受不在於地位的高低和金錢的多少，而在於有沒有高雅的情趣和開闊的胸懷。富貴者往往為名利所累，即使錦衣玉食、高車駿馬，也脫不了一個俗字。高雅的人，隨時隨地都能發現生活中的美，享受生活的樂趣。

二·四六 當場笑語，盡如形骸外之好人；背地風波❶，誰是意氣❷中之烈士❸？

【注釋】❶風波 比喻糾紛或亂子。❷意氣 指精神、志向。❸烈士 有氣節壯志的人。

【語譯】當場歡聲笑語，都好像是不拘形跡的好人；背地裡惹是生非，誰是精神上有氣節壯志的人？

【研析】《紅樓夢》第六十五回興兒對尤二姐說王熙鳳「心裡歹毒，口裡尖快」，「嘴甜心苦，兩面三刀；上頭一臉笑，腳下使絆子；明是一盆火，暗是一把刀」是對此條最好的解釋。

二·四七 山翠撲簾，捲不起青蔥一片；樹陰流徑，掃不開芳影幾重。

【語譯】滿山翠色，撲向簾櫳，捲不起一片翠綠；樹蔭流過小徑，掃不去一層層的花影。

【研析】遠山的蒼翠映照在門簾上，簾內留不住一片綠色。微風吹拂，樹枝搖曳，樹蔭在花徑上流淌，待風止樹靜，鮮花在樹隙陽光的照耀下，更加嬌豔奪目。此節文字將靜止的景色寫得十分靈動形象，尤其是「撲」、「流」二字，化靜為動，以動寫靜，構思精妙，可謂全句之「詩眼」。

二·四八　**珠簾蔽月，翻窺窈窕之花；綺幔藏雲，恐礙扶疏❶之柳。**

【注釋】❶扶疏　枝葉茂盛，錯落有致的樣子。

【語譯】珍珠簾遮蔽了月光，回過身來窺視窈窕的花朵；華麗的帳幕收藏了雲彩，恐怕對枝葉茂盛的柳樹有所妨礙。

【研析】此條寫睡眠中的女子。月光透過珠簾，映照著如花美女。女子在帳幔裡，不讓別人打擾。綺幔藏雲，雲喻指女子的鬢髮，《詩經·鄘風·君子偕老》：「鬒髮如雲，不屑髢也。」余懷《板橋雜記》形容明末名妓顧眉生「鬢髮如雲，桃花滿面」。扶疏之柳也指女子，古人習慣以柳的婀娜多姿，委曲柔弱形容女子的嬌羞含蓄，嫵媚柔順，如劉禹錫〈憶江南〉：「弱柳從風疑舉袂。」張先〈醉垂柳〉：「細看諸好處，人人道，柳腰身。」皆以柳描摹女子身姿神態。

二·四九　**幽堂晝深❶，清風忽來好伴；虛窗❷夜朗，明月不減故人。**

【注釋】❶深　深遠；安靜。❷虛窗　用紙或紗糊成透風露光的窗戶。宋曹勛〈擬古〉：「虛窗伴幽獨，惟有明月光。」

【語　譯】幽深的廳堂白天很安靜，清風忽然吹來就如好夥伴來訪；虛窗夜色清朗，明月相伴不亞於老朋友。

【研　析】此條從張協〈七命〉「幽堂密室，明室夜朗」句化出，寫深居幽室的孤寂，白天只有清風作伴；夜晚只有明月來訪。

二·五〇　多恨賦花❶，風瓣❷亂侵筆墨；含情問柳，雨絲牽惹❸衣裾。

【注　釋】❶多恨賦花　心中多幽恨，通過賦詩吟誦花卉而發洩，即杜甫〈春望〉詩「感時花濺淚，恨別鳥驚心」之意。❷風瓣　風吹落的花瓣。明張君王〈落花詩次沈石田先生韻〉：「犬吠月妖江上影，馬隨風瓣陌頭人。」❸牽惹　牽動；拉扯。

【語　譯】在詩中通過描寫花卉抒發心中的幽恨，風吹落飄舞的花瓣進入了詩人的筆墨；帶著感情問柳枝，雨絲拉扯著離人的衣襟。

【研　析】此兩聯構思巧妙，尤其是「雨絲牽惹衣裾」，正是人人眼前有此景，人人口中無此語。

二·五一　亭前楊柳，送盡到處遊人❶；山下蘼蕪，知是何時歸路❷？

【注　釋】❶亭前楊柳二句　意為亭前的楊柳枝，因為送別的人太多，被攀摘完了。古代有贈柳送別的習俗。

亭，指長亭、短亭，古代供行人休息或送別的場所，一般每五里設一短亭，十里設一長亭。遊人，即遊子。❷山下蘼蕪二句　意為被丈夫遺棄的女子，不知道什麼時候才能回家。古詩〈上山採蘼蕪〉：「上山採蘼蕪，下山逢故夫。」蘼蕪，一種香草。古人相信蘼蕪能使婦人多子。

【語　譯】亭前的楊柳，全折來贈送即將遠行的四方遊子；山下的棄婦，不知道什麼時候才能回家？

【研　析】上聯寫折柳送人，下聯寫路逢前夫，兩件事本不相干，只是將「亭前楊柳」和「山下蘼蕪」硬湊成對。

二・五二　**天涯浩渺❶，風飄四海之魂；塵土流離❷，灰染半生之劫。**

【注　釋】❶浩渺　廣闊遙遠。❷流離　意謂漂浮飛揚。

【語　譯】天涯廣闊遙遠，風吹散了四海的遊魂；塵土飛揚，半生遭遇到被灰塵汙染的劫難。

【研　析】此條感歎遊子飄流四海，為功名奔波半生，其意與岳飛〈滿江紅〉「三十功名塵與土，八千里路雲和月」相近。

二・五三　**蝶憩香風，尚多芳夢；鳥沾紅雨❶，不任❷嬌啼。**

【注釋】❶紅雨　落花。❷不任　不勝，形容程度之深。此處作不斷、不停。

【語譯】蝴蝶憩息在香風之中，還有許多美麗的夢；鳥兒沾上落花，不停地嬌聲哭泣。

【研析】蝶憩香風，春光無限，引起人們對於愛情的追求。然而流光易逝，待得「雨橫風狂三月暮」，耳際惟聞杜鵑悲啼，回思當初情事，只是一場春夢而已。芳夢，指對愛情的追求和執著。《拾遺記》載：「漢武帝息延涼室，夢李夫人授帝蘅蕪香。帝夢中驚起，香氣猶著衣枕間，歷月不歇，帝謂為遺芳夢。」

二·五四　幽情化而石立❶，怨風結而冢青❷。千古空閨之感，頓令薄幸❸驚魂。

【注釋】❶幽情化而石立　南朝宋劉義慶《幽明錄》：「武昌陽新縣北山上望夫石，狀若人立者。傳云昔有貞婦，其夫從役，遠赴國難，婦攜弱子餞送此山，立望而死，形化為石。」❷怨風結而冢青　晉孔衍《琴操》載：王昭君遠嫁匈奴，因不肯隨從「父死妻母」的胡俗，喝藥自盡。匈奴之地草皆是白色，唯獨昭君墓草為青色。後以「青冢」指昭君墓，也泛指墳墓。怨風，此處作「怨氣」解。❸薄幸　薄情；負心。

【語譯】深遠的感情使女子化為望夫石屹立在山上，怨氣鬱結使昭君的墓地長出了青草。自古以來空守閨房女子的感傷，頓時使薄情的男子驚魂。

【研析】此條借望夫石和昭君青冢的事典，讚揚女子對愛情的忠貞不移，譴責薄情負心的男子，為女子在愛情上受到的挫折和傷害深感不平。

二・五五 一片秋山，能療病客❶；半聲春鳥，偏喚愁人。

【注 釋】❶客 指遊子、遊客。杜甫〈登高〉：「萬里悲秋常作客。」

【語 譯】一片秋天的山色，能治療遊客的病；春天時斷時續的鳥叫聲，偏偏傳入愁人的耳中。

【研 析】秋天的山色，令人神清氣爽，可以稍解旅途的寂寞。春鳥斷斷續續的叫聲，使憂愁的人更加鬱悶。

二・五六 李太白酒聖❶，蔡文姬書仙❷，置之一時，絕妙佳偶。

【注 釋】❶李太白酒聖 李白，字太白，唐代著名詩人，性格豪放嗜酒，杜甫〈飲中八仙歌〉云：「李白斗酒詩百篇，長安市上酒家眠。天子呼來不上船，自稱臣是酒中仙。」宋曾慥《類說》：「李白每醉為文未嘗差，人因名酒聖。」❷蔡文姬書仙 蔡文姬，蔡琰，字文姬，東漢蔡邕之女，漢末淪落匈奴，曹操遣人迎回。文姬博學多才，通音律，作有〈悲憤詩〉、〈胡笳十八拍〉等詩。《青瑣高議》、《麗情集》載：長安倡女曹文姬工書法，日寫數千字，筆力為關中第一，人稱「書仙」。有任生投詩云：「玉皇殿上掌書仙，一染凡心謫九天。莫怪濃香薰骨麗，雲衣曾惹御爐煙。」蔡文姬當為曹文姬之誤。

【語 譯】李太白是酒聖，蔡文姬是書仙，把他們放在同一時代，是絕妙的配偶。

【研 析】此條也見於明吳從先《小窗自紀》。在中國封建社會，男尊女卑的思想根深蒂固，此條將崔文姬與李太白相提並論，足見對女子的尊重。傳統的婚姻觀念是「郎才女貌」，強調「女子無才便是德」，此條將李太白與崔文姬視為絕妙佳偶，重視女子的才藝，也是對舊擇偶標準的突破。尊重婦女，重視婦女的才藝，也是晚明流行的新思潮。李贄曾撰文，駁斥女子見識短淺，不能學道的謬論。晚明在比較寬鬆的社會環境中，湧現出許多博學多才的女子，尤其是有「秦淮八大名妓」之稱的馬湘蘭、柳如是、李香君、顧眉生等人，個個多才多藝，並和文人往來密切，享有很高的聲譽。

二·五七　華堂今日綺筵❶開，誰喚分司御史❷來？忽發狂言驚滿座，兩行紅粉一時回。

【注釋】❶綺筵　華麗豐盛的宴席。❷分司御史　分管某一地區或某一部門的御史。御史，掌管糾察彈劾的司法官員。

【語譯】今天華麗的廳堂裡大擺豐盛的筵席，是誰邀請分管御史前來？忽然說出放肆的話讓滿座驚訝，排列兩旁的妓女也回頭暗笑。

【研析】此四句是唐杜牧〈兵部尚書席上作〉詩。杜牧生性風流狂放，在當時享有盛名。《古今詩話》載：「牧為御史，分務洛陽。時李司徒罷鎮閒居，聲妓豪侈，洛中名士咸謁之。李高會朝客，以杜司憲，不敢邀致。杜遣座客達意，願與斯會，李不得已邀之。杜獨坐南向，瞠目注視，引滿三巵，問李云：『聞有紫雲者孰是？』李指之。杜凝睇良久，曰：『名不虛傳，宜以見惠。』李俯而笑，諸妓亦回首破顏。杜又自飲三爵，朗吟此詩而起，意氣閒逸，旁若無人。」

二·五八　**緣之所寄，一往而深。故人恩重，來燕子於雕梁❶；逸士情深，托鳧雛於春水❷。好夢難通❸，吹散巫山雲氣；仙緣未合，空探游女珠光❹。**

【注　釋】❶故人恩重二句　意謂燕子棲息房梁上，因為主人善待燕子，燕子秋去春來，第二年依然落在這家的梁上。梁劉孝綽〈古意〉：「對此歸飛燕，銜泥繞曲房。差次入綺幕，上下傍雕梁。故居猶可念，故人安可忘。」雕梁，裝飾華麗的房梁。❷逸士情深二句　此兩句意謂鳧雛在春水上悠然自得，隱居的高逸之士借吟詠鳧雛來寄託自己的情懷。鳧雛，小野鴨。春水，春天的河水。❸好夢難通　用楚懷王夢見巫山神女的典故。❹空探游女珠光　《詩經·周南·漢廣》：「南有喬木，不可休息；漢有游女，不可求思。」張衡〈南都賦〉：「游女弄珠於漢皐之曲。」

【語　譯】緣分所在，一往情深。因為舊主人善待燕子，所以能招來燕子棲息於原來的房梁上；志行高逸的人感情深厚，往往把自己的情懷，寄託在吟詠嬉戲於春水的野鴨詩中。沒有遇見神女的好夢，巫山的雲氣已被風吹散；與仙人的情緣未到，徒勞地探求游女留下的珍珠。

【研　析】此條言人的情感交往皆有緣分。如果有緣，飛燕雛鴨都能交流感情；若是無緣，神女仙子也無法交通。

二·五九 桃花水❶泛，曉妝宮裡膩❷胭脂；楊柳風❸多，墮馬髻❹中搖翡翠。

【注釋】❶桃花水 春汛；春天的雨水。也指被胭脂染成紅色的水流。杜牧〈阿房宮賦〉：「明星熒熒，開妝鏡也；綠雲擾擾，梳曉鬟也；渭流漲膩，棄脂水也；煙餘霧橫，焚椒蘭也。」《說郛》引李少雲詩：「幾多柳絮風翻雪，無數桃花水浸霞。」❷膩 痕跡；汙垢。❸楊柳風 春風。❹墮馬髻 古代婦女髮髻的樣式，參本卷第三六條。

【語譯】桃花水氾濫，都是宮裡婦女在早晨化妝時傾倒的胭脂水；楊柳風多，插在墮馬髻上的翡翠頭飾隨風搖動。

【研析】此條言宮中女子的生活情形。上下兩聯對仗工整，桃花水對楊柳風，利用成句，構想穩妥精妙。以胭脂紅色對應桃花，以翡翠綠色對應楊柳，十分妥帖。

二·六〇 對妝則色殊，比蘭則香越。泛明彩於宵波，飛澄華❶於曉月。

【注釋】❶澄華 明淨的光華。

【語譯】相對於化妝的女士，它的姿色更美，與蘭花相比較，它的香氣更加芬芳；在夜晚的水波中泛起明亮的色彩，在清晨的月色中散發出澄淨的光華。

【研析】此四句出自鮑照〈芙蓉賦〉，描寫芙蓉的姿態、芬芳、色彩和光華。

二・六一 紛❶弱葉❷而凝照❸，競新藻❹而抽英❺。

【注釋】❶紛　披紛；散亂。❷弱葉　細葉。❸照　日光。❹新藻　鮮亮的光彩。❺抽英　開花，此處指新生的枝條。

【語譯】紛亂的細葉凝聚著日光，新抽的枝條色彩鮮明。

【研析】此二句出自南朝謝朓〈高松賦〉，描寫松樹在光照下的形態，體現了六朝文人對色彩的把握。

二・六二 手巾還欲燥，愁眉即剩開❶。逆想❷行人至，迎前含笑來。

【注釋】❶剩開　盛開。剩，通「盛」。《小窗幽記》原作「使開」，據庾信原賦改。❷逆想　料想。

【語譯】手巾濕了還變乾，愁眉立即舒展開。料想出行的人到了，含笑迎上前來。

【研析】此四句出自庾信〈蕩子賦〉，言閨中女子聽說夫婿將歸，轉憂為喜之心情。

二・六三 逶迤❶洞房❷，半入宵夢❸；窈窕❹閒館❺，方增客愁。

【注釋】❶逶迤　曲折幽深。❷洞房　指臥室、閨房。❸宵夢　夜晚的夢。❹窈窕　深遠貌。❺閒館　寬廣的館舍。

【語譯】在幽深的臥室，人們大半進入了夢鄉；寬廣深遠的館舍，正增加遊子的鄉愁。

【研析】此條言閨房中佳人已經入夢，漂泊在外的遊子鄉愁正濃。此四句出自唐魏璀〈搗練賦〉，寫女子秋夜搗練製衣，思念遠方親人，賦的結尾處寫到勞累了一天的婦女已經入睡，遠方的遊子仿佛依然聽到砧杵之聲不絕，鄉愁越來越濃：「是時也，餘響未畢，微影方流。逶迤洞房，半入宵夢；窈窕閒館，方增客愁。李都尉以胡笳動泣，向子期以鄰笛增憂。古人獨感于聽，而今者況兼乎秋。」

二·六四　懸媚子❶於搔頭❷，拭釵梁❸於粉絮❹。

【注釋】❶媚子　首飾名。❷搔頭　髮簪。《西京雜記》載漢武帝在李夫人處，用玉簪搔頭，後以搔頭為髮簪的別稱。❸釵梁　釵的主幹部分。❹粉絮　用絲綿做成的粉撲。

【語譯】把媚子懸掛在髮簪上，用絲綿的粉撲擦拭釵梁。

【研析】此二句出自庾信〈鏡賦〉，描寫女子對鏡梳妝的情景。

二·六五

臨風❶弄笛，欄杆上桂影❷一輪；掃雪烹茶，籬落邊梅花數點。

【注釋】❶臨風　迎風。❷桂影　指月亮。傳說月亮中有桂樹，故以桂影指稱月亮。

【語譯】迎著風吹笛，欄杆上升起一輪明月；掃來雪水煮茶，籬笆邊上開放數點梅花。

【研析】臨風弄笛，掃雪烹茶，皆是文人雅事。明月一輪，梅花數點，給雅事增添了幾多情趣。

二·六六

銀燭❶輕彈，紅妝笑倚，人堪惜情更堪惜；困雨花心，垂陰柳耳❷，客堪憐春亦堪憐。

【注釋】❶銀燭　《爾雅》：「鍾山之寶有銀燭，謂有精光如燭也。」後以銀燭泛指蠟燭。❷柳耳　長在柳樹上的木耳，可以入藥。此處指柳樹。

【語譯】輕輕彈去蠟燭燃燒後的灰燼，美人面帶微笑依靠在身邊，人值得愛惜，情更值得愛惜；花心被雨所困，柳枝低垂一片綠蔭，遊客值得可憐，春光也值得可憐。

【研析】此條寫男女歡情，表現了對愛情的珍惜。「困雨花心，垂陰柳耳」，字面上描寫旖旎春光，也暗指男女情愛。此兩句當從李商隱〈蝶詩〉「相兼惟柳絮，所得是花心」化出。

二·六七 肝膽誰憐，形影自為管鮑❶；唇齒相濟，天涯孰是窮交❷。興言❸及此，輒欲再廣絕交之論❹，重作署門之句❺。

【注釋】❶管鮑 管仲和鮑叔牙，春秋時齊國人。兩人為至交，管仲曾說：「生我者父母，知我者鮑子也。」後以「管鮑之交」指知心朋友。❷窮交 患難之交。❸興言 有感而發的語言。❹絕交之論 嵇康和山濤同為「竹林七賢」，後山濤出仕晉朝，嵇康作〈與山巨源絕交書〉。❺署門之句 《史記．汲鄭列傳》：「太史公曰：始翟公為廷尉，賓客闐門，及廢，門外可設雀羅。翟公復為廷尉，賓客欲往，翟公乃大署其門曰：『一死一生，乃知交態；一貴一賤，交情乃見。』」

【語譯】誰憐惜肝膽相照的朋友，形影不離自然是管鮑之交；脣齒相依，天底下誰是患難之交。感慨地說到這些，就要再宣揚嵇康的〈與山巨源絕交書〉，重新書寫翟公題在門上的語句。

【研析】此條感歎世事炎涼，人情涼薄。古代管鮑肝膽相照，形影不離；現在人們雖然交往密切，猶如脣齒相依，卻如遠隔天涯，找不到患難之交。古人交友多以義，今人交友多以利，義在情深，利斷情絕。

二·六八 燕市之醉泣❶，楚帳之悲歌❷，歧路之涕零❸，窮途之慟哭❹。每一退念及此，雖在千載之後，亦感慨而興嗟。

【注　釋】❶燕市之醉泣　用荊軻和高漸離的典故。《史記・刺客列傳》載：荊軻至燕，日與高漸離飲於燕市。酒酣時，高漸離擊筑，荊軻高歌，相對而泣，旁若無人。❷楚帳之悲歌　用「霸王別姬」的典故。《史記・項羽本紀》載：項羽被劉邦困於垓下，四面楚歌。項羽夜飲帳中，慷慨悲歌：「力拔山兮氣蓋世。時不利兮騅不逝。騅不逝兮可奈何！虞兮虞兮奈若何！」❸歧路之涕零　《淮南子》載：「楊子見歧路而哭之，為其可以南，可以北。」❹窮途之慟哭　《世說新語》劉孝標注引《魏氏春秋》載：「阮籍常率意獨駕，不由徑路，車跡所窮，輒慟哭而返。」

【語　譯】荊軻和高漸離在燕市喝醉了相對而泣，項羽在軍帳中慷慨悲歌，楊子遇到歧路痛哭流涕，阮籍走到窮途失聲慟哭。每當獨自想到這些，雖然時間已相隔千年，也要感慨長歎。

【研　析】荊軻和高漸離燕市醉泣，是慷慨豪放之情的宣洩；項羽楚帳悲歌，是英雄末路的悲憤；楊子歧路涕零，是無所適從的彷徨；阮籍窮途的慟哭，是找不到出路的淒涼。古人千載一哭，哭出了人生的坎坷和曲折，艱難和兇險。人生不如意事常八九，因此古人之哭能引起後人的共鳴。

二・六九　陌上繁華，兩岸春風輕柳絮；閨中寂寞，一窗夜雨瘦梨花。

【語　譯】路旁鮮花盛開，河兩岸的柳絮在春風中輕颺飛舞；閨中寂寞，夜雨敲打在窗上瘦損了梨花。

【研　析】此聯寫春天的景色，情景交融，很有詩意。尤其是下聯，夜雨打落了梨花，一個瘦字，寫出了梨花的蕭索凋落，與閨中寂寞無奈的女子相對照，女子似梨花般瘦損，梨花如女子般寂寞。

二·七〇 芳草歸遲❶，青驄別易❷，多情成戀，薄命何嗟。要亦人各有心，非關女德❸善怨。

【注釋】❶芳草歸遲 因留戀芳草歸來遲了。楊巨源〈春日有贈〉：「步遠憐芳草，歸遲見綺霞。」王安石〈北山〉：「細數落花因坐久，緩尋芳草得歸遲。」❷青驄別易 騎著青驄馬很輕易地離開了。青驄，毛色青白相雜的馬。秦觀〈八六子〉詞：「念柳外青驄別后，水邊紅袂分時，愴然暗驚。」❸德 德行；性格。

【語譯】因留戀芳草歸來遲了，騎著青驄馬很輕易地離開了，多情就要變為眷戀，薄命人何必歎息。總之人各有心，與女子多愁善感的天性無關。

【研析】女人感情豐富而脆弱，加上幽居深閨，不免多愁善感。然而文人如同女子，傷春悲秋，弔山憑水，對月淒慘，賞花落淚。故屠隆說：「情之所鍾，正在我輩。」

二·七一 山水花月之際，看美人更覺多韻，非美人借韻於山水花月也，山水花月直借美人生韻耳。

【語　譯】在山水花月之中，看美人更覺得富有風韻，並不是美人從山水花月中獲取風韻，而是山水花月借助於美人才產生了韻趣。

【研　析】山水花月與美人風韻相得益彰，在山水花月之中，看美人更有風韻，而山水花月因美人而更添光彩。如靈巖山上的館娃宮、響屧廊，皆由西施而得名，秦淮河邊的媚香樓，由李香君而出名，巫山十二峰中神女峰，由巫山神女而得名。山水由人而得名，其例甚多，因此現在很多地方都在搶名人，以招攬遊客，有的地方甚至打出了西門慶、潘金蓮的招牌，正可謂「山水花月直借美人生錢耳」。

二·七二　深花枝，淺花枝，深淺花枝相間時，花枝難似伊；巫山高，巫山低，暮雨瀟瀟郎不歸，空房獨守時。

【語　譯】深色的花枝，淺色的花枝，深淺顏色的花枝互相交織時，花枝難以像她；巫山高，巫山低，傍晚下著瀟瀟細雨，心上人沒有回家，那獨守空房的時候。

【研　析】此為男女情詞。歐陽脩《文忠集》載有六首〈長相思〉詞，其二云：「深畫眉，淺畫眉，蟬鬢鬅鬙雲滿衣，陽臺行雨回。　巫山高，巫山低，暮雨瀟瀟郎不歸，空房獨守時。」其六云：「深花枝，淺花枝，深淺花枝相並時，花枝難似伊。　玉如肌，柳如眉，愛著鵝黃金縷衣，啼妝更為誰。」據明楊慎《升庵詩話》云：此詞為杭州名妓吳二娘所作。歐陽脩集中，多誤收他人詞作，但楊慎所言不知有何依據，故且存疑。

二·七三 青娥❶皓齒別吳倡，梅粉妝❷成半額黃❸。羅屏繡幔圍寒玉❹，帳裡吹笙學鳳凰❺。

【注釋】❶青娥 指美麗的少女。❷梅粉妝 即「梅花妝」。《宋史》載：「武帝女壽陽公主日臥於含章檐下，梅花落公主額上，成五出之華，拂之不去，皇后留之。自後為梅花妝，後人多效之。」❸半額黃 六朝以來女子有黃額妝，在額間塗黃。〈木蘭詩〉：「當窗理雲鬢，對鏡帖花黃。」❹寒玉 《集仙錄·魏夫人傳》載仙女北寒玉女名宋聯涓，善彈琴。❺學鳳凰 用蕭史弄玉的典故。

【語譯】美麗的少女牙齒潔白，有別於吳門倡女，化的梅花妝半邊額頭塗了黃色。羅綺的屏障錦繡的帳幔圍住了寒玉，在帳中吹笙效仿鳳凰于飛。

【研析】此四句出自宋司馬才仲〈洛春謠〉。此詩描寫洛陽春天的景色和人們活動的場景，所引四句寫閨中女子的形狀。

二·七四 初彈如珠後如縷❶，一聲兩聲落花雨。訴盡平生雲水心❷，盡是春花秋月❸語。

【注釋】❶初彈如珠後如縷　言聲音初如滾珠急促清脆，到後來逐漸減弱，時斷時續，不絕如縷。白居易〈琵琶行〉：「嘈嘈切切錯雜彈，大珠小珠落玉盤。」「水泉冷澀弦凝絕，凝絕不通聲漸歇。別有幽愁暗恨生，此時無聲勝有聲。」❷雲水心　指如行雲流水般飄泊不定的境遇。❸春花秋月　指春秋佳景或美好的時光。

【語譯】開始彈奏琵琶的時候，聲音如滾珠般急促清脆，到後來漸次減弱，不絕如縷，時而彈出一兩聲如雨打落花淒清冷寂。樂曲傾訴了平生如雲水般飄泊不定的境遇，全是描寫春秋佳景的音樂語言。

【研析】白居易的〈琵琶行〉寫一長安娼妓當年豔蓋群芳，藝壓京城，後來年老色衰，門前冷落，委身商賈，到處漂泊。一日夜宿潯陽江邊，獨守空船，回想往日繁華，難耐眼前淒涼，便借琵琶排遣愁悶。此條將白居易八十八句的長篇歌行濃縮為四句的七律，前兩句寫彈奏琵琶的音樂效果，後兩句寫樂曲表達的情思：回憶往日春花秋月般的大好時光，感歎如今漂泊無依的境遇。

二·七五　春嬌滿眼睡紅綃❶，掠削雲鬟旋裝束。飛上九天歌一聲，二十五郎❷吹管❸逐。

【注釋】❶綃　生絲；生絲織物。❷二十五郎　邠二十五郎，嗣邠王李承寧，排行二十五，故稱二十五郎。

❸管　古代樂器名。朱熹《詩集傳》云：「管，如篴，並兩而吹之者也。」

【語　譯】睡在紅色的生絲被裡，眼睛裡充滿了嬌慵的神色，匆忙攏一攏頭髮立即化好妝。高歌一曲聲沖雲霄，二十五郎吹管伴奏。

【研　析】此四句出自唐元稹〈連昌宮詞〉：「力士傳呼覓念奴，念奴潛伴諸郎宿。須臾覓得又連催，特敕街中許燃燭。春嬌滿眼睡紅綃，掠削雲鬟旋裝束。飛上九天歌一聲，二十五郎吹管逐。」寫唐玄宗在寒食節宣召念奴入宮演唱，所引四句描述念奴奉旨，匆忙入宮演唱，歌聲高亢入雲。

二·七六　琵琶新曲，無待石崇❶；箜篌雜引，非因曹植❷。

【注　釋】❶琵琶新曲二句　石崇，字季倫，晉人，曾官荊州刺史。家有鉅資，為人奢華無度。作有〈明君辭〉，詠王昭君出塞事，又名〈琵琶引〉，其序云：「昔〈細君〉公主嫁烏孫，令琵琶馬上作樂，以慰其道路之思，其送明妃亦必爾也。」❷箜篌雜引二句　曹植作有〈箜篌引〉，感歎人生短促。箜篌，古代樂器名。雜引，泛指各種琴曲。引，樂曲名，又為雜曲的一種體裁。

【語　譯】創作的琵琶新曲，不需要模仿石崇；新譜的箜篌琴曲，並非因襲曹植。

【研　析】此條出自〈玉臺新詠序〉，描寫宮中麗人的音樂才華，其原文為：「兄弟協律，生小學歌；少長河陽，由來能舞。琵琶新曲，無待石崇；〈箜篌〉雜句，非關曹植。傳鼓瑟于楊家，得吹簫于秦女。」這一段說麗人像漢代協律都尉李延年的妹妹、漢武帝妃子李夫人那樣，從小學習歌唱；又像生長於陽阿公主家的趙飛燕那樣本來就能跳舞。她彈奏的琵琶新曲、歌唱的〈箜篌引〉樂歌都出自自己的創造，並非石崇、曹植的創作。她的鼓瑟技藝是從漢代楊惲的妻子傳下來的，她的吹簫之藝則源於春秋時秦穆公的女兒弄玉。

二·七七　休文腰瘦❶，羞驚羅帶之頻寬；賈女❷容銷❸，懶照蛾眉之長鎖。

【注釋】❶休文腰瘦　沈約，字休文，南朝詩人，「永明體」創始者。《南史》記載沈約仕途不順，在給徐勉信中說自己老病，百日數旬，革帶常應移孔。明王禕〈寄趙子將〉：「休文腰瘦成何事，未必風流只為詩。」❷賈女　賈充之女，參本卷第三六條。❸容銷　形容瘦損憔悴。

【語譯】沈休文腰瘦，驚訝地發現腰帶不斷變寬；賈女形容憔悴，懶得在鏡中照見蛾眉長鎖的樣子。

【研析】此條言男女為情所困。沈約腰瘦的典故出自《南史·沈約傳》，本意說年老多病，日益消瘦，後來引申為因情思而引起的病瘦，與韓壽偷香、相如竊玉、張敞畫眉合稱古代四大風流韻事。

二·七八　琉璃硯匣，終日隨身；翡翠筆牀❶，無時離手。清文❷滿篋❸，非唯芍藥❹之花；新製連篇，寧止葡萄❺之樹。

【注釋】❶筆牀　臥置毛筆的器具。❷清文　清新俊雅的詩文。❸篋　小箱子。❹芍藥　草本植物，五月開花。《詩經・鄭風・溱洧》：「維士與女，伊其相謔，贈之以芍藥。」後以芍藥表示男女愛慕之情，或指文學中描寫愛情的作品。❺葡萄　此處指美人的裝束。南朝何思澄〈南苑逢美人〉：「風卷葡萄帶，日照石榴裙。」

【語　譯】琉璃做的硯臺匣子，整天隨身帶著；翡翠做的筆床，沒有一刻離開手邊。清新的詩文裝滿了箱子，並不只有吟詠愛情的作品；新作品一篇接著一篇，哪裡只是描繪美人容貌的作品。

【研　析】此條描寫宮中麗人的文學才華，出自〈玉臺新詠序〉，原文為：「加以天時開朗，逸思雕華，妙解文章，尤工詩賦。琉璃硯匣，終日隨身；翡翠筆床，無時離手。清文滿篋，非唯芍藥之花；新製連篇，寧止葡萄之樹。九日登高，時有緣情之作；萬年公主，非無累德之詞。其佳麗也如彼，其才情也如此。」這段文字說麗人天資敏妙，工於詩賦、文章，不僅善於寫情，而且能寫左棻〈萬年公主誄〉那樣的歌頌道德的文章。

二・七九　西蜀豪家，託情窮於〈魯殿〉❶；東儲甲館，流詠止於〈洞簫〉❷。

【注　釋】❶西蜀豪家二句　吳兆宜《徐孝穆集箋注》引《蜀志》：「劉琰為車騎將軍，車服飲食號為奢靡。侍婢數十，能為聲樂，悉教誦讀〈魯靈光殿賦〉。」西蜀，指四川。魯殿，魯靈光殿，西漢建造的宮殿。❷東儲

甲館二句　《漢書・王褒傳》：「元帝為太子，嘉褒所為〈洞簫頌〉，令後宮貴人左右皆誦讀之。」東儲，東宮儲君，指皇太子。原文為「東臺」，據〈玉臺新詠序〉改。甲館，漢代樓觀名，成帝生於甲館，被立為嫡皇孫。

【語　譯】西蜀的富豪之家，把情感都寄託在誦讀〈魯靈光殿賦〉上；居住在甲館的太子，不斷誦讀的也只有〈洞簫頌〉。

【研　析】以上四句摘自徐陵〈玉臺新詠序〉，若不聯繫上下文，難以理解其含義，故將前後有關文字迻錄如下：「方當開茲縹帙，散此縧繩，永對玩于書帷，長循環于纖手。豈如鄧學《春秋》，儒者之功難習；竇專黃老，金丹之術不成。固勝西蜀豪家，託情窮于〈魯殿〉；東儲甲觀，流詠止于〈洞簫〉。」徐陵序前面寫到麗人「無怡神于暇景，唯屬意于新詩」，「於是燃脂暝寫，弄墨晨書，撰錄艷歌，凡為十卷」。此十卷豔歌，即今日所見之《玉臺新詠》。〈玉臺新詠序〉最後寫到麗人閱讀所撰錄十卷豔歌，既非東漢鄧后的學習儒者之書、西漢文帝竇皇后的專學黃老著作可以相比，也遠勝於西蜀劉琰侍婢的集體誦讀〈魯靈光殿賦〉，和漢元帝為太子時其後宮的吟詠〈洞簫賦〉。徐陵此序提出十卷豔歌——《玉臺新詠》超出儒家和黃老經典，遠勝以往正統的詩賦，雖是作序者讚美之詞，卻也可見當時文學觀念的演進和思想的開放。

二・八〇　醉把杯酒，可以吞江南吳越❶之清風❷；拂劍長嘯，可以吸燕趙❸秦隴❹之勁氣❺。

【注　釋】❶吳越　指江蘇、浙江一帶。❷清風　清雅秀逸的風致。❸燕趙　春秋時燕國、趙國，在今河北、山西。❹秦隴　今陝西、甘肅一帶。❺勁氣　剛強正直的氣概。

【語　譯】喝醉了舉起酒杯，可以吞入江南吳越清雅秀逸的風致；擦拭著寶劍長嘯，可以吸進燕趙秦隴剛強正直的氣概。

【研　析】此四句出自馬子才〈子長遊贈蓋邦式序〉，寫遊歷江南燕趙，兼收南北之氣質和品格。

二·八一　林花翻灑，乍飄颺於蘭皐❶；山禽囀響❷，時弄聲於喬木。

【注　釋】❶蘭皐　長著蘭草的涯岸。❷囀響　婉轉的聲響。

【語　譯】林中的花上下翻飛，一下子隨風飄揚到長著蘭草的水岸邊；山中的鳥啼聲婉轉，時常在喬木上歌唱。

【研　析】此四句出自南朝陳顧野王〈虎丘山序〉，描寫登山時所見景色。落花隨風飄揚，山禽在樹上啼鳴，寂靜的山中充滿勃勃生機。虎丘是東南名勝，自吳王夫差在此為西施建館娃宮，就成為文人嚮往之地。歷來寫虎丘的詩文很多，如江總、李白、白居易、王禹偁等人皆有遊虎丘山詩，李白有〈虎丘山夜宴序〉、李翱有〈虎丘山記〉、都穆有〈遊虎丘山記〉、袁宏道有〈虎丘〉等文章，顧野王此文是其中比較著名的一篇。

二・八二　長將姊妹❶叢中遊，多愛湖山僻處行。

【注釋】❶姊妹　明清時期，經常以「姊妹」稱呼青樓女子。

【語譯】經常混跡於姊妹叢中逃避世事，喜歡在湖山偏僻處遊玩。

【研析】自古文人詩酒風流，很多人出入於青樓妓院，寄情於聲色歌舞，往往為了逃避世事的紛擾，或表示對現實的不滿和反抗。謝安辭官歸隱，時常挾妓作東山之遊，看似不預世事，實則伺機東山再起。袁中道有青娥之癖，是對世俗禮法的抗爭。楊慎貶謫雲南，胡粉傅面，雙髻插花，與諸妓遊行城市，以此發洩心中憤懣不平之氣。侯方域結交李香君，是尋找紅顏知己，因為李香君的見識高於一般男子。這些人行跡相似，心志不一，然皆不是醉生夢死之輩。

文人喜歡遊山玩水，通過對自然美的觀賞獲得審美的享受，並從中領悟到生活的哲理。觀賞自然風光，要有寧靜的心情，仔細地品嘗，才能領略一山一水的妙處。如今一些旅遊景點，人滿為患，遊客只能走馬觀花，再好的風光也變得了無趣味。人多處沒有風景，只有在幽深僻遠的原始生態景區，才能真正欣賞到山水之美。

二・八三　未知枕上曾逢女，可認眉尖與畫郎。

【語譯】不知道同枕的女子是否見過，可讓畫眉人來辨認她的眉毛。

【研　析】不知道同枕女子是否相識，還須別人來辨認，此女子必為青樓中人。此條也寫文人之風流。

二・八四　蘋風❶未冷催鴛別，沉檀❷盒子留雙結❸。千縷愁絲只數圍❹，一片香痕❺才半節❻。

【注　釋】❶蘋風　掠過蘋草之風；微風。❷沉檀　沉香檀木。❸雙結　同心結。張泌〈虞美人〉：「誰佩同心雙結，倚欄杆。」❹圍　量詞，相當於「條」、「根」。❺香痕　美人留下的痕跡。方千里〈華胥引〉：「魚素那堪重翻再閱，粉脂香痕依舊在。」❻節　量詞。

【語　譯】微風還沒有冷就催著鴛鴦離別，沉香檀木的盒子裡留下了同心結。千條愁絲只剩下幾根，美人留下的一片痕跡也僅有一半了。

【研　析】此條寫男女離別後的愁思。美人離去，留下檀香盒中幾縷青絲，寄託自己的思念。然而幾縷青絲怎能抵償沉鬱的離愁，一個檀香盒又怎能留下美人的香痕。這幾句以物寫情，有委婉深沉之致。

二・八五　那忍重看娃鬟綠❶，終期一遇客衫黃❷。

【注　釋】❶娃鬟綠　為綠鬟娃的倒置，指青春妙齡的女孩子。綠鬟，意同「青絲」，指烏黑光亮的頭髮，古詩中常以「綠鬟紅顏」形容青春年少的容顏。❷客衫黃　即黃衫客，《霍小玉傳》中的俠士，參本卷第一條。

【語　譯】哪裡忍心再次見到青春妙齡的女孩子，最終還是期望能遇到豪俠仗義的黃衫客。

【研　析】此條用《霍小玉傳》中黃衫客的典故，寫一年輕女子淪落風塵，希望有俠義之士來解救她出火坑，表達了對遭遇不幸女子的同情。

二・八六　金錢賜侍兒，暗囑教休語。

【語　譯】金錢賞賜給侍兒，暗地囑咐她不要說話。

【研　析】此條出處不詳，似言男女偷情，用金錢買通侍婢，讓她保守祕密。

二・八七　薄霧幾層推月出❶，好山無數渡江來。輪將秋動蟲先覺❷，換得更深❸鳥越催。

【注　釋】❶薄霧幾層推月出　宋劉儗〈江亭晚望〉：「怒濤推月出雲間。」❷輪將秋動蟲先覺　明沈朝煥〈立秋夜不寐〉：「候到蟲先覺，燈寒燼漸微。」❸更深　夜深。更，夜間報時的更點。

【語　譯】幾層薄霧擁出一輪明月，無數好山渡江而來。季節輪轉到秋天昆蟲先覺察，更點變化夜晚已深鳥叫得越急。

【研　析】此條描寫秋夜的景色，十分形象生動。「好山無數渡江來」，寫得極為靈動。山本不能動，但在月亮的映照下，顯得格外清晰，猶如渡江而來，與觀賞者拉近了距離。這樣化靜為動、化實為虛的描寫，充滿了詩意和韻趣。

二・八八　花飛簾外憑箋訊，雨到窗前滴夢寒。

【語　譯】花在簾外飄飛好像傳遞消息的信箋，雨滴在窗前給夢增添了寒意。

【研　析】此兩句言春夜的寂寞淒清。飛花在簾外傳遞春的信息，夜晚雨敲寒窗，從夢中驚醒，更覺淒涼孤單。宋王同祖〈春日雜興〉：「清明過了，柳花飛簾外，萋萋草正肥。喚起惜春情緒處，空山殘月杜鵑啼。」這首詞的意境與此兩句相近。在古代詩詞中，惜春既是對春光的留戀，也是對愛情的嚮往和追求。

二・八九　檣❶標遠漢❷，昔時魯氏之戈❸；帆影寒沙，此夜姜家之被❹。

【注　釋】❶檣　帆船上的桅杆，引申為帆船或風帆。❷遠漢　遙遠的天河。❸魯氏之戈　《淮南子・覽冥》：

「魯陽公與韓構難，戰酣日暮，援戈而揮之，日為之反三舍。」❹姜家之被　比喻兄弟友愛。《後漢書・姜肱傳》：「肱與二弟仲海、季江，俱以孝行著聞。其友愛天至，常共臥起。」

【語　譯】風帆懸掛在遙遠的天河上，就像往昔魯陽公揮日之戈；孤獨的帆影、寒冷的江沙，令人想到今夜姜家兄弟睡在一個被窩裡多麼暖和。

【研　析】前兩句言遊子浪跡天涯，時已黃昏；後兩句言帆影的孤獨和江邊的寒冷，更令人思念家鄉的溫暖和兄弟的親情。

二・九〇　填愁不滿吳娃井❶，剪紙空題蜀女祠❷。

【注　釋】❶吳娃井　即西施井。明唐寅〈江南春〉：「館娃宮鎖西施井。」西施由越入吳，吳王作館娃宮居之。宮中有井，名為西施井。❷蜀女祠　傳說蜀女化為蠶頭娘，為蠶神，後人作祠祭祀，每當養蠶季節，即剪彩紙祈禱，以求豐收。

【語　譯】愁思填不滿吳娃井，剪紙白白地貼在蜀女祠堂裡。

【研　析】西施為越王復國，放棄了自己的愛情，成為政治鬥爭的犧牲品，留下了哀怨悱惻的千古絕唱。中國古代婦女愛情不能自主，婚姻多有憾恨，「填愁不滿吳娃井」，極言婦女怨仇之深。婦女有著對美好生活的追求，但她們的願望往往不能實現，「剪紙空題蜀女祠」，即使求神靈保佑也無濟於事。

二·九一 良緣易合，紅葉亦可為媒❶；知己難投，白璧未能獲主❷。

【注釋】❶紅葉亦可為媒　參本卷第一條。❷白璧未能獲主　用和氏璧的典故。《韓非子》載：楚人卞和得一玉璞，先後獻給楚厲王、武王，均被認為是石頭，卞和被砍去雙足。文王即位，卞和抱璞在荊山下痛哭，文王令人剖開玉璞，果得稀世寶玉，遂稱之為和氏璧。

【語譯】好姻緣容易結合，紅葉也可以做媒人；知己難尋，白璧未能找到識寶的主人。

【研析】人之相交，無論是情人還是知己，都講究緣分。緣分到時，紅葉可以傳詩，成就一樁姻緣；若無緣分，知心朋友也難找。

二·九二 填平湘岸都栽竹❶，截住巫山不放雲❷。

【注釋】❶填平湘岸都栽竹　暗用「湘妃斑竹」的典故，參卷一第一一四條。❷截住巫山不放雲　暗用「巫山神女」的典故，參本卷第二條。

【語譯】填平湘江的兩岸，全都栽上湘妃竹。截住巫山，不讓雲彩飛走。

【研析】此條喻指男女情事。填平湘江，全栽上斑竹，形容女子對男子思念之深。截住巫山不放雲，言男子鍾愛女子，不願讓女子離開。比喻新奇，充滿豐富的想像。

二·九三 鴨❶為憐香死，鴛因泥睡❷癡。

【注　釋】❶鴨　指鴨形的香爐。唐戴叔倫〈春怨〉：「金鴨香消欲斷魂。」❷泥睡　貪睡。

【語　譯】鴨因為愛香而死，鴛鴦因為貪睡而變痴。

【研　析】此條言男女為情而痴。鴨本指鴨形的香爐，香爐裡的薰香令人斷魂。此處將鴨形的香爐轉換為鴨子，將爐中薰香令人斷魂轉換為鴨子為香而死。鴛鴦本指繡在枕上的鴛鴦圖案，此處轉換為真實的鴛鴦，將枕著鴛鴦枕的男女貪歡不起轉換為鴛鴦貪睡變痴。此條用指代、借喻的修辭手法，將原有的意象通過轉換和重新組合，表達了令人意想不到的內容。

二·九四 紅印山痕春色微❶，珊瑚枕❷上見花飛。煙鬟❸繚亂香雲❹溼，疑向襄王夢裡歸❺。

【注　釋】❶紅印山痕春色微　此句描寫女子的容貌神態，紅潤的臉龐映照著描過的眉毛，透露出幾許春意。山痕，指眉毛。❷珊瑚枕　珊瑚做的枕頭。鹿虔扆〈思越人〉詞：「珊瑚枕膩鴉鬟亂，玉纖慵整雲散。若是適來新夢見，離腸爭不千斷。」❸煙鬟　形容女子鬟髮美麗。❹香雲　比喻女子的頭髮。❺疑向襄王夢裡歸　用楚襄王夢見神女的典故。關於巫山之夢，宋玉高唐賦中為懷王夢見女神，但後世詩文、小說戲曲中，多作襄王夢見神女。

【語譯】紅潤的臉龐映照著彎彎的眉黛，透露出幾許春意，珊瑚枕上看到鬢花亂飛。頭髮散亂被汗水浸溼，好像是從楚襄王夢裡回來。

【研析】此詩寫女子睡眠，極其香豔，有齊梁宮體詩情致。梁簡文帝有〈詠內人晝眠詩〉：「北窗聊就枕，南簷日未斜。攀鉤落綺障，插捩舉琵琶。夢笑開嬌靨，眠鬟壓落花。簟文生玉腕，香汗浸紅紗。夫婿恆相伴，莫誤是倡家。」齊梁宮體詩發揚了詩歌的言情傳統，提高了詩歌的藝術性，在摹狀物色，語言描寫方面，對詩歌發展有深遠的影響。後人也不乏作宮體詩者，如明徐熥〈詠美人晝眠〉：「金釵斜欲溜，玉枕倦相依。朦朧含媚眼，展轉皺羅衣。汗沾香粉膩，幔隔黛痕微。夢只縈閨閣，不逐楚雲飛。」徐熥詩所寫，與此條所言場景十分相似。

二·九五　零亂如珠為點妝❶，素輝❷乘月濕衣裳。只愁天酒❸傾如斗，醉卻環姿❹傍玉床。

【注釋】❶點妝　化妝。白居易〈簡簡吟〉：「十一把鏡學點妝。」❷素輝　白色的光亮。❸天酒　指露水。❹環姿　特指楊玉環的姿態。

【語譯】露水如珍珠般滴落，好像為女子點妝，明月灑下皎潔的光亮，映照在身上，好像浸溼了衣裳。只愁天酒傾瀉如斗，使楊貴妃醉了只能偎依在玉床旁。

【研　析】這四句描寫夜寒露重的情景，隋盧思道〈為百官賀甘露表〉：「神漿可挹，流珠九戶之前；天酒自零，凝照三階之下。」似為此條所本。「只愁天酒傾如斗，醉卻環姿傍玉床」，寫夜深天寒，女子偎依在玉床旁，比喻新奇，描寫生動。

二·九六　有魂落紅葉，無骨鎖青鬟。

【語　譯】飄落的紅葉好像有靈氣，梳籠的髮髻歪在一旁好像沒有骨頭。

【研　析】此條言女子裝束，採用倒置句法，正常詞序為「紅葉落有魂，青鬟鎖無骨」，並無深意，僅取其對仗工整。

二·九七　書題蜀紙❶愁難浣，雨歇巴山話亦陳❷。

【注　釋】❶蜀紙　亦稱「蜀箋」，四川出產的上好紙張，此處指薛濤箋。薛濤是唐代女詩人，晚年居成都浣花溪，自製紅色詩箋，稱之為薛濤箋。❷雨歇巴山話亦陳　借用李商隱〈夜雨寄北〉詩意：「君問歸期未有期，巴山夜雨漲秋池。何當共剪西窗燭，卻話巴山夜雨時。」巴山，在四川、陝西、湖北交界處。

【語　譯】在蜀紙上書寫詩文表達離恨別緒，還是洗不盡心中的憂愁。巴山的雨已經停歇，當初的夜話也已成為往事。

【研析】此兩句言思念朋友的離愁別緒。首句「浣」與「蜀紙」暗應。薛濤在成都浣花溪浣紙製箋，暗寓蜀紙能浣，而離愁難浣的感慨。

二·九八 盈盈相隔❶愁相隨，誰為解語❷來香帷❸。

【注釋】❶盈盈相隔 用〈古詩十九首·迢迢牽牛星〉詩意：「盈盈一水間，脈脈不得語。」盈盈，清澈；晶瑩。❷解語 會說話。此處意為善用言語寬慰人。❸香帷 女子用的帳子，亦泛指臥室。

【語譯】情人被一條清澈的河流所阻隔，憂愁伴隨著他們。誰能來到香豔的臥室寬慰自己。

【研析】此條言女子與情人分離，愁悶難釋，希望有人來寬慰自己，表達了失戀女子寂寞淒涼的心情。

二·九九 斜看兩鬢垂❶，儼似行雲❷嫁。

【注釋】❶兩鬢垂 兩邊鬢髮下垂，形容女子未梳妝時的容貌。❷行雲 流動的雲，在古詩詞中常用來比喻女子的頭髮，也暗用「巫山神女」的典故。

【語譯】側看女子兩邊鬢髮下垂，頭髮蓬鬆好像行雲要出嫁。

【研析】此條形容女子的髮式。「儼似行雲嫁」，語帶雙關，既形容女子頭髮蓬鬆不整，又暗喻女子尋歡後貪睡不起。

二・一〇〇 欲與梅花鬥寶妝❶，先開嬌豔逼寒香❷。只愁冰骨❸藏珠屋❹，不似紅衣待玉郎❺。

【注釋】❶寶妝　即「八寶妝」、「百寶妝」，指華美的妝飾。❷寒香　清洌的香氣，通常指梅花的幽香，或以此代指梅花。❸冰骨　冰清玉潔；高雅脫俗。❹珠屋　華屋。❺玉郎　對男子的美稱，也用以指稱丈夫或情人。

【語譯】要與梅花競賽妝飾的華美，搶先開出嬌豔的花朵，散發出梅花的幽香。只擔心冰清玉潔被人藏在華屋裡，不能像紅衣女郎那樣去侍候如意郎君。

【研析】此四句似寫水仙花，形容水仙花的冰清玉潔。《山堂肆考》引黃庭堅〈詠水仙花〉詩云：「得水能仙天與奇，寒香寂寞動冰肌。仙風道骨今誰有，淡掃蛾眉簪一枝。」「借水開花自一奇，冰沉為骨玉為肌。暗香已壓酴醾倒，只比寒梅無好枝。」此四句所詠，乃從黃庭堅詩句中化出。

二・一〇一 縱教弄酒❶春衫❷浣，別有風流上眼波。

【注釋】❶弄酒　酒後使性子；發酒瘋。❷春衫　春天穿的衣衫，即春裝。

【語譯】縱然是酒後使性弄濕了春衫，自有別樣的風流在眼波中飛動。

【研析】此兩句寫酒後神態，出自李元膺〈十憶詩〉之三：「綠蟻頻催未厭多，帕羅香軟襯金荷。縱教弄酒春衫浣，別有風流上眼波。」

二・一〇二 聽風聲以興思❶，聞鶴唳以動懷❷。企莊生❸之逍遙，慕尚子❹之清曠❺。

【注釋】❶聽風聲以興思 《世說新語・識鑒》載：張翰在洛陽做官，見秋風起，就想起家鄉松江的蓴菜鱸魚，就說：「人生貴得適意爾，何能羈宦數千里以要名爵。」於是辭官回家。❷聞鶴唳以動懷 《世說新語・尤悔》載：陸機是華亭（今上海市松江區）人，年輕時跑到洛陽做官，後遭人陷害被問斬，臨刑時感歎：「欲聞華亭鶴唳，可復得乎？」鶴唳，鶴鳴。❸莊生 莊子，著《莊子》一書，其中有一篇〈逍遙遊〉。❹尚子 尚長，字子平，東漢人。隱居不仕，待子女婚嫁已畢，出遊名山大川，不知所終。❺清曠 清俊曠達。

【語譯】聽到風聲就引發了鄉思，聽到鶴鳴就觸動了情懷。企盼能像莊子那樣逍遙自在，羨慕尚子平清明曠達。

【研析】此四句出自北朝祖鴻勳〈與陽休之書〉，言思鄉辭官，歸隱田園之事。祖鴻勳在北魏時官至廷尉正，後棄官歸里。〈與陽休之書〉是文學史上著名的山水小品文。

二・一〇三 燈結細花成穗落，淚題愁字帶痕紅。

【語譯】燈花結成一條條穗子的形狀掉落，用淚寫出的愁字帶著泣血的殷紅。

【研析】此條寫女子燈下思念親人，愁思難解。上句寫燈花，古人詩中常藉燈花寫心事，如周昂〈寄王子明〉詩「燈花應解事，岑寂向人低」，范成大〈道中〉詩「客愁無錦字，鄉信有燈花」。古代女子也有以燈花的形狀卜算婚事的習俗。下句寫燭淚，古詩常以燭淚比喻愁淚、相思淚，李商隱〈無題〉詩：「春蠶到死絲方盡，蠟炬成灰淚始乾。」

二・一〇四 無端❶飲卻相思水，不信相思想殺人。

【注釋】❶無端 無緣無故。

【語譯】無緣無故地喝下了相思水，不相信相思能想死人。

【研析】此條言相思之苦，不信相思想殺人，是倒退一步的說法，更能表明相思纏人。

二・一〇五 漁舟唱晚，響窮彭蠡❶之濱；雁陣驚寒，聲斷衡陽❷之浦❸。

【注釋】❶彭蠡　即鄱陽湖。❷衡陽　地名，在今湖南省，境內有回雁峰。相傳秋雁至此不再南飛，待春而回。❸浦　水邊；河岸。

【語譯】暮色中從漁船上傳來歌聲，響遍了鄱陽湖畔；成行的大雁在寒冷中驚鳴，聲音消逝在衡陽水邊。

【研析】此四句出自唐王勃〈滕王閣序〉，前面兩句為「落霞與孤鶩齊飛，秋水共長天一色」，寫從滕王閣上遠眺鄱陽湖的景色，是描繪秋景的名句。

二・一〇六　爽籟❶發而清風生，纖❷歌凝❸而白雲遏。

【注釋】❶爽籟　參差不齊的簫管聲。❷纖　細柔。❸凝　形容歌聲悠揚婉轉。

【語譯】簫管聲響起，猶如吹來陣陣清風。細柔的歌聲悠揚婉轉，能使白雲徘徊止步。

【研析】此二句出自王勃〈滕王閣序〉，寫聚會時管弦之盛，歌聲之美。簫管淒清，猶如清風陣陣傳來涼意；歌聲婉轉悠揚，使白雲也徘徊止步。爽籟既指簫管聲，又指清風，蘇舜欽〈依韻和伯鎮中秋見月九日遇雨之作〉詩：「最憐小雨灑疏竹，爽籟颯颯吹醉顏。」以清風比喻爽籟，貼切自然。以響遏行雲形容歌聲之妙，典出《列子・湯問》：「薛譚學謳于秦青，未窮青之技，自謂盡之，遂辭歸。秦青弗止，餞于郊衢，撫節悲歌，聲振林木，響遏行雲。薛譚乃謝求反，終身不敢言歸。」

二·一〇七 杏子輕衫初脫暖，梨花深院自多風。

【語譯】天氣暖和了，剛剛脫去杏黃色的單衣，開滿梨花的深院陣陣清風。

【研析】此二句出自唐寅〈和沈石田落花詩〉：「春來赫赫去匆匆，刺眼繁華轉眼空。杏子單衫初脫暖，梨花深院自多風。」春去夏至，天氣初暖，脫去了杏黃單衫，梨花院落傳來陣陣清風。梨花深院且多風，自「梨花院落溶溶月，柳絮池塘淡淡風」化出。

卷三　峭

三・一　今天下皆婦人矣，封疆❶縮其地，而中庭❷之歌舞猶喧；戰血枯其人，而滿座之貂蟬❸自若。我輩書生，既無誅亂討賊之柄，而一片報國之忱，惟於寸楮尺字❹間見之，使天下之鬚眉而婦人者，亦聳然有起色。

集峭第三。

【注　釋】❶封疆　疆域；領土。❷中庭　古代廟堂前階下正中部分，為朝會或授爵行禮時臣下站立的地方。此處指朝廷。❸貂蟬　貂尾和附蟬，古代為侍中、常侍等貴近之臣的冠飾，後用以泛指顯貴的官員。❹寸楮尺字　指文字筆墨。楮，落葉喬木，樹皮是做紙的原料，古代詩文中常以楮為紙張的代稱。

【語　譯】現在天下人都成了婦女，疆域日益縮小了，可是朝廷上歌舞之聲依然喧鬧不絕；戰士們流盡鮮血成了枯骨，可是滿座的顯貴泰然自若。我們這些讀書人，既然沒有平定叛亂討伐賊寇的權柄，一片報國的熱忱，就只能通過文章來表達，使天下那些女人一樣的男人，也有所警覺而振奮起來。集峭第三。

【研析】陳繼儒生活於明代萬曆、天啟、崇禎年間，這正是明王朝日益衰落，逐步走向滅亡的時期。在此期間，國內農民起事此起彼伏，聲勢日甚；邊關上先是西北方的瓦剌騷擾，後有東北的女真族入侵。在內憂外患日益嚴重的形勢下，許多朝廷官員或只顧眼前享樂，將國家安危置之腦後；或為謀取一己私利，拉幫結派，排斥異己，各利益集團間黨爭不斷；有些正直的人士認識到形勢的嚴重性，卻沒有濟世救時之才，只知道空發議論。面對如此嚴峻的現實，此書作者只能感歎：「今天下皆婦人矣。」

三・二　忠孝吾家之寶，經史吾家之田。

【語譯】忠孝是我家的寶貝，經史是我家的田地。

【研析】有一副流傳很久的對聯：「忠孝傳家遠，詩書繼世長。」宣揚了中華民族對外盡忠、對內盡孝、重視教育的文明家風。中國儒家的傳統思想，強調忠孝節義，認為這是人的立身之本，是生命的終極意義。社會的興旺、家庭的和諧，全由以忠孝為核心的道德觀念支撐。在中國封建社會，十分重視宗法的承襲制度，但家產的繼承是不長久的，自古有「富貴之家，三世而斬」的說法，老祖宗創立的家業，只能傳到三世，此後就必然敗落。只有優秀的文化傳統，才能一代一代地永遠流傳下去，只有教育兒孫飽讀經史，求得一官半職，才能保持家庭的興旺。

三・三 閒到白頭真是拙，醉逢青眼❶不知狂。

【注釋】❶青眼 眼球青黑色，其旁白色，正視則見青眼，後稱對人重視為青眼。語出《晉書・阮籍傳》。

【語譯】閒活到老真是笨拙無能，醉裡受人青睞不知道自己的疏狂。

【研析】此二句出自明謝臻〈閒居張伊嗣見過〉。謝臻是明代嘉靖間著名詩人，名列「後七子」。謝臻一生未有功名，以布衣身分遊走豪貴門下，頗受人譏諷嘲笑。這首詩寫他老來一事無成，只能到處漂泊，詩句帶有自我解嘲的意味。

三・四 興之所到，不妨嘔出驚人心，故不然也須隨場作戲。

【語譯】興致來的時候，作詩不妨嘔心瀝血，一鳴驚人，若不能如此，也應該應酬唱和，逢場作戲。

【研析】古人作詩，有極刻苦認真者，杜甫說自己「為人性僻耽佳句，語不驚人死不休」，李商隱為李賀作〈小傳〉說：「恆從小奚奴，騎巨驢，背一古錦囊，遇有所得，即書投囊中。及暮歸，太夫人使婢受囊出之，所見書多，輒曰：『是兒要當嘔出心乃已耳！』」「興之所到，不妨嘔出驚人心」，暗用李賀之典。古代詩人，可分為兩種：一種靈感來時，文思如潮，文不加點，一氣呵成，可稱為天才詩人；一種尋章摘句，反覆推敲，可稱為苦吟詩人。盧延讓〈苦吟〉詩云：「莫話詩中事，詩中難更無。吟安一個字，撚斷數莖鬚。險覓天應悶，狂搜海亦枯。不同文賦易，為著者之乎。」賈島為「僧推月下門」還是「僧敲月下門」推敲不定，遂成苦吟詩人的代表。

詩歌除了抒發情志，還是古代文人互相交往必不可少的工具，在古代詩歌中，應酬唱和之作占了極大的比重。文人聚會，寫詩助興；親友離去，寫詩相贈；同僚升遷，寫詩祝賀……凡此種種，大都逢場作戲，但也有不少情真意切、構思精妙的成功之作。

三·五　放得俗人心下，方可為丈夫❶；放得丈夫心下，方名為仙佛；放得仙佛心下，方名為得道。

【注釋】❶丈夫　大丈夫，指有作為的人。

【語譯】能放下世俗之心，才可以做大丈夫；能放下一心要做大丈夫的念頭，才可以成為仙佛；能放下成仙成佛的念頭，才可以算是得道。

【研析】從俗人到大丈夫，從大丈夫到仙佛，從仙佛到得道，逐步深入，是佛教修行中的「漸悟」。佛教認為人有念頭有追求，就是有貪痴心，就是得道成佛的障礙。道教也主張無為，一切順應自然，棄絕所有的人為努力。有仙佛心，即有成仙成佛的念頭，這樣的想法自然比俗人追求功利高尚，但終究還是有意為之，還有成仙成佛的私心。現在有很多人信仰宗教，尤其是佛教。他們燒香拜佛，捐款行善，懷有各種不同的目的，或讓菩薩保佑他們身體健康，家庭幸福；或愛情順利，婚姻滿意；或官運亨通，步步高升；或生意興隆，日進斗金……更有犯了罪來求菩薩保佑，希冀逃脫法律懲罰的。凡是帶著這樣的私心去求神拜佛，說明他們並沒有真正的信仰。

三·六　吟詩劣於講書，罵座❶惡於足恭❷。兩而揆❸之，寧為薄幸❹狂夫，不作厚顏君子。

【注釋】❶罵座　辱罵同席的人。成語「使酒罵座」，典出《史記·魏其武安侯列傳》，言灌夫好借酒使性，一日赴丞相田蚡宴，在席上辱罵臨汝侯灌賢，其意實在蚡。蚡乃劾灌夫罵座不敬。❷足恭　過度的謙順。❸揆　揣測；量度。❹薄幸　負心；薄情。

【語譯】吟誦詩歌不如講讀經書，使酒罵座比過分謙遜可惡。兩下比較，寧可做薄情狂夫，也不做厚顏無恥的君子。

【研析】有句話說：「寧為真小人，不為假君子。」真小人雖然不高尚，但他真誠，並不想以假象騙人。這樣的小人，就是做壞事，危害也有限。何況「真小人」往往並不真是小人。假君子表面上道貌岸然，內心卻骯髒齷齪，他們做壞事，更具有欺騙性，危害也更大。

三·七　觀人題壁，便識文章。

【語　譯】看人題寫在牆壁上的文字，就可以知道他文章的好壞。

【研　析】此二句出自宋沈括《夢溪筆談》引歐陽脩言：「觀人題壁，便識其人文章。」唐宋詩人喜歡題壁，出現了眾多的題壁詩，白居易自述：「逢山輒題壁，遇寺多題詩。」蘇軾也說：「平生痛飲處，遺墨鴉棲壁。」唐宋詩人愛題壁，乃因為詩歌是唐宋科舉考試的重要內容，寫詩是士子入仕的必經之途。詩人要想引起社會關注，為自己贏得詩名，一個重要的方式就是依靠民間筆抄口傳來擴大影響。驛館、津渡、酒肆、寺廟等地，人流集中，擴散迅速，於是成了詩人題詩的理想場所。題壁詩題材廣泛，內容豐富，或感物即興，或嗟貧歎厄，或戲謔行樂，或宣教勸誡，或留言留念等等。題壁詩受條件限制，多為律絕短篇，極少有歌行之類長篇鉅著。然而篇幅不長的題壁詩也能顯示出詩人的品格和才學，如蘇軾著名的〈題西林壁〉：「橫看成嶺側成峰，遠近高低各不同。不識廬山真面目，只緣身在此山中。」深刻的人生哲理，使後兩句成了千古名句。

三・八　**寧為真士夫，不為假道學❶；寧為蘭摧玉折，不作蕭敷艾榮❷。**

【注　釋】❶寧為真士夫二句　語見《世說新語・言語》。士夫，士大夫；讀書人。❷蕭敷艾榮　蕭艾，艾蒿，一種有臭味的草，古代詩文中常用來比喻品質不好的人。敷榮，開花。

【語　譯】寧可做一個真實的士大夫，也不做虛偽的道學家；寧可像蘭花玉石遭到摧折，也不願像蕭艾那樣繁榮開花。

【研析】「寧為真士夫，不為假道學」，與「寧做真小人，不做偽君子」的意思相近。「寧為蘭摧玉折，不作蕭敷艾榮」，與「寧為玉碎，不為瓦全」的意思相近。

三・九　隨口利牙❶，不顧天荒地老❷；翻腸倒肚❸，那管鬼哭神愁。

【注釋】❶隨口利牙　伶牙俐齒，形容能說會道。❷天荒地老　形容時間久遠。❸翻腸倒肚　形容挖空心思，嘔盡心血。

【語譯】有的人伶牙俐齒，說起話來滔滔不絕，說到天荒地老還停不下來；有的人嘔盡心血，寫的文章能驚天地泣鬼神。

【研析】杜甫在贈李白的詩中說他「筆落驚風雨，詩成泣鬼神」，以此讚美李白詩歌豐富的想像、奇妙的構思、宏偉的氣勢、瑰麗的辭藻，以及由此產生的巨大的藝術感染力。李白是個天才詩人，他的詩大氣磅礴，不事雕飾，看似隨手拈來，實則經過翻腸倒肚、嘔心瀝血的艱苦構思。聊天可以隨興所至，寫詩絕不可任意而為。

三・一〇　身世浮名，余以夢蝶❶視之，斷不受肉眼❷相看。

【注釋】❶夢蝶　用莊周夢蝶的典故，參卷二第二七條。❷肉眼　佛教中所說肉身之眼。佛教有「五眼」之說，即肉眼、天眼、慧眼、法眼、佛眼。肉眼見近不見遠，見前不見後，見明不見暗。此處意為世俗的眼光。

【語　譯】地位和虛名，我看成是莊周夢中的蝴蝶，都是虛幻不實的，絕不能用世俗的眼光來看待它們。

【研　析】中國的儒家講入世，宣揚建功立業以實現自身的人生價值；佛家和道家講出世，認為人生如夢，一切功名富貴皆是過眼煙雲，佛家更主張四大皆空，謂世間萬物，包括人的自身都是虛幻不實的，對世俗一切事物的執著都是心魔孽障。生命的價值、人生的意義，這是永遠討論不完的話題，有個哲人曾經說過：「運動就是一切，目的是沒有的。」人生何嘗不是如此？一個人從生到死，就是一個過程。既然在世上走一遭，總要讓人生豐富多彩些，總要做一些對社會和人類有意義的事情。然而，人生是多元化的，你可以為獲取功名積極進取，也可以為順性適意逍遙自在，人各有志，不必強求。功名是對一個人的能力和價值的肯定，是他對社會做出貢獻的回報，通過正當手段獲得的功名，應該得到肯定和尊重。

孔子說：「富與貴，是人之所欲也，不以其道得之，不處也。」「不義而富且貴，於我如浮雲」，可見孔子並不反對人們追求富貴，而是強調追求富貴必須符合道義。不合道義獲得的功名富貴，不僅不能給人帶來幸福，而且是極大的禍害。尤其在封建社會，功名富貴與政治鬥爭密切關聯，人們通過政治鬥爭獲得功名富貴，也企圖在政治鬥爭中保持自己的功名富貴，然而在風雲變幻的政治舞臺上，誰也不能使自己立於不敗之地，一旦在政治鬥爭中失勢，地位越高、財產越多者，下場也就更悲慘。許多文人接受了現實的教訓，放棄對功名富貴的追求，柳永在〈鶴沖天〉詞中感歎：「忍把浮名，換了淺斟低唱。」選擇了詩酒風流的人生道路。

三·一一　達人撒手懸崖❶，俗子沉身苦海。

【注釋】❶撒手懸崖　比喻人到絕境，能放棄一切，果斷地另作選擇。

【語譯】通達的人身處絕境能捨棄一切，平庸的人沉溺於苦海還不知道回頭。

【研析】撒手懸崖，即懸崖勒馬之意，不僅要有膽識，還要有力量，不是一般人所能做到的。苦海無邊，回頭是岸，可是很多人身陷欲海卻不知回頭，可見欲望陷人之深。不是有大智慧的人，是不能跳出欲海的。

三·一二　銷骨口中❶，生出蓮花九品❷；鑠金舌上❸，容他鸚鵡千言。

【注釋】❶銷骨口中　言眾多的毀謗可以銷毀人的骨骼，形容讒言有毀人的巨大力量。《史記·張儀列傳》：「眾口爍金，積毀銷骨。」❷蓮花九品　佛教淨土宗宣揚人修行完滿，可以進入西方極樂世界，身登蓮花臺座。蓮花臺分九品，九品是最高的一種。❸鑠金舌上　即眾口鑠金，指輿論的力量可以鎔化金子。

【語譯】在能銷蝕人骨的口中，可以生出九品蓮花；在能鎔化金子的舌頭上，容得下千隻鸚鵡。

【研析】誹謗他人的謊言，往往打著伸張正義的旗號，具有能言善辯的特點，也就是通常所說的

「口吐蓮花」，不如此就不能迷惑他人，達到其不可告人之目的。有人說：「謊言重複一千遍，就成了真理。」「鸚鵡千舌」，即是不斷重複謊言的意思。當謊言不斷地被複製，就會誤導輿論，使人信以為真。《戰國策》記載了這樣一個故事：「昔者曾子處費，費人有與曾子同名族者而殺人。人告曾子母曰：『曾參殺人。』曾子之母曰：『吾子不殺人。』織自若。有頃焉，人又曰：『曾參殺人。』其母尚織自若也。頃之，一人又告之曰：『曾參殺人。』其母懼，投杼逾牆而走。」曾參作為孔子的高徒，其品行自然是非常高尚並為世人稱道的，而且曾母對他也是十分了解和信任的，她本不相信曾參會殺人，然而當謊言重複到第三次時，曾母不得不相信曾參殺人是事實。由此可見流言之可怕，正可謂「眾口鑠金」。

三・一三　少言語以當貴，多著述以當富；載清名以當車，咀英華以當肉。

【語　譯】把少言寡語當做尊貴的象徵，把豐富的著述當做財富的象徵；把美好的聲譽當做運輸工具車輛，載著自己名揚天下，把咀嚼文章的英華當做吃肉來營養自己。

【研　析】言多必失，少講話就能維護自己的威信。著述是精神財富，著述多了，就成了精神上的富翁。人要出名靠聲譽，就像有車才能走得遠。知識是精神的糧食，只有不斷吸取新的知識，才能使精神更加健康。

三·一四 竹外窺鳥，樹外窺山，峰外窺雲，難道我有意無意；鶴來窺人，月來窺酒，雪來窺書，卻看他有情無情。

【語譯】在竹林外看鳥，在樹叢外看山，在山峰外看雲，說不上我是有意還是無意；鶴來看人，月來看酒，雪來看書，卻看他是有情還是無情。

【研析】窺鳥窺山窺雲，本是有心人，但並非刻意追求，所以看似無意。若真無意，就不能欣賞鳥、山、雲的韻趣；若真有意，就不能像鳥、山、雲那樣悠閒從容。就在有意無意之間，泯滅物我的界線，審美對象和審美主體互相交融，從而進入了深遠的審美境界。鶴、月、雪本是無情物，但與有情的人發生了交流、溝通——酒、書雖也是物，但酒有人喝、書有人讀，成為人的活動的一部分——也就帶上了人的感情色彩。鶴來看人，是人養鶴，看鶴有情；月來看酒，是在月下喝酒，喝酒的人有情；雪來看書，是人映雪讀書，讀書的人有情。這種主客觀感情的移位，是中國古代文學中常用的修辭手法。

三·一五 體裁如何，出月隱山；情景如何，落日映嶼❶；氣魄如何，收露斂色；議論如何，回飆❷拂渚❸。

【注釋】❶嶼　小島。❷颸　狂風。❸渚　水中小塊陸地。

【語譯】文章的體裁怎麼樣，就像明月升起群山隱去；情景怎麼樣，就像落日映照在小島上；氣魄怎麼樣，就像收藏起外露的神色；議論怎麼樣，就像狂風掃過水中陸地。

【研析】此條講文章的作法，全以文學語言作比喻，讓人自己領會。這是中國古代文學批評的特色：重視整體的感悟，缺乏具體科學的分析。

三·一六　有大通❶必有大塞❷，無奇遇❸必無奇窮。

【注釋】❶通　顯達；亨通。❷塞　運氣不好；困窘。❸奇遇　奇特的遭遇，一般指意想不到的好運。

【語譯】有大顯達就一定會有大困窘，沒有奇特的好運也一定不會有特別的窮困。

【研析】中國有句老話：「爬得高，摔得重。」一個人站在平地，就是摔了一跤，也不會覺得很痛。如果爬到高處，摔下來就會粉身碎骨。以此比喻人生的經歷，一個平民百姓，他遭遇的挫折必定有限，而一個身居高位的官員，一旦遭遇不測，就會覺得非常慘痛。然而很多人只看到在高處的威風顯赫，想不到一旦沒落的悲慘後果，所以熙熙攘攘，皆為名利而奔忙。

三·一七　霧滿楊溪❶，玄豹❷山間偕日月；雲飛翰苑❸，紫龍❹天外借風雷。

西山霽雪，東岳含煙。駕鳳橋❺以高飛，登雁塔❻而遠眺。

【注　釋】❶楊溪　水名，湖南、安徽等地皆有楊溪。陳繼儒是華亭人，離華亭五十里即有水名楊溪。❷玄豹　比喻懷才不仕的人。漢劉向《列女傳》：「南山有玄豹，霧雨七日而不下食者，何也？欲以澤其毛而成文章頁，故藏而遠害。」❸翰苑　文苑，文章薈萃之處，也指翰林院。❹紫龍　指古松，比喻有節操的人。白居易〈題流溝寺古松〉：「煙葉蔥蘢蒼麈尾，霜皮駮落紫龍鱗。」❺鳳橋　吳興有儀鳳橋，簡稱鳳橋，文人多詠之。❻雁塔　即大雁塔，在今陝西西安。

【語　譯】濃霧籠罩著楊溪，玄豹隱藏在山中度過歲月；文苑流雲翻飛，紫龍從天外借來風雷。西山雪後初晴，東山煙霧繚繞。駕著鳳橋高飛，登上雁塔遠眺。

【研　析】此段文字，當描寫遊覽山水之情景。文章對仗工整，大量用典，有六朝駢文之餘韻。

三・一八

一失腳為千古恨，再回頭是百年人❶。

【注　釋】❶百年人　百歲的人，比喻高壽。

【語　譯】一失足就成千古恨，再回頭已是百歲老人。

【研　析】明孫緒《沙溪集》載：「錢狀元福，才高一世，然頗縱狂不檢，既被劾去，有詩曰：『一失足成千古笑，再回頭是百年人。』」後來在流傳過程中，「千古笑」成了「千古恨」。此句言為人處世要謹慎，一旦犯了錯誤或墮落，就會悔恨一輩子。

三・一九　居軒冕❶之中，不可無山林❷的氣味；處林泉❸之下，須常懷廊廟❹的經綸❺。

【注　釋】❶軒冕　古代大夫以上官員的車乘和冕服，此處指官場。❷山林　指隱居和隱居的地方。❸林泉　山林泉石，指隱居之處。❹廊廟　指朝廷。❺經綸　籌劃、處理國家大事。

【語　譯】身處官場，不能沒有山林的氣度；隱居山林田野，應該經常想到治理國家的方針大計。

【研　析】此條也見於《菜根譚》。中國的儒家思想，講究人的進退出處，如果身居高位，不能貪戀名祿，要有隱士的高雅氣度和淡泊胸襟。如果隱居江湖，也要關心國家大事，心繫朝廷安危。這句話從《莊子》「身在江海之上，心存魏闕之下」而來。

三・二〇　學者有段兢業❶的心思，又要有段瀟灑的趣味。

【注　釋】❶兢業　即兢兢業業，謹慎戒懼的樣子。

【語　譯】學者既要有謹慎戒懼的心思，又要有瀟灑的趣味。

【研析】此條也見於《菜根譚》，其原文為：「學者有段兢業的心思，又要有段瀟灑的趣味。若一味斂束清苦，是有秋殺無春生，何以發育萬物？」這段話的意思是：做學問的人要抱有專心求學的想法，行為謹慎，憂勤事業，也要有大度灑脫、不受拘束的情懷，這樣才能體會到人生的真趣味。如果一味地約束自己的言行，那麼人生就只能像秋天一樣充滿蕭瑟淒涼之感，而缺乏春天萬木爭發的勃勃生機。

三·二二　平民種德施惠，是無位的卿相❶；仕夫❷貪財好貨，乃有爵的乞丐。

【注釋】❶卿相　執政的大臣。❷仕夫　出仕的人；做官的人。

【語譯】平民百姓能積德行善，就是沒有職位的執政大臣；做官的人貪圖錢財，就是有官爵的乞丐。

【研析】此條也見於《菜根譚》。卿相的職責是使老百姓安居樂業，如果平民能給大眾帶來福祉恩惠，雖然沒有卿相的官爵，但也履行了卿相的職責。乞丐為了獲得一些殘羹剩飯，不得不放棄人格的尊嚴，低聲下氣地到處乞討。那些在朝為官的人，不考慮怎麼為國家盡忠，為百姓效力，只知道貪圖錢財，與那些乞丐有什麼兩樣。一個人能否有利於社會，有益於百姓，不是取決於他職位的高低，而是取決於他人品的好壞。

三·二二　煩惱場❶空，身住清涼世界❷；營求❸念絕，心歸自在乾坤。

【注釋】❶煩惱場　給人帶來煩惱的地方，一般指名利場。王守仁〈詠良知〉：「問君何事日憧憧，煩惱場中錯用功。」❷清涼世界　指不受塵世擾亂的地方。❸營求　謀求；追求。

【語譯】拋開了塵世的煩惱，就處身於清淨的世界；斷絕了追求名利的念頭，心就歸於自由自在的天地。

【研析】此條言人只有擺脫名利思想的束縛，才能獲得心靈的清淨和精神的自由。一個人若貪戀名利，在沒有獲得名利時，要費盡心思、耗盡精力獲得名利；但人的貪欲是沒有止境的，為了不斷獲取更大更多的名利，就要在名利場中不斷地拼搏，永遠沒有停歇的時候。當你擁有名利之後，還要時時刻刻防止名利的流失。人一旦踏入名利場，就「人在江湖，身不由己」，名利纏身，永無寧日。

三·二三　覷破❶興衰究竟❷，人我得失冰消；閱盡寂寞繁華，豪傑心腸❸灰冷。

【注釋】❶覷破　看破。❷究竟　結局；結果。❸豪傑心腸　指爭強好勝的心思。

【語譯】看破了事物興衰的結局，自己與他人之間的得失全部消解了；經歷遍寂寞和繁華的境地，爭強好勝的心思就冷卻了。

【研　析】興衰得失是互相依存、互相轉化的。事物的發展，都有從衰到興，再從興到衰的循環過程。俗話說：「花無百日紅，人無千日好。」事物的興旺繁榮只能保持相對較短的時間，而更多的時間處在發展變化之中。明白了這個道理，就知道結果並不重要，更應該注重過程，只要以平常心對待得失，就會保持心情的從容和愉快。與興衰得失一樣，寂寞和繁華也是不斷轉換的。只有經歷過從寂寞到繁華，或從繁華到寂寞的變化，才會領悟到外界的寂寞繁華都是虛幻的，真正的寂寞和繁華存在於自己的心中。明白了這個道理，身處繁華場不會迷失本性，身處寂寞境就能安之若素，一切順應時勢，丟卻了好強爭勝的心思。

三·二四　名衲❶談禪❷，必執經升座，便滅三分禪理❸。

【注　釋】❶名衲　有名的僧人。❷談禪　談論佛教教義。❸禪理　佛學的義理。

【語　譯】有名的和尚講論佛教經義，一定要拿著經書登上座位，就少了三分佛學的義理。

【研　析】佛教的禪宗講究領悟，反對用繁瑣的禮儀來束縛人們對佛理的理解。禪宗傳道，經常通過插科打諢式的語言和古怪的動作來寄寓道理，形成了具有獨特趣味的說公案。有一個道一參禪的故事，說道一十二歲時到衡山拜懷讓禪師為師。一天，懷讓見道一呆呆地坐著參禪，就問：「你整天在這裡坐禪，圖個什麼？」道一說：「我想成佛。」懷讓一言不發，拿了塊磚頭在地上磨了起來。道一問師傅磨磚頭幹什麼。懷讓說：「磨磚頭做鏡子啊。」道一驚奇地問：「磨磚頭怎麼能成為鏡子呢？」懷讓說：「磨磚頭不能做鏡子，坐禪怎麼能成佛呢？」道一問：「那怎麼才能成佛？」懷讓說：「這道理好比駕車，如果車子不走了，你是打車子，還是打牛？」道一回答不上，懷讓接著說：「你是學坐禪，還是學坐佛？如果學坐禪，禪並不在坐臥。如果學坐佛，佛並沒有一定的形狀。對於變化不定的事物不應該有取捨，你如果學坐佛，就是扼殺了佛，如果你執著於坐像，就是背道而行。」道一於是恍然大悟，懂得學佛不能拘泥於形式的道理。

三・二五　**窮通之境未遭，主持之局已定；老病之勢未催，生死之關先破。求之今人，誰堪語此。**

【語　譯】窮困通達的境遇尚未遭遇，人生的大主張已經確定；衰老多病的景況尚未降臨，生死之關已經勘破。以此來要求現在的人，誰能做到這樣。

【研　析】在通常情況下，一個人只有經歷過窮困和顯達的境地，才能確立自己的人生理想和目標；一個人受到衰老疾病的折磨，才能真正認識到生命的意義和價值。只有先知先覺的聖人，剛降臨人世就胸懷大志，能看破生死的意義。而聖賢已成古人，道義久不流行，因此後世文人，為挽救世風士習，總是提倡宗經復古，以古代聖人為效仿的榜樣。於是在中國歷史上，學古而非今成為普遍的思潮。

三・二六 一紙八行❶，不過寒溫之句❷；魚腹雁足❸，空有往來之煩。是以嵇康不作❹，嚴光口傳❺，豫章擲之水中❻，陳泰掛之壁上❼。

【注釋】❶一紙八行　指信箋。古時信箋，多為一頁八行。❷寒溫之句　指問寒問暖的客套話。❸魚腹雁足　皆指書信，參卷二第一三條。❹嵇康不作　嵇康在〈與山巨源絕交書〉中說自己「素不便書，又不喜作書，而人間多事，堆案盈几，不相酬答，則犯教傷義，欲自勉強，則不能久」。❺嚴光口傳　《後漢書・嚴光傳》載：嚴光，字子陵。曾與漢光武帝同學。光武即位後，嚴光變更姓名，隱居起來。光武派司徒侯霸請嚴光出來輔政，侯霸讓人帶了封信給他。嚴光不寫回信，「乃投札與之，口授曰：『君房足下：位至鼎足，甚善。懷仁輔義天下悅，阿諛順旨要領絕。』」❻豫章擲之水中　《世說新語・任誕》載：殷洪喬將赴豫章太守任，「臨行，都下人因附百許函書。既至石頭，悉擲水中，因祝曰：『沉者自沉，浮者自浮，殷洪喬不能作致書郵。』」豫章，指豫章太守殷洪喬。❼陳泰掛之壁上　《三國志・魏書・陳泰傳》載：陳泰任并州刺史，「京邑貴人多寄寶貨，因泰市奴婢，泰皆掛之於壁，不發其封，及徵為尚書，悉以還之。」

【語譯】一張八行的信箋，上面不過是些問寒問暖的客套話；那些書信，空有往來的煩惱。因此嵇康不寫信，嚴光只是口授，豫章太守把信丟到水中，陳泰把信掛在牆上。

【研析】此條言書信只是噓寒問暖的客套話，因此古代高人達士不屑寫書信。其實書信不受拘束，能自然真實地表達作者的思想，其價值往往超過那些一本正經的著作。明代後期，尺牘成了一種非常重要的文體，也成為小品文的重要樣式。

三・二七　枝頭秋葉，將落猶然戀樹；簷前野鳥，除死方得離籠。人之處世，可憐如此。

【語譯】枝頭的秋葉，將飄落時依然留戀著樹幹；房簷前的野鳥，除非死了才能脫離牢籠。人們處世，也是這樣的可憐。

【研析】此條以物喻人，充滿對人生的感慨。人如秋葉，臨死還留戀人世而不願離去，因為這個世界上有他割捨不得的親情友誼、事業家產，甚至名利地位。人如鳥雀，到死才能擺脫功名利祿的束縛羈絆，從而獲得真正的自由。

三・二八　士人有百折不回之真心，才有萬變不窮之妙用。

【語譯】讀書人有百折不回的誠心實意，才會有萬變不窮的神妙作用。

【研析】讀書人心思靈活，隨機應變，但缺乏百折不回的毅力。若讀書人抱著一定的目標和信念，腳踏實地努力工作，不鬆懈不怠慢，就一定能充分發揮作用。

三・二九　立業建功，事事要從實地著腳，若少慕聲聞❶，便成偽果。講道修德，念念要從虛處立基，若稍計功效，便落塵情❷。

【注釋】❶聲聞　名聲。❷塵情　凡心俗情。

【語譯】建功立業，事事要腳踏實地，若稍微追求名聲，那麼所取得的成果都是虛假的。講究道德修養，要念念不忘從空虛處打下基礎，若稍微計較功效，就落入凡心俗情。

【研析】此條言做事要踏實，不能追求虛浮的名聲；學道要灑脫，不能計較眼前的利益。

三·三〇　執拗者福輕，而圓融❶之人其祿❷必厚；操切❸者壽夭，而寬厚之士其年必長。故君子不言命，養性即所以立命❹；亦不言天，盡人自可以回天。

【注釋】❶圓融　破除偏執，圓滿融通。❷祿　福運；氣運。❸操切　嚴厲；苛刻。❹立命　修身養性以立天命。

【語譯】執拗的人福分輕薄，圓滑通融的人福運深厚；苛刻的人壽短，寬厚的人命長。所以君子不談論命，修身養性就是安身立命；也不談論天意，盡了人力就可以改變天意。

【研析】中國古代，有人相信天命，認為人的生死窮達，都是天命預先布置好的，「天命難違」，人們只能順應天命，接受既成事實。這是一種消極的應世態度。但也有人不敬畏天命，荀子提出「人定勝天」，王安石提出「天命不足畏」。他們認為，人的命運掌握在自己手裡，抱有積極入世的人生態度。此條文字，就是表達了人的命運皆由自己掌握的思想。執拗的人，遇到事情喜歡鑽牛角尖，做事情容易偏激，也處理不好人際關係，因此在仕途上不能有大的發展。圓滑的人，善於隨機應變，處理事情往往恰到好處，也不會得罪人，因此仕途順利通達。苛刻的人對什麼事情都要求過高，很難滿足自己的心願，所以心情就不會好。整天心情壓抑、牢騷滿腹的人，壽命是不會長的。寬厚的人容易滿足，能保持良好的心態和樂觀的精神，壽命就會長。心情的好壞，對於人的健康有極大的關係，這是經過現代醫學所證實的真理。

三·三二　才智英敏者，宜以學問攝其躁；氣節激昂者，當以德性融其偏。

【語譯】才智聰敏的人，應當用學問收斂他的浮躁；志氣激昂的人，應當用道德修養化解他的偏激。

【研析】此條也見於《菜根譚》。聰明，是一種對事物的感悟能力。聰明的人，總是喜歡隨著自己的心意想當然地去做，而缺乏對事物深刻的體認和領會。這樣的行動，往往是輕率浮躁的。要糾正聰明人浮躁的毛病，就必須學習，俗話說：「學後而知不足。」越是學問多，就越覺得自己淺薄，做起事來也就越謹慎。清代曾國藩在《家訓》中也說到：「才智英敏者，宜加渾厚學問。」

氣節激昂者，容易偏激，往往意氣用事，缺乏冷靜的思考。這樣的人，應該加強修養，遇到事情能夠考慮得周到些，不再那麼衝動。人的性格和氣質，總是有所缺陷的，聰明的人不夠踏實，志氣激昂的人不夠冷靜，人們應該對自己性格中的缺陷有所認識，並加以補救，盡量使自己的性格更健全。

三·三二 蒼蠅附驥❶，捷則捷矣，難辭處後之羞；蔦蘿❷依松，高則高矣，未免仰攀之恥。所以君子寧以風霜自挾❸，毋為魚鳥親人。

【注釋】❶蒼蠅附驥　蒼蠅依附在駿馬的尾巴上能行千里，比喻依附於先賢或名人之後。語出《史記·伯夷列傳》：「伯夷、叔齊雖賢，得夫子而名益彰；顏淵雖篤學，附驥尾而行益顯。」《史記索隱》：「蒼蠅附驥尾而致千里，以譬顏回因孔子而彰也。」❷蔦蘿　蔦蘿和女蘿，兩種蔓生植物，攀援於其他樹木而生長。《詩經·小雅·頍弁》：「蔦與女蘿，施於松柏。」❸以風霜自挾　堅持風霜般高潔的節操。自挾，自持；固守。

【語譯】蒼蠅依附在駿馬的尾巴上，快固然快了，但難以擺脫跟在後面的羞恥；蔦蘿依附在松樹上，高固然高了，但免不了攀援糾纏的羞恥。所以君子寧以風霜自守，不效法魚鳥與人相親。

【研析】此條也見於《菜根譚》。人貴自立，要靠自己的本領和努力立足社會。如果靠攀附權勢而獲取一時的利益，就會失去人格的尊嚴。現在有些人借助於名人沽名釣譽，與某大師有一面之交，就自稱是大師的門人，而大師的門人儼然也就成了大師，於是打著大師的名號到處招搖撞騙。

這些人也許能得逞於一時，但終究要露出麒麟皮下的馬腳，落得個遭眾人唾罵的下場。也有人奔走於權貴門下，他們的本事就是討得主子的歡心，從而從主子那裡分取一點殘羹剩飯。這些人與搖尾乞憐的哈巴狗沒有什麼區別。因此，古人提出「君子自強不息」，只有自強，才能得到別人的尊重。

三·三三　伺察以為明者，常因明而生暗，故君子以恬養智；奮迅以求速者，多因速而致遲，故君子以重持輕。

【語　譯】有些人認為只有通過詳盡的觀察才能明白事理，卻經常因為過分追求明瞭反而變得昏暗不清，所以君子用恬淡來培養自己的智慧；有些人辦事迅猛講求速度，大多因為求快反而變慢，所以君子以很慎重的態度來對待那些很輕易的事情。

【研　析】此條也見於《菜根譚》。世上的事物，都是由矛盾的對立面所組成，而對立面又是可以互相轉化的。如明和暗，是一對互相依存和轉化的矛盾。從自然現象而言，有明亮處就必然有陰暗處，而陰影正是由明亮形成的。亮和暗又是相對的，一個人從白天到晚上，會覺得夜晚黑暗。可是他從一個漆黑的屋子中出來，就會覺得夜間的世界依然充滿了色彩。從社會現象而言，一個人要什麼事情都弄得清清楚楚，結果把所有的精力都放在具體的枝節問題上，而對重要的關係全局的事情卻糊裡糊塗，這就是「因明生暗」的道理。快和慢是一對矛盾，快慢也是相對的，火車比汽車快，卻比飛機慢。快慢也可以轉化，有時候公路走直線，鐵路繞圈子，坐汽車就比坐火車快。坐飛機也不一定比火車、汽車快，機場一般遠離市區，去機場就要花費不少時間，再加上候機的時間，走短途還不如火車、汽車快。我們做事情，強調高效率快節奏，但過於求快，就會適得其反，這就叫「欲速則不達」。比如我們修建一個工程，因為趕速度而發生品質問題，必須重做，那就想快反慢了。這樣的道理並不深奧，可是在現實中，人們經常處理不好類似的矛盾，會犯這樣或那樣的錯誤，關鍵就是在處理矛盾的時候，要掌握一個「度」。比如我們做事要講究速度和效率，不能說做事情越慢越好，那麼快到什麼程度，能做到既快又好，這就需要認真地研究。

三·二四 有面前之譽易，無背後之毀難；有乍交之歡易，無久處之厭難。

【語譯】獲得當面的讚譽容易，沒有背後的詆毀就難；得到初交朋友的歡樂容易，相處久了不覺得厭煩就難了。

【研析】俗語說：「誰人背後不說人，誰人背後無人說。」一個人在世，總會遇到背後之毀，若能以正確的態度對待，也未嘗不是好事。背後之毀，有的是正確的批評，或畏於權勢，或礙於情面，當面不好說，只能在背後說。對於這樣的批評，應該抱歡迎的態度，鼓勵批評者把話說在當面，形成一個暢所欲言的良好氛圍。對於那些不完全符合事實的指責，則應抱「有則改之，無則加勉，言之者無罪，聞之者足戒」的態度，只要批評得有道理，就虛心地接受。至於對那些無中生有的惡意誹謗，不必急於為自己辯護，你越是為自己辯護，就越合了誹謗者的心意。對於惡意的誹謗，沉默是表示最大的蔑視。此條下聯講交友之道，友誼要經過時間的考驗。朋友初識，相交甚歡，若無真正的友情作基礎，這樣的交往是不會長久的。所以中國古人提倡「君子之交淡如水」，越是清淡的友情，越能長久。

三·三五 宇宙內事，要擔當❶，又要善擺脫。不擔當，則無經世❷之事業；不擺脫，則無出世之襟期❸。

【注釋】❶擔當 敢於承擔責任。❷經世 治理國家。❸襟期 胸懷；胸襟。

【語譯】世上的事情，既要敢於承擔，又要善於擺脫。不敢承擔，就沒有治國的事業；不擺脫，就沒有超脫世俗的胸懷。

【研析】此條宣揚的是中庸之道，凡事既要有承當，要敢於負責，又要不拘泥事情一時的成敗得失，要有超脫的胸懷。一個人沒有責任心，就不會有嚴格的要求和認真的態度，就不能幹好任何事情。可是過於計較事情的成敗得失，考慮問題過於功利，往往會缺乏全局觀念和長遠眼光，事情反而做不好。

三·三六 待人而留有餘不盡之恩，可以維繫無厭之人心；御事而留有餘不盡之智，可以提防不測之事變。

【語譯】待人要留有餘地，不能把所有的恩惠都給予他人，這樣才能聚集貪得無厭的人心；處理事情要留有餘地，不能施展出全部的智慧，這樣可以提防事情意想不到的變化。

【研析】此條講為人處世之道。施恩於人是做善事，但也要注意方法。人總是貪得無厭的，你不可能完全滿足一個人的欲望。當你竭盡所有救濟別人，可是還不能讓他滿足的時候，別人就會對你不滿。當別人危急的時候，你給他一點救濟，他就會很感激你，而且希望以後遇到危難時依然能得到幫助。中國有句古話：「救急不救窮」，也是這個道理。做事要留有餘地，要預防意外的變故，就如打仗，不能把全部的兵力投入戰鬥，必須保留一支預備隊，在戰情發生變化或危急的時候可以發揮作用。

三·三七 無事如有事時提防，可以弭❶意外之變；有事如無事時鎮定，可以銷局❷中之危。

【注釋】❶弭 平息；消除。❷局 形勢；局面。

【語　譯】沒事的時候要當做有事去提防，可以消除意外的變故；有事的時候要像沒有事那樣鎮定，可以化解局勢的危機。

【研　析】此條也見於《菜根譚》，所言即「居安思危」和「臨危不亂」的道理。在無事太平的時候，要有應付突發事件的準備，這樣才能消除危機於事發之前。如果平時沒有準備，一旦事發不測，就難以應付。當遇到問題，或危機降臨時，就要有臨危不亂的氣度，能沉著應付各種困難的局面。而這種臨危不亂的氣度，是基於平時的充分準備。因此，只有居安思危，才能做到臨危不亂。

三・三八　愛是萬緣❶之根，當知割捨；識❷是眾欲之本，要力掃除。

【注　釋】❶緣　佛教語，「塵緣」的簡稱。❷識　佛教語，指對客觀世界的認識。佛教提出「六識」，即眼識、耳識、鼻識、舌識、身識、意識。

【語　譯】愛是各種塵緣的根源，應當知道割捨；見識是眾多欲望的根源，要用力掃除。

【研　析】此條也見於《菜根譚》。「愛是萬緣之根」，意思是「愛」——此處泛指人類的感情——是人類社會生活的基礎，是人們一切行為的依據。馮夢龍在〈情史序〉中說：「天地若無情，不生一切物。一切物無情，不能環相生。生生而不滅，由情不滅故。四大皆幻設，惟情不虛假。」晚明社會曾出現一股尊情、泛情的思潮，對於傳統觀念具有很大的衝擊性，也有人堅持理學「滅人慾，存天理」的觀念，強調克制人的感情，斷絕一切在情的驅使下做出的不符合封建禮儀的事情。「識是眾欲之本」，是說人們在認識客觀世界過程中產生了各種欲望。人初生時，愚蒙無知，也沒有什麼追求。等到長大了，知道金錢能給人帶來物質享受，女色能給人帶來性欲的滿足，權勢地位能得到人們的尊重，於是有了追求金錢、美女和權勢的欲望。而要斷絕人們這些欲望，就要改變人們對金錢、美女和權勢的認識。老子《道德經》說：「不尚賢，使民不爭；不貴難得之貨，使民不為盜；不見可慾，使民不亂。是以聖人之治也，虛其心，實其腹，弱其志，強其骨，恆使民無知無慾也。使夫智者不敢為。為無為，而無不治。」老子提出：政府不去標榜那些賢人，人們就不會去求取功名；不把珍稀的物品看得很貴重，就不會去偷盜；不顯示能激發人們欲望的事物，人們就會心態平穩。聖人治理天下，就是要使人無知無欲，達到無為而治的境界。這種通過限制人們的知識來消解欲望的做法，是違背人性的，也是行不通的。

三·三九 舌存，常見齒亡，剛強終不勝柔弱；戶❶朽，未聞樞❷蠹❸，偏執豈及乎圓融。

【注釋】❶戶 指門。《一切經音義》：「一扇曰戶，兩扇曰門。」❷樞 門的轉軸。❸蠹 損壞。

【語譯】舌頭還在，常見到牙齒已經掉光，剛強終究勝不過柔弱；門腐爛了，沒有聽說門軸會損壞，偏執哪裡及得上圓融。

【研析】此條言柔能勝剛，弱能勝強。在一般情況下，剛強要勝過柔弱，但在特定的條件下，柔弱也能勝剛強，「水滴石穿」是最典型的例子。水是至柔至弱之物，但水珠能將石頭滴穿，靠的是堅持不懈的努力。沒有千百年不懈的努力，三五年間水流是滴不穿石頭的。《呂氏春秋》說：「戶樞不蠹，流水不腐。」意為門的轉軸不會被蟲子蛀壞，流動的水不會腐臭，運動的東西不容易受到侵蝕。此條言戶朽而樞不蠹，意在說明遇事圓融要勝過偏執。這個意思，在前面已經說過。

三・四〇 榮寵旁邊辱等待，不必揚揚❶；困窮背後福跟隨，何須戚戚❷。看破有盡身軀，萬境之塵緣自息；悟入❸無懷境界，一輪之心月獨明。

【注釋】❶揚揚 揚揚得意。❷戚戚 憂懼、憂傷的樣子。❸悟入 領會。

【語譯】在榮耀和恩寵旁邊有恥辱在等待著，因此不必揚揚得意；在困窮背後有福分相跟隨，何必憂傷。看破有限的生命，萬種境界的塵緣自然就平息；領悟到了沒有牽掛的境界，心靈就像一輪明月那樣特別明亮。

【研析】此條前四句，也見於《菜根譚》。禍福相依，榮辱並存，榮寵與羞辱、窮困與富貴都是可以轉化的。《紅樓夢》第一回甄士隱說道：「金滿箱，銀滿箱，轉眼乞丐人皆謗。」「因嫌紗帽小，致使鎖枷扛」，說的是由榮寵變為恥辱。歷史上許多達官貴人，在位時炙手可熱，一旦失勢，便飽受恥辱。南宋奸相賈似道，權勢傾天，到頭來被革職問罪，在發配路上受盡羞辱，最後被手下殺死在木綿庵。明代權相嚴嵩，權傾朝野，到最後落得妻離子散，眾叛親離。即使一朝帝王，也有嘗盡羞辱的，如後唐李後主，當了宋朝的階下囚。風流天子宋徽宗，被金人俘虜，也受盡羞辱。因此，一個人在順利時，切不可得意忘形。與此相反，窮困者通過自己的努力，也可以改變命運，中國歷史上也有許多發跡變泰的事例，成為小說家熱衷的題材。如南戲《白兔記》寫劉知遠從一個長工最後成為後漢開國皇帝的故事，表達了「貧者休要相輕弄，否極終有變泰時」的主題思想。因此，一個人在窮困時，不能放棄自己的追求和努力。

三・四一 霜天❶聞鶴唳，雪夜聽雞鳴，得乾坤清絕之氣；晴空看飛鳥，活水觀魚戲，識宇宙活潑之機❷。

【注釋】❶霜天 深秋季節。❷機 生機。

【語譯】在深秋聽鶴鳴，在雪夜聽雞叫，可以得到天地清純之氣；在晴朗的天空看飛鳥，在流水中看魚嬉戲，就能領會到世界活潑的生機。

【研析】此條也見於《菜根譚》。深秋的鶴鳴，雪夜的雞叫，都使人感到冷寂淒清。鳥在天空飛翔，魚在水中嬉戲，都使人感到生氣勃勃。「飛鳥」、「魚戲」，出自《詩經》：「鳶飛戾天，魚躍于淵。」後以此形容萬物各得其所。程頤以此形容天機自然流行，活潑無礙，成為理學家熱衷的話頭。

三・四二

斜陽樹下，閒隨老衲清談；深雪堂中，戲與騷人❶白戰❷。

【注釋】❶騷人 風雅的文人、詩人。❷白戰 徒手作戰，特指文人在作「禁體詩」時鬥智。禁體詩指在作詠物詩時，禁用某些字眼，如詠雪詩，禁用玉、月、里、梨、梅、鶴、鵝、銀、舞等常用字。

【語譯】在斜陽映照的樹下，悠閒地隨著老和尚聊天；在積雪圍繞的廳堂中，輕鬆地與詩人賽作禁體詩。

【研析】古代文人對寺院情有獨鍾，寺院往往成為文人聚會的場所，也為儒佛交流提供了平臺。許多文人與僧侶交往密切，如王羲之、謝靈運、王維、李白、白居易、韓愈、蘇軾、陸游等諸多名家無不如此。這些文人在與僧侶交談中，得到精神的安慰和解脫，並從寺廟文化與禪宗文化中吸取靈感，以詩悟禪，以禪入詩，使他們的詩歌創作更具深邃的哲理和空靈的境界。因此，與老衲清談，成為文人所喜愛的雅事。

「白戰」指用「禁字體」作詩，其詩稱為「禁體詩」，也稱為「白戰體」。據歐陽脩〈雪〉詩自注、《六一詩話》及蘇軾〈聚星堂雪詩敘〉，作禁體詩不得運用通常詩歌中常見的名狀體物字眼，如詠雪禁用玉、月、梨、梅、鶴、鵝、銀、舞等字，其意在難中出奇。「白戰」名稱來自蘇軾〈聚星堂雪〉詩最後一句：「白戰不許持寸鐵。」意為作詩放棄常用字，猶如手無寸鐵，徒手相搏。一般認為，白戰體始於歐陽脩，得名於蘇軾。因為白戰體限制太嚴，就像戴著鐐銬跳舞，只能成為逞才鬥奇的遊戲之作，後人雖有仿作，終究不能推廣。

三·四三　山月江煙，鐵笛❶數聲，便成清賞❷；天風❸海濤，扁舟一葉，大是奇觀。

【注釋】❶鐵笛　鐵製的笛管，其音高亢嘹亮。❷清賞　幽雅的景致或清雅的玩物。❸天風　風行空中，故也稱天風。

【語譯】山中的月亮，江上的煙霧，幾聲鐵笛的聲響，便構成了幽雅的景致；狂風海濤，一隻小船出沒其中，是非常奇特的景觀。

【研析】山月朦朧，江煙彌漫，數聲清亮的鐵笛聲劃破夜空。風急浪高，一葉小舟在波濤中顛簸起伏。此條文字描繪景色，頗具詩情畫意。

三·四四　秋風閉戶，夜雨挑燈，臥讀〈離騷〉❶淚下；霽日❷尋芳，春宵載酒❸，閒歌樂府❹神怡。

【注釋】❶離騷　戰國時屈原所作楚辭體長詩。作者在詩中描寫了自己忠而見疑，遭讒被逐的經歷，抒發了思念故土，為祖國的前途而擔憂的怨尤和憤懣。❷霽日　晴日。❸載酒　舉酒。❹樂府　詩體名。漢代設樂府官署，採錄民間歌曲，稱為樂府詩。後將魏晉至唐可以入樂的詩歌，以及仿樂府古題的作品統稱樂府。宋代以後，也將詞曲稱為樂府。

【語　譯】秋風起關閉了門戶，在夜雨中挑亮燈花，躺著讀〈離騷〉不禁淚下；晴日遊賞美景，春天的晚上喝著酒，悠閒地吟誦樂府詩，精神安逸舒適。

【研　析】對於詩文的體認和鑑賞，與讀者的環境、心情密切相關。〈離騷〉抒發了屈原忠而見疑，遭讒被逐的悲憤，在深秋時節，細雨敲窗，在這樣淒苦的氛圍中，挑燈夜讀〈離騷〉，就更容易為詩中的悲情所感動。晴日美景、春夜好酒，都使人心情舒暢愉悅，在這樣的情況下，閱讀富有情趣的樂府民歌，更令人感到悠閒舒適。

三·四五　雲水❶中載酒，松篁❷裡煎茶，豈必鸞坡❸侍宴；山林下著書，花鳥間得句，何須鳳沼❹揮毫。

【注　釋】❶雲水　雲與水，泛指自然。❷篁　竹林，泛指竹子。❸鸞坡　亦作「鑾坡」。翰林院的別稱。唐朝德宗時，曾移學士院於金鑾殿旁的金鑾坡上，後以此稱翰林院。元張昱〈奉天門早朝次韻〉：「握蘭鳳閣舍人貴，視草鸞坡學士閒。」❹鳳沼　中書省的別稱。

【語　譯】在行雲流水間喝酒，在松竹林中煮茶，都是很好的享受，何必要參加翰林院的宴會；在山林下著書，從花鳥間得到寫詩的靈感，都是很愉快的事情，何必要在中書省揮毫寫公文。

【研　析】幸福是種感覺，在於心靈和精神的滿足，並不取決於客觀條件。隱居田園，飲酒喝茶，著書吟詩，要比參加官方的宴會和起草公文更自在快樂。很多人都有這樣的體會：親友聚會，無拘無束，可以隨意說話，放開喝酒，真率地顯示自己的個性，讓人感到徹底的放鬆和痛快。可是官方或商務應酬，每個人都戴著一副假面具，言語行動都受到限制，讓人感覺非常的累。寫文章也是如此，寫自己想寫、喜歡寫的文章，就有創作的衝動和愉悅；如果寫遵命文字，尤其是寫那些與自己見解相反，本不願寫又不能不寫的文章，那確實是很痛苦的事情。

三·四六 人生不好古，象鼎犧樽❶變為瓦缶❷；世道不憐才，鳳毛麟角❸化作塵土。

【注釋】❶象鼎犧樽　指珍貴古玩。象鼎，鑄成象形的鼎。鼎是古代烹煮食物的器皿。犧樽，鑄成犧牛形狀的酒器。犧，犧牛，古代祭祀用的純色牛。❷瓦缶　小口大腹的土罐，用來比喻沒有價值的事物。❸鳳毛麟角　比喻稀少難得的人才。

【語譯】一個人不喜歡古董，象鼎犧樽也會變為不值錢的瓦罐；世道不愛惜人才，非常難得的人才也會化作低賤的塵土。

【研析】古董具有文物鑒賞價值，並無多大的實用價值，碰到一個不喜愛古董，或不識古董的人，那些珍貴的象鼎犧樽與土盆瓦罐沒有什麼區別。稀世珍寶只有碰到識貨的人才能體現其價值，和氏璧就是最典型的例子。據《韓非子》、《新序》等書記載，在春秋時期，楚國卞和得到一塊璞玉，獻給楚厲王，厲王命玉工查看，說只是一塊不值錢的石頭。厲王大怒，以欺君之罪砍掉卞和的左腳。厲王死，武王即位，卞和捧著玉去見武王，武王再命玉工查看，還是說石頭，卞和又被砍去右腳。武王死後文王即位，卞和抱著璞玉在楚山下痛哭三天三夜，哭得眼睛出血。文王得知後派人詢問，卞和說：「我並不是為砍去雙腳而哭，而是為寶玉被當成石頭，忠貞之人被當成欺君之徒而哭。」於是文王讓人剖開璞玉，真是稀世珍寶，於是將此玉命名為和氏璧。

識別珍寶不易，識別人才更難。俗話說：「千里馬常有，而伯樂難得。」傳說在遇到殷武丁前，只能以築牆蓋房謀生；伊尹在遇到商湯前，只是個耕地餵牛的農夫；姜尚在遇到周文王前，整天在渭水邊釣魚……人才是最重要的社會資源，只有充分發揮人才的作用，才能建設一個繁榮富強的國家。

三·四七 要做男子，須負剛腸❶；欲學古人，當堅苦志。

【注釋】❶剛腸 剛直的氣質。

【語譯】要做個男子漢，一定要有剛直的氣質；要學習古人，一定要堅定吃苦耐勞的志向。

【研析】《孟子》說：「天將降大任於斯人也，必先苦其心志，勞其筋骨，餓其體膚，空伐其身，行拂亂其所為，所以動心忍性，曾益其所不能。」一個人要有所作為，必須經歷過精神的挫折和內心痛苦，身體上的勞累和飢餓，經受住失敗的考驗，使他的性格堅強起來，不斷地增加自己的才能。

三・四八　風塵善病，伏枕處一片青山；歲月長吟，操觚❶時千篇〈白雪〉❷。

【注釋】❶操觚　寫文章。觚是古代寫字的木板。❷白雪　古代高雅的歌曲，後泛指高雅的文學藝術。

【語譯】行旅中風塵僕僕容易得病，伏臥在枕上就是一片青山；在吟誦詩句中度過歲月，拿起筆來就能揮就千篇高雅的文章詩歌。

【研析】行旅艱辛，容易得病，能伏枕休息，猶如躲進青山一般安寧。風塵也暗喻塵世，使人沾染世俗的弊病，只有躲進青山遠離塵世，才能保全天真。天才來自勤奮，只有不斷地從事文學創作，才能下筆千言。

三・四九　親兄弟折箸❶，璧合翻作瓜分；士大夫愛錢，書香化為銅臭。心為形役，塵世馬牛；身被名牽，樊籠雞鶩❷。

【注釋】❶折箸　折斷吃飯的筷子，表示分家的意思。❷鶩　鴨子。

【語譯】親兄弟折箸分家，美好的組合變成四分五裂；士大夫喜歡錢財，書香就化為銅臭。心被形體役使，就成了塵世中的馬牛；身體被功名所牽累，就像關在籠子裡的雞鴨。

【研析】晚明時期，隨著商品經濟的發展，人們對錢財的追逐更加狂熱，金錢的勢力逐步滲透到家庭的內部，發生了許多為爭家產而勾心鬥角的案例。話本小說《錢大尹鬼斷家私》、《青樓市探人蹤》等，都是講兄弟之間為爭家產而發生的故事。「君子喻以義，小人喻以利」，以君子自居的士大夫是最為清高的社會階層，向來是「言義不言利」。可是到了明代中後期，讀書人也公開表明對金錢的愛好和追求。唐寅就曾說：他全靠賣畫度日，他畫畫就是為了賺錢，並認為這樣的生活是很清白的。但是從傳統觀念而言，讀書人愛錢是很羞恥的事情。

三．五〇 懶見俗人，權辭托病；怕逢塵事，詭跡❶逃禪❷。

【注釋】❶詭跡 隱藏蹤跡。❷逃禪 遁世修禪。

【語譯】懶得見俗人，權且以生病為藉口推辭；害怕碰到繁瑣的世事，就以遁世修禪來隱蔽自己的行跡。

【研析】宋文同〈寄宇文公南〉詩：「懶對俗人常答颯，厭聞時事但盧胡。」意思是說懶於應對俗人，經常是隨意應付；討厭聽到世事，只是裝作糊塗。意思與此條同，都表現出厭世避世的情緒。

三．五一 人不通古今，襟裾馬牛❶；士不曉廉恥，衣冠狗彘❷。

【注釋】❶襟裾馬牛　穿著衣服的馬牛，即衣冠禽獸。襟裾，衣服的前襟或後襟，借指衣服。❷衣冠狗彘　穿衣戴帽的豬狗，也是衣冠禽獸的意思。彘，豬。

【語譯】人不能識古通今，就是穿衣服的馬牛；讀書人不知道廉恥，就是穿衣戴帽的豬狗。

【研析】人須「識古通今」，才能懂道理，長知識。所謂「識古」，就是瞭解歷史，從歷史中獲得知識，總結規律，掌握社會發展的趨勢。所謂「通今」，就是要瞭解當今的人情世故，從現實生活中學習知識，增長才幹。識古是基礎，不識古就不能通今；通今是目的，識古是為了通今。然而，中國有崇古、復古的傳統，認為年代越是久遠，政治就越清明，社會就越安定，人們的道德就越高尚，於是形成了「厚古薄今」的觀念。中國歷來提倡讀書明理，讀書的首要目的是要懂得做人的道理，歷來士大夫也以堅守節義為第一要務。外國人也講讀書明理，他們所說的理，主要是指自然之理，即事物的內在本質和發展規律，也可稱為「物理」；而中國傳統觀念中的「理」，主要指倫理，指人們的道德規範。因此，外國的學問注重自然科學，而中國的傳統學問注重倫理學。

三·五二　道院吹笙❶，松風裊裊❷；空門洗缽❸，花雨紛紛❹。

【注釋】❶道院吹笙　指道士作法事。道士作法事時，常吹奏音樂。道院，道士居住的地方。❷裊裊　同「嬝嬝」、「嫋嫋」。吹拂的樣子。❸空門洗缽　指佛教講經傳法。空門，佛門。缽，僧人吃飯用的食具。❹花雨紛紛　指佛家講經說法。佛教傳說：佛祖講經，感動天神，諸天各色香花如雨下落。《法華經》：「爾時世尊，四周圍繞，供養恭敬尊重讚歌，為諸菩薩說大乘經。……佛說此經已，結加趺坐，入於無量義處三昧，身心不動。是時天雨曼陀羅華、摩訶曼陀羅華、曼殊沙華、摩訶曼殊沙華，而散佛上及諸大眾。」

【語　譯】在道院作法吹笙，松林間清風飄拂；在佛門洗缽講經，直說得天花亂墜。

【研　析】道教信奉養生成仙，故以「松風裊裊」映襯道士作法時飄飄欲仙的姿態。佛教講究辨析義理，故以「花雨紛紛」形容講經的奧妙神奇。

三·五三　**囊無阿堵❶，豈便求人；盤有水晶❷，猶堪留客。**

【注　釋】❶阿堵　阿堵物，指錢。《世說新語·規箴》：「王夷甫雅尚玄遠，常疾其婦貪濁，口未嘗言錢。婦欲試之，令婢以錢繞床，不得行。夷甫晨起，見錢閡行，令婢：『舉阿堵物！』」阿堵，六朝口語，意為「這個」。❷水晶　指鹽。宋樓璹〈織圖二十四首·窖蠶〉云：「盤中水晶鹽，井上梧桐葉。」明胡應麟〈報喻邦相書〉云：「濱海白鹽，肌理如玉，以并刀削之，粲如雪霜，太白所謂盤中水晶，宜無越此。」宋毛滂〈訪陳亘中教授留飲〉詩云：「盤中水晶鹽，碧酒葡萄秋。」

【語　譯】口袋中沒有錢，怎麼方便去求人；盤中有鹽，還能夠留住客人。

【研　析】囊中羞澀，難以向他人開口，因為君子不言利。盤中有鹽，雖是普通之物，但可以招待客人，所謂「禮輕情意重」。

三・五四 種兩頃負郭田❶，量晴較雨；尋幾個知心友，弄月嘲風❷。

【注釋】❶負郭田 靠近城牆的田。參卷一第二一二條。❷弄月嘲風 欣賞風月。弄、嘲，吟詠欣賞。風月，清風明月，泛指美好的景色。

【語譯】種上兩頃靠近城郭的田地，就關心著天氣的晴雨；找上幾個知心朋友，就聚在一起欣賞吟詠美好的景色。

【研析】此條言隱居田園的悠閒生活。「種兩頃負郭田，量晴較雨」，言以耕種為業，就必然會關心天氣情況，因為陰晴雨雪都關聯到收成的好壞。此為字面上的意思，還有另一層意思，是說歸耕隴畝，只要關心天氣的晴雨，而不必過問繁瑣的時事世務。

三・五五 著屐❶登山，翠微❷中獨逢老衲；乘桴❸浮海，雪浪裡群傍閒鷗。

【注釋】❶屐 木製的鞋，鞋底有前後兩齒，方便在泥濘的地上行走。謝靈運曾自製大屐，上山去前齒，下山去後齒，人稱謝公屐。❷翠微 青山。❸桴 小竹筏或小木筏。

【語譯】穿著木屐登山，青山中唯獨遇見老和尚；乘著小筏子漂流海上，在雪白的浪花中與悠閒的海鷗為伍。

【研析】在青山與山僧清談，在海上與閒鷗為伴，把塵世俗慮全拋在腦後，是多麼清雅閒適的事情。

三·五六 才士不妨泛駕❶，轅下駒❷吾弗願也；諍臣❸豈合模稜❹，殿上虎❺君無尤❻焉。

【注釋】❶泛駕　翻車，比喻不受駕馭。《漢書·武帝紀》：「夫泛駕之馬，跅弛之士，亦在御之而已。」顏師古注：「泛，覆也。……覆駕者，言馬有逸氣而不循軌轍也。」❷轅下駒　轅下駕車的幼馬，比喻膽怯畏縮，少見世面的人。❸諍臣　敢於直言進諫之臣。❹模稜　模稜兩可，遇事不置可否，態度含糊。❺殿上虎　比喻直諫之臣。《宋史·劉安世傳》載劉任諫議大夫，敢於面折廷爭，旁人稱之為「殿上虎」。❻無尤　沒有過失。

【語譯】有才德的人不妨放逸無羈，像轅下駒那樣局促畏縮，是我所不願意的；諍諫之臣豈能模稜兩可，朝廷上有殿上虎那樣的諫臣，君主就沒有過失了。

【研析】此處才士與諍臣對舉，指未入仕的讀書人。作者認為，才士應該有超逸不群的氣概，不受世俗陳規的束縛，而一旦入朝為官，就應該仗義執言，使君主沒有過失。

三·五七 荷錢❶榆莢❷，飛來都作青蚨❸；柔玉溫香，觀想❹可成白骨。

【注釋】❶荷錢　荷花初生的小荷葉，其狀圓小如錢，故稱荷錢。❷榆莢　榆樹的果實，初春時先於葉而生，聯綴成串，形似銅錢，俗稱榆錢。❸青蚨　昆蟲名，古人用作錢的代稱。干寶《搜神記》載：「南方有蟲……又名青蚨。……取其子，母即飛來，不以遠近。雖潛取其子，母必知處。以母血液錢八十一文，以子血塗錢八十一文。每市物，或先用母錢，或先用子錢，皆復飛歸，輪轉無已。」❹觀想　反觀回想。

【語譯】荷錢榆莢，飛來都變作銅錢；柔玉溫香的美女，可以看作一堆白骨。

【研析】佛教修行，有一種「白骨禪」，就是設想自己全身浮腫腐爛，最後只剩下一具白骨，接著再設想西方淨土，寶相莊嚴，於是就會得到精神上的解脫。任何人到頭來，都會變成一具白骨，但美女和白骨的反差更大，更讓人覺得生命的虛幻。

三·五八　旅館題蕉❶，一路留來魂夢譜❷；客途驚雁，半天寄落別離書。

【注釋】❶題蕉　在蕉葉上題詩。❷譜　詩譜，本指《詩經》的圖譜，此處泛指詩歌。

【語譯】在旅館的蕉葉上題詩，一路留下了魂牽夢繞的詩譜；在旅途中驚動了大雁，從半空中落下離別的書信。

【研析】上句言文人在旅途，一路題詩；下句言遊歷在外，收到親人的書信。蕉葉題詩，為文人雅事。相傳唐代大書法家懷素，園中植芭蕉萬株，興來時取蕉葉作紙，揮毫書寫，終於練就一手狂草。白居易〈春至〉詩說：「閒拈蕉葉題詩詠，悶取藤枝引酒嘗。」中國古代有大雁傳書的傳說，參卷二第一三條。

三·五九　歌兒帶煙霞❶之致，舞女具丘壑❷之資。生成世外風姿❸，不慣塵中物色❹。

【注釋】❶煙霞　煙霧雲霞，亦指山水、山林。此處形容歌兒風致秀美。❷丘壑　山陵溪谷，亦指風景幽雅的地方。此處形容舞女資質幽雅。❸風姿　風度品格。❹物色　景色；景象。

【語譯】歌兒帶著煙霞般的風致，舞女具有幽雅的資質。生成了世外的風韻品格，不習慣塵世的景象。

【研析】歌兒舞女，本是被人鄙視的優伶，但她們在長期的藝術生涯中，積累了一定的文化修養，尤其是明代後期，出現了許多有較高藝術造詣的歌妓，著名的有馬湘蘭、柳如是、顧眉、卞玉京、董小宛等。她們與文人有密切的交往，如馬湘蘭與王穉登、柳如是與錢謙益、顧眉與龔鼎孳、卞玉京與吳偉業，都是莫逆之交，柳錢、顧龔還成了夫妻。在與文人的交往過程中，她們受到了文化的薰陶，因此一個個才藝雙絕，不僅能歌善舞，還擅長寫詩作畫。她們雖然淪落青樓，但保持著獨立的人格和個性，具有高雅的情操和趣味，即此條所言「煙霞之致」、「丘壑之資」。

三·六〇 今古文章，只在蘇東坡鼻端定優劣❶；一時人品，卻從阮嗣宗眼內別雌黃❷。魑魅❸滿前，笑著阮家無鬼論❹；炎囂❺閱世，愁披劉氏北風圖❻。氣奪山川，色結煙霞。

【注 釋】❶蘇東坡鼻端定優劣 宋元祐三年，蘇軾任翰林學士，主持科舉考試，當時有東坡鼻端一嗅可定優劣的傳說。❷阮嗣宗眼內別雌黃 《晉書·阮籍傳》載：阮籍能作青白眼，看到世俗之士，則以白眼對之。後以青白眼表示對人的不同評價和態度。❸魑魅 害人的鬼怪。❹阮家無鬼論 《晉書·阮瞻傳》載：阮瞻永嘉中為太子舍人，堅執無鬼論，常與人論辯，每自謂此理足可以辨正幽明。一日，來了個客人，與他爭辯有鬼無鬼的問題，客人辯不過他，就說：「鬼神，古今聖賢所共傳，君何得獨言無！僕即是鬼。」於是變為異形，須臾消滅。❺炎囂 指塵世的喧擾繁雜。❻劉氏北風圖 《博異記》載：漢劉褒曾繪「北風圖」，人見之覺涼。

【語 譯】古往今來的文章，只要蘇東坡用鼻子聞一下就可以評定優劣；一時的人品，卻需要從阮籍的眼中來識別高下。害人的鬼怪充斥眼前，嘲笑阮瞻還要堅持無鬼論；滿世界都是紅塵的喧擾，愁苦地觀看劉褒的「北風圖」。文章書畫，氣勢可以壓倒山河，色彩可以聚結為煙霞。

【研 析】此條文字似針砭當時社會風氣。相傳蘇軾主持科舉考試，閱卷既快又準，因此有以鼻端定文章優劣的說法。此處似說，當時試官閱卷沒有眼光，只是用鼻子來決定文章的高下，實際上都是盲試官。阮籍以青白眼對人，全憑自己的好惡，當時社會評價人的優劣，也全憑個人關係的親疏，而無客觀的標準。魑魅滿前、炎囂閱世，更是直接地抨擊社會的不良風氣。

三・六一 詩思在灞陵橋上❶，微吟處，林岫❷便已浩然；野趣在鏡湖❸曲邊，獨往時，山川自相映發。

【注釋】❶詩思在灞陵橋上　孫光憲《北夢瑣言》載：有人問鄭綮：「相國新近有新詩否？」鄭回答：「詩思在灞橋風雪中驢子上，此處何以得之？」灞陵橋，亦名灞橋，在長安東，古人離開長安時送別處。❷岫　山洞；有洞穴的山。❸鏡湖　亦名鑒湖，在浙江紹興境內。

【語譯】寫詩的靈感在灞陵橋上，輕聲吟誦時，山林就已變得開闊壯麗；山野的情趣在鏡湖水邊，獨自前往的時候，可以看到山川自相輝映。

【研析】此條言山川林岫能觸發詩興，引發野趣，體現了人與自然融合的思想。

三・六二 至音❶不合眾聽，故伯牙絕弦❷；至寶❸不同眾好，故卞和泣玉❹。

【注釋】❶至音　最美妙的音樂。❷伯牙絕弦　《呂氏春秋・本味》：「伯牙鼓琴，鍾子期聽之，方鼓琴而志在泰山，鍾子期曰：『善哉鼓琴，巍巍乎若泰山。』少時而志在流水，鍾子期曰：『善哉鼓琴，洋洋乎若流水。』鍾子期死，伯牙擗琴絕弦，終身不復鼓琴，以為世無足復為鼓琴者。」❸至寶　最珍貴的寶物。❹卞和泣玉　參卷二第九一條。

【語譯】最美妙的音樂不能符合多數人的欣賞習慣，所以伯牙扯斷琴弦不再彈奏；最珍貴的寶物不符合多數人的愛好，所以卞和為無人賞識的玉而痛哭。

【研析】此四句出自《後漢書・陳元傳》。曲高和寡，高雅的音樂不能為大眾所接受，是因為大眾的欣賞能力還沒有達到一定的水平。最珍貴的寶物得不到普通民眾的欣賞，因為民眾無緣接觸到這些珍寶，無法領略它們的妙處。中國古代的主流文化是精英文化，只有少數的知識分子才是文化的創作者和鑑賞者，廣大民眾是被排除在主流文化之外的。在中國文化史上，始終貫穿著雅俗之爭，但雅和俗是相對而言，並且是不斷地轉換的。《詩經》中的「國風」，本是各地的民歌，在當時是俗文學，但後來成了文學的經典，一切高雅文學的源頭。唐詩、宋詞、元曲，無不是由俗變雅的。然而，只有植根於大眾的文化才是有生命力的，脫離大眾的文化總歸要枯萎直至消亡。

三・六三　看文字，須如猛將用兵，直是鏖戰一陣；亦如酷吏治獄，直是推勘❶到底，決不恕他。

【注釋】❶推勘　審訊；追查。

【語譯】看文章，應該如猛將領兵打仗，真是一場激烈的戰鬥；也如嚴酷的官吏辦案，真是追查到底，絕不放過他。

【研析】此段文字出自朱熹《朱子語類》，是講讀書的方法。讀書要有獨立思考的精神，不能盲從書本。讀書要先入後出，一開始要投入到書本中，徹底領會書中要義；然後要跳出書本，站在相對的立場上對書本中的思想和觀點提出責難，檢驗書中所講的道理是否正確，是否能立得住腳。這樣讀書，才能有所收益。

三·六四

名山乏侶，不解壁上芒鞋❶；好景無詩，虛攜囊中錦字❷。

【注　釋】❶芒鞋　草鞋。❷囊中錦字　李商隱〈李賀小傳〉載：李賀「恆從小奚奴，騎蹇驢，背一古破錦囊，遇有所得，即書投囊中」。

【語　譯】遊名山沒有伴侶，就不去解開掛在牆上的草鞋；遇到好的景色沒有詩，白帶了裝詩的錦囊。

【研　析】遊名山有趣，結伴遊山更有趣，其趣不僅在遊山，更在交友。好景須要好詩增色，名山大川、名勝古跡往往以人而出名。蘇州寒山寺，本是個不起眼的小寺院，只因為有了張繼的〈楓橋夜泊〉，才得以名揚四海。滕王閣也因王勃的詩與序而名聲大振。

三·六五

遼水❶無極，雁山❷參雲，閨中風暖，陌上草薰❸。

【注　釋】❶遼水　即遼河，古名大遼水，在遼寧省西部。❷雁山　雁門山，在山西代縣西北。❸薰　散發香氣。

【語　譯】遼水遼闊無邊，雁山直插雲霄，閨房中吹過溫暖的風，田野上香草散發著芬芳。

【研　析】此四句出自江淹〈別賦〉，言閨中少婦思念遠處邊地的親人，從吹進繡房中的暖風，想到邊地原野上青草返綠，散發出香氣。這幾句寫思婦的心理活動，非常委婉含蓄。風暖草綠，春回大地，寂寞寡處的婦女更加思念遠方的親人，渴望與親人團聚。邊地苦寒，女子希望溫暖的春風能驅散親人身上和心底的寒冷，使親人更健康安泰。寥寥數語，包含著多麼豐富的內容。

三・六六　秋露如珠，秋月如珪❶。明月白露，光陰往來。與子之別，思心❷徘徊❸。

【注　釋】❶珪　玉珪，古代帝王諸侯朝聘或祭祀時用的玉器。《遁甲開山圖》云：「禹遊於東海，得玉珪，碧色，長一尺二寸，圓如日月，以自照，自達幽冥。」❷思心　思念之情。❸徘徊　留戀；流連。

【語　譯】秋天的露水如珍珠，秋天的月亮如玉珪。明月映照著白露，光陰流轉不歇。與你分別，思念之情糾結在心中。

【研　析】此六句出自江淹〈別賦〉。傷春悲秋，是中國文人的情結。春天萬物復甦，欣欣向榮，是個姹紫嫣紅的美麗季節，既令人鼓舞，又令人傷悲。春天轉瞬即逝，面對滿地落紅，你會感歎韶光易逝，紅顏易老。春天又是情感萌動的季節，當青年男女在感情上得不到滿足時，就會產生傷春的悲哀。秋天是個金色的豐收季節，也是家人團聚的時刻。秋天過去，就近年底，一年的時光不知不覺地過去，令人感歎人生易老。此時流落他鄉，或奔走旅途的遊子，會格外思念家鄉的親人。因此，在以離別為題材的中國古代詩歌中，春秋是出現最頻繁的意象。

三・六七　聲應氣求❶之夫，決不在於尋行數墨❷之士；風行水上❸之文，決不在一字一句之奇。

【注釋】❶聲應氣求　同聲相應，同氣相求，比喻志趣相投。❷尋行數墨　指只會背誦文章而不明事理。朱熹〈易〉詩：「須知三絕韋編者，不是尋行數墨人。」❸風行水上　比喻自然流暢。

【語譯】志趣相投的人，絕不在那些只知死讀書而不明事理的人中；自然流暢的文章，其好處絕不在一字一句的奇妙。

【研析】此四句出自李贄〈雜說〉：「且吾聞之，追風逐電之足，決不在於牝牡驪黃之間；聲應氣求之夫，決不在於尋行數墨之士；風行水上之文，決不在一字一句之奇。」李贄是晚明啟蒙思潮的倡導者，也是晚明文學革新運動的主將。他的文學理論主要體現於〈童心說〉、〈雜說〉兩篇文章。〈雜說〉闡述了崇尚自然，反對雕飾的文學理論。李贄提出，文章的寫作來自平日的積累，一旦靈感觸發，傾瀉而出，就如風行水上，自然成文。他稱讚《西廂》、《拜月》是「化工」，評論

《琵琶記》是「畫工」。「化工」是自然天成，非人力可為，而「畫工」則全憑人力的雕琢，「畫工雖巧，已落二義矣」，即比化工次了一等。李贄評論文學作品，注重內在的自由精神，反對在形式上雕琢模仿，在當時引起了廣泛的反響。後來湯顯祖主張為文「以意趣神色為主」，反對用聲律束縛戲曲的創作，其精神與李贄是一致的。

三·六八　借他人之酒杯，澆自己之礧磈❶。

【注釋】❶礧磈　石塊，比喻積鬱在心中的不平之氣。

【語譯】借用他人的酒杯，澆滅自己心中不平的怒火。

【研析】此二句也出自李贄〈雜說〉，原文為：「奪他人之酒杯，澆自己之壘塊，訴心中之不平，感數奇於千載。」形容作家創作時的精神狀態和心理活動。

三·六九　春至不知湘水❶深，日暮忘卻巴陵❷道。

【注釋】❶湘水　即湖南之湘江。❷巴陵　山名，在洞庭湖濱。

【語譯】春天到了，不知道湘江水漲，日已黃昏，忘卻了通向巴陵山的路。

【研　析】《博異志》載一隱居仙翁之詩：「湘中老人獨黃老，手援紫蕈坐碧草。春至不知湘水深，日暮忘卻巴陵道。」此詩言隱居者遠離紅塵，對世事一無所知。

三·七〇　奇曲雅樂，所以禁淫也；錦繡❶黼黻❷，所以禦暴也。縟❸則太過，是以檀卿刺鄭聲❹，周人傷北里❺。

【注　釋】❶錦繡　花紋色彩精美的絲織品。❷黼黻　古代禮服上黑白相間的花紋。❸縟　繁重；繁瑣。❹檀卿刺鄭聲　宋章樵注〈笛賦〉：「檀卿，古之知音者。鄭聲淫蕩，故刺之。」鄭聲，春秋戰國時鄭國的音樂，被認為是與雅樂相背的靡靡之音。❺周人傷北里　章樵注〈笛賦〉：「北里，即北鄙之音。紂為朝歌北鄙之音，百姓不親，天下畔之。周人伐紂滅殷，故傷之。」北里，北方委靡粗鄙的音樂。

【語　譯】奇妙的歌曲高雅的音樂，是用來禁絕淫蕩的；華美的禮服繡上黑白相間的花紋，是表示禮制和等級，是用來抵禦暴行的。音樂服飾太繁瑣就過分了，所以檀卿批評鄭聲，周人聽到紂王的北里之音而感傷。

【研　析】此數句出自《古文苑》所收託名宋玉的〈笛賦〉。宋章樵注此數句曰：「雅曲以禁淫邪，猶錦繡昭其文，黼黻示其斷，寓之身章，所以御暴，非以為侈麗也。」中國傳統的音樂理論，強調音樂的教化作用，〈樂記〉說：「樂者，聖人之所樂也；而可以善民心，其感人深，其移風易俗，古先王著其教焉。」音樂可以陶冶人的情操，可以和合人心，關係到時代的風氣和政治的盛衰。

中國傳統的音樂理論崇尚雅樂，排斥俗樂，子夏對魏文侯說：「鄭音耗濫淫志，宋音燕女溺志，衛音趨數煩志，齊音敖辟喬志。此四者，皆淫於色而害於德，是以祭祀弗用也。」上引〈笛賦〉數句，體現了中國傳統的音樂理論。

三·七一 **靜若清夜之列宿❶，動若流彗❷之互奔。**

【注釋】❶列宿 星宿。❷流彗 流逝的彗星。

【語譯】安靜時像清夜的星宿，運動時像彗星互相奔跑。

【研析】此二句出自晉蔡洪〈圍棋賦〉，言攻守互換的形勢，防守的時候像天上的星宿有穩定的陣勢，攻擊的時候像流逝的彗星瞬息萬變。

三·七二 **振駿氣❶以擺雷，飛雄光❷以倒電。**

【注釋】❶駿氣 宏大的氣勢。❷雄光 雄偉的光亮。

【語譯】海浪震盪，宏大的氣勢就像打雷，波光閃耀，雄偉的光亮就像閃電。

【研析】此二句出自南齊張融〈海賦〉，從聲音和光線兩方面描繪了海浪的巨大聲勢。

三・七三　停之如棲鵠❶，揮之如驚鴻❷。飄纓蕤❸於軒幌❹，發暉曜❺於群龍❻。

【注　釋】❶鵠　水鳥名，俗稱天鵝。❷驚鴻　驚飛的鴻雁。❸纓蕤　指扇柄上的飾物。纓，用絲或毛織成的穗狀飾物。蕤，掛在纓絡上的裝飾品。❹軒幌　門簾或窗帷。❺暉曜　明亮；光輝。❻龍　借作「櫳」，房門。

【語　譯】（扇子）停下來時像棲息的天鵝，揮動時像驚飛的鴻雁。在窗前飄動著扇柄上的纓穗飾物，在門戶間發出光輝。

【研　析】此四句出自晉張載〈扇賦〉，形容用白色鳥羽做成的扇子，停止的時候像棲息的天鵝，揮動起來像驚飛的鴻雁；不用的時候掛在窗戶上，使用的時候發出白色的光輝。

三・七四　始緣甍❶而冒棟❷，終開簾而入隙。初便娟❸於墀廡❹，末縈盈❺於帷席❻。

【注　釋】❶甍　屋脊。❷棟　房梁。❸便娟　迴旋飛舞。❹墀廡　臺階走廊。墀，臺階。廡，堂下周圍的走廊、廊屋。❺縈盈　輕盈飄舞。❻帷席　帷帳、床席，指寢息之處。

【語　譯】雪開始沿著屋脊堆滿了房梁，最後吹開簾子從縫隙中飄入。起初在臺階廊廡下飛舞，最後飄舞在床席前。

【研析】此四句出自晉謝惠連〈雪賦〉，形容雪花飛舞的景象。雪花起初飄落屋脊，既而飄入房內；起初在臺階上飛舞，最後在床席前飄旋。由外入內，逐層推進，從雪花飄舞的不同地點，點明雪越來越大，是藝術上側面描寫的手法。

三·七五 雲氣蔭於叢蓍❶，金精❷養於秋菊。落葉半床，狂花❸滿屋。

【注釋】❶蓍　草本植物，可以入藥。古代常用蓍草占卜。❷金精　秋天的清氣。❸狂花　盛開的花。

【語譯】雲霧被叢生的蓍草遮蔽，菊花散發出秋天的清氣。滿床是秋天的落葉，滿屋是盛開的花。

【研析】此四句出於庾信〈小園賦〉，〈小園賦〉是庾信羈留北方時所作，描寫小園秋天的景色。梁武帝承聖三年（西元五五四年），庾信奉命出使西魏，當時西魏大軍南侵江陵，他被迫留在長安，並在西魏政權任職。以後又仕北周，官至驃騎將軍開府儀同三司。庾信雖身居高位，卻因思歸故鄉而不可得，內心非常痛苦。〈小園賦〉抒發了庾信羈旅異國，被迫出仕的痛苦，表現了作者濃厚的歸思鄉愁。「落葉半床，狂花滿屋」的狂亂意象，形象地襯托出作者報國無望，避世不得的憂憤躁亂心情。

三·七六 雨送添硯之水，竹供掃榻之風。

【語　譯】雨送來加注硯臺的水，竹林送來掃床的風。

【研　析】此二句出自明張啟元〈遊嶧山記〉，言遊山時風雨交加，然將雨說成是添硯之水，風是掃榻之風，便覺高雅不俗。

三・七七　血三年而藏碧❶，魂一變而成虹❷。

【注　釋】❶血三年而藏碧　《莊子・外物》：「人主莫不欲其臣之忠，而忠未必信，故伍員流於江，萇弘死於蜀，藏其血，三年化而為碧。」《呂氏春秋》云：「藏其血，三年化為碧玉。」❷魂一變而成虹　《戰國策》載：聶政刺韓相，荊軻刺秦王，並白虹貫日。

【語　譯】血藏了三年化為碧玉，魂一下變成長虹。

【研　析】此二句出自唐駱賓王〈螢火賦〉。唐高宗時期，駱賓王任朝廷御史，得罪了權貴，被誣陷受賄而下獄。駱賓王在獄中寫了著名的〈在獄詠蟬〉詩和〈螢火賦〉，表達自己的忠貞不阿的高潔品格，並對自己無辜入獄而深為不平。此兩句即用萇弘和聶政的典故，表白自己的忠誠。

三・七八　舉黃花❶而乘月豔，籠黛葉❷而卷雲❸嬌❹。

【注　釋】❶黃花　菊花。❷黛葉　墨綠的葉子。此處喻指女子的眉毛。❸卷雲　卷狀的雲彩，此處喻指女子濃黑柔美的鬢髮。❹嬌 《小窗幽記》原作「翹」，據王勃〈七夕賦〉改。

【語譯】舉起菊花在月光的照耀下更加鮮豔，烏黑的頭髮籠罩著黛眉更顯嬌麗。

【研析】此二句出自唐王勃〈七夕賦〉。七夕是中國的情人節，牛郎織女的故事千百年來感動了多少青年女子，於是有了七夕乞巧的習俗，祈求生活的幸福和婚姻的美滿。此賦即以此為題材，描寫了七夕女子乞巧的情景。

三·七九 垂輪❶簾外，疑鉤勢❷之重懸❸；透影窗中，若鏡光之開照。

【注釋】❶輪 月輪。❷鉤勢 彎曲的樣子。❸重懸 高懸。

【語譯】簾外掛著一輪明月，好似彎鉤高懸空中；月光透過窗戶，就像打開鏡子發出照人的光芒。

【研析】此四句出自唐鄭遙〈明月照高樓賦〉，描寫夜月照進窗簾的情景。

三·八〇 疊輕蕊❶而矜暖，布重泥❷而訝濕；跡似連珠❸，形如聚粒❹。霽光❺分曉，出虛竇❻以雙飛；微陰❼合暝，舞低簷而並入。

【注釋】❶蕊　花蕊；花朵。❷重泥　厚泥。❸連珠　連成串的珠子，比喻接連不斷。❹聚粒　聚集細小之物，如聚沙成塔。❺霽光　明亮的光線。❻竇　洞；巢。❼微陰　稀薄的陰雲。

【語譯】鋪疊上輕柔的花朵保持溫暖，塗上厚泥驚訝潮濕不乾；足跡接連不斷，形狀如聚沙成塔。黎明時天色已亮，雙雙飛出虛空的泥巢；陰雲密布天色昏暗，在低矮的房簷下飛舞一起入巢。

【研析】此八句出自唐樊晦〈燕巢賦〉，前四句言燕子築巢的情況，先鋪上輕柔的花朵保暖，再用溼泥將輕細的材料粘合在一起。足跡接連不斷，形狀如聚沙成塔，說明燕子築巢的辛勞。後四句寫燕子朝出暮歸，雙飛雙宿，十分恩愛。後來經常用燕子的雙飛雙宿形容夫妻恩愛。

三・八一　**任他極有見識，看得假認不得真；隨你極有聰明，賣得巧藏不得拙。**

【語譯】任他極有見識，看到虛假的事情卻難辨真偽；隨你極其聰明，能賣巧弄乖卻藏不得你的笨拙。

【研析】世間之事，往往真假難辨，《紅樓夢》有句名言：「假作真時真亦假。」人們在認識事物時，往往為虛假的外表所蒙蔽，而不能正確掌握其本質，因而造成認識的錯誤。有見識的人往往能洞悉事物的本質，正確地辨別真偽，但也有被假象所迷惑的時候，這也是人不能不犯錯誤的原因。聰明的人喜歡賣巧弄乖，但往往在賣弄聰明的時候顯露了自己的笨拙，就像諺語所說：「孔雀在炫耀美麗的尾巴時，也露出了屁眼。」人要善於藏拙，炫耀聰明本身就是愚蠢的舉動。

三·八二 傷心之事，即懦夫亦動怒髮；快心之舉，雖愁人亦開笑顏。

【語譯】遇到傷心的事情，就是懦夫也會怒髮衝冠；遇到稱心的事情，雖是憂愁的人也會喜笑顏開。

【研析】人的性格是多面的、複雜的，平時懦怯的人，性格中也有剛烈的一面，只是在一般情況下沒有顯示出來；憂愁的人，性格中也有活潑的一面，只是需要機會展示性格中的另一面。

三·八三 論官府不如論帝王，以佐史臣❶之不逮；談閨閫不如談豔麗，以補風人❷之見遺。

【注釋】❶史臣 史官，負責編寫前朝歷史和搜集記錄當代史料的官員。❷風人 古代採集民歌風俗的官員。

【語譯】議論官府不如議論帝王，可以彌補史官的不足；談論閨房內室的私事，不如談論風流豔事，可以彌補風人的疏漏。

【研析】帝王的言行直接影響到國家的安危、朝代的興衰和百姓的苦樂，而官府都是在執行帝王的意旨，即使官府有什麼錯誤過失，其根源還是在帝王，因此議論（此處更偏重於批評）帝王要比議論官府更有意義。閨房私事是家庭的隱私，不應該作為議論的對象，而風流豔事則關係到一個時代的風尚，談談又何妨。古代曾有人指出，議論閨房隱祕是極無恥可恨之事，表現了對他人隱私的尊重。尊重他人的隱私，也就是尊重他人的人格。在一個人格遭到踐踏的社會，隱私是不受保護、不被尊重的。

三・八四　是技皆可成名天下，唯無技之人最苦；片技即足自立天下，唯多技之人最勞。

【語譯】凡是有技能就可以成名天下，只有毫無技能的人最苦；有一技之長就足以自立天下，只有技能多的人最勞累。

【研析】人要有一技之長，才能立足社會，成為一個有用的人。中國的傳統觀念，注重形而上的道，輕視形而下的器；重視從哲學思辨上去認識世界，忽視對於具體技能的學習和掌握。中國古代的社會階層分為「士農工商」四等，地處社會上層的士人，除了讀書識字，並無一技之長，而那些掌握一定技能的能工巧匠卻處於社會的底層。到了明代後期，人們更注重社會實踐，對世界的認識更帶有功利色彩，因此對於具體技能以及工匠也更加重視。俗話說：「一招鮮，吃遍天；招招鮮，要討飯。」人有一技之長即可立足社會，並不在掌握技能的多少，關鍵是要把你的特長發揮到極致。一個人的天分有限、精力有限，能真正精通一門技藝就不容易，要學習多門技藝，反而會學藝不精，到時候派不上用場。《荀子・勸學》說：「目不能兩視而明，耳不能兩聽而聰。」

螣蛇無足而飛，鼫鼠五技而窮。」講的是一種叫鼫鼠的小動物，有五種本領：會飛、會跑、會打洞、會游泳、會爬樹，結果還是生存不下去。原因是牠雖然會飛但飛不遠，會跑但跑不快，會打洞但掘不深，會游泳但不能渡河，會爬樹卻爬不高。《荀子集解》云：「言技能雖多，而不能如螣蛇專一，故窮。」這個寓言說明，只有專心一志，才能獲得成功。

三・八五

傲骨❶、俠骨❷、媚骨❸，即枯骨可致千金❹；冷語❺、雋語❻、韻語❼，即片言亦重九鼎❽。

【注釋】❶傲骨　比喻高傲不屈的性格。宋戴埴《鼠璞》云：「唐人言李白不能屈身，以腰間有傲骨。」❷俠骨　指英武剛強、見義勇為的性格。❸媚骨　原指沒有原則，善於逢迎的性格，此處指風流嫵媚的性格和氣質。❹枯骨可致千金　用「千金市骨」的典故。《戰國策・燕策》載：戰國時郭隗勸燕昭王招攬人才，說有人求千里馬，費時三年才找到一匹死去的千里馬，此人用五百金買下馬骨。於是不到一年，就買到三匹千里馬。❺冷語　含有嘲諷意義的話。❻雋語　意味深長的話。❼韻語　富有情致的話。❽片言亦重九鼎　即一言九鼎，形容一句話的作用大。《史記・平原君虞卿列傳》載：秦昭王時，秦兵圍趙都邯鄲，趙王遣平原君赴楚求援。其門客毛遂自薦同往，經遂曉以利害，楚王同意出兵救趙。平原君讚揚毛遂說：「毛先生一至楚，而使趙重於九鼎大呂。」九鼎，相傳為禹所鑄，是國家政權的象徵。

【語譯】一個人有傲骨、俠骨、媚骨，即使變成枯骨也能值千金；冷語、雋語、韻語，就是片言雋語，也重於九鼎。

【研　析】一個人有傲骨，就會威武不能屈，貧賤不能移；有俠骨，就會救危濟困，除惡務盡；有媚骨，就會富有生活情趣。因此，傲骨、俠骨、媚骨都值得尊敬。冷語能令人警醒，雋語能給人啟示，韻語能使人愉悅，因此在生活中都有很重要的作用。中國的傳統觀念是推崇傲骨、俠骨，注重冷語、雋語，而排斥媚骨、韻語。此條將媚骨與傲骨、俠骨並列，將韻語與冷語、雋語並列，顯示作者對傳統觀念的突破。

三·八六　議生草莽❶無輕重，論到家庭無是非。

【注　釋】❶草莽　指民間。

【語　譯】從民間產生的議論是沒有輕重的，談到家庭的事情是沒有是非的。

【研　析】民間的議論，皆從個人好惡出發，並無一定的標準，也就沒有輕重。然而在專制的社會中，民間的議論受到控制，就會出現「萬馬齊喑究可哀」的局面。俗話說：「清官難斷家務事。」家庭的紛爭往往是沒有是非可言的。

三·八七　聖賢不白之衷，托之日月；天地不平之氣，托之風雷。

【語　譯】聖賢難以表白的心事，通過日月顯示出來；天地間不平之氣，通過風雷加以發洩。

【研　析】傳說伏羲氏創造八卦，用自然的陰陽組合來解釋繁複的社會現象，這就是「聖賢不白之衷，托之日月」，即無法用語言表達的意思，就通過自然現象的變遷來解釋闡述。有句古話說：「國之將興，必降祥瑞；國之將亡，必有妖孽。」中國古代傳統思想講究天人感應，認為社會人事的變動都會通過自然現象的變異顯示出來，而不同的自然現象也預示著世上人們的吉凶禍福。

三・八八　風流易蕩，佯狂近顛。

【語　譯】風流容易變得放蕩不羈，假作狂放就接近瘋癲。

【研　析】風流而不放蕩，佯狂而不瘋癲，其間就有個「度」。風流的人往往不拘小節，但超過度，就成了下流。佯狂是假作瘋癲，以表示對現實的不滿和反抗，若過分就成了真瘋癲。

三・八九　書載茂先三十乘❶，便可移家；囊無子美一文錢❷，盡堪結客。

【注　釋】❶書載茂先三十乘　晉人張華，字茂先，博學多聞。《晉書・張華傳》載：「（張華）雅愛書籍，身死之日，家無餘財，唯有文史溢于几篋。嘗徙居，載書三十乘。」❷囊無子美一文錢　杜甫〈空囊〉詩云：「囊空恐羞澀，留得一錢看。」杜甫，字子美。

【語　譯】像張茂先那樣有了三十車的書，就可以搬家了；像杜子美那樣囊中沒有一文錢，也盡可以結交賓客。

【研　析】古人愛讀書，也愛藏書，並有以藏書聞名的藏書家。張華博學多聞，著有《博物志》，雅愛書籍，搬家時有三十車藏書，也算得上是藏書家了。魏晉時代，書籍以帛書為主，收藏的古書則為竹簡。竹簡、帛書體積大分量重，故張華三十車書，印製成紙質書籍，並不算多。唐代以前，成書不易，藏書家並不多見，宋元以後，因為印刷術的發明和改進，藏書家多了起來，到了明清時期，隨著出版業的迅速發展，文人藏書更成風尚。詩人陸游是越中三大藏書家之一，他將自己的書房稱為「書巢」，室中櫃子裡、案桌上、枕席邊全是書，飲食起居全以書作伴。有時他要外出，卻為書籍圍困，以致出不了門。明代王世貞愛書如命，曾用一座莊園換取宋版兩《漢書》。胡應麟書室名「二酉山房」，以示藏書之富。他遇到好書，而手頭缺錢時，就變賣妻子的首飾，甚至典當身上的衣服。明清有許多藏書家，也出現了許多著名的私人圖書館，如范氏「天一閣」、顧氏「過雲樓」、劉氏「嘉業堂」、錢氏「絳雲樓」等。現今電腦的普及，文化的生產和傳播方式發生了革命性的變化，藏書之風難以再興了。

結交朋友重在真誠和熱忱，友情不是能用金錢購買的。以利相交，利盡情絕，建立在利益基礎上的朋友是不能長久的。《莊子．山木》說：「君子之交淡若水，小人之交甘若醴；君子淡以親，小人甘以絕。」郭象注：「無利故淡，道合故親。」只有志同道合，友情才能長久。

三·九〇　有作用❶者，器宇❷定是不凡；有受用❸者，才情決然不露。

【注釋】❶有作用　有所作為。❷器宇　風度氣量。❸受用　受益；得益。

【語譯】有所作為的人，風度氣量肯定不平凡；有所受益的人，才情必然不外露。

【研析】「謙受益，滿招損」，謙虛的人，不炫耀自己的才情，善於學習他人的長處，使自己有所受益。

三·九一　松枝自是幽人❶筆，竹葉常浮野客❷杯。

【注釋】❶幽人　隱逸之人。❷野客　村野之人，常指隱士。

【語譯】松枝本是隱士的筆，竹葉常浮在隱士的酒杯中。

【研析】此二句言隱逸之士的志節和雅趣。「松枝自是幽人筆」，典出唐馮贄《雲仙雜記》卷一：「司空圖陷于中條山，芟松枝為筆管。人問之，曰：『幽人筆正當如是。』」松柏是堅貞的象徵，幽人以松柏為筆，書寫堅守貞操的人生大文章。「竹葉常浮野客杯」，野客在竹林中飲酒，竹葉飄落酒杯，是何等悠閒。與竹林為伴是雅事，獨酌自飲是趣事，在竹林中飲酒，更是雅中之雅、趣中之趣。此句尚有別解，武則天〈遊九龍潭〉詩云：「酒中浮竹葉，杯上寫芙蓉。」言杯中裝的是青色的竹葉酒，酒杯上畫的是紅色芙蓉花的圖案。「竹葉常浮野客杯」，則言野客經常喝竹葉酒。古人以竹葉煮酒，庾信〈春日離合詩〉云：「三春竹葉酒，一曲鵾雞弦。」《本草綱目》載有竹葉酒的釀造之法和藥用療效，後又稱「竹葉青」酒，為中國十大名酒之一。

三·九二　且與少年飲美酒，往來射獵西山頭。

【語　譯】與少年共飲美酒，往來西山打獵。

【研　析】此二句出自唐人高適〈少年行〉，描寫少年時豪放的舉止。

三·九三　瑤草❶與芳蘭而並茂，蒼松齊古柏以增齡。

【注　釋】❶瑤草　傳說中的香草，泛指珍美的草。

【語　譯】瑤草和芳蘭一起茂盛生長，蒼松和古柏一樣年代久遠。

【研　析】在中國古代詩詞中，瑤草、芳蘭之類的香草，象徵君子美好的品質，蒼松、古柏象徵堅貞的操守。

三·九四 好山當戶天呈畫，古寺為鄰僧報鐘。

【語譯】好山對著門戶，天像一幅圖畫呈現在眼前。隔壁是古寺，僧人按時敲響報時的鐘。

【研析】「好山當戶天呈畫」出自宋張綱詩：「好山當戶碧雲晚，明月滿谿寒葦秋。」此句言開門見山，天邊晚霞如圖畫般絢麗。寺院多建於僻靜幽遠之處，與古寺為鄰，可想見居處環境的安寧，而按時響起的寺院鐘聲，將人帶入空靈的境地。

三·九五 群鴻戲海，野鶴遊天。

【語譯】一群鴻雁在海中嬉戲，野鶴在天上翱翔。

【研析】此二句出自梁武帝評鍾繇書法：「雲鶴遊天，群鴻戲海，行間茂實，實亦難過。」言鍾繇書法佈局嚴謹合章法，猶如鴻雁戲海、野鶴沖天，都保持一定的隊形。

卷四 靈

四・一 天下有一言之微而千古如新，一字之義而百世如見者，安可泯滅之？故風雷雨露，天之靈；山川民物，地之靈；語言文字，人之靈。睪❶三才❷之用，無非一靈以神其間，而又何可泯滅之？集靈第四。

【注　釋】❶睪　偵伺；觀察。❷三才　指天、地、人。

【語　譯】天下有微不足道的一句話，流傳了千年還像剛聽見一樣，一個字的意義，經歷了百世好像剛見到那樣，怎麼可以讓這些語言文字消失呢？因此，風雷雨露，是上天靈氣的體現；山川民物，是大地靈氣的體現；語言文字，是人類靈氣的體現。觀察天、地、人三才所體現出來的種種現象，無非是一種靈氣在其中發揮神妙的作用，而又怎麼可以讓這種靈氣泯滅呢？集靈第四。

【研　析】「靈」在古代漢語中有多種意義：精神、感情、靈魂、應驗、神奇、靈異、靈氣、精氣。總體說來，「靈」是一種帶有神奇色彩的精神及其產生的神奇現象。當「靈」作「精氣」解釋時，指宇宙的陰陽精靈之氣，天地萬物皆秉此而生；也可指人的精神之氣、清明之氣，也即聰慧、秀美之靈氣。因此，古人認為天地萬物及各種自然現象，都是靈氣的體現，人類的語言文字也是靈氣的體現。明代後期，陽明心學強調人的主觀精神作用，強調人的天才和靈感，袁宏道等人在文學創作中提倡「性靈說」，都是基於對「靈」的體認和重視。

四·二　投刺❶空勞，原非生計。曳裾❷自屈，豈是交遊？

【注釋】❶刺　名刺，古代的名片。❷曳裾　拖著衣襟。裾，衣服的大襟。這裡的曳裾是曳裾王門的意思，指在王侯權貴門下作客。

【語譯】到處投送名片是無用的勞碌，原本就不是謀生的方式。拖著衣襟卑屈地奔走在權貴門下，豈是與人正常的交遊？

【研析】人應該依靠自己的天分和勤奮立足於社會，而不能靠依附權門苟且求生，這關係到人格的自尊和獨立。

四·三　事遇快意處當轉，言遇快意處當住。

【語譯】事情辦到了順暢時就要準備轉彎，言語說到痛快時就應該打住。

【研析】事物的發展都是曲折的，當事情順利的時候，切忌得意忘形，而是要準備隨時收斂。言語說到痛快的時候，往往收攏不住，就會言多必失，應該適可而止。道理很簡單，但要真正能做到就不容易。王守仁〈與黃宗賢書〉說：「凡人言語正到快意時，便截然能忍默得；意氣正到發揚時，便翕然能收斂得；憤怒嗜欲正到沸騰時，便廓然能消化得。此非天下之大勇者不能也。」

四·四 儉為賢德，不可著意求賢；貧是美稱，只在難居其美。

【語譯】節儉是高尚的品德，但不可以刻意去追求這樣的高尚；清貧是美好的稱譽，只是難以承受這樣的讚美。

【研析】節儉是高尚的品德，古人非常重視節儉，司馬光在〈訓儉示康〉中，即以節儉教育他的兒子司馬康。司馬光在信中引用了春秋時魯國大夫御孫的話：「儉，德之興；侈，惡之大也。」司馬光解釋道：「有德者皆由儉來也。夫儉則寡欲，君子寡欲，則不役於物，可以直道而行；小人寡欲，則能謹身節用，遠罪豐家。故曰：『儉，德之共也。』」司馬光認為節儉就能寡欲，就不會為追求欲望的滿足而去做不道德的事情，可以遠離罪惡而使家庭豐足，因此節儉可以培養一個人的道德品質。與節儉相關就是清貧，古人提倡「安貧樂道」，也把清貧視作美德。《論語》說顏淵「一簞食，一瓢飲，居陋巷而不改其樂」，成為後世士人安貧樂道的典範。

在中國古代物質不夠豐富，人們生活不夠富足的情況下，提倡節儉、安貧，對於減少犯罪、保持社會穩定有積極的意義。在物欲橫流，人們爭名於朝、爭利於市的社會中，恪守節儉、安貧，對於保持個人的操守和氣節，也有很重要的作用。即使在經濟高度發達、物質資源極為豐富的時代，依然要提倡節儉，反對鋪張浪費，因為節儉已經成為重要的品質，而不僅僅是個人的行為方式。當然，任何事情也要有個限度，提倡節儉，並不是要提倡苦行僧式的生活方式，過分節儉變成吝嗇，那也不可取。如果僅僅為了博取節儉的名聲，而刻意裝出一副節儉的樣子，那就是虛偽了。在競爭相當激烈的現代社會裡，提倡「安貧」已經不合時宜，那只是不思進取的藉口。一個人應該憑藉自己的努力擺脫窮困的處境，過上幸福的生活。然而，當一些人為了謀取經濟利益而不擇手段，不時觸犯道德和法律底線的時候，以「安貧樂道」來警示自己，也是很好的辦法。

四·五　志要高華，趣要淡泊。

【語譯】志向要遠大，趣味要淡泊。

【研析】一個人有要有遠大的志向，才能積極進取，奮發努力。有遠大志向的人，往往會獲得顯赫的功名，但獲取功名並不是人生終極目標。人各有志，各人的志向不同，但其核心是要通過造福社會和人類實現自己的人生價值，而人生價值的實現，並不僅僅體現在功名上。許多人在平凡的工作崗位上做出了成績，也許他沒有值得炫耀的光環，也沒有驕人的財富，但你不能說他沒有遠大的志向，生活得沒有意義。遠大的志向要靠踏實的工作來實現，如果汲汲於功名，不是急於求成，就是投機取巧，最終將一事無成。許多著名的科學家，正是通過長時期默默無聞的努力工作，才攀登上學術的高峰。做學問也是如此，有句話說「板凳要坐十年冷，文章不寫一句空」，耐得住寂寞，不貪慕名利，不追隨時尚，才能做出大學問。遠大志向和趣味淡泊，看似矛盾，實則相輔相成。

四・六

眼裡無點灰塵，方可讀書千卷；胸中沒些渣滓，才能處世一番。

【語譯】眼睛裡沒有一點灰塵，才可以讀千卷書；胸中沒有一點渣滓，才能與世人相處一遭。

【研析】眼睛裡沒有一點灰塵，是形容眼光敏銳，不受成見的束縛，這樣讀書才能有自己的體會，真正有所收益。胸中沒有渣滓，是形容胸懷坦蕩。每個人生活在社會中，總會與人發生摩擦或碰撞，如果心胸狹隘，斤斤計較，矛盾就會越來越尖銳，人際關係變得很緊張；如果胸懷坦蕩，就能消解矛盾，與人和睦相處。

四・七

眉上幾分愁❶，且去觀棋酌酒；心中多少樂，只來種竹澆花。

【注釋】❶眉上幾分愁　面帶憂愁的神色。李清照〈一剪梅〉詞：「花自飄零水自流，一種相思，兩處閒愁。此情無計可消除，才下眉頭，卻上心頭。」

【語　譯】眉梢上帶有幾分憂愁，就去看棋飲酒；心中有多少歡樂，只管種竹澆花。

【研　析】看棋喝酒，可以消除心中的煩惱。心情好的時候，才有閒情逸致種竹澆花。曹操說：「何以解憂，唯有杜康。」喝酒能使人沉醉，忘卻心中不痛快的事情。下棋能使人集中精力，進入忘我的境界，世間的一切煩惱也就拋之腦後了。可是作者不說下棋，而說看棋，意趣又是不同。下棋為爭勝絞盡腦汁，心神俱疲，觀棋則置身局外，悠閒瀟灑。俗話說：「當局者迷，旁觀者清。」看棋人比下棋人又棋高一著，勝算盡在掌握中。看棋更能體會世事如棋局的道理，不再計較一時的得失，自然就少煩惱。李漁在《閒情偶寄》中就專門講過觀棋勝過下棋的道理。

四·八

茅屋竹窗，貧中之趣，何須腳到李侯門❶；草帖畫譜，閒裡所需，直憑心遊揚子宅❷。

【注　釋】❶李侯門　李侯，指漢代李膺，桓帝時官至司隸校尉，故稱李侯。《後漢書·李膺傳》載：「是時朝廷日亂，綱紀頹弛，膺獨持風裁，以聲名自高。士有被其容接者，名為登龍門。」❷揚子宅　指漢代揚雄的住宅。《漢書·揚雄傳》載：揚雄「有田一壥，有宅一區，世世以農桑為業。……家產不過十金，乏無儋石之儲，晏如也。」

【語　譯】身居茅屋竹窗，是清貧的樂趣，何必要跑到李侯門下去抬高自己的身價；草書帖和畫譜，是閒適時所需，身居揚雄的陋室卻神遊在書畫藝術之中。

【研　析】甘居於茅屋竹窗之下，不屑奔走豪門，體現了安貧樂道的操守。對藝術的追求並不受物質條件的局限，即使在陋室之中，依然可以徜徉在藝術的海洋之中。

四·九

好香用以薰德，好紙用以垂世，好筆用以生花❶，好墨用以煥彩，好茶用以滌煩，好酒用以消憂。

【注　釋】❶生花　比喻好文章。王仁裕《開元天寶遺事·夢筆頭生花》：「李太白少時，夢所用之筆頭上生花，后天才贍逸，名聞天下。」

【語　譯】好香用來薰陶德行，好紙用來流傳後世，好筆用來寫好文章，好墨用來增添光彩，好茶用來滌除煩惱，好酒用來消解憂愁。

【研　析】此條言物盡其用。中國古代用香草比喻君子的德行，因此用燃香或佩戴香草來提醒自己加強道德修養。好紙可以流傳後世而不蛀蝕損壞，好筆可以用來寫文章，好墨可以用來描繪美麗的山水花鳥，好茶好酒可以消憂解愁。這裡講的是士大夫的生活方式。

四·一〇

聲色娛情，何若淨几窗明，一生息頃❶；利榮馳念，何若名山勝景，一登臨時。

【注　釋】❶息頃　頃刻；一會兒。此處作安逸解。

【語　譯】用歌舞聲色來娛樂性情，怎麼比得上窗明几淨的生活一生安逸；整天盤算著利祿榮辱，怎麼比得上登臨名山勝景那一刻的快樂。

【研　析】人們對生活的追求不同、生活的方式不同，對生活的體認也不同。有人將追求榮華富貴作為人生最高的目標，將歌舞聲色視作最愉快的生活方式；有人追求寧靜安逸的生活，將登臨名山勝景當做生活的最大快樂。這種不同顯示出人們操守和修養的差異。

四·一一　竹籬茅舍，石屋花軒；松柏群吟，藤蘿翳景；流水繞戶，飛泉掛簷；煙霞欲棲，林壑將暝。中處野叟山翁四五。予以閒身作此中主人，坐沉紅燭，看遍青山，消我情腸，任他冷眼。

【語　譯】竹子籬笆茅草房，石頭屋子花欄杆；松柏一起發出呼嘯聲，紫藤綠蘿遮蔽了景物；流水繞著房子流過，飛瀉的泉水好像掛在屋簷；煙霞停留在山間，山林澗谷暮色降臨。其中有四五個山村老人。我作為一個閒散的人成為這裡的主人，坐到紅燭消融，看遍了四周青山，排遣我的情懷，任別人冷眼相向。

【研　析】此條寫隱逸生活的樂趣。「竹籬茅舍」、「石屋花軒」皆指隱士所居的房舍，宋李光〈成氏園〉詩：「竹籬茅舍稱野逸，平坡細徑遙相連。」蘇軾〈臘日遊孤山訪惠勤惠思二僧〉詩：「道人有道山不孤，紙窗竹屋深自暖。」周紫芝〈宿琴高岩二首〉詩：「隱雨有石屋，垂釣臨平川。」

「松柏群吟」至「中處野叟山翁四五」，描寫隱士居處環境的幽靜。隱士遠離世事紛爭，樂與田夫野老交往，杜甫〈客至〉詩：「肯與鄰翁相對飲，隔籬呼取盡餘杯。」陸游〈遊山西村〉詩：「莫笑農家臘酒渾，豐年留客足雞豚。」明高啓〈婁江集序〉云：「天下無事時，士有豪邁奇崛之才而無所用，往往放於山林草澤之間，與田夫野老沉酣歌舞，以自快其意，莫有聞於世也。」

「予以閒身」至「任他冷眼」寫隱士悠然自得的情趣。世人為功名所累，為名利奔忙，既無閒暇也無心情游山玩水，不能享受生活的樂趣，一旦隱居田園，擺脫了世俗的束縛，才能欣賞山水之美，成為自然的主人。袁宏道在蘇州當了幾年縣令，因忙於公務，無暇遊覽蘇州的風景名勝，他在給朋友的信中說：「金閶自繁華，令自苦耳。何也？畫船簫鼓，歌童舞女，此自豪客之事，非令事也。奇花異草，危石孤岑，此自幽人之觀，非令觀也。酒壇詩社，朱門紫陌，振衣莫釐之峰，濯足虎丘之石，此自遊客之樂，非令樂也。」他自述為令數載，當了蘇州幾年的奴僕。後來他因病辭官，才得以暢遊東南名勝，以閒身作此中主人。

「坐沉紅燭，看遍青山」，與「煙霞欲棲，林壑將眠」相呼應，在傍晚時分，隱士面對青山，遙望天際色彩繽紛的晚霞，心中的憂愁煙消雲散，他人的非議置之度外，一直坐到紅燭消融，還不忍離去。

四·一二 問婦索釀，甕有新蒭❶；呼童煮茶，門臨好客。

【注釋】❶新蒭 新糧，當年收穫的糧食，也指用新糧釀成的酒。盧蒲江〈鵲橋仙〉詞：「問甕裡，新蒭熟未。」白居易〈潯陽秋懷贈許明府〉詩：「試問陶家酒，新蒭得幾多。」蒭，同「芻」，原指餵牲口的草料，此處指釀酒用的糧食。

【語譯】甕裡有家釀的新酒，讓妻子給我拿來；家中來了貴客，呼喚童兒煮茶。

【研析】古人愛喝酒，而且自己釀酒，白居易有詩，其題為「家釀新熟，每嘗輒醉，妻侄等勸令少飲，因成長句以諭之」，另有詩云：「最恨潑醅新熟酒，迎君不得共君嘗。」元稹〈飲新酒〉詩云：「聞君新酒熟，況值菊花秋。」皆為古人自釀新酒之明證。古人愛喝新酒，與現今酒以陳釀為佳不同。杜甫晚年居草堂時，生活窮愁拮据，有客造訪而無新酒招待，於是寫詩「樽酒家貧只舊醅」表示歉意。

四·一三 花前解佩❶，湖上停橈❷。弄月❸放歌，采蓮高醉。晴雲微裊，漁笛滄浪。華句❹一垂，江山共峙。

【注釋】❶佩 古代繫在衣帶上的裝飾品。❷橈 船槳。❸弄月 賞月。❹華句 華美的魚鉤。句，同「鉤」。

【語譯】在花前解下佩戴的裝飾，在湖上停住船槳。賞月時放聲歌唱，喝醉了去採蓮花。晴空中白雲微微飄動，漁人的笛聲伴隨著濤聲。放下華美的魚鉤，江邊群山峙立。

【研　析】此數句出自宗臣〈報徐養浩書〉。宗臣是明代著名詩人，嘉靖二十九年進士，任吏部考功郎，因病回家休養，二年後復出。他在休養期間，寫了〈報徐養浩書〉，介紹了自己歸隱田園的生活狀況。

四・一四

胸中有靈丹一粒，方能點化俗情，擺脫世故。

【語　譯】胸中有一粒靈丹，才能消除庸俗的情趣，擺脫世俗人情的束縛。

【研　析】此靈丹，即王陽明所說的「良知」，即純淨不染塵埃的心靈。陽明心學認為只有摒棄一切欲念，保持心靈的純淨，才能擺脫世俗人情的束縛。

四・一五

獨坐丹房❶，瀟然❷無事。烹茶一壺，燒香一炷，看達摩❸面壁圖。垂簾少頃，不覺心靜神清，氣柔息定，濛濛然❹如混沌境界，意者揖達摩與之乘槎而見麻姑❺也。

【注　釋】❶丹房　古人煉丹的場所。❷瀟然　清幽寂靜。❸達摩　天竺高僧，於南朝梁普通元年入中國，梁武帝迎至建康，後往嵩山少林寺，創建禪宗，面壁九年而化。❹濛濛然　迷茫的樣子。❺麻姑　傳說中的仙女名。

【語　譯】獨自坐在煉丹房，清淨幽寂無所事事。煮一壺茶，燒一炷香，看著達摩面壁圖。放下簾子一會兒，就不知不覺地心靜神清，氣息平和安穩，迷迷糊糊好像進入渾然一體的境界，彷彿邀請達摩與自己一起乘著木筏去見麻姑了。

【研　析】明代後期，文人求仙學道蔚然成風，或煉丹以求長生，或學佛以求解脫，道佛兼修，並無一定宗旨。

四・一六　無端妖冶❶，終成泉下骷髏；有分❷功名，自是夢中蝴蝶❸。

【注　釋】❶妖冶　豔麗、佚蕩貌。❷有分　有緣分。❸夢中蝴蝶　用莊周夢蝶的故事。

【語　譯】沒有緣由的妖冶風情，最終還是成為九泉之下的骷髏；有功名的緣分，也只是夢中的蝴蝶那樣虛幻。

【研　析】世上一切皆虛幻，美貌的女子最終成為猙獰的骷髏，苦苦追求的功名也只是轉眼即逝的夢。生命僅是短暫的過程，失去了生命，還有什麼是永恆的呢？

四·一七　累月獨處，一室蕭條。取雲霞為侶伴，引青松為心知。或稚子老翁，閒中來過，濁酒❶一壺，蹲鴟❷一盂❸，相共開笑口。所談浮生❹閒話，絕不及市朝❺。客去關門，了無報謝。如是畢餘生足矣。

【注釋】❶濁酒　品質不好的酒。❷蹲鴟　大芋頭。❸盂　盛食物的圓口器皿。❹浮生　虛浮不定的人生。語出《莊子》：「其生若浮，其死若休。」❺市朝　指爭名逐利的場所。

【語譯】好幾個月孤身獨處，滿室是蕭條的景象。將雲霞當做伴侶，把青松當做知己。有時小孩老人，在空閒的時候來訪，一壺濁酒，一盆大芋頭，一起談笑取樂。所談的都是生活中的閒話，絕不提名利的事情。客人去了關門，全然沒有道謝的意思。這樣度過餘生就滿足了。

【研析】此條描寫鄉村田園生活，寫出了農家生活的寧靜和簡樸、人際關係的真誠和溫情，饒有生活情趣。杜甫〈客至〉詩云：「舍南舍北皆春水，但見群鷗日日來。花徑不曾緣客掃，蓬門今始為君開。盤飧市遠無兼味，樽酒家貧只舊醅。肯與鄰翁相對飲，隔籬呼取盡餘杯。」此條與杜詩有異曲同工之妙。

四·一八　半塢❶白雲耕不盡，一潭明月釣無痕。

【注　釋】❶塢　村落。

【語　譯】半村的白雲耕耘不盡，一潭明月欲釣無痕。

【研　析】《山堂肆考》卷一百九「耕雲釣月」條載：「宋管師復，龍泉人，與弟師常俱有盛名，從胡瑗遊。師復自號『臥雲先生』。仁宗召至，問曰：『卿所得何如？』對曰：『滿塢白雲耕不盡，一潭明月釣無痕，臣所得也。』竟不受爵命。」雲不可耕，月不能釣，耕雲釣月是用來形容與白雲明月為伴的隱居生涯，並以白雲襯托悠閒無拘束的心情，以明月暗喻坦蕩純潔的胸懷。

四・一九　茅簷外忽聞犬吠雞鳴，恍似雲中世界❶；竹窗下惟有蟬吟鵲噪，方知靜裡乾坤❷。

【注　釋】❶雲中世界　指超脫塵世的神仙境界。葛洪《神仙傳》載：漢淮南王劉安好修道，最終成仙，所養雞犬也隨之升天，「雞鳴天上，犬吠雲中」。❷靜裡乾坤　在寂靜虛無中包涵的宇宙奧祕。邵雍詩：「靜裡乾坤大，閒中日月長。」

【語　譯】忽然聽到茅屋外狗叫雞鳴，彷彿在超脫塵世的雲中世界；竹窗下只有蟬唱鵲叫，才知道靜寂中包涵著乾坤的奧祕。

【研　析】此條描寫田園生活遠離塵囂，寧靜安逸。忽聞犬吠雞鳴，彷彿置身於神仙境界；幾聲蟬吟鵲噪，更增添了田園靜謐的氣氛。

四·二〇　如今休去❶便休去，若覓了❷時無了時。若能行樂，即今便好快活。身上無病，心上無事，春鳥是笙歌，春花是粉黛。閒得一刻，即為一刻之樂，何必情欲乃為樂耶？

【注釋】❶休去　停止；罷手。❷了　結束；完畢。

【語譯】如今能罷手時就罷手，若要尋找最後的結局，就永無結束的時候。若是能行樂，現在就可以去尋找快活。身上沒有病，心中沒有事，聽到春天的鳥鳴就像聽到美妙的音樂，看到春天的鮮花就像看到豔麗的女子。有一刻的休閒，就是一刻的快樂，何必要以情欲的滿足為快樂呢？

【研析】「如今」兩句見《法藏碎金錄》卷九，意為對待世上的事情不能過於執著，該罷手時就罷手，要敢於捨棄。宇宙在不止息地運轉，一切事情都沒有最後的結局，如果一定要尋求結局，那事情就永無結束之時。人們不應該追求終極目的，而是應該及時行樂，而行樂不一定是情欲的滿足，把欣賞春鳥春花當做欣賞歌舞聲色，就能擺脫世情欲念的束縛，獲得身心的自由。

四·二一　開眼便覺天地闊，撾鼓非狂❶；林臥不知寒暑更，上床空算❷。惟儉可以助廉，惟恕可以成德。

【注　釋】❶撾鼓非狂　用三國時禰衡擊鼓罵曹的典故。禰衡恃才傲物，曾為曹操的鼓吏。曹操宴會賓客，令禰衡穿鼓吏服擊鼓。禰衡在大庭廣眾之下裸身換衣，在擊鼓時痛罵曹操。撾鼓，擊鼓。❷上床空算　指算計世俗的利祿。《三國志・魏書・陳登傳》載：劉備在荊州與劉表論及天下名士，許汜在一旁說：「陳元龍（登）湖海之士，豪氣不除。……昔遭亂過下邳，見元龍，元龍無客主之意，久不相與語，自上大床臥，使客臥下床。」備曰：「君有國士之名，今天下大亂，帝主失所，望君憂國忘家，有救世之意，而君求田問舍，言無可采，是元龍所諱也，何緣當與君語？如小人，欲臥百尺樓上，臥君于地，何但上下床之間耶？」此處上床空算，即指求田問舍之事。

【語　譯】張開眼睛就覺得天地遼闊，像禰衡那樣擊鼓罵曹並不是狂傲；高臥山林不知道寒暑更替，上床盤算世俗的利祿也是徒勞。只有節儉才能助長清廉，只有寬恕才能成就德行。

【研　析】古人重節儉、寬恕，已見前文。「開眼」四句，取其對仗工整，善用典故，並無深意。

四・二二　山澤未必有異士，異士未必在山澤。

【語　譯】深山大川未必有奇異的人才，奇異的人才未必出於深山大川。

【研　析】「異士」，一般指堅持操守、道德高尚，而行為舉止不同常人，且不為世人理解者。在中國古代文獻中，奇人異士往往居住在偏僻的深山大澤之中，但實際情況並非如此，在繁華的城鎮集市中，也有不少這樣的異士。《儒林外史》最後寫到南京真正有道德操守的文人學士都已消磨盡，「那知市井中間，又出了幾個奇人」：一個是無業遊民季遐年，擅長寫字；一個是賣火紙筒的王泰，擅長圍棋；一個是開茶館的蓋寬，擅長繪畫；一個是裁縫荊元，擅長彈琴。這四個人分別代表琴棋書畫，是中國傳統文化的象徵。小說以這四個市井奇人收結全書，是要說明中國文化在士大夫階層中已經流失，而依然存在於市井民間。此條並沒有《儒林外史》那樣深刻的寓意，只是說「大隱隱於市」，在市井中也有奇人異士。

四·二三　業❶盡六根❷成慧眼❸，身無一物到茅庵。

【注釋】❶業　佛教語，泛指一切身心活動，有身業（行動）、口業（言語）、意業（思想活動）。業有善、不善、非善非不善三種，通常指不善的惡業，也作「孽」。❷六根　指眼、耳、鼻、舌、身、意，是產生視覺、聽覺、嗅覺、味覺、觸覺和意識的根源。❸慧眼　指能認識事物本質的智慧。

【語譯】消除業緣六根清淨才能修成慧眼，身無一物來到茅草屋修真養性。

【研析】佛教認為，人心本來就清淨無為，與世間萬物形成一體，才得以洞曉天地之理。但就是由於六根造孽，才有了煩惱與妄念，這就是罪孽。只有六根清淨，才能「業淨」，即清除罪孽，才能認識到一切皆虛幻，於是有了能認識事物本質的智慧。

四·二四 人生莫如閒，太閒反生惡業；人生莫如清，太清反類俗情。不是一番寒徹骨，怎得梅花撲鼻香。念頭稍緩時，便莊誦一遍。夢以昨日為前身，可以今夕為來世。

【語譯】人生的樂事都比不上悠閒，太悠閒反而會生出壞事；人生的境界都比不上清高，太清高反而和低俗一樣。不是經歷過徹骨的寒冷，怎麼能有梅花撲鼻的香氣。修身的念頭稍有鬆弛，就認真地念誦一遍。夢裡把昨天當做前世，可以把今天晚上當做來世。

【研析】人的一生，小時候為學業而苦讀，學成後為事業而拼搏，成家後為妻子兒女而忙碌，始終沒有安逸的時候，於是清閒就成為一種奢侈的享受。人們常說「享清福」，可見清閒即是福。然而太悠閒了，就會生出無數雜念，幹出許多無聊的事情，甚至犯下罪惡。人生最高的境界是清高，但過於清高，就是「矯情」，反而俗不可耐。也就是說，凡事都有個度，「過猶不足」，太清高就是不清高。「不是一番寒徹骨，怎得梅花撲鼻香」，是流傳甚廣的名句，形象地說明了只有經過艱苦的磨練，才能有所收穫，有所成就。生命是個流動的過程，昨日、今夕、來世，是時間的鏈接，生命的流動。世上一切事物皆如此：只有過程，沒有結果；運動是絕對的，靜止是相對的。此數句，都是佛家對世界、人生的認識。

四·二五 讀史要耐訛字，正如登山耐仄路，踏雪耐危橋，閒居耐俗漢，看花耐惡酒。此方得力。

【語譯】讀史書要忍耐錯字，就像登山要忍耐狹隘的小路，踏雪要忍耐高聳的橋，閒居要忍耐粗俗的人，看花要忍耐惡濁的酒。這樣才能受益。

【研析】此條言「讀史要耐訛字」，是說歷史記載多有錯誤不實之處，很多事情是以訛傳訛，讀史的人要有「史識」，善於識別真偽，這樣才能把握歷史的真實性，通過讀史有所收益。如果盲目信從史書，以假亂真，讀史非但無益，反而有害。然而，歷史總是有局限的。正史即官史，是統治者組織編纂的，對於史實的取捨和處理，都是從維護統治者的利益出發的，勢必反映了統治者的立場和觀點，並不能完全客觀地再現歷史的真實。野史為文士所編，很多是道聽塗說而來，受個人見識的局限更為明顯。我們今日所讀的歷史，都是經過不同程度過濾的歷史，很多歷史事實都被時間的洪流沖刷殆盡。因此，人們只能通過不斷的努力，逐步地接近歷史的真相，而不可能完全掌握歷史。

四·二六 世外交情，惟山而已。須有大觀眼❶，濟勝具❷，久住緣，方許與之為莫逆。

【注釋】❶大觀眼　宏大的見識。❷濟勝具　指能攀越佳景，登山臨水的好身體。語出《世說新語・棲逸》：「許掾好遊山水，而體便登陟，時人云許非徒有勝情，實有濟勝之具。」

【語譯】人世外的交情，只是山而已。必須有宏大的見識，強健的身體，長期相處的緣分，才能說與山是莫逆之交。

【研析】此條講遊山之道，需要有寬闊的胸懷，強健的身體，長期與山為伴，才能真正領會深山的妙處。不光遊山如此，做任何事情，或與人打交道，也是如此。與人相交，須有寬闊的胸懷，互相包容，長期相處，才能成莫逆之交。做一件事情，也需要遠大的見識，強健的身體，長期不懈地堅持，才能掌握事情的奧妙，取得一定的成效。

四・二七　九山散樵❶浪❷跡俗間，徜徉❸自肆❹，遇佳山水處，盤礴箕踞❺，四顧無人，則劃然❻長嘯，聲振林木。有客造榻與語，對曰：「余方遊華胥❼，接羲皇❽，未暇理君語。」客之去留，蕭然❾不以為意。

【注釋】❶九山散樵　明仲春龍，號九山樵人，嘉靖間太學生，授中書舍人。九山散樵或指此人。❷浪　《小窗幽記》無，據曹臣《舌華錄》補。❸徜徉　盤旋往返。❹自肆　放縱任意。❺盤礴箕踞　盤礴與箕踞同義，謂伸開兩腿而坐。古時盤礴、箕踞皆表示輕慢之態，此處形容舒適自在的樣子。❻劃然　象聲詞。蘇軾〈後赤壁賦〉：「劃然長嘯，草木震動。」❼華胥　指夢境。《列子・黃帝》：「(黃帝)晝寢，夢遊于華胥氏之國。」

❽羲皇　即伏羲氏，傳說上古時代的帝王。❾蕭然　瀟灑；悠閒。

【語　譯】九山散樵混跡於世俗之間，盤旋往返放縱任意。遇到山水優美的地方，就伸開雙腿坐下。環顧四周沒有人，就劃然長嘯，聲音震撼林木。有客人來訪，到臥榻邊與他說話，他回答說：「我正在做夢，會見羲皇，沒有時間聽你說話。」客人的去留，他悠閒地並不在意。

【研　析】此條見於明曹臣《舌華錄》，出自陸樹聲〈九山散樵傳〉，表現了明代文人狂放不羈、灑脫自在的精神風貌。

四・二八　**擇地納涼，不若先除熱惱❶；執鞭求富❷，何如急遣窮愁。**

【注　釋】❶熱惱　焦灼苦惱。❷執鞭求富　語出《論語・述而》：「富而可求也，雖執鞭之士，吾亦為之。」意為只要能追求財富，即使下賤的工作也願意做。執鞭，拿著鞭子駕車，表示卑賤的工作。

【語　譯】選擇地點乘涼，不如先去除心中的煩惱；不擇手段地去追求財富，還不如趕緊排遣因貧窮而產生的憂愁。

【研　析】此條強調心境的重要。俗話說「心靜自然涼」，心裡安靜，就覺察不到外界的炎熱。如果安貧樂道，也就不會因窮困而煩惱。佛教說「一切煩惱皆由心生」，就是這個道理。

四·二九 萬壑疏❶風清，兩耳聞世語，急須敲玉磬三聲❷；九天涼月淨，初心❸誦其經，勝似撞金鐘❹百下。

【注釋】❶疏 爽朗。❷兩耳聞世語二句 宋文瑩《玉壺清話》載：「（李建勳）嘗蓄一玉磬，尺餘，以沉香節安柄，叩之，聲極清越。客有談及猥俗之語者，則擊玉磬數聲於耳。客或問之，對曰：『聊代洗耳。』」磬，古代打擊樂器，狀如曲尺，用玉、石或金屬製成。❸初心 佛教語，指初發心願學習佛法者。此處作「專心」解。❹撞金鐘 指在寺院中撞鐘還願。

【語譯】萬壑中勁風清爽，兩耳聽到世俗話語，急須敲玉磬三下；天空中冷月明淨，專心誦讀經文，勝過撞一百次金鐘。

【研析】萬壑清風，常指隱士所居之地，元耶律鑄〈摘阮行呈呂西岡〉詩：「西岡老子古鄭客，灑落心胸如李白。或歌或嘯或吟臥，萬壑清風松下坐。」明陶安〈四望亭〉詩：「萬壑清風掃遺臭，野僧雲臥竹林間。」身居深山，遠離塵世，常與清風明月作伴，不願世俗之語汙耳，故陶安有「掃遺臭」之說。佛教有很多宗派，最流行的是淨土宗，其宗旨是發願往生淨土，念「南無阿彌陀佛」。由於淨土宗簡單易行，不像禪宗、律宗、天台宗、唯識宗、三輪宗、華嚴宗、密宗等有繁瑣的戒律、複雜的禮儀和玄妙的理論，因此深受普通民眾的歡迎。專心念經，勝過撞鐘，即主張學佛要簡捷，反對繁文縟節。其中關鍵是要專心。若不專心向佛，撞鐘百下，也只是「做一天和尚撞一天鐘」，敷衍度日而已。

四・三〇 無事而憂，對景不樂，即自家亦不知是何緣故，這便是一座活地獄❶。更說什麼銅床鐵柱❷、劍樹刀山也。

【注　釋】❶活地獄　人間地獄，比喻悲慘殘酷的世界。❷銅床鐵柱　與後文「劍樹刀山」，都是傳說中十八層地獄的酷刑。這裡比喻極其危險、困難的境地。

【語　譯】沒有事情白白地擔憂，對著美好的景色也不快樂，就是自己也不知道是什麼緣故，這就是一座人間地獄。更何況說碰到銅床鐵柱、劍樹刀山這樣危險的境地。

【研　析】人們應該樂觀地對待生活，保持良好的心態，這樣才能幸福。如果無事而憂，整日愁眉不展，就失去了生活的樂趣，再遇到一些困難挫折，就更難以應付。

四・三一 煩惱❶之場，何種不有？以法眼❷照之，奚啻蝎蹈空花❸。

【注　釋】❶煩惱　佛教語，謂迷惑不覺，人因貪念、嗔念、痴念而引起身心困擾，產生諸般痛苦，是輪迴的因緣。❷法眼　佛教謂佛有五眼：肉眼、天眼、慧眼、法眼、佛眼。法眼是能認識道之奧妙的眼光。❸蝎蹈空花　意謂人的一切欲望都是空幻虛無的。蝎，寄生在樹上的蟲。漢王充《論衡・商蟲》：「桂有蠹，桑有蝎。」北齊劉晝《新論・防欲》云：「身之有欲，如樹之有蝎。蝎盛則木折，欲盛則身亡。」

【語　譯】在煩惱場中，什麼樣的欲念沒有？以法眼觀照，人的欲念就像寄生在空花上的蝎蟲那樣虛幻不可靠。

【研　析】佛教認為欲念是一切煩惱的根源，而一切欲念都是心造的幻影，因此人的煩惱都是從自己的心中產生。要驅除煩惱，就要摒除欲念，保持心靈的澄淨。

四·三二　上高山，入深林，窮迴溪，幽泉怪石，無遠不到。到則拂草而坐，傾壺❶而醉。醉則更相枕藉❷以臥。意亦甚適，夢亦同趣。

【注　釋】❶傾壺　用酒壺倒酒，亦代指飲酒。❷枕藉　言縱橫相枕而臥。

【語　譯】登上高山，進入茂密的樹林，窮盡曲折的溪流，幽靜的泉水奇異的怪石，沒有一個遠處不到的。到了就撥開草坐下，倒酒喝醉。醉了就東倒西歪地互相枕靠著睡覺。感覺很愜意，夢裡的情趣也一樣。

【研　析】此節文字出自柳宗元〈始得西山宴遊記〉。「拂草而坐」，原文作「披草而坐」。「醉則」三句，原文為「醉則更相枕以臥，臥而夢，意有所極，夢也同趣」。柳宗元因參與王叔文集團的政治革新，被貶為永州司馬，寫下了著名的「永州八記」，〈始得西山宴遊記〉即為其中的一篇。當時柳宗元身處荒僻的永州且官賦閒職，遠離親朋好友，使他感到孤獨鬱悶，於是寄情於山水，用遊山玩水來打發時光，並試圖在大自然中尋覓人世間無法找到的精神慰藉。他的遊記，通過對自然景色的描摹，寄託自己的孤憤之情，抒發他對現實的不滿，同時也折射出他內心的崇高和人格的美。柳宗元的山水遊記，意境清幽，表現了作者高雅的情趣和深沉的感慨。

四・三三 閉門閱佛書，開門接佳客，出門尋山水，此人生三樂。

【語譯】關上門讀佛經，開門接待貴客，出門尋找山水勝景，這是人生的三大樂事。

【研析】人生樂事眾多，各人有各人的理解。此處所講「人生三樂」，是追求精神的快樂。讀佛經是尋求精神的解脫，接佳客是尋求精神的愉悅，尋山水是尋求精神的寄託。

四・三四 客散門扃❶，風微日落，碧月皎皎當空，花陰徐徐❷滿地。近簷鳥宿，遠寺鐘鳴，茶鐺❸初熟，酒甕乍開。不成八韻❹新詩，畢竟一團俗氣。

【注釋】❶扃　關門。❷徐徐　舒展的樣子。❸茶鐺　煎茶用的釜。❹八韻　即八聯，一韻為一聯兩句。

【語譯】客人散了關門，風微日落，明月皎潔當空，花陰舒展地鋪滿地上。房簷旁鳥入巢，遠處寺院鐘聲響，茶剛煮好，酒甕才開。不作成八韻的新詩，畢竟是一團俗氣。

【研析】月夜景色如畫，更能觸發文人的詩興，所謂「詩情畫意」是也。

四·三五 不作風波於世上，自無冰炭❶到胸中。

【注釋】❶冰炭 比喻性質不同的事物引起的矛盾衝突。

【語譯】不在世上惹是生非，自然心中就沒有矛盾衝突。

【研析】此二句出自宋邵雍〈安樂窩中自貽〉：「物如善得終為美，事到巧圖安有公。不作風波於世上，自無冰炭到胸中。」其意為通過正當的手段獲得的利益才是值得肯定的，如果煞費苦心鑽營而得，就不合乎公道。如果不惹是生非，捲入塵世的紛爭，不為貪欲私利所驅使做虧心事，內心自然坦然安樂。

四·三六 秋月當天，纖雲❶都淨，露坐空闊去處，清光冷侵，此身如在水晶宮裡，令人心膽澄澈❷。

【注釋】❶纖雲 微雲；輕雲。❷澄澈 明亮清潔。

【語譯】秋月當空，沒有一絲雲彩，坐在露天的開闊處，清冷的月光寒氣逼人，此刻人就像在水晶宮裡，心膽都變得澄淨透明。

【研析】秋天的月夜，明淨澄澈，令人神清氣爽，更能激發文人的遐想詩意，因此李煜〈虞美人〉詞起句說：「春花秋月何時了，往事知多少。」

四・三七　遺子黃金滿篋，不如教子一經。

【語譯】留給兒子滿箱的黃金，不如教兒子讀一種經書。

【研析】此二句出自《漢書・韋賢傳》：「鄒魯諺曰：遺子黃金滿籯，不如一經。」《藝文類聚》引《漢書・韋賢傳》，此句為「遺子黃金滿籯，不如教子一經」，這是強調子女教育的重要性。如果只將財產留給子女，而不注重對子女的教育，只能培養出一批貪圖享受，而無求生本領的紈絝子弟，再豐厚的家產也將揮霍殆盡。曹雪芹筆下的賈府，巴金筆下的高家，都因為子女的不肖而家道中落，為讀者提供了形象的反面教材。如果注重子女的教育，將子女培養成有健全的人格和高尚品質，有豐富知識和工作能力的人才，那麼家族就會興盛不衰。這個問題，在當今社會也有很強的現實性。

四・三八　凡醉各有所宜：醉花宜晝，襲其光也；醉雪宜夜，清其思也；醉得意宜唱，宣其和也；醉將離宜擊缽，壯其神也；醉文人宜謹節奏❶，畏其侮也；醉俊人❷宜益觥盂❸加旗幟❹，助其烈也；醉樓宜暑，資其清也；醉水宜秋，泛其爽也。此皆審其宜，考其景，反此則失飲矣。

【注釋】❶節奏　指行為的方式。❷俊人　風度高雅的人。❸觥盂　酒器。❹加旗幟　此三字疑為衍文。

【語譯】醉酒適宜於各種不同的場合：花前醉酒應該在白天，可以借助花的光彩；雪天醉酒應該在夜晚，可以使思緒更清明；得意時醉酒應該歌唱，可以宣洩他的和順之氣，離別時醉酒應該擊缽，可以強盛他的精神；與文人一起喝醉了，行為應該謹慎，害怕受到輕侮；與風度高雅的人一起喝醉了，應該添杯加盞，可以助長他的豪情；在樓上醉酒應該在夏天，可以借助高處的清涼；在水邊醉酒應該在秋天，可以體驗秋天的爽朗。這都是審視喝酒時適宜做的事情，考察喝酒合適的場景，如果不是這樣，那麼就失去飲酒的意味了。

【研析】此條言醉酒的不同境界和樂趣，顯示了文人雅士的生活態度和情趣。

四·三九　竹風一陣，飄颺茶灶疏煙；梅月半彎，掩映書窗殘雪。

【語譯】竹林中一陣清風，吹起茶灶上的輕煙；梅花旁半輪彎月，映照著書房窗外的殘雪。

【研　析】此條寫文人雅士的生活情趣。竹林清風、梅花明月寫出文人雅士居處的幽靜，又象徵文人雅士的高潔堅貞的品行，而品茗讀書則是文人雅士最喜愛的事情。

四·四〇　廚冷分山翠，樓空入水煙❶。

【注　釋】❶水煙　水上的煙靄，此處指細霧。

【語　譯】廚房冷落映入山的翠色，樓臺空荒飄入水氣細霧。

【研　析】此條言樓居的荒涼。「廚冷分山翠」，構想奇特而富有意趣。山色青翠，映入廚房，更顯出廚房的冷清；而「秀色可餐」，面對秀麗的景色，似乎忘卻了飢餓，顧不上做飯了。

四·四一　間疏滯葉通鄰水，擬典荒居作小山❶。

【注　釋】❶小山　指園林中人工堆積的假山。

【語　譯】有時疏浚渠中落葉溝通附近的水流，準備買下荒廢的居處建成假山。

【研　析】此條言修建園林的情形。晚明士大夫有三大癖好：飲酒、看戲、修建園林。晚明著名戲曲家祁彪佳作有《寓山注》，專門講他如何殫精竭慮修建園林。小說《金瓶梅詞話》也寫到暴發戶西門慶如何附庸風雅修造園林的事情。修建園林之風在江南吳越地區尤盛，所以如今江浙一帶的古園林很多修建於明代後期。

四·四二 聰明而修潔❶，上帝固錄清虛❷；文墨❸而貪殘，寘❹官不受辭賦。

【注釋】❶修潔 高尚純潔。❷清虛 即太清，指仙境。❸文墨 文書詞章，此處指善於舞文弄墨。❹寘 安置；處理。

【語譯】天資聰明而且修行高尚，上帝一定會把他引入仙境；善於舞文弄墨卻貪婪兇殘，任用官員時不會認同他的文章。

【研析】中國傳統思想認為道德重於文辭，如果一個人貪婪酷虐，文章寫得再好也不值得肯定。

四·四三 破除煩惱，二更山寺木魚聲；見徹性靈❶，一點雲堂❷優缽❸影。

【注釋】❶性靈 性情，也指人的內心世界。❷雲堂 寺院中僧侶坐禪的地方。❸優缽 即優缽羅，梵語指祥瑞花，在佛教中特指蓮花。

【語譯】聽到二更時山寺的木魚聲，就能破除煩惱；看到一點寺院中蓮花的影子，就能識透自己的性情。

【研析】古人認為，魚晝夜常醒，刻木像形擊之，所以警昏惰也。因此敲擊木魚，可以解除煩惱，驅散心中的魔障和欲念。因此深夜靜聽木魚聲，心境就會純淨平和、博大慈悲。佛教以蓮花為清淨無染，象徵人的本性純潔無邪，因此見蓮花即想到保持本性的天真。

四·四四　**興來醉倒落花前，天地即為衾❶枕；機息❷忘懷磐石上，古今盡屬蜉蝣❸。**

【注釋】❶衾　被子。❷機息　機心止息。機，即機心，指爭奪功名利祿的巧詐之心。機心止息意為甘於淡泊，與世無爭。❸蜉蝣　生活在水中生命極短的小蟲。

【語譯】興致來時醉倒在落花前，天地就是被子和枕頭；坐在磐石上忘卻了功名之心，古往今來都像蜉蝣那樣短暫。

【研析】賞花飲酒，醉倒便睡，以天地為枕被，是多麼瀟灑自在。摒棄功名利祿之念，就能跳出塵世，看透一切世事都是過眼煙雲。其中既有文人的狂放不羈，又有佛道的出世思想。在明代後期，這三種思想是糾纏在一起的。

四·四五　**老樹著花，更覺生機鬱勃；秋禽弄舌，轉令幽興瀟疏。**

【語譯】老樹開花，更覺生機勃勃；秋鳥鳴叫，反使幽興疏淡。

【研析】老樹開花，顯示出頑強的生命力，顧炎武〈又酬傅處士次韻〉云：「蒼龍日暮還行雨，老樹春深更著花。」感歎自己雖然年事已高，但還是要像荒野的老樹，綻放出爛漫的花朵，表現出積極的樂觀精神。秋天爽朗寂寥，幾聲鳥鳴，更增添了秋天疏淡的意趣。南朝梁王籍〈入若耶溪〉：「蟬噪林逾靜，鳥鳴山更幽。」王籍的詩句以動顯靜，用蟬噪鳥鳴的聲響來襯托山林的幽靜，「秋禽弄舌」兩句當從王籍詩句化出。

四·四六 完得心上之本來❶，方可言了心❷；盡得世間之常道❸，才堪論出世。

【注釋】❶心上之本來　即本性。❷了心　徹悟。❸常道　常理，普遍的法則、規律。

【語譯】完善了自己的本性，才可以說是大徹大悟；窮盡了人世間的常理，才可以談論出世。

【研析】此條言佛教修行，也見於《菜根譚》。佛教認為人的本性是純淨純善的，因為有了煩惱惡業諸多障礙，才迷失了自己的本性。因此只有斷除這些煩惱惡業，才能見到自己的真心。佛教講出世，初入中原時，盡棄綱常倫理，引起儒家文人的極端不滿。佛教為了在中原生存扎根，必須要融合中原地區固有的儒家文化，也開始重視世間的綱常倫理，認為人生在世，都有一定的責任和義務，要遵守五倫五常，即父慈子孝、兄友弟恭、夫義婦聽、君仁臣忠、朋友有信。一個人只有在各種角色中盡到自己的本分，才說得上修出世法。後期佛教認為世間善法是佛法的基礎，出世並不是要摒棄綱常倫理。

四·四七　雪後尋梅，霜前訪菊，雨際護蘭，風外聽竹，固野客❶之閒情，實文人之深趣。

【注釋】❶野客　村野之人，多指隱逸者。

【語譯】下雪後探尋梅花，降霜前觀賞菊花，下雨時保護蘭花，風起了遠聽竹響，固然是隱士的閒情，確實也是文人的幽趣。

【研析】梅蘭竹菊被稱為「四君子」，梅的品格是「傲」，蘭是「幽」，竹是「堅」，菊是「淡」。它們共同的特徵是清華其外，淡泊其中，傲然物外，不作媚世之態，因此成了文人追求的理想品格的化身，生活趣味的象徵，從而成為文人最為喜愛的審美對象。梅花開放在萬花紛謝的冬天，鬥雪凌霜，香清寒絕，淡雅純潔的高標逸韻歷來為文人所歆慕，踏雪尋梅也就成了文人的雅趣。明楊士奇〈劉伯川席上作〉云：「飛雪初停酒未消，溪山深處踏瓊瑤。不嫌寒氣侵入骨，貪看梅花過野橋。」深秋的菊花在風霜中傲然挺立，那淡雅的意趣，不畏寒冷的品性，成為文人品行的寫照，賞菊也就顯示出文人的悠閒。自陶淵明「採菊東籬下，悠然見南山」的詩句後，歷代詠菊者不計其數，著名的如蘇軾〈甘菊〉：「越山春始寒，霜菊晚愈好。」寫出了菊花不畏嚴寒的品格。中國文學，有以香草美人比喻忠臣義士的傳統，蘭花是最頻繁出現在文學作品中的香草。蘭花生長在幽谷，雖然無人賞識，依然孤芳自賞，因此隱士和失意的文人，最喜歡以蘭花自喻。竹子虛心直節，具有君子之風，無絲毫媚俗之態。所以蘇軾說：「寧可食無肉，不可居無竹。無肉令人瘦，無竹令人俗。人瘦尚可肥，士俗不可醫。」風吹竹林，龍吟鳳鳴，其聲清越，更令人心曠神怡。

四·四八　結一草堂，南洞庭月，北峨眉雪，東泰岱松❶，西瀟湘竹❷。中具晉高僧支法❸八尺沉香床，浴罷溫泉，投床酣睡。以此避暑，詎不樂乎！

【注　釋】❶泰岱松　泰山有五大夫松，傳說為秦始皇所封。泰岱，泰山。❷瀟湘竹　也稱湘妃竹、斑竹。傳說舜死，其妃娥皇、女英淚下，染竹成斑。二妃死後為湘水神，故稱湘妃竹。瀟湘，湘江。❸晉高僧支法　支法待考，一說是月氏高僧支法度，東漢末年至洛陽傳經，曾在平頂山創建香山寺。一說是法虔，晉高僧支遁（道林）同學。《世說新語》載：法虔死後，支遁悲痛欲絕。

【語　譯】修建一間草堂，南面是洞庭湖的月，北面是峨眉山的雪，東面是泰山的松樹，西面是湘江的斑竹。草堂中放一張晉代高僧支法的八尺沉香床，洗完溫泉，倒在床上酣睡。用這樣的方法避暑，難道不快樂嗎！

【研　析】雪月松竹，具有清雅的趣味，深受文人的喜愛。洞庭月、峨眉雪、泰岱松、瀟湘竹為天下名勝，時常見於詩詞歌賦。洞庭湖遼闊浩瀚，月光映照湖面，碧波粼粼，令人心神俱清。宋代文人張孝祥〈念奴嬌〉詞是這樣描寫洞庭月的：「洞庭青草，近中秋更無一點風色。玉界瓊田三萬頃，看我一葉扁舟。素月分輝、明河共影，表裡俱澄澈。悠然心會，妙處難與君說。」峨眉山海拔三千零八十公尺，山頂大半年積雪不化，有「一山有四季，十里不同天」的說法，山腳下是春天，半山是秋天，山頂就是冬天。峨眉山周圍峰巒連綿，積雪如銀，故蘇軾〈雪齋〉詩云：「君不見峨眉山西雪千里，北望成都如井底。」宋陳慥〈題扇七首〉其二說：「峨眉山北雪極目，方丈海中冰作壺。」峨眉山在中國西陲，此處言「北峨眉雪」，當為對仗所需，然也可作「峨眉山北雪」解。中國名山的松樹，以黃山松為一絕，但泰山的松樹也頗可觀，且泰山的五大夫松，相傳為秦始皇至泰山封禪時所封，歷史更為悠久。瀟湘竹，其名來自娥皇、女英的典故，也成為古代詩詞中經常出現的意象，參卷一第一一四條。

四·四九　人有一字不識，而多詩意；一偈❶不參，而多禪意❷；一句不濡❸，而多酒意；一石不曉，而多畫意。澹宕❹故也。

【注釋】❶偈　佛經中的唱詞，此處即指佛經。❷禪意　即禪心，謂清淨寂定的心境。❸濡　沾。❹澹宕　淡泊寧靜。

【語譯】有的人一字不識，卻多有詩意；一經不誦，卻多有禪意；滴酒不沾，卻多有酒意；一石不懂，卻多有畫意。這是因為淡泊寧靜的緣故。

【研析】「一字不識，而多詩意」，詩歌是人們真實感情的流露。那些不識字或識字不多的里巷市民和村野百姓，他們的言談往往毫無掩飾地表達了自己的感情，因此「多有詩意」。明代著名詩人李夢陽曾說：「真詩在民間。」那些沒有知識的村夫農婦，隨口吟唱的民歌才是真正的詩歌，而文人講究聲律詞藻，寫出來的不過是押韻的文章。明代「公安派」代表作家袁宏道也說：「故吾謂今之詩文不傳矣。其萬一傳者，或今閭閻婦人孺子所唱〈擘破玉〉、〈打草竿〉之類，猶是無聞無識真人所作，故多真聲。」李夢陽、袁宏道重視民間詩歌，是強調詩歌的言情作用。

「一偈不參，而多禪意」，禪宗不注重念經誦佛，而主張隨事體認，隨時參悟。其最典型的例子是禪宗六祖惠能。惠能幼不識字，在禪宗五祖弘忍手下劈柴燒火。弘忍年老，欲將衣鉢傳給弟子，命弟子各作一偈，以此測試弟子的佛教修為。弘忍手下的上座弟子神秀作一偈道：「身是菩提樹，心如明鏡臺。時時勤拂拭，勿使惹塵埃。」惠能聽了，隨口應道：「菩提本無樹，明鏡亦非臺。本來無一物，何處惹塵埃。」弘忍覺得惠能對佛教教義的領悟更為透徹，就將衣鉢傳給惠能。這就是不誦經而多禪意的例子。

「一勺不濡，而多酒意」，與酒不醉人人自醉的意思相近。醉酒後的飄飄欲仙的感覺，是很難得的人生境界，但這種境界，不是只有喝酒才能體會到的。「一石不曉，而多畫意」，是說雖然不懂畫石的技巧，但能欣賞奇石的趣味。此四句所言，主旨在說明「學問在書外」，很多知識、感覺並不是來自書本，而是來自人的本能的直覺。

四・五〇 以看世人青白眼❶轉而看書，則聖賢之真見識；以議論人雌黃口❷轉而論史，則左狐❸之真是非。

【注釋】❶青白眼 《晉書・阮籍傳》載：阮籍能作青白眼，看到世俗之士，則以白眼對之。後以青白眼表示對人的不同評價和態度。❷雌黃口 即信口雌黃，原意為不顧事實的隨意批評和亂說，此處意為不受拘束的自由批評。雌黃，可作顏料的礦物。古代用黃紙寫字，寫錯了就用雌黃塗抹重寫。後以雌黃作為批評糾錯的代詞。❸左狐 指董狐，春秋時晉國史官，因敢於秉筆直書被稱為良史。古代史官居帝王左右，分別記言和記事，因以左史作為史官的稱號。

【語譯】用批評世人的眼光去看書，那麼就會有聖賢的真知灼見；用不受拘束地議論別人的態度去研究歷史，那麼就會像左狐那樣認識真正的是和非。

【研析】此條言讀書識史，都要有所選擇有所批評，要有自己獨特的眼光，既不能迷信書本，也不能盲從成說。

四・五一 事到全美處，怨我者不能開指摘之端；行到至污處，愛我者不能施掩護之法。

【語　譯】事情到了十全十美的地步，怨恨我的人也不能找到指摘我的藉口；行為到了汙穢的極端，愛我的人也沒有辦法為我遮掩辯護。

【研　析】天下沒有十全十美的事情，因此每件事情都可以受到他人的指摘。行為到了極汙穢的程度，但也有人為之辯護，那就是顛倒黑白，指鹿為馬。

四·五二　必出世者方能入世，不則世緣易墮；必入世者方能出世，不則空趣❶難持。

【注　釋】❶空趣　淡泊寂靜的趣味。

【語　譯】一定是出世的人才能入世，不然容易墮入世間俗事的糾纏；一定是入世的人才能出世，不然難以堅持淡泊寂靜的趣味。

【研　析】有出世的胸襟，在處理世事時才不會受欲念牽制，此即前文所說「胸中沒些渣滓，才能處世一番」。若要出世，必先入世，這也是前面所說「盡得世間之常道，才堪論出世」的道理。參見前面研析。

四·五三　調性之法，急則佩韋，緩則佩弦❶；譜❷情之法，水則從舟，陸則從車。

【注　釋】❶急則佩韋二句　《韓非子・觀行》：「西門豹之性急，故佩韋以自緩；董安于之心緩，故佩弦以自急。」韋，皮條，其性柔軟。弦，弓弦，時常繃緊。❷譜　安排；處置。

【語　譯】調和性格的方法，性子急的就佩戴柔軟的皮條，性子慢的就佩戴弓弦；處置感情的方法要因地制宜，就像水路要乘船，陸路要坐車。

【研　析】此條言性格要控制，感情要調節。性格的緩急、感情的多少，都要因地制宜，根據實際情況適度掌握。

四・五四　才人之行多放，當以正❶斂之；正人之行多板，當以趣通之。

【注　釋】❶正　法度。

【語　譯】有才情的人行為多放縱，應當用法度加以約束；正經人行為多古板，應當用情趣使他圓通。

【研　析】一個人的性格沒有十全十美的，每一種性格都有其優點，也有其缺陷。自古才子多風流，有才情的人，富有浪漫色彩，行為狂放不羈。這樣的人熱愛生活，充滿活力，但也容易出軌，因此要用法度加以約束。正經的人循規蹈矩，安守本分，但過於迂執不化，缺乏情趣，因此要通過激發生活情趣使其靈活圓通。只有通過不同性格的互補，才能日趨完美。

四·五五　人有不及，可以情恕❶；非義相干，可以理遣❷。佩此兩言，足以遊世。

【注釋】❶情恕　原諒。❷遣　排除。

【語譯】別人有做不到的事情，可以加以原諒；事情與大義無關的，可以按照常理不加計較。記住這兩句話，足可以與世人交往。

【研析】《晉書》載衛玠「當以人有不及，可以情恕，非意相干，可以理遣，故終身不見喜慍之容」。此兩句言寬以待人，即孔子所說：「躬自厚而薄責於人，則遠怨矣。」

四·五六　冬起欲遲，夏起欲早；春睡欲足，午睡欲少。

【語譯】冬天起床要晚，夏天起床要早；春天睡眠要充足，午睡要少。

【研析】此條言人們日常的作息起居，很有些科學道理。人們的作息時間，當隨著季節的變化而變化。夏天早起，冬天晚起，與人的生物鐘調節相適應，於是許多地方在夏季實行夏令時，將時間提前一二個小時。春困夏乏，人們在春天容易感到困倦，因此「春眠不覺曉」，睡眠應該充足。據現代科學研究，午睡有益於健康，但午睡時間以不超過半小時為宜。

四·五七 無事當學白樂天❶之嗒然❷，有客宜仿李建勳❸之擊磬。

【注釋】❶白樂天　唐代著名詩人白居易。❷嗒然　指心無雜念的忘我境界。白居易有詩〈隱几贈客〉云：「有時猶隱几，嗒然無所偶。」❸李建勳　唐五代人。《玉壺清話》載：「（李）嘗蓄一玉磬，尺餘，以沉香節安柄，叩之，聲極清越。客有談及猥俗之語者，則擊玉磬數聲於耳。客或問之，對曰：『聊代洗耳。』」

【語譯】無事獨處應學白樂天嗒然，有客來訪要學李建勳擊磬。

【研析】白居易〈隱几贈客〉詩云：「有時猶隱几，嗒然無所偶。」語出《莊子·齊物論》：「南郭子綦隱几而坐，仰天而噓嗒焉，似喪其耦。」講的是個人修養的方法，通過靜坐達到心無雜念，物我兩忘的境界，也就是莊子所說的「心齋」「坐忘」，類似佛家的「打坐」「入定」，也與氣功調息相近。俗話說：「主雅客來勤。」然而客人也有雅俗之分，主雅客俗，話不投機，李建勳擊磬洗耳還算客氣的了，若遇阮籍，當以白眼相對。

四·五八 郊居誅茅結屋，雲霞棲梁棟之間，竹樹在汀洲❶之外。與二三同調❷，望衡對宇❸，聯捷巷陌，風天雪夜，買酒相呼，此時覺麴生❹氣味，十倍市飲。

【注釋】❶汀洲　水中陸地。❷同調　志趣相同。❸望衡對宇　看著簡陋的房屋。衡，橫在門窗上的橫木。宇，房簷。❹麴生　指酒。唐鄭棨《開天傳信記》載：「（葉）法善居玄真觀，嘗有朝客數十人詣之，解帶淹留，滿座思酒。忽有人叩門，云麴秀才。……麴生復至，扼腕抵掌，論難鋒起，勢不可當。法善密以小劍擊之，隨手失墜于階下，化為瓶榼，一座驚慴。遽視其所，乃盈瓶醲醖也。咸大笑，飲之，其味甚嘉。座客醉而揖其瓶曰：『麴生風味，不可忘也。』」

【語譯】在郊外割草蓋屋，雲霞映照在梁棟之間，竹林密布於汀洲之外，與二三個志趣相投的人，望著簡陋的房舍，相隨快步而行，在颳風的天氣下雪的夜晚，買來酒互相邀請，這時候覺得酒的味道，比在集市上喝的強十倍。

【研析】誅茅結屋，言居室之簡陋，古代詩文中常指僧人或隱士的住處。宋俞德鄰〈贈良常山人〉：「青歲迂踈厭市廛，誅茅結屋北山嶺。」明杭準〈松泉為王汝學題〉：「知君自是靜者流，苦心好松兼好泉。誅茅結屋崖之畔，寄傲幽情日忘反。」此條前三句寫隱者住處的環境，房屋雖然簡陋，卻有雲霞竹樹相伴，足可娛人心目。後幾句寫隱者的生活樂趣，與二三志同道合的朋友結伴而行，在風雪夜買酒相呼，是多麼瀟灑自在。

四・五九 萬事皆易滿足，惟讀書終身無盡，人何不以足知之一念加之書？又云讀書如服藥，藥多力自行。

【語　譯】萬事都容易滿足，只有讀書終身無止境，人為什麼不把知足的念頭放在讀書上？又說讀書好像吃藥，藥多了效力自然就能發揮。

【研　析】學無止境，世上的書是讀不完的，故有副對聯說：「書山有路勤為徑，學海無涯苦作舟。」古人又說：「開卷有益。」讀書總會有收穫，但這樣的收穫並不是立竿見影的，而是一個厚積薄發的過程，學問是靠讀書逐步積累起來的。正因為書是讀不完的，就有讀什麼和怎樣讀的問題。每個人應該根據自己的情況和需求，有目的有選擇地讀書，並在讀書的過程中加入自己的理解和思考。不能絕對地說書讀得越多就越好，如果不解決讀什麼和怎樣讀的問題，就會陷入「死讀書、讀死書、讀書死」的怪圈，書讀得再多也無用，甚至還有害。

四・六〇 醉後輒作草書十數行，便覺酒氣拂拂❶從十指中出去也。

【注　釋】❶拂拂　散布。

【語　譯】喝醉酒後每每寫十數行草書，就覺得酒氣源源不斷地從十指間流出去了。

【研析】此二句出自蘇軾〈跋草書後〉，形容他醉後揮毫精神振奮、氣脈順暢的狀態。

四·六一 書引藤為架，人將薜❶為衣。

【注釋】❶薜 薜荔，一種攀附在樹木和牆壁上的植物。〈九歌·山鬼〉云：「若有人兮山之阿，被薜荔兮帶女蘿。」後以薜蘿指隱士高人的衣服。

【語譯】書以藤條為架子，人把薜荔當衣服。

【研析】此二句出自唐代上官婉兒〈遊長寧公主流杯池〉詩，形容居處之清雅。明代徐渭即將其書屋命名為「青藤書屋」。

四·六二 從江干❶溪畔箕踞❷石上，聽水聲浩浩潺潺❸，粼粼泠泠❹，恰似一部天然之樂韻，疑有湘靈❺，在水中鼓瑟❻也。

【注釋】❶江干 江邊；江岸。❷箕踞 伸腿而坐。❸浩浩潺潺 形容水聲宏大。❹粼粼泠泠 形容水流清澈涼爽。粼粼，清澈。泠泠，清涼。❺湘靈 傳說中的湘水之神。《楚辭·遠遊》：「使湘靈鼓瑟兮，令海若舞馮夷。」❻瑟 古代的彈撥樂器。

【語譯】在江邊溪畔伸展雙腿坐在石頭上，聽流水發出宏大的聲響，澄澈清泠，恰似一部天然的樂章，疑是湘靈在水中鼓瑟。

【研析】流水聲豐富多彩，猶如大自然用神奇之手演奏的華彩樂章：長江大河，波濤洶湧，巨大的聲響震撼人心，使人意氣風發，豪情滿懷；山溪細流，蜿蜒曲折，聲音清脆悅耳，使人心曠神怡。孔子說：「知者樂水，仁者樂山。」古人喜歡聽水，有許多文人即以「聽水」為齋名。

四・六三　鴻❶中疊石，未論高下，但有木陰❷水氣，便自超絕。

【注釋】❶鴻　洪水；大水。❷木陰　樹影。

【語譯】在水中堆積山石，不管高低，只要有樹影水氣，就自然超凡脫俗。

【研析】此條言堆積假山的技巧。明代後期，文人修建園林成風，於是出現了像計成的《園冶》專門研究園林建築的書籍，其中專門談到假山的營造方法，也出現了一些善於堆積假山的能工巧匠。

四・六四　段田夫攜瑟就松風澗響之間曰：「三者❶皆自然之聲，正合類聚。」

【注釋】❶三者　指瑟聲、松風聲、澗水聲。

【語　譯】段田夫帶著瑟來到松林風鳴澗水聲響的地方，說：「三者都是自然的聲音，正該聚合在一起。」

【研　析】松風聲、澗水聲皆是自然之聲，而琴瑟所彈奏的卻是音樂，並非自發之聲。但古人彈瑟，多模仿自然的高山流水之聲，因此段田夫認為琴瑟之聲也為自然之聲。此條反映了中國古代崇尚自然的美學觀。

四·六五　高臥❶閒窗，綠陰清晝❷，天地何其寥廓也。

【注　釋】❶高臥　悠閒地躺著。❷清晝　晴朗的白天。

【語　譯】悠閒地躺在幽靜的窗下，窗外是綠樹成蔭天氣晴朗，這時會感覺到天地是多麼的遼闊深遠。

【研　析】俗話說「心遠天地寬」，心無雜念，襟懷坦蕩，就會覺得天地遼闊，身心自由而無拘束。

四·六六　少學琴書❶，偶愛清靜❷。開卷有得，便欣然忘食。見樹木交映，時鳥❸變聲❹，亦復歡然有喜。常言五六月，臥北窗下，遇涼風暫至❺，自謂羲皇❻上人。

【注釋】❶瑟書　《小窗幽記》原作「琴書」，據陶淵明〈與子儼等疏〉改。❷清靜　《小窗幽記》原作「清淨」，據陶淵明原文改。❸時鳥　應時而鳴的鳥。❹變聲　發出各種不同的聲音。❺暫至　突然而來。❻羲皇　即伏羲氏，傳說中上古時代的帝王。

【語譯】從小就學習彈瑟讀書，偶爾喜愛清淨。打開書本有收穫，就高興得忘記了吃飯。看到樹木交相掩映，應時而鳴的鳥發出各種不同的聲音，也覺得非常高興。經常說在五六月分，臥在北窗之下，遇到涼風突然而來，自己就覺得是羲皇時代的古人了。

【研析】此條出自陶淵明〈與子儼等疏〉，自述其隱居生活的情況，表現出悠閒自得的心境，成為後世文人仿效的榜樣。

四·六七　空山聽雨，是人生如意事。聽雨必於空山破寺中，寒雨圍爐，可以燒敗葉，烹鮮筍。

【語譯】在空寂的山中聽雨聲，是人生中如意的事情。聽雨一定要在空寂山中的破寺中，聽著寒雨聲圍著火爐，可以燒落葉，煮鮮筍。

【研　析】空山幽寂，淅淅瀝瀝的雨聲更增添了山中寧靜的氣氛。一個人能擺脫世事的纏縛，在空曠的深山中靜聽雨聲，心神澄澈安逸，可謂是人生一大樂事，並不是所有的人都有這種機遇的。空山聽雨，本是幽雅之事，如在破寺中寒雨圍爐、燒葉烹筍，既能禦寒，又能果腹，就更具情趣。為何要在破寺中燒葉烹筍？若是名寺古剎，香火必盛，就無片刻寧靜，更不能燒葉烹筍。燒葉烹筍，都是就地取材，可見破寺缺米少柴，更見蕭條。然雅趣恰從蕭條中顯出。

四·六八　鳥啼花落，欣然有會於心，遣小奴挈癭樽❶酤白酒，釂❷一梨花瓷醆❸，急取詩卷❹，快讀一過以咽之。蕭然❺不知其在塵埃間也。

【注　釋】❶癭樽　即癭杯，用癭木（楠樹樹根）做的杯子。癭，瘤子，也指樹木外表隆起似結節者。❷釂　飲盡杯中的酒。❸梨花瓷醆　白瓷酒杯。梨花瓷，白瓷，梨花色白，故稱。醆，同「盞」。酒杯。❹急取詩卷　《小窗幽記》原作「急取此軸」，據楊萬里〈跋歐陽伯威詩句選〉改。❺蕭然　瀟灑；悠閒。

【語　譯】鳥啼花落，領悟到其中的喜悅，派遣僮兒拿著癭杯去打酒。一口喝盡梨花瓷杯中的酒，急忙拿來詩卷，很快地讀一遍，讓嘴裡的酒咽下去。這時悠悠然不知道自己是在塵世間了。

【研　析】此節文章出自宋楊萬里〈跋歐陽伯威詩句選〉。「鳥啼花落，欣然有會于心」，當出自杜甫詩句：「感時花濺淚，恨別鳥驚心。」杜甫身處亂世，有感於時世艱危、親人分離，於是見花落淚、見鳥驚心。楊萬里晚年隱居石湖，生活悠閒，他從鳥啼花落中感悟到的是自然的韻律、生命的舒展，因此欣然會心，與杜甫的感情迥然不同。

四・六九　**閉門即是深山，讀書隨處淨土❶。**

【注釋】❶淨土　佛教語，指佛居住的無塵世汙染的清淨世界。

【語譯】關上門就好像身處深山，讀書時到處都是淨土。

【研析】關門躲避世俗，與隱居深山一樣。讀書能純潔靈魂，如同進入西方淨土。此條言修身養性，不在環境和形式，而在自己的內心。

四・七〇　**千巖競秀，萬壑爭流，草木蒙籠❶其上，若雲興霞蔚❷。**

【注釋】❶蒙籠　草木茂盛的樣子。❷雲興霞蔚　雲氣升起，彩霞聚集，形容景色絢麗多彩。

【語譯】千座山峰爭比秀麗，萬條水道競相奔流，草木茂盛遮蓋其上，好像雲氣升起，彩霞聚集。

【研析】劉義慶《世說新語・言語》載：「顧長康從會稽還，人問山川之美，顧云千巖競秀，萬壑爭流，草木蒙籠其上，若雲興霞蔚。」「千巖競秀，萬壑爭流」，寫山川之美，氣勢雄偉，形象貼切，成為千古名句。

四·七一 從山陰❶道上行，山川自相映發❷，使人應接不暇。若秋冬之際，猶難為懷。

【注釋】❶山陰 地名，今紹興。❷映發 照耀；映射。

【語譯】在山陰道上行走，兩旁山川自相映照，讓人應接不暇。若是秋冬之際，更令人難以忘懷。

【研析】此節文字出自《世說新語·言語》引王子敬語，以流動的視角寫會稽山川自相映發之趣，十分形象生動，也是廣為流傳的名句。

四·七二 欲見聖人氣象，須於自己胸中潔淨時觀之。

【語譯】要想見到聖人的氣象，須在自己心地澄明時去觀察。

【研析】所謂聖人氣象，指人們在治學修身中養成的精神氣質。這兩句話的意思是：要想知道聖人的精神氣質是怎樣的，不需要到聖人身上去找，只要自己胸中潔淨明朗，就可以觀察到。王守仁說：「聖人氣象何由認得？自己良知原與聖人一般，若體認得自己良知明白，即聖人氣象不在聖人，而在我矣。」陽明心學認為，人的良知即本性，原本是相同的，普通人和聖人並沒有什麼不同。聖人和普通人的區別僅在於聖人胸中無私心雜念，始終持有良知；而普通人被欲念所蒙蔽，失去了良知。如果普通人摒棄一切欲念，尋回泯滅的良知，保持心胸的潔淨，也就成了聖人。

四・七三 執筆惟憑於手熟，為文每事於口占。

【語　譯】執筆寫字只憑著手熟，作文章往往用口說。

【研　析】此節文字出自元虞集〈題吳傳朋書及李唐山水〉：「集時目疾在告，以公牘與史館曰：『執筆惟憑於手熟，為文每事於口占。』非飾辭也。」

四・七四 箕踞於斑竹林中，徙倚❶於青磯❷上。所有道笈❸梵書❹，或校讎❺四五字，或參諷❻一兩章。茶不堪精，壺亦不燥；香不堪良，灰亦不死。短琴無曲而有弦，長謳無腔而有音。激氣發於林樾❼，好風逆之水涯。若非義皇以上，定亦嵇阮之間。

【注　釋】❶徙倚　徘徊。❷磯石　水邊的石灘或岩石。❸道笈　道教典籍。❹梵書　佛教經書。❺校讎　考訂校勘。❻參諷　研究誦讀。❼林樾　林間的空地。

【語　譯】在斑竹林中伸腿而坐，徘徊在水邊青石之上。所有的道教典籍和佛教經書，或校勘四五字，或研究誦讀一兩章。茶不太精細，壺也不會乾；香不太好，灰也不會熄滅。短琴沒有樂曲卻有弦，長歌沒有腔調卻有聲音。激越之氣從林中空地發生，好風迎著水邊吹來。若不是羲皇以前的人，也一定在嵇康阮籍之間。

【研析】此條也見於陳繼儒《巖棲幽事》，表現了作者本人隱居山林的生活狀態，反映了晚明士大夫不從世俗、不拘禮教，追求自由閒適的精神風貌。

四·七五 聞人善，則疑之；聞人惡，則信之。此滿腔殺機也。

【語譯】聽到別人的長處就懷疑；聽到別人的罪惡就相信。這是胸中充滿了殺機。

【研析】不相信人能為善，只相信人能作惡，認為人性本惡非善，勢必會對人類、社會抱有懷疑、敵視的態度，此即為滿腔殺機。清代申涵光《荊園小語》說：「聞人之善而疑，聞人之惡而信，其人生平必有惡而無善，故不知世間復有作善之人也。」

四·七六 士君子盡心利濟❶，使海內少他不得，則天亦自然少他不得。即此便是立命❷。

【注釋】❶利濟　利物濟人，即救濟、施恩。❷立命　修身養性以奉天命。

【語譯】士君子盡心利世濟民，使整個國家少他不得，那麼上天也自然少他不得。這樣就是立命。

【研析】兼濟天下、澤被蒼生，是儒家所追求的人生目標和理想，也是人生價值所在。儒家認為，人不是僅僅為自己而活，而是肩負著社會的責任和義務，個人生命的意義，必須通過完成社會責任和義務而實現。

四·七七　讀書不獨變氣質，且能養精神。蓋理義❶收攝❷故也。

【注釋】❶理義　指社會道德規範、行事準則。❷收攝　約束管制。

【語譯】讀書不僅能改變氣質，而且能怡養精神。這是道德規範約束的結果。

【研析】讀書能養心安神，當你心神煩亂的時候，讀一些優雅的文學作品，就會感到一陣清風迎面撲來，使你心神寧帖。但此處所言讀書養神，是指讀宣揚禮儀道德的書，以此來驅除心中的種種雜念，使心地安寧明淨。

四·七八　周旋人事後，當誦一部《清淨經》❶；弔喪問疾後，當念一遍〈扯淡歌〉❷。

【注釋】❶清淨經　道教經典，全稱《太上老君說常清淨經》，作者不詳。道教傳說太上老君西遊龜臺，為西王母說《常清淨經》。此經僅四百零一字，宣揚道教遣欲入靜的修煉要旨，提出心神要常清淨，必須遣欲澄心，去掉一切貪求、妄想和煩惱，是道教日常諷誦修持的重要功課。❷扯淡歌　相傳為明代劉基（伯溫）所作，開頭說：「悶向窗前觀《通鑑》，古今世事多參遍。興亡成敗多少人，治國功勳經百戰。安邦名士計千條，北邙山下無打算。爭奪名利一場空，原來都是精扯淡。」歌的主體是敘述歷朝興亡征戰之事，最後道：「有人識破〈扯淡歌〉，每日拍手笑呵呵。遇著作樂且作樂，得高歌處且高歌。古今興廢奔波苦，一總編成〈扯淡歌〉。」

【語譯】在與人事周旋之後，應當誦讀一部《清淨經》；在弔唁死者慰問病人後，應當念一遍〈扯淡歌〉。

【研析】塵世紛紛擾擾，應當摒除貪欲和妄想，保持心神的清淨。在弔唁亡者、探訪病人之後，就體會到人生如夢，爭名奪利，到頭來都是一場空，人們應該「遇著作樂且作樂，得高歌處且高歌」，這樣才不枉此生。

四·七九　臥石不嫌於斜，立石不嫌於細，倚石不嫌於薄，盆石不嫌於巧，山石不嫌於拙。

【語譯】臥著的石頭不嫌斜，立著的石頭不嫌細，倚著的石頭不嫌薄，盆中的石頭不嫌纖巧，山中的石頭不嫌笨拙。

【研析】此條言賞石。中國古代文人愛石，通過觀賞奇石充分表現其藝術趣味。如宋代米芾見奇石則整衣冠而拜，南宋杜綰著《雲林石譜》，羅列了一百餘種石頭的產地、石質、形狀和色彩。清初李漁在《閒情偶寄》講到欣賞石頭的方法，認為山石之美在「透、漏、瘦」，以石頭表現了他的人格追求。

四·八〇 **雨過生涼境，閒情適鄰家。笛韻與晴雲斷雨❶逐，聽之聲聲入肺腸。**

【注釋】❶斷雨 時下時停的陣雨。

【語譯】雨過後產生涼意，有閒情造訪鄰居。笛聲與晴雲陣雨相追逐，聽了聲聲沁入肺腸。

【研析】夏日多陣雨，雨後頓生涼意，悠閒地去拜訪鄰居，輕鬆愜意的心情流露於文字之外。笛聲清亮婉轉，情意綿遠，猶如晴雲斷雨相逐，「東邊日出西邊雨，道是無情卻有情」。雲雨是男女情愛的喻示，笛子傳達的相思之情沁人肺腸，刻骨銘心。

四·八一 **不惜費，必至於空乏而求人；不受享，無怪乎守財而遺誚。**

【語譯】不知道愛惜錢財，一定會窮困而求助於人；不會享受，因守財而遭人嘲諷則不足怪。

【研　析】節約錢財而不吝嗇，懂得享受而不奢靡，說起來簡單，做起來並不那麼容易。因為節約和吝嗇、舒適和奢靡，並沒有固定的界限，都是因人因時因地而異。

四・八二　園亭若無一段山林景況，只以壯麗相炫，便覺俗氣撲人。

【語　譯】園林亭臺若沒有一段山林的自然景觀，只是以壯麗炫人耳目，就會覺得俗氣薰人。

【研　析】園林亭臺如果一味追求壯麗，就顯得俗氣，若點綴一些山林的自然景觀，格調就高雅得多。《紅樓夢》裡的大觀園，總體上是壯麗豪華，但也風格各異，既有怡紅院那樣華美的建築，也有瀟湘館那樣清幽的去處，更有稻香村那樣簡樸而富有村野趣味的地方，於是大觀園就充滿了生活情趣，雖然富貴而不俗氣。

四・八三　餐霞吸露❶，聊駐紅顏；弄月嘲風❷，閒銷白日。

【注　釋】❶餐霞吸露　道家求長生的修煉方法，也指超塵脫俗的神仙生活。❷弄月嘲風　玩賞月色，吟詠清風，常指寫詩抒情。

【語　譯】餐食霞光，吸飲露水，暫且留住青春；玩賞月色，吟詠清風，悠閒地消遣白天的時光。

【研　析】此條反映了晚明時期文人的生活狀態：學道求仙以求長生，吟誦風月以消遣時光，既是對生命的重視，也是對世俗生活享受的追求。

四・八四　清之品有五：睹標緻❶，發厭俗之心，見精潔❷，動出塵之想，名曰清興❸；知蓄書史，能親筆硯，布景物有趣，種花木有方，名曰清致❹；紙裹中窺錢，瓦瓶中藏粟，困頓於荒野，擯棄乎血屬❺，名曰清苦；指幽僻之耽，誇以為高，好言動之異，標以為放，名曰清狂❻；博極今古，適情泉石，文韻帶煙霞，行事絕塵俗，名曰清奇❼。

【注釋】❶標緻　文采韻致。❷精潔　精粹純潔。❸清興　清雅的興致。❹清致　美好的情趣。❺血屬　血緣親屬。❻清狂　方逸不羈。❼清奇　美妙奇異。

【語譯】清的品格有五種：看到文采韻致，產生了厭棄世俗的心，看到精粹純潔，動了超脫塵世的念頭，這就叫清興；知道收藏經書史籍，能用筆硯寫字作畫，布置景物有情趣，種植花木有方法，這就叫清致；紙包中找錢，瓦瓶中藏粟米，在荒野中過著艱難困苦的生活，被血緣親屬所拋棄，這就叫清苦；把沉溺於幽靜冷僻的愛好，誇張為高古，喜好異常的言論行動，標榜為狂放，這就叫清狂；博古通今，放情於泉石，文章夾帶煙霞的風韻，行事超塵脫俗，這就叫清奇。

【研　析】「清」是中國古代文人所追求的一種道德修養和審美境界，其基本涵義是高潔淡雅、純粹沖和。此條文字總結了「清」在日常生活中的各種表現：清興，指高雅的興致；清致，指美好的情趣；清苦，指守貧刻苦；清狂，指狂放不羈；清奇，指美妙奇異，清秀不凡。興致通常連用，指人的愛好興趣。此處興指愛好，精神上的審美取向；致指風度，通過具體行為表現的人格修養。清苦即貧苦，但含有能守得住貧苦，在逆境中不改變節操的意思。清狂指行為不拘禮教，不遵世俗，能通過驚世駭俗之舉顯示出一種人格美，這也是清狂不同於瘋狂、癲狂、痴狂的原因。清奇指人清高不凡的舉止，與清狂有相近之處，但對世俗和禮法的衝擊力不及清狂。

四·八五　對棋不若觀棋，觀棋不若彈瑟，彈瑟不若聽琴。古云：「但識琴中趣，何勞弦上音。」❶斯言信然。

【注　釋】❶古云三句　出自《晉書·陶潛傳》：「性不解音，而蓄素琴一張，弦徽不具，每朋酒之會，則撫而扣之曰：但識琴中趣，何勞弦上音。」

【語　譯】下棋不如看棋，看棋不如彈瑟，彈瑟不如聽琴。古人說：「只要領會琴中的意趣，何必一定要有弦上彈奏出來的聲音。」這句話是很正確的。

【研　析】下棋必定有勝負，於是難免有殺伐之氣和得失之心。觀棋者置身於勝負之外，心情自然悠閒從容。然而，「當局者迷，旁觀者清」，觀棋者看到下棋者失誤連連，想在一旁指點幾招，因有「觀棋不語真君子」的戒條而無法開口。可是自己成算在胸，如骨鯁在喉，不吐不快，悠閒平和的心境蕩然無存。與其如此受煎熬，不如去彈瑟自娛。但是瑟音淒切，讓人感傷，還不如去聽人彈琴，高山流水，琴韻悠揚，盪氣迴腸，令人神往。然而，欣賞音樂，除了那能捕捉到的節奏旋律，還有許多弦外之音，更需要人們去細細領會體驗。音樂如此，人生也如此，世事如棋局，人心如無弦琴，誰能理解人生的真實意義呢？

四・八六　奕秋❶往矣，伯牙❷往矣，千百世之下，止存遺譜，似不能盡有益於人。唯詩文字畫，足為傳世之珍，垂名不朽。總之身後名，不若生前酒耳。

【注　釋】❶奕秋　古代善於下棋的人。《孟子・告子上》：「奕秋，通國之善奕者也。」❷伯牙　春秋時善於彈琴者，見卷三第六二條。

【語　譯】奕秋已經不在了，伯牙已經不在了，千百年之後，只有流傳下來的棋譜和樂譜，好像不是全有益於今人。只有詩文字畫，足可以成為傳世的珍寶，名垂不朽。總之身後的名聲，不如生前的酒。

【研　析】下棋彈琴，作為一種技藝，是隨著時代的變遷而發展的，因此古代流傳下來的棋譜和琴譜，反映了當時棋、琴的水平，不一定適用於後世。文人的詩文字畫，往往年代越久，名氣越大，價值越高。然而，身後的名聲有什麼終極意義呢？晉張翰說：「使我有身後名，不如即時一杯酒。」李白〈行路難〉也說：「且樂生前一杯酒，何須身後千載名。」古代的棋譜、琴譜代表了往日的輝煌；傳世的詩文字畫象徵著後世的名聲，但都不如眼前一杯酒那樣現實的享樂有意義。

四·八七 君子雖不過信人，君子斷不過疑人。

【語譯】君子雖然不過分相信人，君子斷然不會過分懷疑人。

【研析】俗話說：「逢人只說三分話，未可全拋一片心。」世事難料，人心叵測，若過於輕信別人，往往會上當受騙。在與人交往時，應當保持一分警惕，遇到事情，應當有自己的判斷，不能盲目追隨他人。但也不能無故懷疑別人，否則就容易得罪人，交不上朋友，自己也會疑神疑鬼，終日惶恐不安。與人相處，應該「信人勿疑，疑人勿信」，對不太瞭解的人，既不能過於輕信，也不能無故懷疑，而對於很瞭解的朋友，就要給予充分的信任。

四·八八 人只把不如我者較量，則自知足。

【語譯】人只是與不如自己的人比較，就自然會知足。

【研　析】俗語道：比上不足，比下有餘；知足者常樂。知足常樂是名利場中的鎮靜劑，能使人保持恬淡的心情和悠然的生活方式；也是競賽場上的麻醉劑，使人滿足現狀，失去積極進取的生活態度。知足常樂也會導致阿Q式的自大，看到趙老太爺卑躬屈膝，見了小尼姑就趾高氣揚。在當今社會中，抱有這樣心態的人不在少數。

四・八九　折膠❶鑠石❷，雖累變於歲時，熱惱清涼，原只在於心境。所以佛國都無寒暑，仙都長似三春。

【注　釋】❶折膠　化膠，形容嚴寒。蘇軾〈玉石偈〉：「當觀熱相無去來，寒至折膠熱流金。」❷鑠石　熔化石頭，形容酷熱。《淮南子・詮言》：「大熱鑠石流金，火弗為益其烈。」

【語　譯】嚴寒酷熱，雖然在一年中累累變遷，炎熱涼爽的感覺，原本只在於心境。所以佛國都沒有寒暑，仙都長年好像春天。

【研　析】俗話說心靜自然涼，人的心境可以改變對於外界的感覺。學佛修道的人，心靜如水，不受外界環境的影響，所以一年四季都是春天。

四・九〇　鳥棲高枝，彈射難加；魚潛深淵，網釣不及；士隱岩穴，禍患焉至。

【語　譯】鳥兒棲息在高枝上，彈弓難以射到牠；魚兒潛藏在深水中，魚網抓不到牠；高人隱居在洞穴中，禍患怎麼會降臨。

【研　析】隱居岩穴，遠離塵世，沒有是非纏繞，就能避開禍患。生當亂世，人們往往逃往窮鄉僻壤，以躲避紛飛的戰火，就如桃花源中人，為避秦末之亂，寄居在洞穴之中，「不知有漢，無論魏晉」。魏晉時期，戰亂頻仍，人們希冀找到一塊太平的樂土，於是產生了像〈桃花源記〉那樣描寫隱居岩穴生活的「洞穴文學」。然而，在封建社會的太平盛世，人們也會遭受飛來橫禍，因此隱居田野以求安逸，始終是文人們尋求的一條出路。

四·九一　於射而得揖讓❶，於棋而得征誅，於忙而得伊周❷，於閒而得巢許❸，於醉而得瞿曇❹，於病而得老莊❺，於飲食衣服、出作入息而得孔子。

【注　釋】❶揖讓　賓主相見的禮儀。❷伊周　伊尹和周公，是輔助商湯和周成王的忠臣。❸巢許　巢父、許由，上古的隱士，堯曾想讓位給兩人，兩人拒不接受。❹瞿曇　釋迦牟尼的姓，此處指佛教。❺老莊　老子和莊子，道家的代表人物。

【語　譯】從射箭中得到揖讓的禮儀，從下棋中得到征伐攻戰的道理，從繁忙中得到伊尹、周公的忠誠，從悠閒中得到巢父、許由的風致，從醉酒中得到佛教的空寂，從病痛中得到老莊的超脫，從飲食衣服、出入作息得到孔子的道德。

【研 析】古代射箭有一套禮儀規範，《禮記・射義》說：「故射者，進退周還必中禮，內志正，外體直，然後持弓矢審固，持弓矢審固，然後可以言中，此可以觀德行矣。」因此，可以從射箭中學習禮儀，增加道德修養，孔子說：「君子無所爭，必也射乎！揖讓而升，下而飲，其爭也君子。」這句話的意思是：射箭固然要爭勝負，但這是君子之爭，行為舉止都是符合禮儀的。古話說：「唐虞揖讓三杯酒，湯武征誅一局棋。」世事如棋局，下棋如征戰，從下棋中可以領會到征戰的道理。

伊尹本是耕種於莘野的農夫，後來輔助成湯滅夏，成為一代名臣。周公輔助武王治理天下，日理萬機，於是有「一沐三握髮，一飯三吐哺」的說法。巢父、許由是堯時的隱士，堯要傳位給巢父，被巢父拒絕，又要傳位給許由，也遭到許由的拒絕。後來巢、許就成為隱士的典範。

佛教禁止飲酒，認為酒為殘賢毀聖、敗亂道德的惡源，亦能令一切眾生心生顛倒，失慧致罪，因此《阿含經》載佛陀所宣說「五戒」，即為不飲酒、不殺生、不偷盜、不邪淫、不妄語。喝醉了才知道酒能亂性，才想到佛教提出的「五戒」。老莊對生命採取超脫的態度，把生老病死看作自然的過程，是人力所不能改變的。《莊子・大宗師》說：「死生，命也，其有夜旦之常，天也。人之有所不得與，皆物之情也。」因此，莊子在妻子死後鼓盆而歌。一個人在病患之中，就能體會到莊子對生命的超脫。

孔子講究禮儀道德，並將這種禮儀道德貫穿於日常生活之中。《論語・鄉黨》論飲食：「食不厭精，膾不厭細。……不時，不食。割不正，不食。……唯酒無量，不及亂。」談到穿衣服，提出君子不用青紅色和暗紅色的布做鑲邊，不用紅紫色的布做居家的便服。在夏季，穿麻布做的單衣，一定要套在外面，等等。談到出入作息，則說「食不語，寢不言」，「席不正，不坐」，「鄉人飲酒，杖者出，斯出矣」，等等。儒家的禮儀，限制著人們的一舉一動，很多地方顯得繁瑣而沒有意義，但總體上還是體現了中華民族的傳統精神和文化。

四·九二　前人云：「晝短苦夜長，何不秉燭遊？」❶不當草草看過。

【注釋】❶前人云三句　出自〈古詩十九首〉。

【語譯】前人說：「苦在晝短夜長，為什麼不秉燭夜遊？」這兩句話不應當草率地看過。

【研析】魏晉時期，生命意識開始覺醒，人們開始體會到生命的短促，於是有人認為應該抓緊時機建功立業，垂名千古；有人則認為應該及時行樂，滿足眼前的享受欲望。這兩種不同的生活理念，代表了不同的價值取向，但都顯示出對生命的重視。「晝短苦夜長，何不秉燭遊」，是提倡及時行樂，對後世文人的影響很大。李白〈春夜宴桃李園序〉開篇說：「夫天地者，萬物之逆旅；光陰者，百代之過客。而浮生若夢，為歡幾何？古人秉燭夜遊，良有以也。」

四·九三　優人❶代古人語，代古人笑，代古人憤，今文人為文似之。優人登臺肖古人，下臺還優人，今文人為人❷又似之。假令古人見今文人，當何如憤，何如笑，何如語？

【注　釋】❶優人　古代戲曲、曲藝藝人。❷為人　原文作「為文」，據文意逕改。

【語　譯】優人代古人說話，代古人笑，代古人生氣，如今文人寫文章也像這樣。優人登臺演出模仿古人，下了臺還是優人，如今文人做人又是如此。如果讓古人見到現在的文人，會如何生氣，如何笑，如何說話呢？

【研　析】此條文字批評文壇抄襲模擬之風。明代中後期，以李夢陽、何景明為代表的「前七子」和以李攀龍、王世貞為代表的「後七子」，在文壇掀起一股復古思潮，提倡文學先秦兩漢，詩學盛唐以前，在當時聲勢甚隆。一些文人追隨前後七子，寫詩作文極力模擬古人，失去了文學的創造力，從而引起許多人的不滿和批評，於是先後有唐宋派和公安派出現，改變了文壇的風氣。寫詩作文一味剿襲模仿古人，就如優人演戲，只是模擬古人的言談舉止。戲曲作為代言體的藝術，演員扮演一個角色，言談舉止就要符合那個角色的身分和情感，而不能表現出演員的本來面目。文學創作卻不能如演戲那樣，完全模擬古人，而應該表現自己的個性和特點。中國的文論還強調「文如其人」，「文品即人品」，作家的個人品行和他的創作是相契合的。如果以抄襲模擬代替創作，那麼作品就不能真實地表現作家的品格，就如演員演戲，臺上是角色，臺下是演員，角色和演員是分離的。

四·九四 看書只要理路❶通透，不可拘泥舊說，更不可附會新說。

【注釋】❶理路 理論；道理。

【語譯】看書只要領會道理，不能拘泥舊的說法，更不可附會標新立異的說法。

【研析】此條講讀書的方法。書本知識大多是前人智慧的結晶，對於讀者有一定的借鑑意義。但前人的說法並不都是正確無誤的，有些書本載錄的前人見解本身就是錯誤的，也有些在當時並不錯，但隨著時代的發展，前人的知識日益暴露出他的局限性，甚至由正確轉變為錯誤。因此讀書要善於鑑別，不能盲從古人，不能迷信舊說。也有些作者，為駭人耳目，故作驚人之語，實際上毫無意義，對於這些標新立異的學說，更應該加以摒棄。

四·九五 簡傲❶不可謂高，諂諛❷不可謂謙，刻薄不可謂嚴明，闒茸❸不可謂寬大。

【注釋】❶簡傲 疏狂傲慢。❷諂諛 阿諛奉承。❸闒茸 柔媚順從。

【語譯】疏狂傲慢不能算清高，阿諛奉承不能算謙虛，寡恩刻薄不能算嚴明，柔媚順從不能算寬大。

【研　析】傲慢是看不起人，清高是潔身自好，但過分清高，就會覺得眾人皆濁，唯我獨清，於是清高成了傲慢。諂諛是曲意討好別人，謙虛是虛心不自滿，謙虛的目的不是討好別人，但會讓對方感到舒服。用貶低自己的方法來抬高別人，謙虛就成了諂諛。刻薄者冷酷無情，嚴明者賞罰分明，如果只罰不賞，嚴明就成了刻薄。闒茸是討好順從人，寬大是能寬容他人，但過分的寬容就是縱容，與闒茸沒有什麼區別。

四・九六　作詩能把眼前光景、胸中情趣，一筆寫出，便是作手❶，不必說唐說宋。

【注　釋】❶作手　指製作工藝品和寫詩作文的能手。

【語　譯】寫詩能把眼前的光景、胸中的情趣，不加雕琢地一筆寫出，就是寫詩的高手，不必推崇唐詩或宋詩。

【研　析】自元代以後，中國詩壇一直存在著宗唐或宗宋的兩種傾向，無論宗唐還是宗宋，都擺脫不了復古的積習。明代公安派出，提倡「不拘一格，獨抒性靈」，主張詩歌只須充分表達真實的感情，不必受形式格律的束縛，更無須講究學唐還是學宋。此條所言，與公安派的文學理論相一致。

四・九七 少年休笑老年顛❶，及到老時顛一般。只怕不到顛時老，老年何暇笑少年。

【注　釋】❶顛　昏聵糊塗。

【語　譯】少年人不要嘲笑老年人顛懂，等到老的時候也一樣顛懂。只怕活不到顛懂的老年，老年人哪裡有空去嘲笑少年人。

【研　析】每個人都會從少年走向老年，因此少年人不應該嘲笑輕視老年人，要養成尊老敬老的風氣，這是社會文明的標誌。

四・九八 飢寒困苦福將至已，飽飫❶宴遊❷禍將生焉。

【注　釋】❶飽飫　吃飽。❷宴遊　宴飲遊樂。

【語　譯】飢寒困苦的時候幸運就要降臨，飽食遊樂禍患即將發生。

【研　析】《孟子》說：「生于憂患，死于安樂。」又說：「天將降大任于斯人也，必先苦其心志，勞其筋骨，餓其體膚，空乏其身，行拂亂其所為，所以動心忍性，曾益其所不能。」俗話也說：「吃得苦中苦，方為人上人。」只有經過艱難困苦的磨練，才能鍛煉意志，增長才能，成就一番事業。反之，一個人長期過著安樂的生活，就會滿足現狀，不思進取，喪失生活和工作的能力，終將被社會淘汰。歐陽脩〈五代史伶官傳序〉說：「憂勞可以興國，逸豫可以亡身。」春秋時夫差滅越，句踐臥薪嚐膽，十年生聚，十年教訓，最後打敗吳國，完成了復國大業。夫差在滅越後，自認為霸業已成，整日與西施在館娃宮宴遊作樂，最後國亡身死。生於憂患，死於安樂，國家如此，個人也如此。司馬遷在〈報任安書〉中說：文王拘而演《周易》，仲尼厄而作《春秋》，孫臏刖足著兵法……，而司馬遷本人也是在遭宮刑後，發憤著述，寫出了不朽著作《史記》，這都是個人在困厄中發憤有為的例子。

四·九九 **打透生死關，生來也罷，死來也罷；參破名利場，得了也好，失了也好。**

【語譯】打通了生死這一關，生也罷死也罷，都是一回事；看破了名利場，得也好，失也好，結果都一樣。

【研析】從佛教而言，打透生死關，就是超越生滅之見，體悟到不生不滅的本性，此時便無生死可言。名利也是如此，得失皆是虛幻。如能跳出名利外，得也不喜，失也不憂，就不會被痛苦纏繞。

四·一〇〇　混跡塵中，高視物外❶；陶情❷杯酒，寄興篇詠❸；藏名一時，尚友❹千古。

【注釋】❶高視物外　超凡脫俗。高視，傲視。物外，世外。❷陶情　怡悅性情。❸篇詠　指詩歌。❹尚友　上與古人為友。宋朱熹〈陶公醉石歸去來館〉：「予生千載后，尚友千載前。」

【語譯】行跡混雜在塵世中，心胸卻超凡脫俗；用杯酒怡養性情，用寫詩來寄託意趣；隱藏名聲在一時之間，與千年之前的古人為友。

【研析】此條言隱士的生活追求和生活方式。古語說：「小隱隱山林，大隱隱市朝。」真正的隱士不受環境的影響，即使在市朝中，也能排除塵囂的干擾，超脫世俗，達到物我兩忘的境地。「陶情杯酒，寄興篇詠」，以詩酒相伴，是隱士的生活方式。隱士不求聞達於世，而是與古人為友，「臥北窗下，作羲皇上人」。

四·一〇一　癡矣狂客，酷好賓朋；賢哉細君❶，無違夫子❷。醉人盈座，簪裾半盡。酒家食客滿堂，瓶甕不離米肆。燈燭熒熒❸，且耽夜酌；爨煙寂寂❹，安問晨炊。生來不解攢眉，老去彌堪鼓腹❺。

【注釋】❶細君　古代諸侯之妻稱細君，後泛稱妻子。❷夫子　此處指丈夫。❸熒熒　光焰閃爍。❹寂寂　冷清的樣子。❺鼓腹　吃飽了鼓起肚子。指悠閒適意的樣子。《莊子・馬蹄》：「夫赫胥氏之時，民居不知所為，行不知所之，含哺而熙，鼓腹而遊。」

【語譯】痴顛的狂客，酷愛賓朋；賢慧的妻子，不違背丈夫。滿座都是喝醉的人，玉簪半卸衣襟半敞。酒店的食客滿堂，瓶甕離不開米店。燭光閃爍，沉溺夜飲；炊煙冷清，怎麼問早餐做了沒有。平生不知道皺眉，老了更加悠閒適意。

【研析】此條出自屠隆《娑羅館清言》，是他自己生活的寫照。屠隆是明代著名文人，「以詩文雄隆（慶）、萬（曆）間，在弇州四十子之列，雖宦途不達，而名重海內」（錢大昕〈考槃餘事序〉）。他還是一個有影響的劇作家，著有《彩毫記》、《修文記》、《曇花記》三種傳奇。屠隆為人豪放曠達，浪跡於山水之間，寄情於聲色之中，他自己說：「時時脫細君繡襦簪珥，向燕姬壚頭貰酒佐客，歡客跳地仰天大呼浮白，不知鮑宣家桓夫人耀首之具盡矣。」（《白榆集》卷十一〈報董伯念〉）此段文字，可與「癡矣狂客，酷好賓朋；賢哉細君，無違夫子。醉人盈座，簪裾半盡」數句相印證。屠隆的生活態度和方式，在晚明很有代表性。

四・一〇二　皮囊❶速壞，神識❷常存，殺萬命以養皮囊，罪卒歸於神識。佛性❸無邊，經書有限，窮萬卷以求佛性，得不屬於經書。

【注　釋】❶皮囊　指人的軀體。❷神識　精神魂魄。❸佛性　參透佛理的悟性。

【語　譯】人的軀體很快就會腐朽，精神魂魄卻是永久存在的，宰殺眾多的動物來養活臭皮囊，罪孽最終歸於精神魂魄。佛性無邊無際，經書卻很有限，讀盡萬卷經書來求取佛性，得到的佛性並不在經書中。

【研　析】佛教認為，人們由於認識的困惑迷亂（無明），而在行為上造成種種「業」，這些業都儲存在神識——佛教稱為阿賴耶識中。阿賴耶識是世界和自我的本源，含藏一切事物的種子，也是輪迴的主體和解脫的依據。人的軀體會腐朽消失，而阿賴耶識是永存不朽的。學佛的人要體識阿賴耶識，也就是領悟佛性，就要念誦經書。但領悟佛性，並不依賴於意識，經書中的文字只是指引人們體認佛性的方法，而不是佛性的本體。

四·一〇三　人勝我無害，彼無蓄怨之心；我勝人非福，恐有不測之禍。

【語　譯】別人勝過我沒有害處，因為他沒有積蓄怨恨的心思；我勝過別人不是福氣，恐怕有意想不到的禍患。

【研　析】人都有好鬥爭勝之心，如果你勝過別人，別人就會不服氣，甚至嫉恨你，於是就有意想不到的禍患降臨。如果你不如別人，別人的自尊心得到滿足，就不會有不利於你的想法和行為。老莊宣揚抱樸守拙，以退為進的思想，就是基於對人性的這種認識。

四·一〇四　書屋前，列曲檻❶栽花，鑿方池浸月，引活水養魚；小窗下，焚清香讀書，設淨几鼓琴，捲疏簾❷看鶴，登高樓飲酒。

【注釋】❶曲檻　曲折的欄杆。❷疏簾　稀疏竹織的窗簾。

【語譯】書屋前，設置曲折的欄杆栽花，開鑿方池映照月光，引來活水養魚；小窗下，點燃清香讀書，架設潔淨的茶几彈琴，捲起竹簾看鶴，登上高樓飲酒。

【研析】此條言文人的生活方式和情趣。「列曲檻栽花，鑿方池浸月，引活水養魚」言園林的營造。著名歷史學家謝國楨在論及晚明文人風尚時說，修建園林、宴飲觀劇是當時文人最大的愛好。許多文人為修建園林，殫心竭慮，耗費鉅資，中國現有的古典園林，明代修建的最多，也最著名。琴棋書畫是文人必修的科目，焚香讀書，淨几彈琴，是文人傳統的生活方式。古代文人有焚香愛好，宋洪芻著有《香譜》、葉廷珪著有《名香譜》、明臞仙著有《焚香七要》，專論各種香料的特性、香料的配製、焚香的方法和器具。捲簾看鶴、登樓飲酒，也是文人的雅事。鶴飛沖天，翱翔碧空，與文人嚮往自由的心境相契合，因此古代詠鶴詩為數眾多。登高望遠，可引發多種情思，或感歎宇宙之寥廓，「念天地之悠悠，獨愴然而涕下」；或激發積極向上的志向，「欲窮千里目，更上一層樓」，或勾引起鄉愁離思，「情眷眷而懷歸兮，孰憂思之可任」。而飲酒可使情思更為濃重。

四・一〇五　人人愛睡，知其味者甚鮮。睡則雙眼一合，百事俱忘，肢體皆適，塵勞盡消，即黃粱、南柯❶，特餘事已耳。靜修❷詩云：「書外論交睡最賢。」旨哉言也。

【注　釋】❶黃粱南柯　皆指夢。黃粱夢，典故出自唐李泌〈枕中記〉；南柯夢，典故出自唐李公佐〈南柯太守傳〉。❷靜修　元代詩人劉因，字夢吉，號靜修。其〈冬日〉詩云：「閑中作計飽為上，書外論交睡最賢。」

【語　譯】人人都愛睡覺，但知道睡覺滋味的人很少。睡了雙眼一閉，百事俱忘，肢體都很舒適，塵世的勞累全部消除，至於做上一個好夢，那只是次要的而已。靜修有詩說：「讀書之外的事情數睡覺最好。」這句話說得很有道理啊。

【研　析】睡眠是人們生活中不可缺少的內容，熟睡之後，可以忘卻一切世間的煩惱，也可以擺脫禮教的束縛。因此古代詩人描寫睡眠的作品很多，有的是表現生活的悠閒舒適，如「花竹幽簾午夢長，此中與世暫相忘。華山處士如容見，不覓仙方覓睡方」。有的表現不拘禮數的狂放性格，如「蓬頭赤腳勘書忙，頂不籠巾腿不裳。日日飲醇聊弄婦，登床步入大槐鄉」。

明代著名詩人高啟喜歡寫睡眠詩，如〈偶睡〉、〈曉睡〉、〈晝睡〉、〈睡起〉、〈睡覺〉、〈睡足〉等。高啟寫「睡」，是借睡眠來表示對現實的不滿和逃避，抒寫淡泊的胸懷和高潔的志向，寄託對個性自由和理想生活的追求。他的〈晝睡甚適，覺而有作〉詩說：「閒居況懶拙，盡日無營為。

掩室聊自眠，一榻委四肢。向喧思益昏，南窗滿晴曦。吾神誰能摯，八表從所之。殷憂常苦縈，茲焉忽如遺。有身不自省，此外安得知。覺來鄰雞鳴，已過亭午時。如遊鈞天還，至樂不可追。我意在有適，寧顧朽木嗤。猶勝夸毗子，塵中爭走馳。」高啟在詩中說，只有在睡眠中，他才能忘卻人生的一切愁苦，讓思想毫無拘束的自由翱翔。他認為這種自適的生活才是人世間最大的快樂。他只求自適，而不顧傳統觀念的非議和嗤笑。宰予晝寢，孔子斥責他朽木不可雕，高啟對此則不以為然。在古人詩中，睡眠已不僅是生理的需要，而是具有豐富的人文內涵。

四・一〇六 過分求福，適以速禍；安分遠禍，將自得福。

【語譯】過分地追求運氣，恰是加速禍患的降臨；安分地遠離禍患，就自然會得到幸運的眷顧。

【研析】《老子》說：「禍兮福之所倚，福兮禍之所伏。」此條即言禍福相倚，互相轉換的道理。幸福不會從天而降，是要通過努力去爭取的，但人們對幸福的追求沒有止境，而個人的能力是有限的。當人們去追求力不能及的幸福時，往往會適得其反，反而加速禍患的降臨。如果你安於本分，遠離禍患，那本身就是一種福分。什麼是福？福是隨緣，是生命的一種感受，是一種人生的體驗。因此，平平淡淡地度過一生，也是福分。

四・一〇七　倚勢而凌人，勢敗而人凌；持財而侮人，財散而人侮，此循環之道。

【語譯】倚仗權勢欺凌人，權勢失去後就會被人欺凌；倚仗財富欺侮人，財富散盡後就會被人欺侮，這是循環的規律。

【研析】世事輪迴，十年河東，十年河西。今日身居富貴，並不能保證一生身居富貴；今日仗勢欺人，難保日後不被人欺負。不管有沒有權勢富貴，保持謙虛謹慎，方是為人之道。

四・一〇八　我爭者，人必爭，雖極力爭之，未必得；我讓者，人必讓，雖極力讓之，未必失。

【語譯】我爭的東西，別人也一定要爭，我雖極力去爭，未必能得到；我推讓的東西，別人也一定推讓，我雖然極力推讓，未必會失去。

【研析】此條提倡與世無爭的哲學。古人信命，「命裡有時終須有，命裡無時莫強求」，一切從命，無須爭奪。好事情，我爭者，人必爭；壞事情，我讓者，人必讓。可是，好事情，我讓者，他人未必讓；壞事情，我爭者，他人也未必爭。

四・一〇九 貧不能享客，而好結客；老不能徇世❶，而好維世❷；窮不能買書，而好讀奇書。

【注釋】❶徇世 順從世俗。❷維世 維護世道正義。

【語譯】貧窮不能招待客人，卻喜歡結交客人；年老不能順從世俗，卻喜歡維護世道；貧窮買不起書，卻喜歡讀珍奇的書。

【研析】交友首先交心，雖然貧窮不能招待客人，依然可以結交到知心朋友。老年人保守，總覺得世風日下，不願隨俗，而以維護世道為己任。雖然窮得買不起書，但可以借書抄閱。

四・一一〇 滄海日，赤城❶霞，峨眉雪，巫峽❷雲，洞庭月，瀟湘雨，彭蠡❸煙，廣陵❹濤，廬山瀑布，合宇宙奇觀，繪吾齋❺壁。少陵❻詩，摩詰❼畫，《左傳》文❽，馬遷《史》❾，薛濤箋❿，右軍⓫帖，《南華經》⓬，相如⓭賦，屈子⓮〈離騷〉，收古今絕藝，置我山窗。

【注釋】❶赤城 山名，在浙江天台。孔靈符《會稽記》：「赤城，山名，色皆赤，狀似雲霞。」❷巫峽長江三峽之一。宋玉〈高唐賦〉寫楚懷王在陽臺夢見巫山神女，朝為行雲，暮為覆雨。❸彭蠡　鄱陽湖的古稱。❹廣陵　揚州的古稱。枚乘〈七發〉：「將以八月之望，與諸侯遠方交遊兄弟，并往觀濤乎廣陵之曲江。」曲江現已淤塞不存。❺齋　此處指家居的房屋。❻少陵　唐代著名詩人杜甫，自號少陵野老。❼摩詰　唐代著名詩人王維，字摩詰。王維能詩善畫，蘇軾說他「詩中有畫，畫中有詩」。❽左傳文　左丘明的《左氏春秋》。❾馬遷史　司馬遷的《史記》。❿薛濤箋　薛濤，唐代女詩人，晚年寓居成都浣花溪，自製詩箋，人稱「薛濤箋」。⓫右軍　晉代著名書法家王羲之，曾任右軍將軍，故後世稱其為王右軍。⓬南華經　《莊子》的別稱。⓭相如　漢代著名的辭賦家司馬相如，作有〈上林賦〉、〈子虛賦〉。⓮屈子　戰國詩人屈原，〈離騷〉是其最著名的代表作。

【語　譯】滄海的太陽，赤城的雲霞，峨眉的大雪，巫峽的行雲，洞庭湖的明月，湘江的細雨，鄱陽湖的水煙，廣陵的波濤，廬山的瀑布，綜合宇宙的奇觀，畫在房舍的牆上。杜甫的詩，王維的畫，《左傳》的文章，司馬遷的《史記》，薛濤的詩箋，王羲之的字帖，《莊子》，司馬相如的賦，屈原的〈離騷〉，收集古今絕頂的文藝作品，置放在臨山的窗下。

【研　析】這是一副流傳甚廣的著名長聯，包含著深厚的歷史文化意蘊。上聯所言，皆中國山川之形勝，下聯所言，皆傳統文化之精華，現聚集一室，主人可以神遊其中了。中國古代文論，提倡讀萬卷書，行萬里路，借助山川之氣以成文。及至宋末元初，郝經提出「內遊說」，認為文中之道、作家之氣，無待山川之助，只要從六經、《語》、《孟》等書中學習和領悟，就能創作出有價值的文章。他指出：「身不離於衽席之上，而遊於六合之外，生乎千古之下，而遊於千古之上，豈區區於足跡之餘，觀覽之末者所能也？」此條文字的作者，「合宇宙奇觀，繪吾齋壁」「收古今絕藝，置我山窗」，也足可以內遊了。

四·一一一　偶飯淮陰❶，定萬古英雄之眼，自有一段真趣。紛擾不寧者，何能得此。醉題便殿❷，生千秋風雅之光，自有一番奇特。踘蹐❸牖下者，豈易獲此。

【注　釋】❶偶飯淮陰　《史記·淮陰侯列傳》載：韓信少時貧困潦倒，有一老婦在河邊洗衣服，見韓信飢餓，就給了他一碗飯。韓信說以後要重重地報償老婦。後來韓信發跡了，就贈給老婦千金。淮陰，指韓信，曾被封為淮陰侯。❷醉題便殿　用李白的典故。《開元天寶遺事》載：李白在便殿起草詔書，天寒筆凍無法書寫，唐明皇令宮女為呵氣暖筆。范傳正〈李白新墓碑〉載：李白任翰林供奉時，唐明皇命他進宮作文，李白爛醉如泥，由高力士扶著上船面聖。杜甫〈飲中八仙歌〉云：「李白斗酒詩百篇，長安市上酒家眠，天子呼來不上船，自稱臣是酒中仙。」便殿，正殿以外的別殿，為帝王休息消閒之處。❸踘蹐　即跼蹐，畏縮不前、局促不安的樣子。

【語　譯】偶爾給淮陰送一碗飯，洗衣服的老婦一定有賞識萬古英雄的眼光，自然有一段真趣。多事不安分的人，怎麼能做得到。喝醉了在便殿寫文章，生發出千秋風雅的光彩，自有一番奇特之處。坐在窗下畏縮不前的人，豈能輕易地獲得這樣的真趣和奇特。

【研　析】給韓信送飯的老婦人，能識英雄於窮困之中，自然另具隻眼。李白喝醉了酒，還能在宮中潑墨揮毫，自然另有一種胸襟氣度。

四．一二二 清閒無事，坐臥隨心，雖粗衣淡飯，但覺一塵不染；憂患纏身，繁擾奔忙，雖錦衣厚味，只覺萬狀苦愁。

【語譯】清閒無事，或坐或臥隨心所欲，雖然穿著粗布衣服吃著簡單的飯食，但心裡覺得一塵不染；憂患纏身，事情繁雜四處奔忙，雖然穿著精美華麗的衣服吃著豐盛的飯食，只覺得萬分的痛苦憂愁。

【研析】幸福是一種生命的感受，對生活的體驗，一個人幸福指數的高低，並不完全取決於物質條件，更重要的是心態。如果一個人心境平和，雖然粗衣淡飯，也會感到自在滿足；如果憂患纏身，即使錦衣玉食，也不會感到幸福。

四．一二三 我如為善，雖一介❶寒士❷，有人服其德；我如為惡，縱位極人臣❸，有人議其過。

【注釋】❶一介　一個，多指一個人。❷寒士　貧苦的讀書人。❸位極人臣　謂官位達到最高的級別。

【語　譯】我如果行善，雖然是一個貧窮的讀書人，也有人敬佩我的道德；我如果作惡，縱然做到最大的官，也有人議論我的過錯。

【研　析】一個人道德的高下，與社會地位、生活狀況並無直接的關聯。貧寒之人積德行善，比富翁做慈善事業更難能可貴。社會地位高的人，一旦作惡犯罪，後果更嚴重，影響更惡劣，也會受到更嚴厲的批評指責。

四・一一四

讀理義❶書，學法帖❷字，澄心靜坐，益友清談，小酌半醺❸，澆花種竹，聽琴玩鶴，焚香煮茶，泛舟觀山，寓意❹奕棋，雖有他樂，吾不易矣。

【注　釋】❶理義　指儒家的經典。❷法帖　名家所書的字帖。❸醺　醉。❹寓意　寄託。

【語　譯】讀儒家的經書，學法帖的字，清心靜坐，與有益的朋友閒談，小飲一番喝得半醉，澆花種竹，聽琴養鶴，焚香煮茶，駕船觀山，以下棋為寄託，雖然有別的樂事，我也不換。

【研　析】此條言人生之樂。讀理義書能懂得為人處世之道，有益於一生。臨摹法帖是學習書法的入門功夫，只有通過臨帖打好基礎，才能別開蹊徑，自成一家。澄心靜坐是修養工夫，即莊子所說的「心齋」、「坐忘」，能使人百念俱消，心境澄淨舒暢。益友指品行端正、學問淵博的朋友，孔子說：「益者三友，損者三友。友直、友諒、友多聞，益矣；友便辟、友善柔、友便佞，損矣。」與益友交談，能增長知識，受到教益。喝酒半醺方是佳境，若無酒意，領會不到喝酒的樂趣，若酩酊大醉，則將樂事變成痛苦。只有將醉未醉之際的微醺，逸興飛揚，塊壘全消，而又不迷亂懵懂。澆花為欣賞花的豔麗，種竹為領略竹的風致，聽琴能領會音樂的意韻，玩鶴能體會自由的精神。銅爐焚香，香氣沁人心脾，輕煙裊裊似入仙境。煮茶品茗，令人神清氣爽，兩腋生風。返舟觀山，移步換形，能看到山的不同形態。棋局如人生，下棋能吸取人生的經驗，使精神有所寄託。

四·一一五 成名每在窮苦日，敗事多因得志時。

【語譯】成名往往在窮苦的日子，壞事多在得志的時候。

【研析】孟子說：「生於憂患，死於安樂。」人在困苦之時，窮則思變，發憤圖強以求進取，就能取得事業的成功。一個人在順利的時候，就會耽於安樂，喪失進取的動力，從而帶來禍患。

四·一一六 寵辱不驚，肝木❶自寧；動靜以敬，心火自定；飲食有節，脾土不泄；調息寡言，肺金自全；怡神寡欲，腎水自足。

【注釋】❶肝木　古代中醫將人的五臟與五行相對應，肝為木、心為火、脾為土、肺為金、腎為水。

【語譯】受寵受辱都無動於衷，肝自然安寧；一動一靜都很謹慎，心自然澄淨；飲食有節制，脾就不受損傷；調節呼吸少說話，肺自然能安全；怡養精神控制欲望，腎自然能強健。

【研析】此條言養生之道，與中醫理論相合。中醫以五行來說明五臟的生理功能特點：木性條達曲直，有生發之特點，而肝性柔和舒暢且主疏泄，又主生發之氣，故肝屬木；火為陽熱之象，有上炎之性，而心為陽臟主動，心陽有溫煦作用，故心屬火；土為萬物之母，有生化、長養萬物之特性，而脾能運化水穀精微，為氣血生化之源，後天之本，故脾屬土；金有清肅、收斂特性，而肺主呼吸，主肅降，故肺屬金；水有潤濕下行之特性，而腎能藏精，主人體水液代謝之調節，並能使廢水下行排出體外，故腎主水。俗話說火大傷肝，脾氣平和可以保肝。精神安寧，可以避免心臟受到損傷。情緒激動，大喜大悲，容易誘發心臟疾病。飲食有節制，不暴飲暴食，脾胃才能健康。調養氣息，能增強肺的功能。節制欲望，能使腎不虧。保持心態平和，節制欲望，合理飲食，是養生三大要訣。

四．一一七　讓利精於取利，逃名巧於邀名。

【語譯】推讓利益比爭奪利益精明，逃避名聲比追求名聲巧妙。

【研析】此條宣揚以退為進的老莊思想。中國有句古話：「將欲取之，必先予之。」出處來自《老子》：「將欲弱之，必固強之；將欲廢之，必固興之；將欲奪之，必固與之。」還有句諺語：「捨不得孩子套不住狼。」講的都是同樣道理。有時候逃避名聲反而能帶來更大的名聲。巢父、許由不願接受堯的帝位，本意是逃名，結果名垂千秋，成了隱士的祖師爺。唐代盧藏用隱居終南山，以逃名獲得了更大的名聲，結果做了大官，終南捷徑也成了成語典故。明代有些山人，因為擠不進仕途，於是以隱士自居，又出入於豪門貴族宅邸，以此博取名聲，謀求實利。

四·一一八　彩筆描空，筆不落色，而空亦不受染；利刀割水，刀不損鍔❶，而水亦不留痕。

【注釋】❶鍔　刀刃。

【語譯】用彩筆在空中描繪，筆的色彩不會落在空中，空間也不受汙染；用鋒利的刀割水，刀刃沒有損傷，水也不留痕跡。

【研析】此條也見於《菜根譚》，後面還有三句：「得此意以持身涉世，感與應俱適，心與境兩忘矣。」此條言佛家的修行，要「修無相因」、「得無相果」，即持身涉世要能「不住」、「不著」（不執著、不僵化），對事對境不起分別心，或不起相對的比較觀念，也就是要泯滅主客觀的界線，達到「物我兩忘」渾然境界。

四·一一九　唾面自乾，婁師德不失為雅量❶；睚眥必報，郭象玄未免為禍胎❷。

【注釋】❶唾面自乾二句　《新唐書·婁師德傳》：「其弟守代州，辭之官，教之耐事。弟曰：『有人唾面，潔之乃已。』師德曰：『未也，潔之，是違其怒，正使自乾耳。』」唾面自乾，別人唾沫吐到自己臉上，也不擦掉，讓唾沫自己乾。形容遭到侮辱極度容忍。婁師德，唐代高宗、武則天兩代大臣。❷睚眥必報二句　《後漢書·趙典傳》：「今與郭汜（字象玄）爭睚眥之隙，以成千鈞之仇。」睚眥必報，一點小的仇怨也要報復。睚眥，生氣時瞪著眼睛看人，比喻細小的仇怨。郭象玄，郭汜，字象玄，董卓手下大將。

【語譯】別人把唾沫吐在臉上也不擦掉，婁師德不失為有宏大的氣度；有點小仇怨也一定要報復，郭象玄未免成為禍根。

【研析】中國的傳統道德講究寬容和忍耐，但寬容和忍耐並不是無原則的退守和忍讓，其間的界限往往很難把握。

四·一二〇　天下可愛的人，都是可憐人；天下可惡的人，都是可惜人。

【語譯】天下可愛的人，都是可憐的人；天下可惡的人，都是可惜的人。

【研析】天下可愛的人，都是道德高尚的人，他們為了堅守道德信條，不惜作出最大的犧牲，因此時常會有悲劇的發生，他們也就成了可憐的人。天下可惡之人，指那些元惡大憝，雞鳴狗盜之徒不在其內，都是有才能的人，但他們把才能用於作惡，所以都是可惜之人。

四·一二二 事業文章，隨身銷毀，而精神萬古如新；功名富貴，逐世轉移，而氣節千載一日。

【語譯】事業文章，都會隨著身亡而銷失，但聖賢的精神卻是萬古長新；功名富貴，跟著時代的變遷而轉移，但忠臣義士的氣節卻千年如一日地永留人間。

【研析】在追求事業文章成功的同時，更要繼承古代聖賢的精神；獲取功名富貴，但不能丟掉君子的氣節。物質性的，或依附於物質的實體都是轉眼即逝，並不能長久，只有抽象的精神才能萬古不滅，千秋長新。

四·一二三 讀書到快目處，起一切沉淪之色❶；說話到洞心❷處，破一切曖昧之私。

【注釋】❶沉淪之色 頹唐的神色。❷洞心 深入內心。

【語譯】讀書讀到痛快的地方，改變了一切頹唐的神色；說話說到貼心的地方，破除了一切曖昧的私念。

【研　析】宋龔明之《中吳紀聞》載：「子美（蘇舜欽字子美）豪放，飲酒無算，在婦翁杜正獻家，每夕讀書以一斗為率。正獻深以為疑，使子弟密察之。聞讀《漢書．張子房傳》，至良與客狙擊秦皇帝，誤中副車，遽撫案曰：『惜乎，擊之不中。』遂滿飲一大白。又讀至良曰：『始臣起下邳，與上會于留，此天以臣授陛下。』又撫案曰：『君臣相遇，其難如此！』復舉一大白。正獻公聞之大笑，曰：『有如此下酒物，一斗誠不為多也。』」此例說明讀書到痛快處，可以振奮精神，激發壯志。推心置腹的談話，可以消除一切隔閡，沒有一點隱私，然而很難做到。每個人都有隱私，再好的朋友，甚至最親密的家人之間，也不是什麼事情都可以講的。

四．一二三　諧臣❶媚子❷，極天下聰穎之人；秉正嫉邪，作世間忠直之氣。

【注　釋】❶諧臣　取樂君主的優伶。❷媚子　指帝王寵信的近臣。

【語　譯】帝王寵信的優伶近臣，都是天下極聰明伶俐的人；秉持正義痛恨奸邪，振作世間忠良正直的風氣。

【研　析】俗話說：「伴君如伴虎」，優伶近臣周旋於帝王左右，能得到帝王的寵信，必然有過人的智慧和機敏的性格。古代優伶，以幽默的語言和詼諧的表演取樂君主，他們也經常批評時政，規勸君主，嘲諷種種不合理的現象，在政治上發揮了很重要的作用。《史記》專列〈滑稽列傳〉，記載了古代一些優伶的事跡，可以看到這些優伶不僅聰明伶俐，而且秉正嫉邪，富有正義感。至於圍聚在帝王周圍的近臣，固然有不少諂媚逢迎的小人，也有不少忠正之士。即使是諂媚逢迎的小人，能夠蠱惑君主取得寵信，也必定聰明過人。

四·二二四　隱逸林中無榮辱，道義路上無炎涼。

【語　譯】隱逸在山林中沒有光榮與恥辱的區別，行走在道義路上沒有人情冷暖的不同。

【研　析】此條也見於《菜根譚》。隱逸山林，擺脫了世俗的是非得失，也就無所謂榮辱。以仁義待人，就會「以直報怨，以德報德」，對人一視同仁，沒有人情冷暖的不同。

四·二二五　名心未化，對妻孥亦自矜莊❶；隱衷❷釋然，即夢寐會成清楚。聞謗而怒者，讒之囮；見譽而喜者，佞之媒❸。

【注　釋】❶矜莊　矜持端莊。❷隱衷　隱藏於心，不可告人的心事。❸聞謗而怒者四句　出自《資治通鑑·隋文帝仁壽三年》。囮，誘捕飛鳥的同類鳥，泛指媒介、誘惑物。佞，佞言；花言巧語。

【語　譯】求名之心沒有化解，對著妻子兒女也自然擺出矜持端莊的樣子；心中的隱私消釋了，即使做夢也清清楚楚。聽到別人誹謗自己而發怒的人，正是產生讒言的媒介；見到稱譽而高興的人，正是產生巧語的媒介。

【研　析】求名之心太盛，處處要顯示自己道德高尚，即使在家人面前也要裝出一副道貌岸然的樣子，結果就成了假道學。如果心地坦蕩，即使在夢裡也一清二楚，沒有見不得人的事情。聽到別人的讒言而大怒，就正中製造讒言者下懷，如果急於辯白，會越描越黑。對待讒言最有效的方法是不予理睬，讒言就不攻自破。聽到好話就高興，大多數人如此，這也是花言巧語大有市場的原因。

四・一二六　灘濁❶作畫，正如隔簾看月，隔水看花，意在遠近❷之間，亦文章法也。

【注　釋】❶灘濁　山水畫中潑墨技法。❷遠近　路程的距離。

【語　譯】用潑墨的方法作畫，就像隔著簾子看月，隔著水看花，意趣在距離之中，這也是文章的做法。

【研　析】距離產生美，朦朧產生美，隔簾看月、隔水看花，是因距離而產生的朦朧美。朦朧美有意境有內涵，因此寫詩作畫都要追求朦朧的境界。

四·一二七 藏錦於心，藏繡於口❶，藏珠玉於咳唾❷，藏珍奇於筆墨。得時則藏於冊府❸，不得時則藏於名山。

【注釋】❶藏錦於心二句　意為不要顯露自己的文思詞藻。錦心繡口比喻優美的文思、華麗的詞藻。❷咳唾　咳嗽吐唾沫，代指人的語言詩文等。李白〈妾薄命〉詩：「咳唾落九天，隨風生珠玉。」❸冊府　原指帝王藏書處，此處指翰苑文壇。

【語譯】優美的文思藏在心中，華麗的詞藻藏在嘴裡，精闢的語言藏在咳唾中，珍奇的文章藏在筆墨中。有機緣著作流傳於文壇，沒有機緣就藏在名山之中。

【研析】此條言文章之妙，為時賞識則流傳於文壇，不為時賞識，則藏之名山，流傳後世。古人以文章作為安身立命的事業，既想身前享有盛名，也想身後流傳百世。

四·一二八 讀一篇軒快❶之書，宛見山青水白；聽幾句透徹之語，如看嶽立川行。

【注釋】❶軒快　痛快。軒，歡悅的樣子。

【語譯】讀一篇痛快的文章，如看到青翠的山峰澄澈的流水；聽幾句透徹的話，如看到山嶽峙立大河奔流。

【研　析】讀一篇痛快的文章，就像看到青山綠水那樣心情舒暢。聽到幾句透徹的話，就像看到群山屹立大河奔流，領悟到自然運行的道理。

四・一二九　讀書如竹外溪流，洒然而往；詠詩如蘋末風起❶，勃❷焉而揚。

【注　釋】❶蘋末風起　風起於青萍之末，語出宋玉〈風賦〉：「夫風生於地，起於青蘋之末。」蘋，水萍，一種水生植物。❷勃　突然興起。

【語　譯】讀書如竹林外的溪流，順暢地奔流向前；詠詩如風起於青蘋之末，突然興起而激揚。

【研　析】此處書當指文章，與詩相對。文章講究邏輯嚴密，層次清晰，文字流暢，好的文章一氣呵成，中間無阻隔滯澀之處，就如溪流順勢而下。詩歌講究比興，感情充沛激揚，形象生動奇特，起句要有神來之筆。這是詩文不同的藝術特性。

四・一三〇　子弟❶排場❷，有舉止而謝❸飛揚，難博纏頭之錦❹；主賓御席，務廉隅❺而少蘊藉❻，終成泥塑之人。

【注釋】❶子弟　梨園子弟，泛指戲曲演員。❷排場　登臺演出，也稱作場。❸謝　謝絕。此處作缺乏解。❹纏頭之錦　纏頭的羅錦。古代歌舞藝人表演完畢，客人贈以羅錦作酬勞，後以「纏頭」作為贈送戲曲歌舞藝人和妓女財物的通稱。❺廉隅　棱角，比喻品行端方。❻蘊藉　寬厚隨和。

【語譯】戲曲演員登臺，舉止規範而缺乏飛揚的激情，難以博得觀眾的獎賞；主客坐在宴席上，一定要裝出品行端方的樣子而不肯隨和，最終成了泥塑的人。

【研析】演戲有激情才能出彩，獲得觀眾的讚賞。做人品行要端方，但也要隨和有人情味，否則就成了泥塑木雕。

四・一三二　取涼於箑❶，不若清風之徐來；激水於槔❷，不若甘霖之時降。

【注釋】❶箑　扇子。❷槔　桔槔，古代水井上汲水的工具。

【語譯】用扇子取涼，不如清風徐徐地吹來；用桔槔打水，不如甘霖及時降臨。

【研析】用扇子取涼，不如自然風舒暢。打水澆灌田地，不如雨水灌溉有效。此條言人工不及自然。古人崇尚自然，老莊哲學更以順應自然為「道」，反對用人力去改變自然。這樣的哲學思想體現在文學藝術中，就是強調自然美。明代中後期，提倡自然美成為文學藝術創造的主流，李贄曾提出「以自然為美」，認為「畫工」（人工創造的美）不及「化工」（自然美）。唐宋派、公安派先後提出的「本色論」，以及在戲曲領域中圍繞「本色」展開的爭論，也都是強調自然，反對雕琢。

四·一三二 有快捷之才，而無所建用，勢必乘憤激之處，一逞雄風。有縱橫之論❶，而無所發明❷，勢必乘簧鼓之場❸，一恣餘力。

【注　釋】❶縱橫之論　指雄辯的議論。戰國時縱橫家以合縱連橫之術遊說各國君主，其議論雄辯恣肆，故以縱橫之論稱雄辯的議論。❷發明　此處作建白講，指對國事有所建議和陳述。❸簧鼓之場　指搬弄是非之地。簧鼓，笙竽等樂器上的銅片稱為簧片，吹奏時鼓動簧片發出音樂聲。後指以動聽的言語迷惑人。

【語　譯】有快速敏捷的才能，卻沒有施展的地方，勢必會乘著激憤的時候一逞雄風。有雄辯的議論，卻不能有所建白，勢必會在搬弄是非的場所盡量發揮餘力。

【研　析】一個人具有某種才能，都希望能夠盡量施展，有所作為。當他的才能無法通過正常渠道展示時，就會走入歧途，一逞為快。因此，對統治者而言，應該善於識別人才，使用人才；對懷才待沽的人而言，要學會忍耐，選擇適當的時機施展自己的才能。

四·一三三 月榭❶憑欄，飛凌飄渺❷；雲房❸啟戶，坐看氤氳❹。

【注　釋】❶月榭　賞月的臺榭。榭，建在高臺上的木屋。❷飄渺　指高遠空曠的天空。❸雲房　僧道或隱者所居的房屋。❹氤氳　彌漫的煙雲。

【語　譯】在臺榭上靠著欄杆賞月，好像飛上高遠空曠的天空；打開雲房的門戶，坐看彌漫的煙雲。

【研析】月夜登高遠眺，大地籠罩在皎潔的月光之下，天地間清氣流轉，令人有飄然出塵之想，蘇軾〈水調歌頭〉：「明月幾時有？把酒問青天。不知天上宮闕，今夕是何年？我欲乘風歸去，又恐瓊樓玉宇，高處不勝寒。」即描寫此種情景。

四・一三四 發端無緒，歸結還自支離；入門一差，進步終成恍惚。

【語譯】開始時沒有頭緒，到頭來還是雜亂無章；入門時差一步，往前走最終失去了方向。

【研析】此條言做任何事情，開頭都很重要。中國有俗話道：「良好的開端就是成功的一半。」還有句話是：「失之毫釐，差之千里。」如果開頭發生偏差，事情的發展就會越來越糟。

四・一三五 李納❶性辯急❷，酷尚奕棋，每下子，安詳極於寬緩。有時躁怒，家人輩密以棋具陳於前，納睹之便欣然改容，取子布算❸，都忘其恚❹。

【注釋】❶李納 唐代節度使，事蹟見《舊唐書》、《新唐書》、《資治通鑑》等。❷辯急 同「褊急」。氣量狹小，性情急躁。❸布算 運籌計算。❹恚 憤怒。

【語 譯】李納性情急躁，酷愛下棋，每當下子時，安詳之極到了從容不迫的地步。有時候暴怒，家人們就偷偷地把棋具放在他的面前，李納看到了就欣然改變了神色，拿著棋子運籌計算，全忘了他的憤怒。

【研 析】此段文字出自明何良俊《何氏語林》，言人的性格複雜多樣。李納性情急躁，可是下棋時卻從容不迫。也有人平時性情溫和，但到了緊急關頭，卻變得剛毅果敢。

四・一三六 竹裡登樓，遠窺韻士❶，聆其談名理❷於坐上，而人我之相可忘；花間掃石，時候棋師，觀其應危劫❸於枰❹間，而勝負之機早決。

【注 釋】❶韻士 風雅之士。❷名理 魏晉清談家辨別事物名稱與道理異同是非的議論。❸劫 圍棋術語，黑白雙方互相提吃對方一子稱劫。❹枰 棋枰；棋盤。

【語 譯】竹林裡登上高樓，遠遠地看到風雅文人，坐著聆聽他談名理的異同是非，而忘記了他人和自己的存在；花叢中掃清石桌，時時等候著棋師的到來，看他在棋盤上應付危險的打劫局面，而勝負的關鍵早已決定。

【研 析】名理之學是中國古代考核名實和辨名析理的方法，研究問題的一種思潮。先秦的名家研討概念（名）之間的關係，以及概念、名稱和實際之間的關係，也即名實關係。最著名的是公孫龍的「白馬非馬」之論。魏晉玄學注重辨名析理，用辨名析理的方法進行思辨的概念分析與推論，為其玄學進行論證。明代末期，西方學說通過傳教士流入中國，李之藻與葡萄牙傳教士傅泛際合作，將亞里士多德的邏輯學著作翻譯成中文，命名為《名理探》，以名理指西方的邏輯學，因為邏輯學也把辨析概念與本質的關係作為主要內容。

四·一三七 六經❶為庖廚❷，百家❸為異饌❹，三墳❺為瑚璉❻，諸子❼為鼓吹❽，自奉得無大奢，請客未必能享。

【注釋】❶六經 指《詩經》、《尚書》、《禮記》、《樂經》、《易經》、《春秋》六部經典。❷庖廚 廚房，此處指家常的飲食。❸百家 戰國時期的各種政治學術派別，如儒、道、墨、名、法、陰陽、縱橫、農、雜等家。❹異饌 特別的飲食。饌，食物。❺三墳 上古伏羲、神農、黃帝所作之書，分別為《連山》、《歸藏》、《乾坤》，皆為後人偽託。❻瑚璉 古代宗廟祭祀用的禮器，被認為是極珍貴之物。❼諸子 指先秦至漢初各派學者及其著作。❽鼓吹 古代的樂曲，也指演奏樂曲和演奏的樂隊。

【語譯】六經是家常的飲食，百家是特別的食物，三墳是珍貴的祭器，諸子是吹奏的樂曲，自己享用豈不是太奢侈，請客則別人未必能享受。

【研析】六經是必不可少的日常基本飲食，百家則為山珍海味，雖然珍奇，但並非必需。三墳是祭祀中不可或缺的禮器，諸子則是給祭祀增添氣氛的樂隊。因此，學習中國古代文化，必須以三墳六經為主，而以諸子百家為輔。

四・一三八 說得一句好言，此懷庶幾才好；攔了一分閒事，此身永不得閒。

【語譯】說了一句好話，心裡也許才好受些；攔了一分閒事，此身就永遠不得清閒。

【研析】多說好話，少管閒事，是自保的方法。「好話一句三春暖，惡語一句六月寒」，說一句好話，對方感到溫暖，自己心裡也能得到慰藉。喜歡攬閒事的人，有了開頭，就不能罷休，陷入閒事之中，終身沒有空閒。

四・一三九 古人特愛松風，庭院皆植松，每聞其響，欣然往其下，曰：「此可浣盡十年塵胃。」

【語譯】古人特別喜歡松間的清風，庭院裡都種植了松樹，每當聽到松風聲，就興沖沖地來到松樹下，說：「這樣可以洗清體內十年的灰塵齷齪。」

【研析】松樹是高潔的象徵，清風涼爽宜人，清風拂過松樹，發出龍吟鳳鳴之聲，令人心曠神怡。因此古人多有吟誦松風的詩詞，如陸游即寫過「睡餘一讀搔短髮，萬壑松風秋興長」、「一窗蘿月禁春瘦，萬壑松風撼晝眠」的詩句。

四·一四〇 凡名❶易居，只有清名❷難居；凡福易享，只有清福❸難享。

【注釋】❶凡名　一般的名聲；世俗的名聲。❷清名　清雅的名聲。❸清福　清閒之福。

【語譯】一般的名聲容易獲得，只有清雅的名聲難以獲得；一般的福分容易享受，只有清閒之福難以享受。

【研析】名聲各不相同，如做官的名聲、寫詩作文的名聲、經營商業的名聲等等，這些名聲通過一段時間的努力都能獲得，只有清雅的名聲，關係到一個人的道德修養，不是輕易能得到的。福分也是如此，享受榮華富貴的人很多，但要享受這樣的福氣，一定要混跡塵俗，奮鬥拼搏，要付出甚至犧牲很多。而能擺脫塵世束縛，安享清福的人就不多了。

四·一四一 賀蘭山❶外虛兮❷怨，無定河❸邊破鏡❹愁。

【注釋】❶賀蘭山　在寧夏西北與內蒙古接界處，古代是少數民族入侵中原的征戰之地。❷虛兮　「兮」字疑有誤，似當為「室」。❸無定河　在陝西北部。唐陳陶〈隴西行〉：「可憐無定河邊骨，猶是深閨夢裡人。」❹破鏡　指家人難以團聚，用破鏡難圓的典故。

【語　譯】賀蘭山外荒蕪的家園怨氣沖天，無定河邊愁著破鏡難圓。

【研　析】此二句寫戰爭的殘酷及給人民帶來的苦難。戰爭中有多少士兵戰死疆場，多少人妻離子散、家破人亡。戰爭在人們心中留下難以癒合的創傷，也給詩人提供了吟詠不絕的題材。自古至今，有許多膾炙人口的邊塞詩，「可憐無定河邊骨，猶是深閨夢裡人」，「賀蘭山下陣如雲，羽檄交馳日夕聞」便是。

四・一四二　有書癖而無剪裁，徒號書櫥❶；唯名飲而少蘊藉，終非名飲。

【注　釋】❶書櫥　諷刺讀書雖多而不能應用的人。《南齊書・陸澄傳》：「當世稱為碩學，學《易》三年不解文義，欲撰《宋書》竟不成，王儉戲之曰：『陸公，書櫥也。』」

【語　譯】有讀書的癖好而不能應用，只能叫做書櫥；只是能喝酒而缺少喝酒的意趣，終究算不上能喝酒。

【研　析】「學以致用」，讀書的目的是要增長知識和才幹，要善於將學到的知識應用到實踐中去。如果不能靈活地應用知識，充其量是積累知識的儲存器，就像存放書籍的書櫥一樣。喝酒的樂趣並不在酒精對味覺或大腦的刺激，而是在喝酒的過程之中，以及將醉未醉之際的那種忘我的狀態。喝酒太清醒，沒有一點酒意就沒有味道，喝得爛醉，人事不知，醒來後頭痛欲裂，那是受罪，毫無趣味可言。喝酒的好處，全在那將醉未醉的微醺狀態。

四·一四三 飛泉數點雨非雨，空翠幾里山又山。

【語譯】瀑布飛濺數點似雨非雨，空曠翠綠的山谷綿延幾里山峰疊著山峰。

【研析】這是一副寫景的對聯。上聯寫水，以似雨非雨形容瀑布；下聯寫山，寫出層巒疊嶂，空曠青翠。此聯當從朱熹〈次秀野極目亭韻〉詩化出：「坐看山花落幔顏，不知身在翠雲間。食寒到處雨復雨，客裡歸來山又山。」

四·一四四 夜者日之餘，雨者月之餘，冬者歲之餘。當此三餘，人事稍疏，正可一意學問。

【語譯】夜晚是一日的剩餘，雨天是一月的剩餘，冬天是一年的剩餘。在這三餘的時間，人事往來比較少，正可以專心做學問。

【研析】此條言應該把握空閒時間讀書，原文出自《魏略》。《藝文類聚》引《魏略》：「董遇好學，人從學者，遇不肯教，云當先讀百遍而義自見。從學者云：『苦渴無日。』遇曰：『當以三餘：冬者歲之餘，雨者晴之餘，夜者日之餘。』」

四・一四五 樹影橫床，詩思平凌枕上；雲華滿紙，字意隱躍行間。

【語　譯】樹影橫斜在床上，寫詩的靈感憑空從枕上飛起；滿紙雲霞，寫字的意蘊在字裡行間隱約躍動。

【研　析】寫詩需要靈感，夜深人靜，正是靈感突發，詩思活躍之時。陸游〈枕上〉詩：「造物未容閒到死，又從枕上得詩情。」書法講究意蘊靈動，若無意蘊，則與描紅無異，而意蘊體現於筆墨勾勒和謀篇佈局之間。

四・一四六 耳目❶寬則天地窄，爭務短則日月長。

【注　釋】❶耳目　此處指耳聞目睹的見識。

【語　譯】見識寬廣就覺得天地窄小，奔忙的事務少就覺得時間變長了。

【研　析】人們的見識寬廣了，就會覺得自然空間變小了。以往人們僻處一鄉，覺得外面的世界無限遼闊廣大。現在隨著現代化交通工具的發展，人們的活動範圍越來越大，就會覺得世界變小了。人在忙的時候，覺得時間過得特別快，閒的時候則覺得時間過得很慢。自然空間和時間是客觀存在，並不以我們的主觀意志而改變，但在我們的感覺中可以變大變小、變長變短，這是最簡單的相對論。

四・一四七 秋老洞庭，霜清彭澤❶。

【注釋】❶彭澤　鄱陽湖。

【語譯】洞庭湖的秋色已深，鄱陽湖的寒霜清冷。

【研析】此兩句寫秋景，出自明徐應秋《玉芝堂談薈・五色賦》：「靈均之嘆落葉，秋老洞庭；淵明之啜落英，霜清彭澤。」〈五色賦〉描寫白、赤、青、黑、黃五色景物，落葉、菊花皆為黃色。

四・一四八 聽靜夜之鐘聲，喚醒夢中之夢❶；觀澄潭之月影，窺見身外之身❷。

【注釋】❶夢中之夢　古代佛老認為人生如夢，人們平時所做的夢就是夢中之夢。❷身外之身　佛教認為人的軀體是不能長久的，但人在軀體外還有一個本我，那就是不滅的精神和靈魂。

【語譯】聽到寂靜夜晚的鐘聲，喚醒了夢中之夢；看清澈潭水中的月影，看到了身外之身。

【研析】人生如夢，夜晚的睡夢更是夢中之夢，靜夜佛寺的鐘聲，能讓人從睡夢中警醒。佛寺的鐘聲，能去除魔障，使心境澄淨。聽靜夜鐘聲，使人想起唐朝張繼的〈楓橋夜泊〉：「月落烏啼霜滿天，江楓漁火對愁眠。姑蘇城外寒山寺，夜半鐘聲到客船。」船中遊子伴著思鄉的憂愁入睡，夢中也許和親人相聚，也許會經歷許多世俗之事，但被鐘聲警醒後，一切皆歸於虛無。佛教認為，人的身軀猶如臭皮囊，很快就會腐朽毀滅，只有阿賴耶識，俗稱佛性，才是世界和自我的本源。

人有一個「自我」，這個自我是虛幻不實的，而在自我後面還有一個「真我」，也即身外之身。佛教用月亮作比喻，天上的月亮只有一個，但映入萬條江河，每條江河都有一輪明月的倒影，於是有了千萬個月亮。但水中的月亮是虛幻的，真正的月亮只有在天上的一個。因此，看到潭水中的月影，就會聯想到此身非實在，只有身外之身，才是真實的存在。

四・一四九 事有急之不白者，寬之或自明，毋躁急以速其忿；人有操之不從者，縱之或自化，毋操切❶以益其頑。

【注　釋】❶操切　苛刻；嚴厲。

【語　譯】事情有越著急越搞不清楚的，放鬆下來也許就自然明白，不要因急躁而引起憤懣；人有指示他而不順從的，放縱他也許能夠自己改變，不要因苛刻而增加他的厭煩。

【研　析】此條言「欲速則不達」和「欲擒故縱」的道理。事情有急有緩，該快則快，該慢則慢，一切要從實際出發，不能僅憑主觀想像任意施為。《孟子》中「揠苗助長」的寓言，就說明沒有科學的態度，主觀願望和客觀效果往往會發生衝突。明代後期，出現了一股尊重個性的啟蒙思潮，很多人主張率性而為，認為做事要順應自己的個性，反對以繁瑣的教條和戒律束縛個性。「人有操之不從者」三句，即含有這樣的意義。

四・一五〇　士君子❶貧不能濟物❷者，遇人痴迷處，出一言提醒之，遇人急難處，出一言解救之，亦是無量功德❸。

【注　釋】❶士君子　有學問品德高尚的人，也泛指讀書人。❷濟物　用物質救濟別人。❸功德　功業和德行。

【語　譯】讀書人因為貧窮不能在物質上幫助別人，當別人有昏昧不清的地方，說一句話提醒他，當別人有急難的時候，說一句話解救他，這也是無量的功德。

【研　析】能以一言點醒痴迷，解救危難，往往使人受用終生，其作用不是能用物質來計量的。

四・一五一　處父兄骨肉之變❶，宜從容，不宜激烈；遇朋友交遊之失，宜剴切❷，不宜優游❸。

【注　釋】❶父兄骨肉之變　指父兄子女等至親發生矛盾衝突。❷剴切　懇切規勸。❸優遊　此處作寬容解。

【語　譯】遇到父兄至親發生矛盾衝突，應該從容對待，不能態度激烈；遇到交遊的朋友有過失，應該懇切地規勸，不能寬容放縱。

【研　析】家庭內部的矛盾衝突，可以通過協商來解決，不宜採用過激的手段。如果採用過激的手段來解決矛盾衝突，傷害了骨肉親情，到頭來悔之莫及。家庭間的矛盾衝突，往往是一些經濟上的糾紛，與骨肉親情相比，再大的經濟利益也可以放棄。然而，在現代社會中，許多家庭成員為了經濟利益，比如爭房產、爭遺產，鬧得不可開交，只得告上法庭，更有因此而犯罪的，甚至殺人的。這說明，在現代社會中，經濟關係占據了主導的地位，親情日漸淡薄，道德日漸淪喪，這是值得我們警惕的。

朋友間應該坦誠相見，對方有什麼缺點錯誤，必須直言相勸，那才是真正的朋友。中國古代把這樣的朋友稱為「諍友」，《孝經》說：「士有諍友，則身不離於令名。」如果有諍友不斷地規勸自己，那麼自己就不會犯錯誤，名聲就不會受到損害。

四・一五二　問祖宗之德澤❶，吾身所享者，是當念其積累之難；問子孫之福祉❷，吾身之所貽者，是要思其傾覆之易。

【注釋】❶祖宗之德澤　祖宗遺留下來的恩澤。❷福祉　幸福；福利。

【語譯】問起我所享受的祖宗遺留下來的恩澤，應當想到他們積累的困難；問起我留給子孫的好處，是要想到他們敗家的容易。

【研析】祖宗的恩澤來之不易，應該珍惜；留給子孫最好的福祉，是嚴格的家教。因此古人說，留給子孫滿篋黃金，不如教他們一門學問。

四·一五三 韶光❶去矣，嘆眼前歲月無多，可惜年華如疾馬；長嘯歸歟，知身外功名是假，好將姓字任呼牛❷。

【注釋】❶韶光 美好的時光，多指青春年華。❷呼牛 《莊子·天道》：「昔者子呼我牛也，而謂之牛；呼我馬也，而謂之馬。」指毀譽由人，任其自然。

【語譯】美好的時光過去了，感歎眼前的歲月已經不多，可惜青春年華如快馬一樣急速逝去；長嘯著辭官歸來，知道身外的功名都是虛幻的，毀譽由人，叫我牛馬都無所謂。

【研析】感歎年光易逝，功名虛幻，常見於文人詩文。此條將「疾馬」與「呼牛」相對，構思有點新意。

四·一五四 意慕古，先存古，未敢反古；心持世，外厭世，未能離世。

【語譯】思想上仰慕古人，心裡先有個古人存在，就不敢違反古人；內心執著於世俗，表面上厭惡世俗，就不能脫離世俗。

【研析】心中始終有古人，處處不敢違背古人，就成了古人的奴隸。表面厭世，內心卻執著於世俗，最終未能免俗。內心能擺脫世俗，即使行為上順應世俗，也不會受世俗羈縛。

四・一五五 苦惱世上，度❶不盡許多癡迷漢，人對之腸熱❷，我對之心冷；嗜欲場中，喚不醒許多伶俐人，人對之心冷，我對之腸熱。

【注釋】❶度　點化，幫助人明白事理。❷腸熱　熱心腸。

【語譯】在充滿苦惱的世界上，點化不盡許多昏瞶的人，別人對他們很熱心，我對他們感到失望；在追求享樂的場合中，喚不醒許多機智靈活的人，別人對他們感到失望，我對他們很熱心。

【研析】世上受苦受難的人很多，有些不明事理的人，不能適應社會的需要，即使要幫助他們，也只能解決一時的困難，而不能從根本上改變他們的命運。許多聰明的人，在追求生活的享樂，只要給他們講清道理，他們自能醒悟，踏上正道。

四・一五六 自古及今，山之勝多妙於天成，每壞於人造。

【語譯】自古到今，山的美景大多妙在自然天成，往往被人造的東西所破壞。

【研析】自然景色巧奪天工，若加以人力改造，就會破壞原有的自然美。現在許多旅遊勝地，大建廳堂樓閣，或偽造古跡名勝，結果破壞了原有的景觀，大煞風景。中國傳統審美觀念推崇自然、本色，不僅名勝如此，從個人的容貌修飾到文學藝術無不如此。徐渭主張本色美，他以「婢作夫人，滿頭珠翠」為比喻，反對刻意雕琢的文學創作。李贄在評論《西廂記》和《琵琶記》時提出文學藝術有化工、畫工之別，化工是自然天成，畫工是人力所為。他認為《西廂記》是化工，《琵琶記》是畫工，《西廂記》的藝術成就明顯高於《琵琶記》。李漁《閒情偶寄》在提到選美時說，評判女子是否美，風度意態比容顏衣飾更為重要，而女子容顏之美也不在濃妝淡抹，衣飾之美也不在華麗，而在於是否得體自然。

四·一五七　畫家之妙，皆在運筆之先，運思之際，一經點染，便減神機。

【語譯】畫家的靈妙處，都在動筆之前，構思的時候，一旦落筆，就少了神韻。

【研析】畫家在落筆前，必須要有構思，對如何立意、如何構圖、如何運用筆墨、如何搭配色彩，都有完整的想法，然而一旦落筆，就發現並不能完全體現自己的構思，作品的實際效果要比預先設想的差了許多。從理論上講，巧妙的構思、深刻的意蘊無法完全體現在藝術作品中，構思和實際總是有差距的。

四·一五八　長於筆者，文章即如言語；長於舌者，言語即成文章。昔人謂「丹青乃無言之詩，詩句乃有言之畫」，余則欲丹青似詩，詩句無言，方許各臻妙境。

【語　譯】擅長用筆的人，寫文章就像說話；擅長用口舌的人，說話就是一篇文章。古人說「畫是沒有語言的詩，詩句是有語言的畫」，我則願意畫像詩，詩句沒有語言，這才可以說各自達到了奇妙的境界。

【研　析】蘇軾說王維「詩中有畫，畫中有詩」，是讚賞王維的詩有如同繪畫那樣的鮮明形象和斑斕的色彩，王維的畫有詩那樣深刻的意蘊。詩和畫是不同的藝術門類，詩是語言的藝術，通過語句的排列組合表達一定的意蘊；畫是空間的藝術，通過線條和色彩表現事物的具體形象。但兩者也有相通之處，即詩歌也需要形象，繪畫也需要意蘊。此條最後說「詩句無言」，並不是說詩歌不需要語言，沒有語言就沒有詩歌，而是說詩歌要追求「意在言外」、「言有盡而意無窮」的境界，這是後來王士禎倡導「神韻說」的理論基礎。

四・一五九　舞蝶游蜂，忙中之閒，閒中之忙；落花飛絮，景中之情，情中之景。

【語　譯】飛舞的蝴蝶、遊來遊去的蜜蜂，是忙中偷閒，閒中有忙；飄落的花、飛揚的柳絮，是景中之情，情中之景。

【研　析】「景中之情，情中之景」是中國古代詩歌主張情景交融的理論，王夫之《夕堂永日緒論・

內編》云：「情景名為二，而實不可離。神于詩者，妙合無垠。巧者則有情中景，景中情。」《唐詩評選》云：「景中生情，情中含景。故曰：景者情之景，情者景之情也。」景中之情，即觸景生情，借景抒情。王夫之評謝朓〈之宣城出新林浦向板橋〉詩「天際識歸舟，雲間辨江樹」云：「隱然含義含情凝眺之人呼之欲出，從此寫景，乃為活景。」評李白「孤帆遠影碧空盡，惟見長江天際流」為「即景會情」之句。此兩詩看似寫景，其實詩人藉此表達自己對親友的深情厚誼。

情中之景，指詩人因情生景，隨意描繪。如杜甫「感時花濺淚，恨別鳥驚心」，詩人滿懷憂國思鄉之情，因此看到花好像在為長安淪陷而哭泣，聽到鳥啼好像在為與親人別離而傷心。又如《西廂記》中：「碧雲天，黃花地，曉來誰染霜林醉，總是離人淚。」鶯鶯因與張生分別而滿心苦楚，因此看到楓林的紅葉，也好像是別離情人哭泣的血淚。景中情和情中景雖有所不同，但是互相交融，難以截然分開。落花飛絮是古代詩歌中最常見的意象，是描寫離情別怨，感歎春光易逝最典型的景物。

四·一六〇 五夜雞鳴，喚起窗前明月；一覺睡醒，看破夢裡當年。

【語譯】五更雞鳴，喚起窗前的明月；一覺睡醒，看破當年猶如在夢裡。

【研析】五更雞鳴，喚醒夢中人，明月依然高掛窗外，夢中的情景煙消雲散。回想起當年事，也與這夢境一般，都是過眼煙雲。因此，對於人世的酸甜苦辣、悲歡離合，都要提得起，放得下，看得開，擺脫夢境做一個寬心人。

四·一六一 想到非非想❶，茫然天際白雲；明至無無明❷，渾矣臺中明月。

【注釋】❶非非想 佛教語，「非想非非想處天」的略稱，為三界中無色界第四天。此天沒有欲望和物質，僅有微妙的思想。❷無明 梵語意譯，痴愚無智慧的意思。

【語譯】想到精微入神時，思想似天邊的白雲，茫茫然無所拘束；明白到沒有不明白的地步時，智慧就如高臺中的明月，渾然一片都在月光的照耀之下。

【研析】此條言佛教修行，須摒棄一切欲望，才能獲得精神的絕對自由；須破除一切痴念，才能擁有人生的大智慧。

四·一六二 逃暑深林，南風逗樹，脫帽露頂❶，沉李浮瓜❷，火宅炎宮❸，蓮花❹忽迸，較之陶潛臥北窗下，自稱羲皇上人❺，此樂過半矣。

【注釋】❶脫帽露頂 脫去帽子露出頭頂，比喻狂放不守禮法的行為。杜甫〈飲中八仙歌〉：「張旭三杯草聖傳，脫帽露頂王公前。」此處言為納涼不拘禮法。❷沉李浮瓜 把水果浸在冷水裡，為夏天祛暑之用。《東京夢華錄》載：「人最重三伏，蓋六月中別無時節，往風亭水榭，峻宇高樓，雪檻冰盤，沉李浮瓜……。」❸火

宅炎宮　佛教語，比喻充滿苦難的塵世。❹蓮花　比喻佛法的微妙。佛經說佛行走時，步步生蓮花。❺陶潛臥北窗下二句　寫陶淵明脫離塵俗，悠閒自得的生活，語出《晉書・陶潛傳》：「夏月虛閒，高臥北窗下，清風颯至，自謂羲皇上人。」

【語譯】到幽深的樹林裡避暑，南風搖動著樹枝，脫掉帽子露出頭頂，把瓜果浸在冷水裡，充滿炎熱的塵世，忽然見到蓮花綻放，與陶潛臥在北窗下，自稱是伏羲氏以前的人相比，這樣的快樂超過一大半了。

【研析】此條言隱居生活，不受塵世騷擾，不受禮教拘束，悠閒自適，其樂無窮。

四・一六三　霜飛空而漫霧，雁照月而猜弦。

【語譯】寒霜飛到空中變為瀰漫的霧氣，大雁在明月的照耀下猜疑有弓弦在等著牠。

【研析】此二句出自六朝江總〈山水納袍賦〉。寒霜凝結於地面，依附於物體，不可能漫天飛舞，「霜飛空而漫霧」，極言寒氣清冷逼人。唐人張繼名句「月落烏啼霜滿天」，當從此而來。「雁照月而猜弦」，構思也很精巧。明月映照大地，朦朦朧朧一片陰影，大雁猜疑弓弦隱藏其中，故而高飛遁去。

四・一六四 既景華而稠彩❶，亦密照而疏明；若春隰❷之揚花，似秋漢❸之含星。

【注釋】❶景華而稠彩 張率〈繡賦〉作「綿華而稠彩」。❷春隰 濕潤的春天。隰，低濕的地方。❸秋漢 秋天的銀河。

【語譯】彩色的綿線色調眾多，繡出來疏密相間；好像濕潤的春天花兒開放，秋天的銀河包含著數不清的星星。

【研析】此四句出自六朝張率〈繡賦〉，言繡工之精妙。錦繡色彩華麗，如春花般鮮豔，針線疏密有致，如銀河佈滿星辰。

四・一六五 景澄則巖岫❶開鏡，風生則芳樹流芬。

【注釋】❶巖岫 峰巒。

【語譯】景色澄明峰巒就像一面打開的鏡子，風吹過好樹散發出芬芳。

【研析】此二句出自南朝宋支曇諦〈廬山賦〉，描寫廬山風光之美。廬山為中國名山，以雄、奇、險、秀聞名於世，素有「匡廬奇秀甲天下」之美譽，也是歷代文人喜愛登臨之地。「巖岫開鏡」，言山勢陡峭如壁，光滑如鏡。李白〈廬山謠寄盧侍御虛舟〉：「廬山秀出南斗旁，屏風九疊雲錦張，影落明湖青黛光。」「閒看石鏡清我心，謝公行處蒼苔沒。」〈望廬山五老峰〉：「廬山東南五老峰，青天削出金芙蓉。」皆描寫廬山之陡峭秀麗。「芳樹流芬」，形容山花爛漫，晉慧遠法師〈廬山記〉云：「西南中石門前有雙闕，壁立千餘仞，而瀑布流焉。其中鳥獸草木之美，靈藥芳林之奇，所稱名代。」

四·一六六　類君子之有道，入暗室而不欺❶；同至人❷之無跡，懷明義❸以應時❹。

【注釋】❶入暗室而不欺　在別人看不到的地方，也不做昧心事。❷至人　道家指超凡脫俗，達到無我境界的人。《莊子·逍遙遊》：「故曰至人無己，神人無功，聖人無名。」❸明義　聖明的道義。❹應時　順應天時。

【語譯】像君子一樣有道，進入暗室也不做虧心事；同至人一樣不留痕跡，懷著聖明的道義順應天時。

【研析】此四句出自駱賓王〈螢火賦〉，借物明志，表達自己忠貞的情操。駱賓王在任明堂縣主簿時遭人誣陷而入獄，罪名是「坐贓」，即貪汙。遭誣陷下獄，駱賓王以詩文明志，〈在獄詠蟬〉云：「西陸蟬聲唱，南冠客思深。那堪玄鬢影，來對白頭吟。露重飛難進，風多響易沉。無人信高潔，誰為表予心。」〈螢火賦〉寫螢火蟲徹夜忙碌不停，在黑暗中發光自明，雖點點微光不能照亮昏暗的大地，但其頑強不屈的奮鬥精神多麼可貴。作者最後感歎：小小的螢火蟲尚能「矯翼而凌空」，自己堂堂大丈夫，卻「宛頸而觸籠」，身陷牢獄難以施展。他表示只要一息尚存，定要「寒灰重燃」。

四・一六七 一翻一覆兮如掌，一死一生兮若輪。

【語譯】世事的變化就像手掌翻覆那樣迅速，人的生死就像車輪轉動那樣不斷循環。

【研析】世事反覆，命運無常，岑參〈梁園歌〉：「君不見梁孝王修竹園，頹墻隱轔勢尚存。嬌娥曼臉成草蔓，羅帷珠簾空竹根。大梁一旦人代改，秋風春月不相待。……當時置酒延枚叟，肯料平臺狐兔走。萬事翻覆如浮雲，昔人空在今人口。」《紅樓夢》中〈好了歌〉也是感歎世事反覆無常：「陋室空堂，當年笏滿床；衰草枯楊，曾為歌舞場；蛛絲兒結滿雕梁，綠紗窗今又在蓬窗上。說什麼脂正濃、粉正香，如何兩鬢又成霜？昨日黃土隴頭埋白骨，今宵紅綃帳底臥鴛鴦。」萬事萬物，盛極必衰，否極泰來，一切都在運動流轉中。

佛教宣揚生死輪迴，認為眾生各以善惡業因，在六道（天道、人道、阿修羅道、地獄道、餓鬼道、畜生道）中生死交替，如車輪般旋轉不停。死亡是一個生命周期的終結，又是另一個生命周期的開始。不同的生命周期形成一條因果鏈，去世為因，今世是果；今世為因，來世是果。

卷五　素

五·一　袁石公❶云：「長安風雪夜，古廟冷鋪中，乞兒丐僧，齁齁❷如雷吼，而白髭老貴人，擁錦下帷，求一合眼不得。」嗚呼！松間明月，檻外青山，未嘗拒人，而人人自拒者何哉？集素第五。

【注釋】❶袁石公　袁宏道，字宏甫、中郎，號石公，明代性靈派代表作家。❷齁齁　鼻息聲。

【語譯】袁石公說：「長安風雪之夜，在古廟和冰冷的鋪蓋中，乞丐和化緣的和尚，鼾聲如雷，可是白鬍子的老貴人，擁著錦被放下帳幕，想合上一眼也辦不到。」嗚呼！松林間的明月，門檻外的青山，未嘗拒絕人們，可是每個人卻自己拒絕了，這是為什麼呢？集素第五。

【研析】袁宏道是明代萬曆年間的著名文人，「公安派」的倡導者。袁宏道受李贄影響，追求個性自由，反對封建禮教的束縛，肯定「好貨好色」是人的天性，嚮往悠閒自適的生活。他認為生活是否幸福，取決於人的心態，如果心態好，即使物質條件艱苦，也會感到自在滿足，如果心態不好，物質條件再優越，依然有無盡的苦惱。俄國文學家托爾斯泰也說過：人對幸福的理解是各不相同的，一個乞丐能有一點食物充飢，就會覺得很幸福了，而一個富人，可能為舞鞋不合腳而煩惱。在同樣的環境中，人們的感受也不一樣。「松間明月，檻外青山」，是客觀的存在，可有些人就是熟視無睹，並不能領略其中的美妙，就是因為這些人沒有審美的眼光和心胸。幸福就是一種感覺，是對生命的體驗和對生活的領悟，每個人對幸福的理解是不一樣的。此卷強調「素」，是提倡樸素淡約的生活方式。

五・二

田園有真樂，不瀟灑終為忙人；誦讀有真趣，不玩味終為鄙夫❶；山水有真賞❷，不領會終為漫遊；吟詠有真得，不解脫❸終為套語。

【注釋】❶鄙夫　庸俗淺陋的人。❷真賞　指值得欣賞的景物。❸解脫　此處意為擺脫窠臼。

【語譯】田園有真正的快樂，不能悠閒地享受終究還是個忙人；讀書有真正的趣味，不能玩味其中的意義終究還是個粗人；山水有值得欣賞的景物，不能領會其中的妙處，終究只是漫遊；吟誦詩歌有真正的收穫，不能擺脫窠臼終究成為套語。

【研析】做事情要講究實效，而不在形式。在生活中，怎麼做往往比做什麼更重要。身在田園，心依然擺脫不了世俗的羈絆，就不能領會到隱居的樂趣。讀書不求理解，只知死記硬背，就不能有所長進。遊山玩水而不能領略其中的妙處，也就是白跑一趟。作詩不能表達自己真實的思想感情，只是追求形式的華美，就只能寫些套語。

五·三　居處寄吾生，但得其地，不在高廣；衣服被吾體，但順其時，不在紈綺❶；飲食充吾腹，但適其可，不在膏粱❷；宴樂修吾好❸，但致其誠，不在浮靡。

【注　釋】❶紈綺　精美的絲織品。❷膏粱　精美的飯食。❸修吾好　表示自己的友好。

【語　譯】住處寄託我的一生，只要地方適當就行，不在於高大寬廣；衣服遮蔽我的身體，只要順應季節就行，不在質地的精良；飲食填飽我的肚皮，只要合適就行，不在食物的精美；宴飲遊樂是我向朋友表示友好，只要表達我的誠意就行，不在排場奢靡。

【研　析】此條提倡簡樸的生活方式。俗語說：「廣廈千間，睡覺也就一張床；珍饈百味，一天也就三頓飯。」生活應求舒適，不求奢華，奢華的生活只是擺排場，炫耀於人，對自己並無好處。

五·四　披卷❶有餘閒，留客坐殘良夜❷月；褰❸帷無別務，呼童耕破遠山雲❹。

【注釋】❶披卷 讀書。❷良夜 深夜。❸褰 揭起。❹耕破遠山雲 古人以耕雲釣月形容隱居生活。趙孟頫〈行書辭〉云：「北隴耕雲，南溪釣月，此是野人生計。」

【語譯】讀書有剩餘的空閒，留客人坐到深夜的月亮將落；揭起帳幔沒有別的事情，呼喚童兒耕破遠山的雲彩。

【研析】此條言隱居生活的悠閒。讀書之餘，與朋友徹夜長談，月沉星稀，興猶未盡。談話的內容，也許是說古道今，臧否世事；也許是感歎人生的坎坷，及時歸隱的快樂；也許是探討文藝，品評詩文；也許是家長里短，兒女瑣事……，「多少六朝興廢事，盡入漁樵閒話」，不管是什麼話題，都能給人以心靈的慰藉和精神的愉悅。

古人歸隱田園，以耕讀為生，除了讀書，還須從事耕作，否則不能維持生計。古代隱士，都是饒有資產的地主，陶淵明老是哭窮，說經常買酒沒錢，只能賒帳，但他還有「方宅十餘畝，草屋八九間」，且有兩個童僕伺候他。他們從事農耕，除了生活所需，還體會到農家生活的悠閒和樂趣，陶淵明〈歸園田居〉云：「種豆南山下，草盛豆苗稀。晨興理荒穢，帶月荷鋤歸。道狹草木長，夕露沾我衣。衣沾不足惜，但使願無違。」范成大的〈四時田園雜興〉組詩，更將田園生活寫得充滿詩情畫意。趙孟頫的「北隴耕雲，南溪釣月」同樣將漁耕詩意化。現今生活在城市中的人，喜歡去鄉村體會農家樂，也是為獲取一份閒情逸致。

五·五 琴觴自對，鹿豕為群，任彼世態之炎涼，從他人情之反覆。

【語譯】獨自對著琴和酒杯，與鹿和豬為伍，任他世態炎涼，隨他人情反覆無常。

【研析】隱居田野，遠離塵囂，擺脫功名利祿的纏縛，世態炎涼、人情反覆自然與己無涉。在以自給自足的小農經濟為主體的封建社會，人們隱居田野，可以獨立於社會之外，但在商品經濟為主體的現代社會中，個人與社會的聯繫越來越緊密，即使身居窮鄉僻壤，也要受到世態和人情的影響。

五·六 家居苦事物❶之擾，唯田舍園亭，別是一番活計❷。焚香煮茗，把酒吟詩，不許胸中生冰炭。

【注釋】❶事物 此處作事務、事情解。❷活計 生計，此處也指事務、事情。

【語譯】家居苦於各種事務的困擾，只有經營田舍修建園亭，另是一種有趣的事情。焚香煮茶，喝酒吟詩，不讓心中有激烈的矛盾衝突。

【研析】在文人看來，求田問舍，經營生計是平庸的事情，而修建園林則是高雅的事業。晚明文人修建園林成癖，可是不問生計，修建園林的資金從何而來？自己不問生計，當有人代勞。

五·七 客寓多風雨之懷❶，獨禪林道院，轉添幾種生機。染翰揮毫❷，翻經問偈❸，肯教眼底逐風塵❹。茅齋獨坐茶頻煮，七碗❺後氣爽神清；竹榻斜眠書漫拋，一枕餘心閒夢穩。

【注釋】❶風雨之懷　指胸中充滿憂愁和煩惱。❷染翰揮毫　寫字作畫。染翰，以筆蘸墨。揮毫，運筆寫字作畫。❸偈　佛經中的韻語，此處指經書。❹風塵　指世俗之事。❺七碗　唐盧仝〈走筆謝孟諫議新茶〉：「七碗吃不得也，唯覺兩腋習習清風生。」

【語譯】客居心中充滿憂愁煩惱，只有在寺院道觀，反而能增添幾分生機。蘸墨運筆，翻閱研讀經書，怎能讓眼前世俗之事紛紛擾擾。獨坐茅屋不斷煮茶，喝了七碗後氣爽神清；斜睡在竹榻上，書籍任意地拋在一旁，一覺後心情悠閒夢也做得安穩。

【研析】在寺院念經參禪，在茅齋讀書品茶，都是文人追求的清閒生活。

五・八　帶雨有時種竹，關門無事鋤花，拈筆閒刪舊句，汲泉幾試新茶。

【語譯】有時候冒雨種竹，無事時關門鋤去花中之草，閒來拿筆刪改舊時所作的詩句，打來泉水屢嘗新茶。

【研析】古人愛竹，欣賞它堅挺不屈的志節和臨風搖曳的風致。雨中翠竹更加青蔥秀麗，而雨滴竹葉清韻悠揚，故杜甫〈詠竹〉詩云：「綠竹半含籜，新梢才出墻。雨洗娟娟淨，風吹細細香。」元劉秉忠〈秋晚〉詩則云：「秋晚梧桐翠已殘，松風竹雨正姍姍。」無事種花有兩層意思：種花本是雅事，要有悠閒的心情，不能像種莊稼那樣搶季節趕時間；種花要愛花惜花，須精心呵護培育，故宋李昭玘詩云：「從今收拾身閒計，洗竹鋤花日醉吟。」「拈筆閒刪舊句」，也離不開一個「閒」字。「好詩不厭百回改」，古人作詩十分嚴謹，不隨意出手，袁枚說「新詩千改始心安」。改詩如此繁難，因此要有閒時間、閒心情。

古人講究喝茶，茶以新茶為佳，煮茶的水也有許多名堂。山泉清冽，適合煮茶，但不同地方的山泉水質不同，煮的茶味道也不同。張岱《陶庵夢憶》記載他每天讓童僕去幾百里外的惠泉取水煮茶，有一次童僕覺得麻煩，在半路上隨便灌了一罈水，張岱喝了說不是惠泉水。喝茶本是休閒的雅事，若像古人那麼講究，也就休閒不起來了，然而喝茶並不僅為解渴，味道自在許多講究之中。

五·九 余嘗淨一室，置一几，陳幾種快意書❶，放一本舊法帖，古鼎焚香，素麈❷揮麈。意思❸小倦，暫休竹榻。餉時❹而起，則啜❺苦茗。信手寫漢書❻幾行，隨意觀古畫數幅。心目間覺灑灑空靈❼，面上俗塵，當亦撲去三寸。

【注　釋】❶快意書　讀起來痛快高興的書。❷素麈　白色的拂塵。麈，麈尾，古人閒談時用以驅蟲、揮麈的工具。❸意思　此處指興趣、情緒。❹餉時　吃飯的時候。❺啜　飲。❻漢書　指漢隸，漢朝通行的隸書。❼空靈　清淨。

【語　譯】我曾經打掃乾淨一間屋，擺一張几桌，陳列幾種讀起來痛快的書，放一本舊的字帖。用古鼎焚香，白色的麈尾揮塵。興趣稍有倦怠，暫時在竹榻上休息一會。吃飯的時候起來，就喝苦茶。信手寫幾行隸書，隨意看幾幅古畫。心目間覺得灑脫清淨，臉上的灰塵當也除去三寸。

【研　析】讀書臨帖、焚香清談、品茶觀畫，是文人悠閒生活的寫照。古代文人如此，似乎已經相當簡樸了，然而在今天看來，這種生活卻是難得的享受。且不說法帖古畫價值不菲，就是這份悠閒也不是輕易能得到的。

五·一〇　但看花開落，不言人是非。

【語　譯】只看花開花落，不說別人的是和非。

【研　析】此條言超然物外的淡泊心境。花開花落，是生命的運動，自然的規律，不容人力參與其中。從花開花落，可以領悟到生命的短暫和人生的虛幻，就會跳出塵世名利的紛爭，於是就不必去理會別人的是是非非。本書還收入一副類似的對聯「寵辱不驚，閒看庭前花開花落；去留無意，漫隨天外雲卷雲舒」，其表達的哲理，與此條相近。

五·一 莫戀浮名，夢幻泡影❶有限；且尋樂事，風花雪月❷無窮。

【注釋】❶夢幻泡影　比喻事物的虛幻不實，生死無常。《金剛經》云：「一切有為法，如夢幻泡影。」❷風花雪月　指一年四季的美景。

【語　譯】不要貪戀虛名，夢幻泡影都是不長久的；姑且尋找歡樂的事情，風花雪月是無窮盡的。

【研　析】古人說：「身後千載名，不如身前一杯酒。」鼓吹的是現實的享樂主義。這樣的思想有其合理之處，也有嚴重的局限。追求現實生活的享受，是人們正常合理的追求，但如果只貪圖眼前的享受，而毫不顧及自身的名譽，就會喪失做人的基本原則，放棄對社會的起碼責任，其消極影響是不言而喻的。

五·二 白雲在天，明月在地，焚香煮茗，閱偈翻經，俗念都捐，塵心頓洗。

【語　譯】白雲在天上，月光照地下，燒香煮茶，翻閱佛經，世俗的念頭都拋棄，名利之心頓時洗淨。

【研　析】白雲在天，自在無礙；明月在地，清明澄澈；燒香煮茶，禮佛誦經，都是極清雅之事。

五·一三 暑中嘗❶默坐，澄心閉目，作水觀❷久之，覺肌髮❸洒洒❹，几閣❺間似有爽氣飛來。

【注釋】❶嘗 同「常」。❷水觀 佛教打坐入定的術語。❸肌髮 肌膚和鬚髮，此處指身體。❹洒洒 清冷。❺几閣 指櫥架。

【語譯】酷暑中經常無言靜坐，淨心閉目，打坐時間長了，就覺得全身十分清涼，好像在櫥架間有冷氣飛來。

【研析】「心靜自然涼」，如果心中寧靜，在盛夏也不感覺熱。冷熱是種感覺，與人的精神狀態有密切的關係，但這種感覺終究是對外界刺激所作出的反應，人的主觀精神並不能改變外界的現實。人的主觀精神對感覺的控制是有限度的，心靜自然涼，是相對而言的，並不是說心靜就能使夏天變成冬天。

五·一四 胸中只擺脫一戀字，便十分爽淨，十分自在。人生最苦處，只是此心，沾泥帶水，明是知得，不能割斷耳。

【語譯】心中只要擺脫一個「戀」字，就十分清爽，十分自在。人生最苦的事情，只是有此心，沾泥帶水，明明知道，就是不能割斷。

【研　析】佛教認為，四大皆空，一切皆虛幻，世間萬事都不值得留戀。人們不能擺脫惡業的纏擾，就因為心中存有「愛戀」等癡念，只有擺脫種種痴念，才能割斷塵緣而大覺悟。黃庭堅有詩說：「癡是根本業，愛是煩惱坑。輪回幾許劫，不解了無明。」講的也是這個道理。

五·一五　無事以當貴，早寢以當富，安步以當車，晚食以當肉❶，此巧於處貧者。

【注　釋】❶安步以當車二句　《戰國策·齊策四》：「晚食以當肉，安步以當車，無罪以當貴，清靜貞正以自虞。」安步，緩慢地步行。

【語　譯】把沒有事情當做貴，把早睡當做富，把慢慢步行當做坐車，把晚吃飯當做吃肉，這是善於在貧困中安身。

【研　析】此條文字也見於明王象晉《清寤齋心賞編》，提倡安貧樂道，實際上是一種精神勝利法。在物欲橫流，人們如蟻附羶地追逐名利的時候，能夠安貧樂道，表現出淡泊的胸懷，體現了高尚的道德素養。然而，在人們處於落後貧困的境地時，還以知足常樂自慰，作為安於現狀、不思進取的藉口，則是消極的人生態度，並不值得提倡。

五・一六 三月茶筍❶初肥，梅風❷未困，九月蓴鱸❸正美，秫酒❹新香。勝友❺晴窗❻，出古人法書❼名畫，焚香評賞，無過此時。

【注釋】❶茶筍 一指茶芽，陸羽《茶經》載：「凡采茶在二月三月四月之間，茶之筍者，生爛石沃土，長四五寸，若蕨薇始抽，凌露采焉。」陸龜蒙有〈茶筍〉詩；一指竹筍，天啟《平湖縣志》載：「家園所產，有杜筍、鞭筍、燕來筍、茶筍。」茶筍為筍之一種；一指茶芽和竹筍。王世貞〈謝吳斷事惠茶筍歌〉云：「雨前茗牙細勝粟，雨後筍萌碧于玉。道人嗜茗以代酒，且復為筍將斷肉。」「雨前茗牙」指產於穀雨前之雨前茶，「嗜茗以代酒」用「以茶代酒」之成語。「雨後筍」則用「雨後春筍」之成語，「將斷肉」用「寧可食無肉，不可居無竹」之典故。由此可見王詩乃將茶與筍分而言之。文中所言「三月茶筍」，當指竹筍，《明會典》載明初各地按月進貢之物，「三月茶筍一十五斤，鯉魚二十五斤」，三月竹筍初發，鮮嫩美味，故為進貢御用之物。❷梅風 早春的風。❸蓴鱸 蓴菜鱸魚。❹秫酒 用秫釀的酒。秫，黏的粟米。❺勝友 良友。❻晴窗 明亮的窗戶。❼法書 字帖。

【語譯】三月竹筍剛肥，早春的風尚未止息，九月蓴菜鱸魚正肥美，剛釀好的秫酒散發清香。與好友坐在明亮的窗下，拿出古人的字帖和名畫，點燃香品評欣賞，再沒有比這個時候更好的了。

【研析】此條言文人隱逸生活的悠閒，原文出自陳繼儒《巖棲幽事》，《徐氏筆精》引錄此段文字，說「此語足為山林公」，意為陳氏所言精要地概括了文人隱居生活的樂趣。明代後期，隨著經濟的發展，人們的生活也越來越講究，尤其是江浙一帶的文人，居室講究雅緻，園林講究奇麗，飲食講究精細，服飾講究華美。竹筍和蓴鱸是南方物產，為文人所愛，陸游有〈春遊〉詩云：「出山茶筍村墟鬧，上市蓴鱸匕筯新。」文人喜食茶筍蓴鱸，並作為餽贈的禮品，不僅因其味道鮮美，而且其中富有文化意蘊。

《冷齋夜話》載：蘇軾約劉器之同參玉版和尚，至廉泉寺燒筍食之。器之覺筍味勝，問此何名，蘇軾說名玉版，此老僧善說法，令人得禪悅之味。蘇軾因此作〈器之好談禪不喜遊山山中筍出戲語器之可同參〉詩云：「叢林真百丈，法嗣有橫枝。不怕石頭路，來參玉版師。聊憑柏樹子，方問籜龍兒。瓦礫猶能說，此君那不知。」竹筍似淡實鮮，似澀實甘，與參禪悟道的境界相似，故蘇軾從食筍得禪悅之味，後來詩人多以玉版禪師指代竹筍。蓴菜鱸魚，有人們熟知張翰思歸的典故，向來為文人津津樂道。書畫是文人的愛好，也是必要的修養，古人喜讀法帖賞名畫，不僅可以學習書法繪畫的技法，而且能從中領略古人的神采風韻，陳繼儒談及讀古帖好處云：「先賢風流韻態，如在筆端，且可一搜其遺行，逸籍交遊。」

五·一七 高枕丘中，逃名世外，耕稼以輸❶王稅，采樵以奉親顏。新穀既升，田家大洽❷，肥羜❸烹以享神，枯魚燔❹而召友。蓑笠在戶，桔槔空懸，濁酒相命，擊缶長歌，野人❺之樂足矣。

【注釋】❶輸 繳納。❷洽 和諧歡樂。❸羜 五個月的羊。❹燔 燒烤。❺野人 山野之人，多指隱者。

【語譯】在山中高枕而臥，在塵世外逃避名聲，耕種莊稼繳納國家的稅收，砍柴奉養父母。新穀登場，農家十分歡樂，煮羊祭神，烤乾魚招待朋友。蓑衣斗笠掛在房內，桔槔懸在空中，以濁酒相勸，敲擊瓦盆高歌，山野之人的快樂已經滿足了。

【研析】此段文字出自明高叔嗣〈答袁永之〉，當時高叔嗣在朝廷任職，他在給袁袠（永之）的信中表達對隱居生活的嚮往。

五·一八　為市井草莽❶之臣，早輸國課；作泉石煙霞之主，日遠俗情。

【注釋】❶草莽　草野，指民間。

【語譯】作為身居城鎮鄉村的臣民，應該及早繳納國家的賦稅；作為泉石煙霞的主人，應該日漸遠離世俗的情感。

【研析】「普天之下，莫非王土；率土之濱，莫非王臣」，身居泉石煙霞之中，還是一個臣民，依然要輸國課，也無法遠離俗情。

五·一九　覆雨翻雲❶何險也，論人情只合杜門；吟風弄月❷忽頹然❸，全天真❹且須對酒。

【注釋】❶覆雨翻雲　比喻世事反覆無常。❷吟風弄月　寫作有關風花雪月的詩詞。❸頹然　萎靡不振，衰老的樣子。❹天真　天性；人的本性。

【語譯】世事翻雲覆雨是多麼兇險，說起人情淡薄只應該關門獨處；吟風弄月也會突然感到衰老萎靡，保全人的本性還是要喝酒。

【研析】此條言世間渾濁，人情險惡，人們逐漸喪失了本性。只有喝醉酒逃避現實，才能流露出人性中天真的一面。

五·二〇　春初玉樹❶參差，冰花錯落，瓊臺❷奇望❸，恍坐玄圃❹羅浮❺。若非黃昏月下，攜琴吟賞，杯酒留連❻，則暗香浮動疏影橫斜❼之趣，何能有實際。

【注釋】❶玉樹　覆蓋白雪的樹。❷瓊臺　白玉修建的樓臺，也指神仙居住之處。❸奇望　奇觀；奇特的景象。❹玄圃　崑崙山頂神仙居住的地方。❺羅浮　羅浮山，在廣東博羅、增城、龍門三縣境內，古代道教勝地，葛洪曾在此煉丹。❻留連　連續不斷。❼暗香浮動疏影橫斜　宋林逋〈山園小梅〉：「疏影橫斜水清淺，暗香浮動月黃昏。」暗香浮動形容梅花的香氣在空中飄浮，疏影橫斜形容梅樹虬曲的姿態。

【語譯】春初覆蓋著白雪的樹木參差不齊，冰花錯落有致，瓊臺的奇妙景象，恍惚坐在玄圃羅浮山中。若不是黃昏月下，帶著琴吟詠欣賞，不斷地喝著杯中酒，那麼暗香浮動疏影橫斜的趣味，怎麼能有真切的體會。

【研析】此節文字出自高濂《遵生八牋・孤山月下看梅花》。「玉樹參差，冰花錯落」，寫出梅花冰清玉潔的神韻，是神似而非形似。審美是主客觀的融合，有好景，還要有好心情好胸懷去欣賞，才能領略景色的情趣。

五・二二　性不堪虛，天淵亦受鳶魚之擾❶；心能會境，風塵❷還結煙霞❸之娛。

【注釋】❶天淵亦受鳶魚之擾　《詩經・大雅・旱麓》：「鳶飛戾天，魚躍于淵。」鳶，老鷹。❷風塵　指俗世。❸煙霞　指山水、山林。

【語譯】人性不能寂滅虛空，天空深潭也會受到老鷹和魚的打攪；心情能適應環境，風塵中還能保持山林的樂趣。

【研析】理學家強調觀察天地生物氣象，要在萬物之生意中領略活潑的生命精神。《詩經》云：「鳶飛戾天，魚躍于淵。」宋代理學家程頤、程顥從中領會到天地自然「活潑潑」的生命力，體現了自然的「天機」和「真趣」。朱熹也說：「鳶有鳶之性，魚有魚之性。其飛其躍，天機自完，便是天理流行發見之妙處。」朱熹認為，鳶飛魚躍皆出自其本性，順乎自然，而人就應該從這種物態舒暢中去感受生命的意義和快樂。自然萬物充滿了勃勃生氣，那麼人的本性也應該是活潑的，具有認識、體察宇宙的能力。這是理學與宣揚寂滅虛空的佛教之間的差別。

五・二三 身外有身❶，捉麈尾矢口❷閒談，真如畫餅；竅❸中有竅，向蒲團問心究竟，方是力田❹。

【注釋】❶身外有身　佛教有「二身」、「三身」之說，但各種說法不一。如《大智度論》說：「佛有二種身，一者法性身，二者父母生身。」法性身是佛為度脫十方眾生而變現的色身，父母身即為人的肉身。《大乘義章》則分為法身、報身、應身。法身指通過先天具有的真心、本覺而成的佛身；報身為經過修習而獲得的佛果之身；應身為佛為度脫眾生而變現之身。❷矢口　隨口。❸竅　心竅。古人認為心臟中有孔穴，心竅越多越聰明。❹力田　努力耕種，此處指修行的功夫。

【語譯】身外有身，拿著拂塵隨口閒談，真像畫餅充飢虛幻不實；心竅中有心竅，坐在蒲團打坐，向內心問個究竟，這才是在修行上下功夫。

【研析】佛教認為身外有身，人除了「肉身」，還有「真身」、「法身」。「肉身」是轉眼即逝的臭皮囊，而「真身」、「法身」才是永恆的存在。佛教還認為，人們對現實的認識都是虛假不實的，只有經過修行，達到了認識的更高階段，才能領悟到世界虛空的本質。文人清談玄理，論說雖然奧妙，僅僅接觸到事物的皮相，就像畫餅充飢那樣虛幻，只有從心上下功夫去修行，才能得到真正的知識。

五・二三　山中有三樂：薜荔可衣❶，不羨繡裳；蕨薇❷可食，不貪粱肉；箕踞散髮，可以逍遙。

【注釋】❶薜荔可衣　在古代詩詞中，人們經常穿著鮮花香草做的衣服，表示品行的高潔。屈原〈山鬼〉：「若有人兮山之阿，被薜荔兮帶女蘿。」元王禮〈紉蘭軒辭〉：「采芰荷以為衣兮，被薜荔以為裳。」薜荔，蔓生香草。❷蕨薇　野菜。

【語譯】住在山中有三大樂處：薜荔可以當衣裳穿，不用羨慕華麗的服裝；蕨薇可以當飯吃，不必貪圖精美的食物；伸腿而坐披散頭髮，可以逍遙自在。

【研析】此條宣揚擺脫浮華，質樸自然的生活方式。薜荔可衣，蕨薇可食即布衣蔬食的意思，形容生活簡樸，並非真的穿花草做的衣服，吃野菜草根。在古代詩詞中，以薜荔為衣象徵品行高潔，以蕨薇為食，引用伯夷、叔齊不食周粟的典故，表示高尚的氣節。此處以薜荔為衣、以蕨薇為食，表示山中隱士的品德修養。箕踞散髮，形容不受禮法拘束，逍遙自在的生活方式。《世說新語・任誕》載：「阮步兵喪母，裴令公往弔之。阮方醉，散髮坐床，箕踞不哭。裴至，下席於地，哭，弔唁畢便去。或問裴：『凡弔，主人哭，客乃為禮。阮既不哭，君何為哭？』裴曰：『阮方外之人，故不崇禮。我輩俗中人，故以儀軌自居。』」

五・二四　終南❶當戶，雞峰❷如碧筍左簇，退食❸時秀色紛紛墮盤，山泉繞窗入戶，孤枕夢回，驚聞雨聲也。

【注　釋】❶終南　山名，在西安南邊。❷雞峰　形狀如雞的山峰。❸退食　退朝後回家吃飯。此處即指吃飯。

【語　譯】終南山對著門戶，雞峰像綠色的竹筍簇立在左邊，吃飯時美麗的景色紛紛落入盤中，山泉繞過窗戶進入戶內，孤枕獨眠從夢中醒來，驚詫地以為聽到了下雨的聲音。

【研　析】此條描寫終南山的景色，形象生動新穎。山峰如碧筍，刻畫出終南山的青翠挺拔，想像奇特。山泉繞窗入戶，形容住處就在泉水旁，流水潺潺，夜間夢醒還以為是雨聲，寫得也很有詩意。

五・二五　世上有一種癡人，所食閒茶冷飯❶，何名高致❷。

【注　釋】❶閒茶冷飯　即殘羹剩飯的意思。❷高致　高尚或高雅的情致。

【語　譯】世上有一種痴人，吃的是別人剩下的殘茶冷飯，怎麼能稱得上高雅。

【研　析】此條批評那些拾人牙慧，自己沒有主見的痴人。可是世上這樣的痴人不少，博得高雅名聲的也不在少數。

五・二六 桑林麥壠，高下競秀，風搖碧浪層層，雨過綠雲繞繞。雉雊❶春陽❷，鳩❸呼朝雨，竹籬茅舍，間以紅桃白李，燕紫鶯黃，寓目色相❹，自多村家閒逸之想，令人便忘艷俗。

【注　釋】❶雊　野雞鳴叫。❷春陽　春天的陽光。❸鳩　斑鳩。❹色相　佛教語，指萬物的形貌。

【語　譯】桑林麥田，高高低低互相競美，風吹碧浪層層起伏，雨過綠雲繚繞。野雞在春天的陽光中啼鳴，斑鳩在朝雨中呼叫，竹子的籬笆茅草屋，夾雜著紅色的桃花、白色的李花，紫色的燕子、黃色的鶯鳥，看著多姿多彩的萬物，自然會有很多農家閒適的想法，讓人忘卻了濃豔和凡俗。

【研　析】此條描寫農村的景物風光，構思新穎、刻畫細膩、動靜相間、色彩鮮明，讀來如置身畫中。

五・二七 雲生滿谷，月照長空，洗足收衣，正是宴安❶時節。

【注　釋】❶宴安　安逸快樂。

【語　譯】白雲升起填滿山谷，明月映照著遼闊的天空，洗好腳收起衣服，正是安逸快樂的時刻。

【研　析】雲生滿谷是悠閒，月照長空是寧靜，以此襯托洗足收衣的日常生活，更見安逸自適。

五·二八 眉公❶居山中，有客問山中何景最奇，曰：「雨後露前，花朝雪夜。」又問何事最奇，曰：「釣因鶴守，果遣猿收。」

【注釋】❶眉公 陳繼儒號眉公。

【語譯】眉公住在山中，有客人問山中什麼景色最奇特，回答說：「落雨後、降露前，花開的清晨、下雪的夜晚。」又問什麼事情最奇特，回答說：「釣魚時讓鶴守著，山果讓猿猴去收穫。」

【研析】雨後山水如洗，更加蒼翠蔥蘢，故王維〈山居秋暝〉起句說：「空山新雨後，天氣晚來秋。」〈送元二使安西〉說：「渭城朝雨浥輕塵，客舍青青柳色新。」露水凝結於涼爽的清晨或夜間，此時景色朦朧，更有一番風味。野鶴陪伴垂釣的漁翁、猿猴為主人收取果實，顯示出人與動物、自然的和諧，勾畫了一幅寧靜安逸的圖畫。

五·二九 古今我愛陶元亮❶，鄉里人稱馬少游。

【注釋】❶陶元亮 陶淵明字元亮。

【語譯】古往今來的人物中，我喜歡陶元亮，鄉里人把我比作馬少游。

【研析】此二句出自明代王蒙〈閒適〉詩：「綠楊堪繫五湖舟，袖拂東風上小樓。晴樹遠浮青嶂出，春江曉帶白雲流。古今我愛陶元亮，鄉里人稱馬少游。不負平生一杯酒，相逢花下醉時休。」

馬少游是東漢名將馬援的從弟，《後漢書・馬援傳》載馬援功成名就後，從容謂官屬曰：「吾從弟少游，常哀吾慷慨多大志，曰：『士生一世，但取衣食裁足，乘下澤車，御款段馬，為郡掾史，守墳墓，鄉里稱善人，斯可矣。』」後來馬少游成了淡泊超脫，不求仕進的典型。王蒙的詩描寫了他自己隱逸生活的悠閒愜意，表示自己仰慕的對象是陶淵明，而鄉里人把自己比作善人馬少游。

五・三〇　嗜酒好睡，往往閉門；俯仰進趨❶，隨意所在。

【注釋】❶俯仰進趨　都是行為、舉止的意思。

【語譯】喜歡喝酒和睡覺，往往關著門；行為舉止，隨意而發。

【研析】此條宣揚隨意自適的生活態度和方式。關起門來喝酒睡覺，是不問世事的意思。喝酒能放鬆心情，排遣愁悶，讓思想自由飛翔。睡覺更能讓人忘記一切，進入無憂無慮的混沌狀態。文人嗜酒，自古而然，並留下許多趣聞軼事和名篇佳作。然好睡並不多見，陶淵明高臥北窗下，自比羲皇上人是一例。明代著名詩人高啟喜睡，寫了許多有關睡覺的詩，如〈偶睡〉、〈曉睡〉、〈晝睡〉、〈睡起〉、〈睡足〉等。高啟喜睡，與他生活坎坷、患有眼疾相關，他以睡入詩，則是表達對現實的不滿和逃避，抒寫淡泊的胸懷和高潔的志向，如〈晝睡甚適，覺而有作〉：「閒居況懶拙，盡日無營為。掩室聊自眠，一榻委四肢。向喧思益昏，南窗滿晴曦。吾神誰能縶，八表從所之。」

般憂常苦縈，茲焉忽如遺。有身不自省，此外安得知。覺來鄰雞鳴，已過亭午時。如遊鈞天還，至樂不可追。我意在有適，寧顧朽木嗤。猶勝夸毗子，塵中爭走馳。」

行為舉止，隨意而發，有堅持個性，特立獨行的意思。遵守禮法的人，循規蹈矩，不敢越雷池一步；沒有主見的人，跟在人後亦步亦趨；只有思想自由，精神獨立的人，才能不受拘束羈絆，隨自己的心意行動。

五・三一 霜水❶澄定，凡懸崖峭壁，古木垂蘿，與片雲纖月❷，一山映在波中。策杖❸臨之，心境俱清絕。

【注釋】❶霜水 即秋水，秋天的河水。❷纖月 月牙，未弦之月。❸策杖 拄杖。

【語譯】秋水清澈寧靜，凡是懸崖峭壁，古老的樹木和倒垂的蔓蘿，以及一片雲彩、一輪月牙，全山映照在波浪中。拄杖來到水邊，心境都變得非常清明。

【研析】此條寫秋景，山水映照，月色透過薄雲，灑向蓊鬱的草木，大有「明月松間照，清泉石上流」的意境。

五・三二 親不抬飯❶，雖大賓❷不宰牲；匪直❸戒奢侈而可久，亦將免煩勞以安身。

【注　釋】❶抬飯　勸飯。❷大賓　此處指重要的賓客。❸匪直　不僅。

【語　譯】招待親戚不勸飯，即使是重要的賓客也不宰殺牲口；這樣不但能防止過分的奢侈，可以保持長久的來往，也可以免除煩勞使身體安逸。

【研　析】招待客人，以節儉為上，既省錢又省力。現在招待客人，講究排場，宴席越豐盛越好，既浪費錢財，又不利健康。

五・三三　**饑生陽火❶煉陰精❷，食飽傷神氣不升。**

【注　釋】❶陽火　肝火。❷陰精　此處指內在的元氣。

【語　譯】飢餓易生肝火損耗元氣，吃得太飽會傷害精神使氣不旺盛。

【研　析】此條言養生。俗話說：「要想一生保平安，常帶三分飢和寒。」道家養生，講究節食，《黃帝內經》提出「飲食自倍，腸胃乃傷」，主張「飲食有節」。梁代道士陶弘景在《養生延年錄》中說：「所食愈少，心愈開，年愈壽；所食愈多，心愈塞，年愈損焉。」節食養生，是有科學道理的。飲食過量，勢必導致腸胃負擔過重，而營養過剩，則會形成「三高」——高血壓、高血脂、高血糖，這是健康的大敵。

五·三四　心苟無事，則息❶自調；念苟無欲，則中❷自守。

【注釋】❶息　氣息。❷中　內心。

【語譯】心中只要沒事，那麼氣息自然調和；思想只要沒有欲念，那麼內心自然會安穩。

【研析】養氣調息也是養生的訣竅，用現代語言來講，就是練氣功。在練氣功時，要摒除雜念，氣守丹田，這也是道家的養生法。

五·三五　文章之妙，語快令人舞，語悲令人泣，語幽令人冷，語憐令人惜，語險令人危，語慎令人密，語怒令人按劍❶，語激令人投筆❷，語高令人入雲，語低令人下石❸。

【注釋】❶按劍　以手撫劍準備搏擊。❷投筆　投筆從戎；棄文業武。❸下石　落井下石，此處指跌入深淵。

【語譯】文章的奇妙，語言痛快令人鼓舞，語言悲戚令人哭泣，語言清幽令人感到寒冷，語言可憐令人惋惜，語言奇險令人感到危急，語言謹慎令人縝密，語言憤怒令人拔劍準備搏鬥，語言激昂令人投筆從戎，語言高亢令人如入雲端，語言低沉令人如落深淵。

【研　析】此條言文學的藝術感染力和潛移默化的教育作用。文學是語言的藝術，它通過語言塑造的形象和構造的意境，引起讀者的共鳴，激發讀者的感情，振奮讀者的情緒，從而使讀者在審美欣賞的同時，經受了情感的陶冶。明代後期的文人，很重視文學藝術的言情功能和教化作用，湯顯祖在〈宜黃縣戲神清源師廟記〉中說戲曲能「使天下之人無故而喜，無故而悲。或語或默，或鼓或疲，或端冕而聽，或側弁而咍，或窺視而笑，或市擁而排。乃至貴倨弛傲，貧嗇爭施。……無情者可使有情，無聲者可使有聲。寂可使喧，喧可使寂，饑可使飽，醉可使醒，行可以留，臥可以興。鄙者欲豔，頑者欲靈」。湯氏所言，與此條精神相一致。

五・三六　溪響松聲，清聽自遠❶；竹冠蘭佩，物色❷俱閒。

【注　釋】❶遠　指心遠，心情超逸，胸懷曠達。❷物色　形貌景象。

【語　譯】溪水鳴響松風呼嘯，靜心傾聽胸懷自然曠達；戴著竹帽佩著蘭花，形貌景象都很悠閒。

【研　析】中國傳統的審美觀念，強調審美情趣與客觀景物的契合，即情景交融。

五・三七　鄙吝❶一消，白雲亦可贈客；渣滓❷盡化，明月自來照人。

【注釋】❶鄙吝　過分愛惜錢財。❷渣滓　指心中的雜念。

【語譯】貪財的念頭一旦消除，白雲也可以贈送客人；心中的雜念全部化解，明月自會來照人。

【研析】此條文字也見於明吳從先《小窗自紀》，言心中不以財富為念，白雲雖不用錢買，也可以用來贈客而不顯小氣；心中沒有雜念，就能與明月相親。白雲象徵豁達，明月象徵純淨，以物喻人，自有妙處。

五·三八　存心❶有意無意之妙，微雲淡河漢❷；應世不即不離之法，疏雨❸滴梧桐。

【注釋】❶存心　心思；居心。❷微雲淡河漢　據《唐才子傳》等史籍載，「微雲淡河漢，疏雨滴梧桐」乃孟浩然在省中聯句作。❸疏雨　細雨。

【語譯】心思在有意無意的微妙處，就像微雲遮掩銀河；應付世事不即不離的方法，就像細雨滴在梧桐樹上。

【研析】微雲隨風飄拂，本屬無心，然環繞銀河不散，又似有意。細雨滴在梧桐葉上，發出時斷時續，時輕時重的聲響，這就是不即不離。如此寫景，細膩傳神，深入物理。此條文字，從自然景象中體會到為人處世的道理，這就是理學家「格物致知」的功夫。

五・三九 肝膽相照，欲與天下共分秋月；意氣相許，欲與天下共坐春風。

【語　譯】肝膽相照，要與天下人共同享受秋月；意氣相投，要與天下人一起沐浴春風。

【研　析】此條也見於明吳從先《小窗自紀》。此條言胸襟開闊，志向遠大，欲與天下人同享春風秋月。文字構思精妙，秋月照人，與肝膽相照切合；如坐春風，喻指教化的薰陶，與意氣相許切合。

五・四〇 堂中設木榻四，素屏二，古琴一張，儒道佛書各數卷。樂天❶既來為主，仰觀山，俯聽水，旁睨❷竹樹雲石，自辰及酉❸，應接不暇。俄而物誘❹氣和，外適內舒，一宿體寧，再宿心恬，三宿後頹然嗒然❺，不知其然❻而然。

【注　釋】❶樂天　白居易，字樂天。其思想儒道佛兼收並蓄，被稱為「廣大教主」。❷睨　觀。❸自辰及酉　中國古代以十二地支表示時間，辰時相當於上午七至九點，酉時相當於下午五至七點。❹物誘　為外物所引誘。❺頹然嗒然　形容身心俱遣，物我兩忘的精神狀態。❻其然　如此。

【語　譯】在堂中設置四張木榻，二座素色的屏風，一張古琴，儒家道家佛家的書籍各數卷。樂天既然來到此地作主人，抬頭看山，低頭聽水，旁觀竹林樹木白雲山石，從辰時至酉時，應接不暇。頃刻間在外物的誘導下心氣平和，身體舒適內心安泰。第一夜身體安寧，第二夜心境恬靜，第三夜達到身心俱遣，物我兩忘的境地，不知不覺地就成了這樣。

【研　析】此節文字出自白居易〈廬山草堂記〉。元和十一年秋，白居易遊廬山，在香爐峰北面、遺愛寺南面發現一處風景優美的地方，就在那裡蓋一草廬，名為「廬山草堂」。次年，白居易移居於此，邀集名士高僧二十餘人舉行草堂落成典禮，於是寫了這篇〈廬山草堂記〉。這篇文章表達了作者酷愛山水的癖好，抒發了恬淡閒適的心情，並注入了自己的身世感、滄桑感，使山水別具內涵和風韻。

「堂中設木榻四，素屏二，古琴一張，儒道佛書各一卷」，描寫室內簡樸而不失雅致的佈置。「儒道佛書各一卷」，表現出白居易三家兼收的複雜思想。白居易前期的思想更多體現了「兼濟天下」積極用世的儒家思想，後期由於仕途失意，失情失友，於是學佛悟道坐禪，佛教的隨緣超脫境界和道家知足虛靜的態度，成為他在困境中堅持的主要準則。「仰觀山，俯聽水，旁睨雲樹竹石」數句，寫草廬周圍的自然景色，以及賞景之樂。以悠閒之心情觀賞秀麗之景色，身體舒適，心情愉悅，最後達到身心俱遣，物我兩忘的境地，也即道家所言人與自然融為一體的最高境界。

五·四一　偶坐蒲團，紙窗上月光漸滿，樹影參差，所見非空非色❶。此時雖名衲敲門，山童❷且勿報也。

【注　釋】❶非空非色　既非虛幻，也非實在。空色，佛教語，空指物質虛幻的本性，色指物質具體的形相。佛教還宣揚「色即是空」，認為一切事物都是虛幻不實的。❷山童　僧道或隱士的侍童。

【語　譯】偶爾坐在蒲團上，紙窗上漸漸布滿了月光，樹影錯落參差，看到的景物非實非虛。這時雖然有名僧敲門，侍童也不要通報。

【研　析】佛經中有很多「非色非空」、「空不異色，色不異空」、「空即是色，色即是空」的話頭，其意為空和色沒有本質的區別，是一個概念，一個整體。佛教所謂「色」，指我們能看見和感覺到的的客觀存在的一切事物。「空」謂虛無，有時指「性空」，即觸摸不到卻客觀存在的人之「真如本性」。人的本性自然本有，無生無滅，虛幻莫測，卻具光明智慧，是精神生命的永恆「場能」。佛教認為，我們能感覺到的客觀世界都是虛幻的「色相」，但虛幻並不等於真空。比如夢是虛幻的，在夢裡感受到的歡樂痛苦都不是真實的，但夢中的情景對人精神的影響卻是真實的。所以永嘉大師在〈證道歌〉中寫道：「夢裡明明有六趣，覺後空空無大千。」這也是非色非空的道理。人的心性是空淨虛無的，但其發揮著真實的作用。〈金剛經〉說：「凡有所相，皆是虛妄。若見諸相非相，則見如來。」認識到萬法皆空，一切形相都屬空性，才能了解心性的實質。

五・四二　會心❶處不必在遠，翳然❷林水，便自有濠濮間想❸，不覺鳥獸禽魚自來親人。

【注釋】❶會心　此處作「合意」解。❷翳然　荒蕪。❸濠濮間想　指悠閒自適的生活情趣。典出《莊子》：莊子曾在濠梁水上與惠施論魚之樂，在濮水拒絕楚王欲任他為相的使命。

【語譯】合意的地方不必到遠處尋找，在那荒蕪的山林流水間，就自會有逍遙閒居的情趣，不禁覺得鳥獸禽魚會主動地親近人類。

【研析】此節文字為劉義慶《世說新語．言語》載簡文帝語：「簡文入華林園，顧謂左右曰：『會心處不必在遠，翳然林水，便自有濠濮間想也，不覺鳥獸禽魚，自來親人。』」意為合意的地方，不一定在繁華的園林中，在山水自然間，就可以尋找到舒心的隱居場所。

五．四三　茶欲白，墨欲黑；茶欲重，墨欲輕；茶欲新，墨欲陳。

【語譯】茶的顏色要淺，墨的顏色要黑；茶的分量要重，墨的分量要輕；茶要新鮮，墨要陳舊。

【研析】此節出自蘇軾《東坡志林》：「司馬溫公曰：『茶與墨正相反，茶欲白，墨欲黑；茶欲重，墨欲輕；茶欲新，墨欲陳。』予曰：『奇茶妙墨皆香，是其同德也；皆堅，是其操同也。譬如賢人君子，妍醜黔皙之不同，其德操蘊藏，實無以異。』公笑以為是。」茶與墨雖然形狀不同，但其內在的品德有相通之處，蘇軾由此引申到賢人君子，雖然面目各異，但道德操守是相同的。

五·四四　馥❶噴五木之香❷，色冷冰蠶❸之錦。

【注　釋】❶馥　香氣；香氣散發。❷五木之香　五木香，也稱青木香。《三洞珠囊》載：「五香者，即青木香也。一株五根，一莖五枝，一枝五葉，葉間五節，故名五香，燒之能上徹九天也。」❸冰蠶　王嘉《拾遺記》載：「有冰蠶長七寸，黑色，有角有鱗。以霜雪覆之，然後作繭，長一尺，其色五彩，織為文錦，入水不濡，以之投火，經宿不燎。」

【語　譯】散發出五木香的芬芳，顏色比冰蠶絲織出的錦還冷。

【研　析】五木、冰蠶皆是難得之物，用以形容香、色，極言香之濃烈，色之陰冷。色本作用於人的視覺，但也影響於人的觸覺，故色有冷暖之別。不同感覺之間相互作用，在心理學上稱為「聯覺」，指一種感覺兼有另一種感覺的心理現象，如切割玻璃的聲音會使人產生寒冷的感覺，看見黃色會產生甜的感覺，看見綠色產生酸的感覺等。這種感覺的交感作用應用與文學創作，就成為特殊的修辭手法。

五·四五　築風臺以思避❶，構仙閣❷而人圓。

【注　釋】❶築風臺以思避　相傳趙飛燕身輕不勝風，成帝為築七寶避風臺。宋樂史《楊太真外傳》：「漢成帝獲飛燕，身輕欲不勝風，恐其飄翥，帝為造水晶盤，令宮人掌之而歌舞，又製七寶避風臺，間以諸香，安於上，恐其四肢不禁也。」❷仙閣　即聚仙閣，相傳為仙人聚居處。各地皆有聚仙閣，明溫純〈聚仙閣〉詩：「小閣何岧嶢，霏嵐如動色，杖策問筌蹄，丹梯不可即。」

【語　譯】修建避風臺避免風吹，構建仙閣讓人們團聚。

【研　析】此條言樓閣臺榭之高敞，身處其中之樂趣。避風臺是成帝為趙飛燕所建，趙飛燕以善舞聞名，此處言主人常在臺上歌舞宴飲。明溫純〈聚仙閣〉詩云「小閣何岧嶢」，形容仙閣之高。聚仙閣是仙人聚居之處，此處言主人常在閣中邀友集會。

五・四六　客過❶草堂問：「何感慨❷而甘棲遁❸？」余倦於對，但拈古句答曰：「得閒多事外，知足少年中❹。」問：「是何功課❺？」曰：「種花春掃雪，看籙夜焚香❻。」問：「是何利養❼？」曰：「硯田無惡歲，酒國有長春❽。」問：「是何還往？」曰：「有客來相訪，通名是伏羲❾。」

【注　釋】❶過　來訪；拜訪。❷感慨　謂情感憤激。❸棲遁　避世隱居。❹得閒多事外二句　出自唐朱慶餘〈送陳逸人〉。❺功課　指每日必做的事情。❻種花春掃雪二句　出自唐許渾〈茅山贈梁尊師〉。籙，道教的祕文。❼利養　指經濟收益。❽硯田無惡歲二句　出自宋唐庚〈次泊頭〉。硯田，以硯為田，即靠筆墨維持生計。❾有客來相訪二句　出自宋邵雍〈美酒飲教微醉後〉。

【語　譯】有客人來到草堂，問：「你有什麼激憤不平而甘心避世隱居？」我懶得應對，只是拿古人的詩句回答說：「遠離世間是非就有閒暇，就像少年時一樣知足。」客人問：「每天做些什麼事情？」回答說：「春天種花掃雪，夜晚燒香讀道教的祕文。」客人問：「有什麼好處呢？」回答說：「以筆墨維持生計沒有壞年成，在酒國中永遠是春天。」客人問：「有什麼交往？」回答說：「有客人來訪問，報名是伏羲。」

【研　析】此條也見於陳繼儒《巖棲幽事》，藉古詩形容隱居生活情狀。煩惱皆因是非生，少惹是非，自然身閒心閒。少年未受世俗汙染，無欲無求，無憂無慮，故容易知足，正所謂「少年不識愁滋味」。種花掃雪，燒香讀書，是文人喜歡做的優雅事情。曾鞏〈送高密丞〉詩：「公退種花常滿縣，政成春雉不驚人。」李白〈遊謝氏山亭〉詩：「掃雪松下去，捫蘿石道行。」宋王十朋《梅溪集》有〈小詩十五首〉，詩序云：「予還自武林，葺先人敝廬，淨掃一室，焚香讀書於其間，興至賦詩，客來飲酒啜茶。」其〈焚香〉詩：「掃地眼塵淨，焚香心境清。案頭時一炷，邪慮不應生。」〈讀書〉：「入政漸無學，還家更讀書。翻同小兒輩，相共惜居讀。」筆耕是文人維持生計的方法，也是必不可缺的生活內容。清陸世楷詩：「高人仍皁帽，名士但青氈。虛室披蘭簿，荒帷理硯田。敢辭金谷酒，欲泛剡溪船。」隱士相交，都是像陶淵明那樣的世外高人，陶淵明自述「高臥北窗下，自比羲皇上人」。

五·四七　山居勝於城市，蓋有八德[1]：不責苛禮，不見生客，不混酒肉，不競田產，不聞炎涼❷，不鬧曲直，不徵文逋❸，不談士籍❹。

【注釋】❶德 通「得」。即好處。❷炎涼 世態炎涼，人情淡薄。❸逋 拖欠的債務。❹士籍 古代科舉考試士人的名籍簿。此處指功名之事。

【語譯】住在山中勝過住在城市，有八個好處：不遵守苛刻的禮數，不會見陌生的客人，不亂喝酒吃肉，不爭奪田產，聽不到人情淡薄的事情，不去爭執是非曲直，沒有人催討文債，不談論功名之事。

【研析】此條也見於陳繼儒《巖棲幽事》，總結山居的好處。山居能擺脫禮教的束縛，自由自在；不必會見陌生的客人，沒有無聊的應酬；不飲酒吃肉，蔬食有利於健康；不與人爭奪財產，省卻許多紛爭；不管人情淡薄，自得其樂便好；不與人爭執是非曲直，心情自然平和；沒有人催討詩文，不用寫言不由衷的文字；不談論功名之事，保持清高脫俗的情操。

五·四八

采茶欲精，藏茶欲燥，烹茶欲潔。

【語譯】採茶要精挑細揀，儲藏茶葉要乾燥，煮茶要乾淨清潔。

【研析】此條言茶道，也見於陳繼儒《巖棲幽事》。采茶欲精，陸羽《茶經》：「凡採茶在二三月四月之間，茶之筍者生爛石沃土，長四五寸者，若薇蕨始抽凌露採焉；茶之芽者，發于叢薄之上，有三枝四枝五枝者，選其中枝穎拔者採焉。」藏茶欲燥，蔡襄《茶錄》：「茶宜蒻葉而畏香藥，喜溫燥而忌濕冷，故收藏之家，以蒻葉封裹入焙中，兩三日一次，用火常如人體溫，溫則禦濕潤。若火多則茶焦不可食。」茶性最潔，容易沾染異味，故烹茶器具要乾淨，用水要純淨，古代茶經、茶譜等著作關於這方面的論述很多，茲不贅述。

五·四九 茶(ㄔㄚˊ)見(ㄐㄧㄢˋ)日(ㄖˋ)而(ㄦˊ)味(ㄨㄟˋ)奪(ㄉㄨㄛˊ)，墨(ㄇㄛˋ)見(ㄐㄧㄢˋ)日(ㄖˋ)而(ㄦˊ)色(ㄙㄜˋ)灰(ㄏㄨㄟ)。

【語　譯】茶葉見到陽光就會減去香味，墨見到陽光顏色就變灰。

【研　析】此條也見於陳繼儒《巖棲幽事》。茶宜密封收藏，經日曬則香氣消散。墨宜放涼爽處，經日曬則色褪。

五·五〇 磨(ㄇㄛˊ)墨(ㄇㄛˋ)如(ㄖㄨˊ)病(ㄅㄧㄥˋ)兒(ㄦˊ)，把(ㄅㄚˇ)筆(ㄅㄧˇ)如(ㄖㄨˊ)壯(ㄓㄨㄤˋ)夫(ㄈㄨ)。

【語　譯】磨墨的時候要像病兒一樣，不能太使勁。握筆的時候要像壯夫，用盡力氣。

【研　析】此條也見於陳繼儒《巖棲幽事》。上述各條，都是文人生活經驗的積累，從中可見當時文人的生活狀態和趣味愛好。

五·五一　園中不能辨奇花異石，唯一片樹陰，半庭蘚跡，差可❶會心忘形❷。友來或促膝劇論❸，或鼓掌歡笑，或彼談我聽，或彼默我喧，而賓主兩忘。

【注　釋】❶差可　尚可；勉強可以。❷會心忘形　即得意忘形。忘形，指超然物外，不拘行跡。❸劇論　深刻的議論；激烈的辯論。

【語　譯】園中不能置辦奇異的花草山石，只要一片樹的陰影，半庭院苔蘚的痕跡，也就可以得意忘形了。朋友來了，或親密地高談闊論，或鼓掌歡笑，或他講我聽，或他沉默我喧鬧，客人和主人都忘記了自己的身分。

【研　析】陶淵明詩云：「結廬在人境，而無車馬喧。問君何能爾，心遠地自偏。」境由心生，如果心無雜念，一片樹蔭、半庭蘚跡也是躲避塵俗的世外桃源。

五·五二　塵緣割斷，煩惱從何處安身？世慮潛消，清虛向此中立腳。簷前綠蕉黃葵，老少年❶、雞冠花，布滿階砌。移榻對之，或枕石高眠，或捉麈❷清話，門外車馬之塵滾滾，了不相關。

【注　釋】❶老少年　一年生的草本植物，入秋後頂呈紅色或黃色，稱雁來紅或雁來黃。❷捉麈　原文誤作「捉塵」，據文義改。

【語　譯】割斷塵世情緣，煩惱從什麼地方安身？慢慢消除世俗的念想，清虛就在此立腳。房簷前的綠色芭蕉、黃色葵花，還有老少年、雞冠花，布滿了臺階。搬來臥榻對著它們，或枕著石枕安睡，或拿著拂塵清談，門外車馬煙塵滾滾，和我一點關係也沒有。

【研　析】割斷塵緣，六根清淨，自然心地澄明，無憂無慮。禪宗北派開創者神秀作偈：「身是菩提樹，心是明鏡臺。時時勤拂拭，勿使惹塵埃。」惠能認為此偈尚未悟道，另作一偈：「菩提本無樹，明鏡亦非臺。本來無一物，何處惹塵埃。」五祖弘忍認為惠能的偈語悟道更透徹，遂將衣缽傳給惠能，為禪宗六祖。只有擺脫塵世紛爭，保持心境清淨平和，才能享受到生活的樂趣。枕石高眠，語出《三國志・蜀書・彭羕傳》：處士秦宓「枕石漱流，吟詠縕袍，偃息於仁義之途，恬淡於浩然之域」，後以枕石漱流指隱居生活。陸雲〈逸民賦〉：「策短杖而遂往，乃枕石而漱流。」「捉麈清話」，形容名士之風度。古人閒談時，用麈尾驅蟲撣塵，相沿成習，為名流雅器，捉麈清話也成為名士風度的標誌。

五・五三　夜寒坐小室中，擁爐閒話。渴則敲冰煮茗，饑則撥火煨❶芋。

【注　釋】❶煨　把生的食物放在帶火的灰中燒熟。

【語譯】寒夜坐在小房間中，圍著火爐閒聊。渴了敲冰燒茶，餓了撥火燒芋頭。

【研析】寒冬的夜晚，窗外朔風呼嘯，雪花飛舞，室內爐火通紅，溫暖如春。與親朋好友圍爐而坐，談天說地，縱論古今，是多麼溫馨愜意，古人以此為莫大的享受。錢惟演〈雪夕奉陪天臺明照禪師擁爐閒話〉云：「藜燭檐香夜幄清，朔風窗際激飛英。鳳梨鴟芋煨將熟，坐擁豐貂話赤城。」渴了敲冰煮茗，餓了燒芋充饑，生活雖然簡單，卻饒有風致。史載唐王沐隱居太白山，每到冬季，溪水結冰，敲冰煮茗，招待朋友。後敲冰煮茗成為文人雅事，許楨有〈漁家傲〉詞云「敲冰煮茗供談笑」。撥火煨芋，事出唐高僧懶殘。據《太平廣記》載：李泌拜訪懶殘，懶殘正撥牛糞火，出芋煨之，良久乃曰：「可以席也。」取所煨芋之半以授焉。李公捧承，盡食而謝。謂李公曰：「慎勿言，領取十年宰相。」後常以撥火煨芋指方外之遇，也用以形容文人夜談的雅興。

五·五四 阿衡五就❶，那如莘野躬耕❷；諸葛七擒❸，爭似南陽抱膝❹。

【注釋】❶阿衡五就 《史記·殷本紀》：「伊尹名阿衡，欲干湯而無由，乃為有莘氏媵臣，負鼎俎，以滋味說湯，致於王道。或曰伊尹處士，湯使人聘迎之，五反然後肯往從湯，言素王及九主事，湯舉任以國政。」❷莘野躬耕 《孟子·萬章》：「伊尹耕於有莘之野，而樂堯舜之道焉。」❸諸葛七擒 諸葛亮七擒孟獲，事見《三國演義》。❹南陽抱膝 《三國志·蜀書·諸葛亮傳》：「(亮)每晨夜從容，常抱膝長嘯。」

【語譯】阿衡經過五次邀請最後在殷湯任職，哪裡比得上在莘野耕種的日子；諸葛亮七擒孟獲，怎麼能像隱居南陽抱膝長嘯那樣悠閒。

【研　析】伊尹輔助商湯，地位尊貴，不如在莘野躬耕自在；諸葛亮七擒孟獲，戰功卓著，不如隱居南陽悠閒。此條宣揚厭棄功名，嚮往自由的思想。

五．五五　飯後黑甜❶，日中薄醉，別是洞天；茶鐺❷酒臼❸，輕案繩床❹，尋常福地。

【注　釋】❶黑甜　指酣睡。蘇軾〈發廣州〉：「三杯軟飽後，一枕黑甜餘。」自注：「俗謂睡為黑甜。」❷茶鐺　煎茶用的釜。❸酒臼　酒罈。❹繩床　一種可以折疊的輕便坐具，用繩子串上木板製成。

【語　譯】飯後酣睡，中午微醉，別是一番天地；茶鐺酒罈，小桌繩床，是日常的福地。

【研　析】飲酒睡覺，能放鬆身心，忘卻憂慮，擺脫現實的種種束縛，進入自由的精神世界，其意與本卷第三〇條所言「嗜酒好睡，往往閉門」同，參見此條的研析。茶鐺酒臼、輕案繩床，都是生活所需的簡單用具，代表儉樸的日常生活。人們的幸福，往往在日常的平淡生活中，而錦衣玉食的奢華生活反而會給人帶來許多煩惱。幸福和煩惱是一種感覺和體驗，來自人的心境。窮人為饑餓煩惱，能吃飽就感到很幸福了，而富人過著奢華的生活依然不滿足，因為「欲之為性無厭，而其原生於不足」（王國維〈紅樓夢評論〉）。叔本華認為人類的欲望（生活意志）不能得到滿足，因此人類就不能脫離痛苦。知足者常樂，如果不放縱欲念，那麼在平淡的日常生活中照樣可以尋找到樂趣。

五·五六 翠竹碧梧，高僧對奕；蒼苔紅葉，童子煎茶。

【語譯】翠竹碧梧下，高僧在下棋；青苔紅葉間，童兒在煮茶。

【研析】高僧在翠竹碧梧間下棋，童兒在青苔紅葉間煮茶，儼然兩幅色彩鮮明的圖畫。

五·五七 久坐神疲，焚香仰臥，偶得佳句，即令毛穎君❶就枕掌記❷，不則展轉失去。

【注釋】❶毛穎君　毛筆。韓愈有〈毛穎傳〉，以筆喻人，後遂以毛穎君為筆的代稱。❷掌記　隨手記錄的紙張和本子，類似今日之備忘錄。此處作動詞，記錄的意思。

【語譯】坐久了神情倦怠，焚香仰臥，偶然得到好的句子，就拿起毛筆在枕上記錄下來，不然就會輒轉失去。

【研析】文學創作需要靈感，有時候無意間會得到佳句，然而靈感的產生需要以平時的積累為基礎，袁宏道在〈行素園存稿引〉中說：「博學而詳說，吾已大其蓄矣，然猶未能會諸心也。久而胸中渙然，若有所釋焉，如醉之忽醒，而漲水之思決也。」

五·五八　和雪嚼梅花，羨道人之鐵腳❶；燒丹染香履❷，稱先生之醉吟❸。

【注釋】❶和雪嚼梅花二句　《御定佩文齋廣群芳譜》：「鐵腳道人常愛赤腳走雪中，興發則朗誦《南華·秋水篇》，嚼梅花滿口，和雪咽之。」《宋稗類抄》、《夜行船》、《梅花譜》等書也有記載。❷燒丹染香履　唐馮贄《雲仙雜記》載：「白樂天燒丹於盧山草堂，作飛雲履，玄綾為質，四面以素絹作雲朵，染以四選香，振履則如煙霧。」❸稱先生之醉吟　白居易晚年號「醉吟先生」。

【語譯】和著雪吞咽梅花，羨慕道人有一副鐵腳板；燒出丹鉛染紅香履，稱道先生的醉吟。

【研析】雪和梅都具高潔的品格，和雪嚼梅形容高尚的志節，與屈原〈離騷〉所說「朝飲木蘭之墜露兮，夕餐秋菊之落英」意同。古人以嚼梅形容高雅脫俗的情懷和生活方式，八指頭陀敬安即名其詩集為《嚼梅集》，其友楊靈筌為詩集所作題跋云：「若隆冬，（敬安）即于澗底融冰，和梅花嚼之。」

古代一些文人受道教影響，熱衷於煉丹服藥以求長生。魏晉文人煉丹服藥蔚然成風，魯迅〈魏晉風度及文章與藥及酒之關係〉一文曾論及此事。此後文人煉丹之風不絕，成了一種自認為高雅脫俗的生活方式。白居易雖對道教頗有微辭，但晚年熱衷於煉丹吃藥，並寫了不少這方面的詩歌。

唐寅在自述他狂放不羈的生活態度時說：「不煉金丹不坐禪，不為商賈不耕田。」「不煉金丹不坐禪，桃花庵裡酒中仙」，也說明明代文人煉丹坐禪風氣之盛。

五·五九 燈下玩花，簾內看月，雨後觀景，醉裡題詩，夢中聞書聲，皆有別趣。

【語　譯】在燈下賞花，在簾內看月，在雨後觀賞風景，在酒醉時題詩，在夢中聽讀書聲，都別有一番意趣。

【研　析】燈下玩花、簾內看月、醉裡題詩、夢中聞書聲，都有一種朦朧之美，惟獨雨後觀景，格外清爽，與其他四種情況不同。但雨後風景如洗，自別有一種意趣。

五·六〇 王思遠❶掃客坐留，不若杜門；孫仲益浮白俗談❷，足當洗耳❸。

【注　釋】❶王思遠　南齊琅琊臨沂人。《南齊書·王思遠傳》載：「思遠清修，立身簡潔。衣服床筵，窮治素淨。賓客來通，輒使人先密覘視，衣服垢穢，方便不前，形儀新楚，乃與促膝。雖然，既去之後，猶令二人交帚拂其坐處。」❷孫仲益浮白俗談　孫覿，字仲益，武進人。宋政和年間進士，官至吏部尚書，以文學名世，著有《鴻慶集》。《說郛》載：「宋孫覿曰：新第落成，市聲不入耳，俗軌不至門。客至命坐，青山當戶，流水在左，輒譚世事，便當以大白浮之。」浮白，喝酒。俗談，此處指說家常話。❸洗耳　宋文瑩《玉壺清話》載：李建勳常帶一玉磬，聽到有人談及猥俗之語，就擊玉磬數聲，說「聊代洗耳」。即以玉磬聲洗去猥俗之談對耳朵的汙染。參卷四第五七條。

【語譯】王思遠既要請客人坐，又要在客人走後打掃座位，還不如關門謝客；孫仲益喝酒的時候說家常話，足可以當做洗耳。

【研析】王思遠既要接客，客人走後卻要打掃座位，貌似高雅清介，實際上未能免俗，只是做作而已。孫仲益說家常話，卻能不落俗套，方是大雅。有意求雅，反顯庸俗，大俗之中，能見大雅，其關鍵就在有沒有天趣。

五・六一　鐵笛❶吹殘，長嘯數聲，空山答響；胡麻飯❷罷，高眠一覺，茂樹屯❸陰。

【注釋】❶鐵笛　用鐵鑄成的笛子。❷胡麻飯　俗稱「麻糍」，是將上好的糯米經水浸透後蒸熟，搗爛後揉成小團，再拌上芝麻、白糖等，即可食用，味道香甜。據傳常為神仙待客所用，故又稱為「神仙飯」。❸屯　聚集。

【語譯】吹破鐵笛，長嘯數聲，空山發出回響；吃完了胡麻飯，熟睡一覺，茂密的樹木聚集著陰涼。

【研　析】楊維楨善吹鐵笛，號「鐵笛道人」。他隱居松江時，經常攜歌妓泛舟江上，自己吹奏鐵笛，旁人視作天人。阮籍善長嘯，曾登蘇門山訪真人孫登，長嘯數聲，歸來後作〈大人先生傳〉，表示對世俗禮法的厭惡。相傳東漢永平年間，剡縣人劉晨、阮肇入天台山採藥，遇兩仙女邀至家，食以胡麻飯。兩人在山中居半年，回到家中子孫已歷七世。此條以鐵笛長嘯表示對世俗禮法的不滿，以胡麻飯象徵神仙悠閒的生活。

五·六二　編茅為屋，疊石為階，何處風塵可到；據梧而吟，烹茶而語，此中幽興偏長。

【語　譯】編茅草造房子，堆積石頭為臺階，哪裡的風塵可以吹到這裡；靠著梧桐樹吟唱，煮著茶聊天，其中幽雅的興致特別多。

【研　析】「編茅為屋，疊石為階」形容房室的簡陋，常指高雅之士的居處。趙師俠〈促拍滿路花〉：「忙中取靜，心地從容。掃盡荊榛蔽，結屋誅茅，道人一段家風。任烏飛兔走匆匆。」身居茅屋，遠離市塵，任世間紛紛擾擾，保持心境悠閒自在，這便是古代隱士的胸襟。「據梧而吟」語出《莊子·德充符》：「(惠子)倚樹而吟，據槁梧而瞑。」後用以形容隱居生活的閒適。明李幹〈睡足軒〉詩：「落花啼鳥春風外，逝水浮雲夕照間。借問槁梧誰復據，謾誇勛業等丘山。」

五・六三 皂囊白簡❶，被人描盡半生；黃帽青鞋❷，任我逍遙一世。

【注　釋】❶皂囊白簡　指官宦生活。皂囊，黑色的口袋。漢代官員上奏章，如果事涉機密，就用皂囊密封。白簡，古時彈劾官員的奏章。❷黃帽青鞋　指平民的裝束。

【語　譯】皂囊中裝著奏章，半生要被人說三道四；戴黃帽穿青鞋，任憑我逍遙一世。

【研　析】讀書人以入仕為人生目標，然而一旦進入仕途，就會有許多麻煩。明代文人如屠隆、袁宏道等，都在文章裡說到做官之苦，袁宏道甚至說入仕就如入地獄，做官就如做牛馬奴僕，他們嚮往的是徜徉山水，詩酒風流的生活。傳統的價值觀念在某種程度上被顛覆。

五・六四 清閒之人不可惰其四肢，又須以閒人做閒事：臨古人帖，溫昔年書，拂几微塵，洗硯宿墨，灌園中花，掃林中葉。覺體少倦，放身匡床❶上，暫息半晌可也。

【注　釋】❶匡床　舒適的床。

【語　譯】清閒的人，不可讓他的四肢懶惰，還必須讓閒人做些閒事：臨摹古人的字帖，溫習往年讀過的書，拂去几桌上的微塵，洗滌硯臺中隔夜的殘墨，灌溉園中的花，清掃樹林中的落葉。覺得身體少許疲倦，就躺在舒適的床上，暫時休息半晌就行了。

【研　析】清閒首先是心閒，不受功名利祿牽纏，不為世俗禮法拘縛，並不是什麼事情也不做。讀書臨帖，澆花掃葉固然是閒人做閒事，躬耕田畝，為衣食而操勞，只要是閒人去做，依然是閒事。陶淵明〈歸園田居〉詩云：「種豆南山下，草盛豆苗稀。晨興理荒穢，帶月荷鋤歸。」此詩把荷鋤種豆的勞作寫得多麼悠閒瀟灑。

五·六五　待客當潔不當侈，無論不能繼，亦非所以惜福。

【語　譯】招待客人應當潔淨不應當奢侈，且不說奢侈不能長久，也不是珍惜福分的做法。

【研　析】待客不當奢侈，提倡節儉的生活方式，在明代中後期有很強的針對性。明代中後期，隨著商業的發展和財富的積累，奢靡之風也日盛一日。《金瓶梅詞話》中多次寫到西門慶接待客人，其排場之奢華就令人咋舌。奢靡之風導致一些家庭的敗亡淪落，於是如何提倡節儉保持祖業，成為許多人關注的問題。「三言兩拍」中一些小說就涉及了這方面的問題。

五·六六　葆真❶莫如少思，寡過莫如省事；善應莫如收心，解醪❷莫如澹志。

【注　釋】❶葆真　保持純真的天性。❷解醪　解酒，此處指破除貪痴之念。

【語　譯】保持天真沒有比少想事情更好的了，減少過失沒有比省事更好的了；善於應付世事沒有比收心更好的了，破除貪痴之念沒有比志趣淡泊更好的了。

【研　析】此條宣揚老莊節欲守儉、退守自保的思想。少思就不會產生邪念，能保持純真的天性；事情做得越多越容易犯錯誤，事情做得越少自然錯誤也越少；用心思去應付社會上各種事務，不如躲避事務來得省心；沒有了欲望，也就不會痴迷執著於某一件事情。這些話不無道理，可是每個人都是這樣，社會就不會進步，甚至不能維持。

五·六七　**世味❶濃，不求忙而忙自至；世味淡，不偷閒而閒自來。**

【注　釋】❶世味　指功利之心。

【語　譯】功利之心濃，不想忙而繁務纏身；功利之心淡，不想偷閒而自有閒暇。

【研　析】處名利場，便身不由己，各種煩惱紛至沓來，想避也避不開。人的欲念無窮，一旦迷戀功利，便欲罷不能。爭名奪利是殘酷的鬥爭，你不算計別人，別人也要算計你，即使為求自保，也不得不捲入無休止的紛爭中。只有看穿功名，退出名利場的爭逐，才不會被名利所累。你不算計別人，別人也不會算計你，落得個身閒心閒。

五·六八 盤餐一菜，永絕腥膻，飯僧宴客，何煩六甲行廚❶；茅屋三楹，僅蔽風雨，掃地焚香，安用數童縛帚。

【注釋】❶六甲行廚 謂役使鬼神傳送酒食，極言酒席之豐盛。六甲，道教遁甲之術。葛洪《神仙傳·左慈》：「(左慈)乃學道，尤明六甲，能役使鬼神，坐致行廚。」行廚，謂傳送酒食。

【語譯】盤中的食物只有一樣蔬菜，永遠戒絕葷腥，招待僧人宴請賓客，何必要役使鬼神傳送酒食；三間茅屋，只能遮蔽風雨，掃地焚香，哪裡用得著幾個童兒來做掃帚。

【研析】此條宣揚節儉的生活方式。人生在世，所需有限，無非一日三頓飯，睡覺一張床而已。盤餐蔬食，有利健康，脂膏滿案，易招疾病。現在人們飲食越來越精美，其結果患三高（高血壓、高血脂、高血糖）的人越來越多。當然事情也不是絕對的，「永絕腥膻」的純素食也不利於健康，應該適當吃些魚肉之類的葷菜，保持營養的平衡。「飯僧宴客，何煩六甲行廚」，意為招待客人的飯菜要簡單，不要鋪張。中國人愛面子講排場，請客菜肴越豐盛越好，結果造成很大的浪費。「室雅何須大」，能避風雨就行，打掃也容易。「掃地焚香，安用數童縛帚」，文中掃地焚香，就指掃地，因焚香無須掃帚。這是古代文章的一種修辭手法。

五·六九 以儉勝貧，貧忘；以施代侈，侈化；以省去累，累消；以逆鍊心，心定。

【語　譯】用節儉克服貧困，貧困就忘了；用施捨代替奢侈，奢侈就化解了；用省事排解勞累，勞累就消失了；用逆境磨練心志，心情就安定了。

【研　析】此條總結了幾條生活哲學：過慣節儉的生活，就不會怕貧窮；把用於自己享受的金錢施捨別人，自己的生活就不會奢侈；多一事不如少一事，自己就不會勞累；經過逆境的人，心情平穩，不會受外界的影響。以今天的眼光來看，這些話依然有幾分道理。

五·七〇　淨几明窗，一軸畫，一囊❶琴，一隻鶴，一甌茶，一爐香，一部法帖；小園幽徑，幾叢花，幾群鳥，幾區❷亭，幾拳石❸，幾池水，幾片閒雲。

【注　釋】❶囊　琴囊；裝琴的袋子，此處作量詞。❷區　量詞，所；處。❸拳石　假山。

【語　譯】窗明几淨，一軸畫，一架琴，一隻鶴，一杯茶，一爐香，一部字帖；小小的園林僻靜的路，幾叢花，幾群鳥，幾所亭子，幾座假山，幾處池水，幾片閒雲。

【研　析】此條上半段講書齋的陳設，下半段言園林的布置。明清士大夫追求生活的精美和雅趣，在居室陳設和園林的布置上十分講究。高濂《遵生八牋・高子書齋說》云：「齋中長桌一，古硯一，舊古銅水注一，舊窯筆格一，斑竹筆筒一，舊窯筆洗一。床頭小几一，上置古銅花尊，或哥窯定瓶一。或置鼎爐一，用燒印篆清香。壁間掛古琴一，壁間懸畫一。」明清園林建築很發達，並出現了計成《園冶》之類園林建築的專著。此條所言，是園林最基本也最簡單的設置。

五・七一　花前無燭，松葉堪燃；石畔欲眠，琴囊可枕。

【語譯】花前沒有蠟燭，松葉可以燃燒照明；要在石旁睡覺，琴囊可以當枕頭。

【研析】古人以青松白石為堅貞高潔的象徵，以花燭琴書為風流文雅的標誌，是經常出現於詩文中的意象。《南史・隱逸傳》載關康之居京口，披黃布帊，席松葉，枕一塊白石而臥。古人稱形似古琴的竹枕為琴枕，張籍〈和左司元郎中秋居十首〉詩：「就石安琴枕，穿松壓酒槽。」「石畔欲眠，琴囊可枕」當從張籍詩句化出。

五・七二　流年❶不復記，但見花開為春，花落為秋；終歲無所營，唯知日出而作，日入而息。

【注　釋】❶流年　似水一樣流逝的光陰。

【語　譯】逝去的歲月不復記憶，只見花開就是春天，花落就是秋天；一年到頭無所事事，只知太陽出來了就起床，太陽落下了就睡覺。

【研　析】此條言與世隔絕的桃花源中人，忘記了歲月的流逝，只見花開花落，春秋交替，每日日出而作，日入而息，不知世俗的紛爭攘奪。

五・七三　脫巾露頂，斑文竹籜❶之冠；倚枕焚香，半臂華山之服❷。

【注　釋】❶竹籜　筍殼；竹皮。❷華山之服　不詳，疑為道家服裝。

【語　譯】脫掉頭巾露出頭頂，戴上有斑紋竹皮做的帽子；靠著枕頭燒著香，穿上半臂的華山道士服裝。

【研　析】此條描寫不拘禮法的疏狂之士。古代不同階層的人穿戴的服飾有嚴格的規定，由此體現禮儀和等級制度。有些文人常以奇裝異服表示對現實的不滿和傲岸耿介的品質，如〈離騷〉中屈原自述：「紛吾既有此內美兮，又重之以修能。扈江離與辟芷兮，紉秋蘭以為佩。」《儒林外史》寫王冕滿腹經綸，卻無意仕途，模仿屈原戴一頂自製的高帽子，穿一件極闊的衣服，趕著牛車到處玩耍。此條所寫戴竹冠、穿華山衣，也是如此。

五・七四

穀雨前後，為和凝湯社❶，雙井白芽❷，湖州紫筍❸，掃臼滌鐺，徵泉選火。以王濛❹為品司❺，盧仝❻為執權❼，李贊皇❽為博士❾，陸鴻漸❿為都統⓫。聊消渴吻，敢諱水淫⓬，差⓭取嬰湯⓮，以供茗戰⓯。

【注　釋】❶和凝湯社　和凝，五代人。陶穀《荈茗錄》載：「和凝在朝，率同列遞日以茶相飲，味劣者有罰，號為『湯社』。」湯社，指喝茶會友的團體。❷雙井白芽　江西修水犀雙井出產的白茶。毛文錫《茶譜》：「洪州雙井白芽，製作極精。」❸湖州紫筍　湖州長興顧渚山出產的茶葉。❹王濛　東晉詩人。《世說新語》載王濛愛喝茶，有客人來，強求客人同飲。客人稱到他家是「水厄」。❺品司　指負責品評茶葉的人。❻盧仝　唐代詩人，愛茶成癖，作有〈茶歌〉。❼執權　指掌秤的人。❽李贊皇　唐代名臣李德裕，真定贊皇人，人稱李贊皇。精於鑑茶品水。❾博士　此處指茶博士，賣茶的人或茶坊夥計。❿陸鴻漸　唐人陸羽，字鴻漸，著有《茶經》，被後世奉為「茶聖」。⓫都統　此處指負責人。⓬水淫　《南史・儒林傳・何佟之》：「(佟之)性好潔，一日之中洗滌者十餘過，猶恨不足，時人稱為水淫。」此處指飲茶成癖。⓭差　依次。⓮嬰湯　煮茶剛沸時的嫩湯。⓯茗戰　鬥茶；品茶。

【語　譯】在穀雨前後，舉辦和凝的湯社，有雙井白芽、湖州紫筍，清掃擣茶的臼洗滌煮茶的鍋，提來泉水挑選柴火。以王濛為品司，盧仝為執權，李贊皇為博士，陸鴻漸為總負責。姑且解除口渴，哪裡稱得上「水淫」，依次舀取剛煮沸的嫩湯，作為茗戰之用。

【研　析】此條言煮茶、喝茶。清明、穀雨是新茶採摘之時，稱為明前茶、雨前茶。一般認為，採茶的時機，清明太早，立夏太晚，穀雨前後正好。煮茶很講究水質，泉水以無錫惠山、杭州虎跑為佳，然惠山水更勝虎跑。張岱《陶庵夢憶》載「惠山泉不渡錢塘，西興腳子挑水過江，喃喃作怪事」。當時還專門從惠山挑水至杭州。張岱在杭州發現「禊泉」，其水與惠泉不相上下，於是派僕人去挑水。僕人偷懶，在途中灌了些井水就回家了。張岱一嘗，便知道不是禊泉水，而是某地的井水。由此可見古代文人喝茶之講究。

五・七五　窗前落月，戶外垂蘿，石畔草根，橋頭樹影，可立可臥，可坐可吟。

【語譯】窗前的落月，戶外倒垂的蔓蘿，石旁的草根，橋頭的樹影，可以立可以臥，可以坐觀可以吟誦。

【研析】此條所言，皆是幽清冷寂的景色，由此可見作者的審美情趣。

五・七六　褻狎❶易契❷，日流於放蕩；莊厲❸難親，日進於規矩。

【注釋】❶褻狎　親近、輕慢。❷契　契合。❸莊厲　莊重嚴厲。

【語譯】輕佻淺薄的人容易投合，交往久了就流於放蕩；莊重嚴厲的人難以親近，交往久了就會變得守規矩。

【研　析】此條言交友之道。「近朱者赤，近墨者黑」，與輕佻淺薄的人打交道，開始會覺得很輕鬆，時間久了自己也會變得放蕩，莊嚴的人，開始難以親近，時間久了自己也就變得循規蹈矩。中國的傳統觀念，人的行為要端莊嚴肅，一言一行都要符合禮儀，對兒童也是如此要求，於是孩子被培養成「滿臉死相」的小大人，「少年老成」也就成了一句讚語。

五·七七　甜苦備嘗好丟手，世味渾如嚼蠟；生死事大急回頭，年光疾於跳丸❶。

【注　釋】❶跳丸　古代的雜技，即同時拋接幾個球。因球運動速度極快，後用以比喻時光急速流逝。

【語　譯】甜苦全嘗遍就好放手，人世的滋味如同嚼蠟；生死事關重大要趕緊回頭，歲月的流逝快於跳丸。

【研　析】此條也見於屠隆《娑羅館清言》。年輕人涉世未深，對生活充滿了幻想，於是努力拼搏，斤斤計較利害得失。隨著年歲的增長，經歷過人生的坎坷曲折，嘗遍了世間的酸甜苦辣，於是把一切都看淡了，失去了往昔急於進取的心情。歲月易逝，轉眼便是百年，每個人都面臨生死關頭，此時不急流勇退，更待何時？

五・七八

若富貴由我力取，則造物❶無權；若毀譽隨人腳跟，則讒夫❷得志。

【注釋】❶造物　造物主，上天。❷讒夫　進讒言的人，即專門詆毀別人的小人。

【語譯】如果富貴是憑我的力量而取得，那麼造物主就沒有權力了；如果詆毀和稱譽都跟隨別人，那麼專門進讒言的小人就得志了。

【研析】此條也見於范立本的《明心寶鑑》。前兩句說生死由命，富貴在天，並非人力所能強求；後兩句說遇事要有主見，不能聽信小人的讒言。

五・七九

清事❶不可著跡，若衣冠必求奇古，器用必求精良，飲食必求異巧，此乃清中之濁，吾以為清事之一蠹❷。

【注釋】❶清事　清高風雅之事。❷蠹　蛀蟲。

【語譯】清高風雅的事情不可留有痕跡，假若衣冠一定要追求奇特高古，器物用具一定要追求精良，飲食一定要追求奇異精巧，這就是清雅中的惡濁，我認為是清高風雅事中的一害。

【研析】清高風雅出自內在的修養，自然地體現於一言一行之中。若有意去追求清高風雅，刻意地模仿古代賢達的行為舉止，就會顯得做作而可笑。

五·八十 吾之一身，嘗有少不同壯，壯不同老，吾之身後，焉有子能肖父，孫能肖祖？如此期，必盡屬妄想，所可盡者，唯留好樣與兒孫而已。

【語譯】我的一生，曾經是少年不同於壯年，壯年不同於老年。我去世之後，怎麼會有兒子能像父親，孫子像祖父呢？抱著這樣的期望，一定全是痴心妄想，我所能盡力的，只是給兒孫留個好榜樣罷了。

【研析】一個人隨著年齡的增長而變化，一代人隨著時代的推移而發展，「江山代有才人出，各領風騷數十年」，這是自然的規律。但是在中國古代，人們生活在一個封閉的社會中，崇古懷舊的觀念占據著主導的地位，經常會有「一代不如一代」的感歎。他們把傳統視作生命，把違背傳統的後代稱為「不肖子孫」。這樣的觀念嚴重束縛了中國社會的發展。不希望子孫酷肖自己，是比較通達的想法。

五·八一 若想錢，而錢來，何故不想？若愁米，而米至，人固當愁。曉起依舊貧窮，夜來徒多煩惱。

【語譯】如果想錢，錢真的會來，為什麼不想？如果愁沒有米，米真的會來，人就應當愁。早晨起來依舊貧窮，夜晚胡思亂想只是白白地增添煩惱。

【研　析】此條告誡人們應積極地面對生活，不要作不切實際的幻想。胡思亂想改變不了現實，只是徒增煩惱。

五・八二　半窗一几，遠興閒思，天地何其寥闊❶也；清晨端起，亭午❷高眠，胸襟何其洗滌也。

【注　釋】❶寥闊　同「遼闊」。❷亭午　中午。

【語　譯】窗戶半開一張几桌，興致高遠心志悠閒，天地是多麼遼闊；清晨剛起，中午安睡，胸襟是多麼清爽。

【研　析】此條強調心對境的統攝作用，心境悠閒興趣宏遠，雖然身處陋室，也會覺得天地遼闊。

五・八三　行合道義，不卜❶自吉；行悖道義，縱卜亦凶。人當自卜，不必問卜。

【注　釋】❶卜　問卜、占卦。根據卦象推算吉凶禍福。

【語　譯】行為符合道義，不去問卜自然吉祥；行為違背道義，縱然問卜也會遭逢兇險。人應當自問，不必去問卜。

【研　析】此條也見於《明心寶鑑》。古人以問卜占卦來趨福避凶，但吉凶禍福都由人的行為所決定，因此要知道一件事情的後果，只要考察自己的行為是否符合道義就知道了，不必問卜占卦。古人說「咎由自取」，「禍福無門，唯人自召」，也是這個意思。

五·八四　奔走於權倖❶之門，自視不勝❷其榮，人竊以為辱；經營於利名之場，操心不勝其苦，己反以為樂。

【注　釋】❶權倖　指有權勢受到帝王寵信的人。❷不勝　不能忍受；不能勝任。

【語　譯】奔走於權貴勢要的門下，自己覺得十分光榮，別人私下裡認為是恥辱；在名利場中苦心經營，難以忍受操心之苦，自己反覺得快樂。

【研　析】有些人為追逐名位，不惜出賣人格巴結權貴，如明代天啟年間，宦官魏忠賢隻手遮天，權傾朝野，許多官員投身其門下，甚至認魏忠賢為乾爹，為其建造生祠，被時人稱為「閹黨」。這些人依仗魏忠賢的權勢，為非作歹，不以為恥，反以為榮，遭到東林黨人等正直之士的激烈批評，也為廣大百姓所不齒。現在有些在官場鑽營的人，為官位的高升費盡心機，旁人看來苦不堪言，他自己卻覺得其樂無窮。同樣是「以苦為樂」，也大有不同，社會底層的工人、農民，憑著自己辛勤的工作，掙錢養家，日子雖不富裕，卻感到很快樂幸福。榮辱苦樂，不同地位和處境的人，會有不同的認識。俄國著名作家托爾斯泰曾說過這樣的話：「富人的苦惱和窮人的苦惱是不同的，窮人為吃不飽而苦惱，富人卻為在跳舞時沒有一雙合適的舞鞋而苦惱。」對榮辱苦樂的認識和體會，是與一個人的道德水準和價值觀念密切相關的。

五・八五　宇宙以來有治世法，有傲世❶法，有維世❷法，有出世法，有垂世❸法。唐虞垂衣❹，商周秉鉞❺，是謂治世；巢父洗耳❻，裘公瞋目❼，是謂傲世；首陽輕周❽，桐江重漢❾，是謂維世；青牛度關❿，白鶴翔雲⓫，是謂出世；若乃魯儒⓬一人，鄒傳七篇⓭，始謂垂世。

【注釋】❶傲世　指輕視世俗。❷維世　維護匡正世道。❸垂世　留傳於世。❹唐虞垂衣　謂堯舜無為而治。唐虞，指堯舜。堯為陶唐氏，舜為有虞氏。《易・繫辭》：「黃帝堯舜垂衣裳而天下治，蓋取之乾坤。乾坤有文，故上衣玄，下裳黃。」後以垂衣而治指無為而治，即不用做什麼事情就能治理好天下。❺商周秉鉞　謂商周以禮樂治天下。鉞，古代兵器，後成為禮樂器具，供禮儀、殯葬用。❻巢父洗耳　巢父，上古時隱士，堯欲傳位給他，他覺得聽到這樣的話汙了耳朵，就跑到河邊洗耳。❼裘公瞋目　裘公，傳說中春秋時高士。《高士傳・披裘公》：「延陵季子出遊，見道中有遺金，顧披裘公曰：『取彼金。』」公投鐮瞋目，拂手而言曰：『何子處之而視人之卑！五月披裘而負薪，豈取金者哉！』季子大驚，既謝而問姓名，公曰：『吾子皮相之士，何足語姓名也。』」瞋目，瞪大眼睛，表示氣憤或不滿。❽首陽輕周　首陽，山名，其地說法不一，一般認為在今山西境內。周滅商，商人後裔伯夷叔齊隱居首陽山，以蕨薇為食，不食周粟。❾桐江重漢　用漢嚴光隱居桐江，拒絕光武帝徵召的典故。❿青牛度關　劉向《列仙傳》載：「老子西遊，關令尹喜望見有紫氣浮關，而老子果乘青牛而過也。」⓫白鶴翔雲　用丁令威化鶴的典故。陶潛《搜神後記》載：丁令威本遼東人，學道於靈虛山，後化鶴飛歸故里。⓬魯儒　指孔子。孔子是春秋時魯國人，故稱魯儒。⓭鄒傳七篇　指《孟子》。孟子是戰國時鄒人（今山東鄒縣）。《孟子》有〈梁惠王〉、〈公孫丑〉、〈滕文公〉、〈離婁〉、〈萬章〉、〈告子〉、〈盡心〉共七篇。

【語譯】宇宙開闢以來，有治理天下的方法，有傲視人世的方法，有維護世道的方法，有超脫塵世的方法，有留傳於世的方法。堯舜垂衣而治，商周以禮樂治天下，這就是治世；巢父聽堯說要把天下讓給他，就跑到河邊去洗耳朵，季子讓披裘公拾取別人遺失的金子，披裘公瞪大了眼睛很生氣，這就是傲世；伯夷、叔齊躲進首陽山，表示對周朝的蔑視，嚴光隱居桐江，使漢光武帝有禮賢下士的美名，這就是維護世道；老子騎著青牛出關，丁令威化成白鶴翱翔雲端，這就是出世。至於像孔子是儒家第一人，孟子傳下七篇著作，這才是垂世。

【研析】治世者是治理國家的君主，傲世者是超逸不群的奇人，維世者是堅持道德操守的人，出世者是道家的信奉者，垂世者是以學術和知識流傳後代的儒家學者。治世、傲世、維世、出世，只能惠及個人，或影響當代，而儒家學說卻能永久流傳，功在千秋。

五·八六 書室中修行法：心閒手懶，則觀法帖，以其可逐字放置也；手閒心懶，則治迂事，以其可作可止也；心手俱閒，則寫字作詩文，以其可以兼濟也；心手俱懶，則坐睡，以其不強役於神也；心不甚定，宜看詩及雜短故事，以其易於見意，不滯於久也；心閒無事，宜看長篇文字，或經注，或史傳，或古人文集，此又甚宜於風雨之際及寒夜也。又曰：手冗心閒則思，心冗手閒則臥，心手俱閒則著作書字，心手俱冗則思早畢其事，以寧吾神。

【語　譯】在書室中修養德性的方法：心閒手懶，就去看字帖，因為看到任何一個字，都可以隨時放下；手閒心懶，就去做無關緊要的事情，因為隨時可以做也可以隨時停止；心和手都閒，就去寫字作詩文，因為那樣的事情可以兼顧心和手；心手都懶，就去坐或睡，因為那樣不會硬去勞累心神；心不太安定，適宜看詩和雜短的故事，因為容易理解而又不會花費很長時間；心境悠閒無事可做，適宜看長篇的文字，或經書箋注，或歷史傳記，或古人的文集，這些也很適合在刮風下雨的時候以及寒冷的夜晚去做。又說：手忙心閒就思考，心忙手閒就睡覺，心手都閒就著書寫字，心手都忙就想早些完成手裡的事情，以此來使我的精神安寧。

【研析】此條也見於陳繼儒《巖棲幽事》，言休閒的各種境界。心地悠閒而懶得動手，就去讀帖。讀帖是學習書法的一種方法，即反覆閱讀字帖，熟悉每個字的結構筆法，熟記於心。手頭閒著但懶得動腦子，就去做一些不費精神的瑣事。心地悠閒，又沒有事物纏身，就可以寫詩作文。既懶得動手，又不願費神，就只好睡覺了。忙的時候，只能看些詩歌和短小的故事，既不費事又不傷神，悠閒的時候，適合看一些長篇巨著。陳繼儒所言，都是他的生活經歷和體驗，頗有參考價值。

五・八七　片時清暢，即享片時；半景幽雅，即娛半景。不必更起姑待之心。

【語譯】片刻的清新舒暢，就享受這片刻；有半邊幽雅的景色，就欣賞這半邊的景色。不必再有姑且等待的心思。

【研析】善於生活的人，能在繁忙的時候尋求悠閒，能在平凡處獲得審美享受，這便是高超的生活藝術。

五・八八　一室經行❶，賢於九衢❷奔走；六時❸禮佛，清於五夜❹朝天❺。

【注釋】❶經行　佛教做法事時，在方丈帶領下，繞行室內，誦經禮佛，稱為經行。❷九衢　指繁華的街市。衢，四通八達的道路。❸六時　佛教語，一晝夜分為晨朝、日中、日沒、初夜、中夜、後夜六時。❹五夜　五更。❺朝天　朝見天子，指官員上朝。

【語　譯】在一室中繞行，好過在繁華的街市中奔走；六時拜佛，比五更上朝清雅。

【研　析】此條言念經禮佛勝過在紅塵中奔走，表達了不求名利，甘於淡泊的思想。

五・八九　會意不求多，數幅晴光❶摩詰畫；知心能有幾，百篇野趣少陵詩。

【注　釋】❶晴光　晴朗的日光或月光。

【語　譯】投合心意的東西不求多，幾幅王維畫的晴光圖就夠了；知心的能有多少，也就是杜甫充滿山野情趣的百篇詩歌。

【研　析】王維是唐代著名的詩人，也是個出色的畫家，他的山水田園詩，狀物色彩鮮明，寫景動靜結合，構圖層次分明，極有畫意。王維的畫，據《宣和畫譜》載，御府藏有一百二十六幅，僅為王維畫作的一部份，「重可惜者，兵火之餘數百年間，而流落無幾」。王維的畫情景結合，「不似真山真水之形，而得真山真水之氣」，在有形的畫面中蘊含著詩的情趣和不盡之意。蘇軾曾說王維「詩中有畫，畫中有詩」，確為的論。杜甫在中國文學史上有極崇高的地位，被譽為「詩聖」。他的詩不僅以「詩史」著稱，還有「圖經」的美名。杜甫的山水詩，用質直精細的筆觸，再現了中華大地河岳山巒的奇偉壯觀，注入了詩人對國計民生的關注，對個人遭遇的感慨，具有強烈的民族精神和時代色彩。讀杜甫的山水詩，不僅能欣賞到山水之美，而且能領略時代的風雲，體會詩人豐富複雜的內心世界，因此說「知心能有幾，百篇野趣少陵詩」。

五·九〇　醇醪❶百斛❷，不如一味❸太和之湯❹；良藥千包，不如一服❺清涼之散❻。

【注　釋】❶醇醪　味道醇厚的美酒。❷斛　量器名。十斗為一斛，後以五斗為一斛。❸一味　藥方上每一種藥稱為一味。❹太和之湯　指白開水。❺一服　指中藥的一劑或一帖。❻清涼之散　中醫成藥有清涼散，能袪除虛熱。此處清涼之散，指保持心境的平和冷靜。

【語　譯】醇厚的美酒百斛，不如一味白開水；良藥千包，不如一服清涼散。

【研　析】此條也見於屠隆《娑羅館清言》。美酒雖味美，但能使人沉醉誤事；白開水清淡無味，卻是人人必不可少之物。良藥珍貴，不一定能治病，清涼散雖然價廉，但有保持心境平靜的成效。此條以白開水、清涼散為喻，提倡清淨淡泊的生活方式。

五·九一　閒暇時，取古人快意文章，朗朗讀之，則心神超逸，鬚眉開張❶。

【注　釋】❶鬚眉開張　謂鬚眉舒展，形容人高興得意的神色。

【語　譯】閒暇的時候，取古人痛快的文章，高聲朗讀，於是胸襟開闊，神色歡快。

【研　析】藉他人酒杯，澆自己塊壘，讀古人文章，開自己胸懷，這是讀書人共有的經驗。

五・九二　修淨土❶者，自淨其心，方寸❷居然蓮界❸；學禪坐❹者，達禪之理，大地盡作蒲團❺。

【注　釋】❶淨土　指佛教的淨土宗，又名「蓮宗」，宣揚一心專念阿彌陀佛，死後便可往生西方淨土，即極樂世界。❷方寸　指心。❸蓮界　即蓮花世界，指西方極樂世界。❹禪坐　即坐禪，禪宗的修煉功夫。❺蒲團　用蒲草編成的坐墊，多為僧人坐禪所用。

【語　譯】修煉淨土宗的人，自己清淨內心，方寸之心就是極樂世界；學坐禪的，通達禪宗的道理，大地到處都是參禪的蒲團。

【研　析】《無量壽經》云：「是心作佛，是心是佛。」禪宗還說「即心即佛，即佛即心」，認為佛在心中，不必外求，能修得六根清淨、四大皆空，自然處處見佛，不必拘泥於繁瑣的宗教戒律和儀式，這是禪宗主張的修煉之法。

五・九三　衡門❶之下，有琴有書，載彈載詠，爰❷得我娛。豈無他好，樂是幽居。朝為灌園，夕偃❸蓬廬❹。

【注釋】❶衡門　橫木為門，比喻簡陋的房屋。❷爰　於是。❸偃　安臥。❹蓬廬　草屋。

【語譯】在簡陋的房屋裡，有琴有書，一邊彈琴一邊詠讀詩書，於是就得到我的快樂。難道沒有其他的愛好，最喜歡這樣幽靜的居處。早晨灌溉園中的花草，傍晚安臥在草屋中。

【研析】此條為陶淵明〈答龐參軍〉詩，描寫隱居生活之樂。陶淵明歸隱後，以琴書自娛，以農耕為樂，他在〈和郭主簿〉詩中說：「息交游閒業，臥起弄書琴。園蔬有餘滋，舊穀猶儲今。」〈歸田園居〉詩云：「種豆南山下，草盛豆苗稀。晨興理荒穢，帶月荷鋤歸。」此詩見於《陶淵明集》，清代所編《御選宋金元明四朝詩》卻將此詩歸於陳繼儒名下，題為〈書壁二章〉。也許是陳繼儒在《小窗幽記》或其他筆記中曾引錄此詩，《御選宋金元明四朝詩》誤認為陳繼儒所作。此可為考證《小窗幽記》作者的參考。

五·九四　因葺❶舊廬，疏渠引泉，周以花木，日哦❷其間。故人過逢❸，瀹茗❹弈棋，杯酒淋浪❺，其樂殆非塵中物也。

【注釋】❶葺　修理；整修。❷哦　吟誦。❸過逢　過從；來往。❹瀹茗　煮茶。瀹，煮。❺淋浪　酣飲；暢飲。

【語　譯】因為修繕舊居，疏浚渠道引來泉水，四周種植花草樹木，每天在其中吟詩。老朋友來訪，煮茶下棋，舉杯暢飲，那樣的快樂大概不是塵世中所能有的。

【研　析】此條見於高濂《遵生八牋》所引宋楊萬里語，言閒居之樂。楊萬里為南宋著名詩人，與陸游、范成大、尤袤並稱「南宋四家」。楊萬里一生數次辭官回家，晚年堅辭不出，此條所引之文，不見於楊萬里文集，不知作於何時。

五・九五　逢人不說人間事，便是人間無事人。

【語　譯】遇到人不說人世間的俗事，就是人間無是非的人。

【研　析】此二句出自唐杜荀鶴〈贈質上人〉詩：「枯坐雲遊出世塵，兼無瓶鉢可隨身。逢人不說人間事，便是人間無事人。」一個超然出塵的道人，不談人間俗事，便成為一個不受世俗事務牽纏的大逍遙、大解脫的高人。

五・九六　閒居之趣，快活有五：不與交接，免拜送之禮，一也；終日可觀書鼓琴，二也；睡起隨意，無有拘礙，三也；不聞炎涼囂雜，四也；能課子耕讀，五也。

【語譯】閒居的意趣，有五種快樂：不與人來往，免去跪拜迎送的禮節，這是一；整天可以看書彈琴，這是二；睡覺起床都隨意，沒有拘束，這是三；聽不到人情冷暖叫囂繁雜的事情，這是四；能教兒子耕耘讀書，這是五。

【研析】此條言閒居的快樂，其中「不與交接，免拜送之禮」、「睡起隨意，無有拘礙」、「不聞炎涼囂雜」等等，都是與奔走官場相對而言的。明代後期，有些文人追求個性的自由和生活的享受，深感在仕途受到的種種束縛和苦楚，如袁宏道在任吳縣縣令時作〈戲題齋壁〉：「一作刀筆吏，通身埋故紙。鞭笞慘容顏，簿領枯心髓。奔走疲馬牛，跪拜羞奴婢。複衣炎日中，赤面霜風裡。心若捕鼠貓，身似近膻蟻，舉眼盡無歡，垂頭私自鄙。」他在給蘭澤、雲澤的信中表達了對閒居生活的嚮往：「金閶自繁華，令自苦耳。何也？畫船簫鼓，歌童舞女，此自豪客之事，非令事也。奇花異草，危石孤岑，此自幽人之觀，非令觀也。酒壇詩社，朱門紫陌，振衣莫釐之峰，濯足虎丘之石，此自遊客之樂，非令樂也。令所對者，鶉衣百結之糧長，簧口利舌之刁民，及蟣虱滿身之囚徒耳。」對於閒居生活的追求，在當時文人中相當普遍。

五・九七　雖無絲竹管弦❶之盛，一觴一詠，亦足以暢敘幽情。

【注釋】❶絲竹管弦　絲竹、管弦都指樂器，此處泛指音樂歌舞。

【語譯】雖然沒有音樂歌舞的熱鬧，一杯酒一首詩，也足以暢敘深遠高雅的情感。

【研　析】此條見於王羲之〈蘭亭集序〉，表現了文人雅趣。一觴一詠，無絲竹管絃的嘈雜，更適合暢敘幽情。

五・九八　茅屋三間，木榻一枕，燒高香❶，啜苦茗，讀數行書，懶倦便高臥松梧之下，或科頭❷行吟。日常以苦茗代肉食，以松石代珍奇，以琴書代益友，以著述代功業，此亦樂事。

【注　釋】❶高香　最好的線香。❷科頭　不戴帽子，將頭髮盤成髻。

【語　譯】茅屋三間，木榻一張，燒最好的線香，喝苦茶，讀幾行書，慵懶疲倦就安臥在松樹梧桐之下，或不戴帽子邊走邊吟詠。日常以苦茶代替肉食，以松樹石頭代替奇珍異寶，以琴書代替好友，以著述代替建功立業，這也是快樂的事情。

【研　析】此條言閒居之樂。茅屋三間，木榻一枕，寫居室之簡陋。燒香飲茶讀書，是文人的日常生活。懶倦高臥，科頭行吟，寫悠閒自得的形狀。以苦茗代肉食，以松石為奇珍，寫生活之樸素。以琴書代益友，以著述代功業，表示淡泊名利，遠離塵世。

五・九九　挾懷樸素，不樂權榮；棲遲❶僻陋，忽略利名；葆守❷恬淡，希時❸

安寧；晏然閒居，時撫瑤琴❹。

【注釋】❶棲遲　遊玩與休息。❷葆守　保持、守衛。❸希時　順應時世。❹瑤琴　用玉裝飾的琴。

【語譯】胸懷樸素，不喜歡榮華富貴；在偏僻簡陋的地方遊玩休息，忽略功名利祿；保持恬淡的個性，順應時世有安寧的心態；悠閒地過日子，時時撫弄瑤琴。

【研析】此條宣揚老莊守樸藏真，恬淡自然的思想。挾懷樸素，指思想單純，心無雜念，不受榮華富貴的誘惑。棲遲僻陋，遠離塵世，就無名利之心，也就是老子所說「不見可欲，使民心不亂」的意思。葆守恬淡，即莊子所說「慎守其真，還以物與人，則無所累矣」。希時安寧意為順應自然，心情就平靜。

五・一〇〇　人生自古七十少，前除幼年後除老，中間光景不多時，又有陰晴與煩惱。到了中秋月倍明，到了清明花更好，花前月下得高歌，急須漫把金樽倒。世上財多賺不盡，朝裡官多做不了，官大錢多身轉勞，落得自家頭白早。請君細看眼前人，年年一分埋青草，草裡多多少少墳，一年一半無人掃。

【語　譯】人生古來七十稀，除去前面幼年階段和後面的老年階段，中年的時光就不多了，可是中年階段又有天氣不好和煩惱的時候。到了中秋月兒加倍地明亮，到了清明花開得更好，花前月下可以高歌盡歡，還要趕緊喝光杯中的酒。世界上財富多得賺不完，朝廷的官多得來不及做，官大了錢多了，可是身體變得勞累了，落得自己早早白了頭。請你仔細看看眼前的人，每年有一部分人被埋入青草叢中，草叢中有多多少少的墳墓，每年有一半無人祭掃。

【研　析】此為唐寅〈一世歌〉，文字與明萬曆本《六如居士全集》所錄此詩略有出入。這首詩抒發了人生苦短，不要浪費光陰去追求功名利祿，應該及時行樂的感歎，表達了作者對生命的重視和對時光的珍惜，顯示出不同於傳統的價值觀念。從形式上講，此詩語言通俗，聲調暢快，反覆使用結構相同的排比句，具有民歌特色。《紅樓夢》中〈好了歌〉即仿此而作。

五・一〇一　饑乃加餐，菜食美於珍味；倦然後睡，草蓐❶勝似重裀❷。

【注　釋】❶草蓐　草席；草墊。❷重裀　雙層的墊子或被褥。

【語　譯】餓了才吃飯，蔬菜的滋味美過山珍海味；疲倦了就睡覺，草墊要勝於雙層的被褥。

【研　析】有一個民間傳說：朱元璋年輕時當過和尚，曾雲遊乞食。有一天在破廟中遇見一群乞丐，在一口大鍋中煮菠菜豆腐湯，分了一碗給朱元璋。朱元璋吃得很香，便問乞丐這菜叫什麼名字，乞丐隨口說：「珍珠翡翠白玉湯。」後來朱元璋做了皇帝，吃膩了山珍海味，忽然想起珍珠翡翠白玉湯，便叫御廚去做。御廚從未聽說過，更不會做，朱元璋就張榜招賢，誰能做珍珠翡翠白玉湯定有重賞。有個當年在廟中做飯的乞丐，看到榜文，應召而至，做了一鍋菠菜豆腐湯。朱元璋看湯的形狀與當年吃的一樣，然而嘗了一口，卻吃不出當年的味道了。乞丐說：「當年皇上在廟中又餓又冷，喝一碗熱呼呼的菠菜豆腐湯，就覺得美味無比。如今身居皇宮，天天山珍海味，自然覺得這湯沒有味道了。」人在飢餓的時候，吃飯特別香，是人人皆知的道理。這說明人們的物質滿足程度，是隨著時代和處境的改變而變化的。

五·一〇二 流水相忘游魚，游魚相忘流水，即此便是天機；太空不礙浮雲，浮雲不礙太空，何處別有佛性？

【語譯】流水忘記了游魚，游魚忘記了流水，這就是自然的奧祕；太空不妨礙浮雲，浮雲不妨礙太空，除此處之外哪裡還有佛性？

【研析】此條見於屠隆《娑羅館清言》。「相忘」是莊子提出的哲學範疇，《莊子·大宗師》云：「泉涸，魚相與處於陸，相呴以濕，相濡以沫，不如相忘於江湖。」相忘就是超脫，超越現實的困境，擺脫身心受到的羈絆，獲得精神上的自由和解放。流水不管是否有魚，逕自奔流不息；魚兒遨遊水中，擺脫對流水的依附，這就是活潑潑的自然生機。太空留不住浮雲，浮雲遮不住太空，順應自然，不假人力，這就是佛性所在。禪宗講究「即心即佛，即佛即心」，只要心地空明，毫無掛礙，此心即是佛心。

五·一〇三　丹山碧水之鄉，月澗雲龕之品❶，滌煩消渴，功誠不在芝朮❷下。

【注釋】❶丹山碧水之鄉二句　出自唐孫樵〈送茶與焦刑部書〉：「此徒皆乘雷而摘，拜水而和，蓋建陽丹山碧水之鄉，月澗雲龕之品，慎勿賤用之。」雲龕，雲霧籠罩的山洞。❷芝朮　一種珍貴的藥草。

【語譯】在丹山碧水的地方，生長在明月映照的澗邊和雲霧籠罩的山洞裡的上品茶，可以蕩滌煩惱消解口渴，功效確實不在芝朮之下。

【研析】茶不僅能解渴提神，還具有咖啡因、茶多酚、蛋白質、游離氨基酸、葉綠素以及多種維生素等成份，具有良好的保健功能，還有防癌作用。因此，茶的功效不在芝朮等補藥之下。「丹山碧水之鄉」二句，出自唐孫樵〈送茶與焦刑部書〉，言福建建陽所產茶葉之珍貴。建陽地處武夷山南麓、建溪上游，以產綠茶和白茶聞名。

五·一〇四　頗懷古人之風，愧無素屏之賜❶，則青山白雲，何在非我枕屏。

【注釋】❶素屏之賜　《三國志·魏書·毛玠傳》：「太祖平柳城，班所獲器物，特以素屏風素馮几賜玠，曰：『君有古人之風，故賜君古人之服。』」素屏，沒有繪畫裝飾的素色屏風。

【語譯】很仰慕古人的風致，慚愧無人送我素色的屏風，那麼青山白雲，何處不是我的枕席屏風。

【研析】以青山為枕、白雲為屏，頗具古人超逸灑脫風致。「愧無素屏之賜」句，有雖懷古人之風，卻無人賞識之意，主要為引入下面兩句而設。

五・一〇五 **江山風月，本無常主，閒者便是主人。**

【語譯】江山風月，本來就沒有固定的主人，閒人就是主人。

【研析】此條出自蘇軾《東坡志林》，言只有閒人才能欣賞大自然的美景，成為江山風月的主人。蘇軾所說閒，包括身閒和心閒，心閒身不閒，無法登山臨水，欣賞不到自然美景；身閒心不閒，登山臨水也無法品嘗其美。

五・一〇六 **入室許清風，對飲唯明月。**

【語譯】只許清風入室，只對著明月喝酒。

【研析】《南史・謝譓傳》載謝譓「不妄交接，門無雜賓，有時獨醉，曰：入吾室者但有清風，對吾飲者唯當明月」。此兩句表現了士人潔身自好，傲岸耿介的風度。

五・一〇七　披衲❶持缽，作髮僧❷行徑，以雞鳴當檀越❸，以枯管❹當筇杖❺，以飯顆❻當祇園❼，以岩雲野鶴當伴侶，以背錦奚奴❽當行腳頭陀❾，往探六六奇峰，三三曲水。

【注釋】❶衲　衲衣，僧人所穿的衣服，也指補綴過的衣服。❷髮僧　即帶髮僧，指帶髮修行的僧人。❸檀越　施主。❹枯管　指毛筆。❺筇杖　用筇竹做成的手杖。❻飯顆　飯顆山，相傳為長安名山。李白〈戲贈杜甫〉詩：「飯顆山頭逢杜甫，頭戴笠子日卓午。借問別來太瘦生，總為從前作詩苦。」後以飯顆山為寫詩辛苦拘謹的代稱。❼祇園　佛教聖地，釋迦牟尼曾在此講經說法。❽背錦奚奴　李商隱〈李賀小傳〉載：李賀外出，帶一奴僕背著錦囊相隨，每有詩句，即寫下來投入囊中。奚奴，奴僕。❾行腳頭陀　行腳僧，也稱雲水僧，指步行參禪的雲遊僧人。頭陀　佛教語，原指佛教修行中各種苦行，共有十二種規定，稱為「頭陀行」。按照規定修煉的僧人稱為「修頭陀行者」，也簡稱「頭陀」。

【語　譯】披著衲衣拿著缽盂，作帶髮僧的舉動，把雞鳴當做施主來臨，把毛筆當做筇杖，把飯顆山當做祇園，把岩雲野鶴當做伴侶，把背錦囊的奴僕當做行腳頭陀，去探訪三十六奇峰，九曲水。

【研　析】此條將文人視作在家修行的僧人。披衲持缽，可以解釋為僧人穿著僧衣拿著缽盂雲遊四方，也可以解釋為穿著補過的破舊衣服，拿著飯碗討飯。唐寅〈倀倀詞〉云：「倀倀莫怪少年時，百丈游絲易惹牽。……老後思量應不悔，衲衣持缽院門前。」詩說年輕時風流成性，不求上進，老了只能穿著破衣拿著飯碗在妓院門前討飯，但自己並不覺得後悔。此條從披衲持缽的兩種涵義伸發開去，將文人生涯與僧人相對照，也反映了當時儒佛互補的思潮。

五·一〇八 山房❶置一鐘，每於清晨良宵之下，用以節歌，令人朝夕清心，動念和平。李禿❷謂：「有雜想，一擊遂忘；有愁思，一撞遂掃。」知音哉！

【注釋】❶山房　山中的房舍、書室和寺院。❷李禿　指明代思想家李贄。李贄中年遷居湖北麻城寺院，雖未出家，曾剃掉頭髮，故人稱「禿翁」。

【語譯】在山房放一口鐘，每當清晨和良宵，用鐘聲為歌唱打節拍，令人早晚心地清明，行為思想都很平和。李贄說：「有雜念，一擊鐘就忘；有憂愁，一撞鐘就掃除。」知音啊！

【研析】鐘作為樂器，最早用於宗教祭祀，傳達著神聖、崇高、莊嚴、肅穆的宗教感情。後來鐘聲從廟堂飄向山林寺院，作為報時的器具，演變為時光流逝的信號，促使人們對生命的感悟。寺院的鐘聲，成為佛教四大皆空觀念的載體，變成人們反省懺悔、探視內心的象徵。鐘聲進入文人詩歌，成為獨特的審美意象，王維〈歸輞川作〉：「谷口疏鐘動，漁樵唯覺稀。悠然遠山暮，獨向白雲歸。」常建〈題破山寺後禪院〉：「山光悅鳥性，潭影空人心。萬籟此都寂，但餘鐘磬音。」這些詩都有回歸自然，體驗空寂的禪趣。李贄晚年寄居寺院，主張佛道儒三教合一，因此能從鐘聲中體會到空寂虛無的宗教意味。

五·一〇九 潭澗之間，清流注瀉，千巖競秀，萬壑爭流，卻自胸無宿物❶。漱清流，令人濯濯❷清虛，日來非唯使人情開滌❸，可謂一往有深情。

【注釋】❶胸無宿物　指胸懷坦蕩，沒有舊物羈絆。❷濯濯　明淨、清朗的樣子。❸開滌　開朗、清爽。

【語譯】水潭山澗之間，清流下瀉，千座山峰競現秀美，萬條山溝河水奔流，自然胸中無舊物牽絆。以清流漱口，令人明淨清朗，連日來不僅使人的情感變得清爽，可說是一往情深。

【研析】千巖競秀，萬壑爭流，山水間充滿活潑生機，令人神清氣爽，心胸開朗。流水本無情，但在有情人看來，卻是一往情深，此為文學中的移情手法。

五·一一〇 林泉之滸❶，風飄萬點，清露晨流，新桐初引，蕭然❷無事，閒掃落花，足散人懷。

【注釋】❶滸　水邊。❷蕭然　瀟灑、悠閒。

【語譯】在樹林水泉邊上，輕風舞動萬點落花，清冽的露珠在早晨流動，新栽的梧桐樹剛抽條，瀟灑地無所事事，悠閒地清掃落花，足以放鬆人的心情。

【研　析】此條前四句寫清幽之景，下三句寫悠閒之情。閒掃落花，在文學作品中常用以表達悠閒的心境，如李白〈寄王屋山人孟大融〉詩：「願隨夫子天壇上，閒與仙人掃落花。」陸游〈大閱後一日作假〉詩：「小院鉤簾掃落花，公餘蕭散似山家。」郁達夫〈故都的秋〉有一段掃落花的描寫，極其細膩深沉，是對此條後三句最好的解讀：「北國的槐樹，也是一種能使人聯想起秋來的點綴。像花又不是花的那一種落蕊，早晨起來，會鋪得滿地。腳踏上去，聲音也沒有，氣味也沒有，只能感出一點點極細微極柔軟的觸覺。掃街的在樹影下一陣掃後，灰土上留下來的一條條掃帚的絲紋，看起來既覺得細膩，又覺得清閒，潛意識下並且還覺得有點兒落寞，古人所說的梧桐一葉而天下知秋的遙想，大約也就在這些深沉的地方。」

五·一二　浮雲出岫❶，絕壁天懸，日月清朗，不無微雲點綴。看雲飛軒軒❷霞舉❸，踞胡床❹與友人詠謔，不復滓穢❺太清❻。

【注　釋】❶岫　峰巒。❷軒軒　飛舞的樣子。❸霞舉　飄引、飛升。❹胡床　可以折疊的輕便坐具。❺滓穢　汙染；玷汙。❻太清　清澈的元氣。

【語　譯】浮雲從峰巒中升起，絕壁高懸天邊，日月清朗，有些許微雲點綴。看雲彩飛舞飄揚，坐在胡床上與朋友吟詠戲謔，不再玷汙清澈的元氣。

【研　析】古人云「浮雲出岫本無心」，「去留無意，漫隨天外雲舒雲卷」，天邊漂浮的雲彩，被詩人視作無所拘束，自由自在的象徵。

五・一一二　山房之磬，雖非綠玉❶，沉明輕清❷之韻，盡可節清歌洗俗耳❸。山居之樂，頗愜❹冷趣，煨落葉為紅爐，況負暄❺於岩戶。土鼓❻催梅，荻❼灰暖地，雖潛凜以蕭索，見素柯❽之凌歲❾。同雲❿不流，舞雪如醉，野因曠而冷舒，山以靜而不晦。枯魚在懸，濁酒已注，朋徒我從，寒盟⓫可固，不驚歲暮於天涯，即是挾纊⓬於孤嶼。

【注　釋】❶綠玉　綠色的玉。宋樂史《楊太真外傳》：「妃善擊磬，……上命採藍田綠玉，琢成磬。」❷沉明輕清　形容聲音婉轉清亮。❸洗俗耳　參見本卷第八五條注❻。❹愜　愜意。❺負暄　冬天晒太陽。暄　溫暖。❻土鼓　鼓的一種，以瓦為框，兩面蒙以皮革。❼荻　類似蘆葦的植物。❽柯　草木的枝條。❾凌歲　度過一年。❿同雲　同「彤雲」。下雪前密布的雲。⓫寒盟　原指背棄盟約，此處指朋友間的友誼。⓬纊　纊衣，充填絲綿的衣服。

【語　譯】山房的磬，雖然不是用珍貴的綠玉做成，但深沉婉轉清脆明亮的聲音，足可以為歌唱打節拍，用來洗淨被世俗汙染的耳朵。山居的快樂，很投合清冷的意趣，燒落葉當做烈火熊熊的爐子，何況還能在山屋旁晒太陽。土鼓聲聲催著梅花開放，蘆荻的灰燼溫暖著大地，雖然天氣慢慢寒冷而變得蕭條，但見到草木白色的枝條度過了寒冬。彤雲密布不再流動，飛舞的雪花像喝醉了酒，原野因空曠而寒冷，群山因寧靜而不隱晦。乾魚吊在房梁上，濁酒已經倒出，朋友們互相過從，友誼更加牢固，不會在天涯度過年末而驚嘆，就像在孤島上帶著綿衣，因為友情溫暖著我。

【研　析】此條寫歲暮寒冬的生活情形。煨葉禦寒，負暄取暖，生活雖然簡樸，但充滿了樂趣。「枯魚在懸，濁酒已注」，說明作者的家境並不寬裕，杜甫有詩云：「潦倒新停濁酒杯。」然而有好友相伴，忘卻了歲暮的寒冷，家境的清貧，心中充滿了溫暖，表現了作者樂觀的性情。

五・一二三　步障❶錦千層，氍毹❷紫萬疊，何似編葉成幃，聚茵❸為褥？

【注　釋】❶步障　用來遮蔽風塵和隔斷視線的屏障。❷氍毹　毛織地毯。❸茵　成片的嫩草。

【語　譯】錦緞做成的步障千層，紫色的地毯萬疊，怎麼能像用樹葉編成的帷幕，用嫩草堆積成的褥子？

【研　析】步障千層、氍毹萬疊，形容居室之豪華。《晉書・石崇傳》載：「(石崇)與貴戚王愷、羊琇之徒，以奢靡相尚……愷作紫絲布步障四十里，崇作錦步障五十里以敵之。」元戴表元〈雪後泛湖歌〉詩：「金猊暖壓紅氍毹，紫貂翠拂青珊瑚。」此條言奢華不如簡樸，精巧不如自然。

五・一一四　綠陰流影清入神，香氣氤氳❶徹人骨。坐來天地一時寬，閒放風流曉清福。

【注　釋】❶氤氳　彌漫。

【語　譯】綠色的樹蔭流動使人神氣清爽，香氣彌漫滲透到人的骨髓。坐下來天地頓時變得寬廣，閒散風流才知道什麼是清福。

【研　析】綠蔭流動，香氣彌漫，使人神清氣爽。只有身心悠閒，才能感覺到天地寬廣，沒有拘束，這才是真正的清福。

五・一一五　送春而血淚滿腮❶，悲秋而紅顏慘目❷。

【注　釋】❶送春而血淚滿腮　用杜鵑泣血的典故。相傳古時蜀帝杜宇，死後精魂化為杜鵑鳥，每到春暮，即悲啼不已，以致口角流血。❷悲秋而紅顏慘目　指花在秋天凋落。

【語　譯】因為送春歸去而血淚流滿兩腮，因為秋天傷感而紅顏變得慘不忍睹。

【研　析】此二句以物喻人，「送春而血淚滿腮」用杜鵑泣血的典故，表達女子傷春的悲哀。「悲秋而紅顏慘目」，既寫秋天花落，又表達女子悲秋的情緒。傷春悲秋是中國古代文學作品最常見的題材，春色凋落，深閨女子感歎青春易逝；秋風蕭瑟，妙齡少女感歎紅顏易老，而文人則藉女子的傷春悲秋，表達自己懷才不遇、命運坎坷的哀怨和悲憤。

五·一一六 翠羽❶欲流，碧雲為颺。

【注釋】❶翠羽 青蔥的樹葉。

【語譯】樹葉蒼翠欲滴，空中青雲飛颺。

【研析】綠葉如清泉流淌，碧雲如颶風飛揚，以動勢寫靜物，生機勃勃。

五·一一七 郊中野坐，固可班荊❶；徑裡閒談，最宜拂石；侵❷雲烟而獨冷，移開清嘯胡床❸；藉草木以成幽，撤去莊嚴蓮界❹；況乃枕琴夜奏，逸韻更揚；置局❺午敲，清聲甚遠；洵❻幽棲之勝事❼，野客之虛位❽也。

【注釋】❶班荊 鋪開荊草藉地而坐。❷侵 逼近。❸清嘯胡床 史載晉阮籍經常踞胡床而長嘯。胡床，見本卷第三條注❹。❹蓮界 佛國。❺局 棋局。❻洵 誠然；實在。❼勝事 美好的事情。❽虛位 虛名，此處作名聲解。

【語譯】坐在郊野之中，固然可以鋪上荊草藉地而坐；在小路上閒聊，最好是拂去石上的灰塵坐下；逼近雲煙獨自感到寒冷，移開坐著長嘯的胡床；藉草木形成清幽的景色，撤去莊嚴的蓮花世界；何況夜晚奏琴，飄逸的音樂更加悠揚；中午擺開棋局對弈，敲棋的清亮聲音傳得很遠；確實是隱居的美事，山野之人的名聲。

【研析】此條言幽居的樂事和情趣。班荊拂石，是悠閒自在的行為，顧野王〈虎丘山序〉：「林花翻灑，乍飄颺於蘭皋；山禽囀響，時弄聲於喬木。班草班荊，坐蟠石之上；濯纓濯足，就滄浪之水。」「侵雲煙而獨冷」二句，言山居之幽寂；「藉草木以成幽」二句，言行動之自由。夜奏琴、午下棋，言自得其樂。

五・一一八　飲酒不可認真，認真則大醉，大醉則神魂昏亂，在《書》為「沉湎」❶，在《詩》為「童羖」❷，在《禮》為「豢豕」❸，在《史》為「狂藥」❹。何如但取半酣，與風月❺為侶。

【注釋】❶在書為沉湎　《尚書・泰誓》：「沉湎冒色，敢行暴虐。」書，指《尚書》。❷在詩為童羖　《詩經・小雅・賓之初筵》：「由醉之言，俾出童羖。」詩，指《詩經》。童羖，沒有角的羊羔。❸在禮為豢豕　《禮記・樂記》：「夫豢豕為酒，非以為禍也。」❹在史為狂藥　《晉書・裴楷傳》：「長水校尉孫季舒嘗與崇酣燕，慢傲過度，崇欲表免之。楷聞之，謂崇曰：『足下飲人狂藥，責人正禮，不亦乖乎？』崇乃止。」史，指

《晉書》。❺風月　清風明月，指美好的景色。

【語　譯】飲酒不可認真，認真了就會大醉，大醉了就會神智昏亂，這在《尚書》中叫做「沉湎」，在《詩經》中叫做「童羖」，在《禮記》中叫做「豢豕」，在《史》中叫做「狂藥」。不如只喝得半醉，與清風明月為伍。

【研　析】喝酒的好處，在將醉未醉的微醺。喝少了沒有酒興，喝多了沉醉傷神，都不是喝酒的好境界。

五·一一九　家鴛鴦湖❶濱，饒蒹葭❷鳧鷖❸、水月澹蕩❹之觀。客嘯漁歌，風帆煙艇❺，虛無出沒❻，半落几上，呼野衲❼而泛斜陽，無過此矣。

【注　釋】❶鴛鴦湖　即南湖，在浙江嘉興西南。❷蒹葭　水草。❸鳧鷖　野鴨和鷗鳥。❹澹蕩　形容景色使人和暢。❺煙艇　煙波中的小艇。❻虛無出沒　虛無縹渺，不可捉摸。❼野衲　雲遊僧。

【語　譯】家住在鴛鴦湖畔，多有蒹葭鳧鷖、湖水明月相映照的和美景觀。客人長嘯漁夫高歌，風中的帆煙中的舟，虛無縹渺不可捉摸，這樣的景色有一半落在房內的几桌之上，呼喚雲遊僧在斜陽中泛舟，沒有比這樣的情景更好了。

【研　析】鴛鴦湖在浙江嘉興西南，又名南湖，風景秀麗，歷代描寫鴛鴦湖風光的詩文很多，吳梅村〈鴦湖曲〉最著名。「饒蒹葭鳧鷖」句描寫鴛鴦湖的風光，「客嘯漁歌」四句，寫鴛鴦湖遊船不絕，出沒煙波之中的景況，「半落几上」，寫作者坐在室內，湖上景象盡收眼底，與起首「家鴛鴦湖濱」相呼應。作者在室內看到湖上景象，引起泛舟的興致，於是感歎「呼野衲而泛斜陽，無過此矣」。此條文字不長，但內容豐富，結構完整，是很好的短篇散文。

五・一二〇　雨後捲簾看霽色❶，卻疑苔影上花來。

【注釋】❶霽色　晴朗的天色。

【語譯】雨後捲起簾子觀望晴朗的天色，卻懷疑青苔的影子映到了花上。

【研析】此二句出自明吳炳《綠牡丹》傳奇中謝英所作詠綠牡丹的詩。牡丹花在陽光的照射下，好像染上了青苔的影子，詩句無一綠字，卻寫出了花色之綠。

五・一二一　月夜焚香，古桐❶三弄❷，便覺萬慮都忘，妄想盡絕。試看香是何味，煙是何色，穿窗之白是何影，指下之餘是何音，恬然樂之而悠然忘之者是何趣，不可思量處是何境。

【注釋】❶古桐　以桐木製作的古琴。❷弄　琴曲演奏一遍為一弄。

【語譯】月夜焚香，古琴彈奏三遍，就覺得萬種憂慮都忘，妄想全無。試看香是什麼味道，煙是什麼顏色，穿過窗戶的光亮是什麼影子，彈琴後指下發出的是什麼餘音，安然快樂而又悠然忘卻的是什麼樣的趣味，不可思量的場所是什麼樣的境地。

【研析】月夜焚香彈琴，月色澄淨，琴聲悠揚，幽靜至極，令人萬慮俱消。此時達到物我兩忘的境界，外界的一切已經不復存在。

五·一二二　貝葉❶之歌無礙❷，蓮花之心❸不染。

【注釋】❶貝葉　佛經。古印度佛經多用貝葉寫成。❷無礙　佛教語，謂通達自在，沒有妨礙。❸蓮花之心　向佛之心。

【語譯】念誦佛經就通達自在，向佛之心不受汙染。

【研析】此條言向佛者心中一塵不染。

五·一二三　河邊共指星為客❶，花裡空瞻月是卿❷。

【注釋】❶星為客　把星當做客人。張華《博物志》載：有人泛舟從銀河至天界，與牽牛晤談，後返蜀見嚴君平，嚴告之曰：「某年月日有客星犯牽牛宿。」後以客星指客人。❷月是卿　把月亮當做情人。卿，夫妻、情人間的愛稱。岑參〈河西太守杜公挽歌〉：「惟餘卿月在，留向杜陵懸。」

【語　譯】河邊共指星星為客人，花叢裡瞻望空中月亮是情人。

【研　析】深夜望星空，更覺宇宙遼闊，頓生舉袂遨遊太空，邀星為客之想。寫河邊觀星，暗合《博物志》所載典故。明月高懸天空，卻親近而不可得，有「我欲乘風歸去，惟恐瓊樓玉宇，高處不勝寒」之意。

五·一二四　**人之交友，不出趣味兩字，有以趣勝者，有以味勝者，然寧饒於味，而無饒於趣。**

【語　譯】人交朋友，不外乎趣味兩字，有的人以趣勝，有的人以味勝，然而寧可富於味，而不要富於趣。

【研　析】一般將趣和味相提並論，這裡將趣和味分開而論，趣指外在的情趣，而味指人內在的人性；趣得之於後天的學習和培養，味則是自然天成。袁宏道曾分別談到「趣」和「韻」，相當於這裡說的「趣」和「味」：「夫趣得之自然者深，得之學問者淺。當其為童子也，不知有趣，然無往而非趣也。面無端容，目無定睛，口喃喃而欲語，足跳躍而不定，人生之至樂，真無踰於此時者。……山林之人，無拘無縛，得自在度日，故雖不求趣而趣近之。愚不肖之近趣也，以無品也，品愈卑故所求愈下，或為酒肉，或為聲伎，率心而行，無所忌憚，自以為絕望於世，故舉世非笑之不顧也，此又一趣也。」（〈敘陳正甫會心集〉）「故叫跳反擲者，稚子之韻也；嬉笑怒罵者，醉人之韻也。醉者無心，稚子亦無心，無心故理無所托，而自然之韻出焉。」（〈壽存齋張公七十序〉）與人相交，固然要有共同的興趣愛好，更要看對方是否真誠。

五·一二五 守恬淡以養道，處卑下以養德，去嗔怒以養性，薄滋味以養氣。

【語譯】堅守恬淡來培養道，身處低微來培養德，去除惱怒來養性，淡薄飲食來養氣。

【研析】此條言修身養性之道，出自道家典籍《玄珠心境》：「薄滋味以養氣，去嗔怒以養性，處卑下以養德，守清淨以養道。」宣揚的是道家恬淡無欲，清淨無為的思想。

五·一二六 吾本薄福人，宜行惜福事；吾本薄德人，宜行厚德事。

【語譯】我本是福分淺薄的人，應該做愛惜福分的事情；我本是德行淺薄的人，應該做增加德行的事情。

【研析】此條也見於陳繼儒《安得長者言》，言應該節儉惜福、行善積德。古人相信命由天定，認為人的命運是上天註定的，一輩子的福分皆有定數。福薄的人應該格外珍惜自己的福分，輕易將福分使盡，就會遭遇窮困兇險。古人又講究積德行善，認為一個人的命運與其德行的厚薄相關，做好事可以改變自己的命運。《唐摭言》載有一則裴公還帶的故事：裴度年輕時窮困潦倒，有個相士給他相面，說他命當餓死。有一天裴度在寺院裡撿到一個包裹，裡面有三條玉帶，其中一條犀牛角帶，價值連城。裴度就在寺院裡等候失主前來領取，直到第二天，才見到一個婦女慌慌張張跑來，到處尋找失物。裴度將拾到的三條帶子還給她，這個婦女感激不盡，說她的公公被人誣陷入獄，她準備用這三條帶子打通關節，營救公公出獄。過了不久，相士遇見裴度，大為驚訝，說他原先臉上有三道主兇的紋路不見了，面相變得富貴無比，一定是積了陰德。日後裴度果然位極人臣。

五・一二七　**知天地皆逆旅❶，不必更求順境；視眾生❷皆眷屬，所以轉成冤家。**

【注　釋】❶天地皆逆旅　李白〈春夜宴從弟桃花園序〉：「夫天地者，萬物之逆旅也。」意謂天地是裝載萬物的客舍旅店。逆旅，客舍、旅店。此處取其字面意義，謂不順利的旅途。❷眾生　世人。

【語　譯】知道世界上到處是艱險的旅途，因此不必再去追求順利的處境；把世人都看作親戚，所以反而成為冤家。

【研　析】世途多艱險，若有心理準備，就能應對自如。越是親近的人，就越容易發生矛盾，最後成了冤家，所以古代把最親近的情人暱稱為冤家。

五·一二八　只宜於著意處寫意，不可向真景處點景。

【語　譯】只應在用心處表達自己的情感，不可在自然中人為地點染景色。

【研　析】此條言表達感情應該真誠，切忌無病呻吟。自然景觀應該保持原貌，不可人工雕琢，破壞原本的和諧。現在有些景觀大興土木，修建許多亭臺樓閣，甚至添加現代化的建築，那真是大煞風景。中國傳統的審美觀念是崇尚自然本色，簡樸淡約，反對矯揉造作，豪華雕琢。

五·一二九　只愁名字有人知，澗邊幽草❶；若問清盟❷誰可托，沙上閒鷗。山童率草木之性，與鶴同眠；奚奴領歌詠之情，檢韻而至❸。閉戶讀書，絕勝入山修道；逢人說法，全輸兀坐❹捫心❺。

【注　釋】❶幽草　幽深地方的草叢。❷清盟　純潔的友情。❸奚奴領歌詠之情二句　用李賀外出，攜奚奴背錦囊相隨的典故，見本卷第一〇七條注❽。❹兀坐　獨自端坐。❺捫心　捫心自問，反省自己的行為。

【語　譯】只怕自己的名字有人知道，願像澗水邊的幽草無人知曉；若問誰可以託付我純潔的友情，那就是沙洲上悠閒的鷗鳥。山中童兒的性情就像那草木一般自然率真，與鶴一起睡覺；奴僕能領會詩歌的感情，來了就拾撿主人作的詩句。關門讀書，絕對勝過入山修道；遇到人就說大道理，全不如獨坐反省。

【研　析】明周暉《金陵瑣事》載顧言〈題畫〉詩：「沙上閒鷗如有約，堤邊幽草不知名。」此條前四句即從顧言詩化出，形容隱居世外的悠閒生活：但願像山澗邊的無名草，被世俗所遺忘；每日與沙鷗為伴，悠閒自得。

五·一三〇　硯田❶登大有❷，雖千倉珠粟❸，不輸兩稅之徵❹；文錦❺運機杼❻，縱萬軸龍文❼，不犯九重❽之禁。

【注　釋】❶硯田　以硯臺為耕田，比喻文墨生涯。❷大有　豐收。❸珠粟　指糧食，以珠形容其珍貴。也用以比喻文章精妙，字字珠璣。粟，粟米。❹兩稅之徵　指唐代的兩稅法，夏秋兩次以錢繳納稅糧。❺文錦　有彩色圖案的織錦，又指錦繡文章。❻機杼　既指紡織，又指巧妙的構思。此處為雙關義。❼龍文　帶有龍形的花紋，也指雄健的文筆。❽九重　朝廷。

【語　譯】以硯為田的筆耕大有收穫，雖有千倉粟米那樣多的珠璣文字，也不需要交納夏秋兩季賦稅；運用巧妙的構思寫成錦繡文章，縱然有萬卷雄文，也不觸犯朝廷的禁令。

【研　析】此條聯想巧妙，從硯田筆耕想到田野的耕作，再想到繳納賦稅；從錦繡文章想到絲錦繡綴，再想到繡綴的花紋。古代只有帝王才能使用帶有龍形圖案的服飾器具，一般人是禁用的。

五·一三一　步明月於天衢❶，覽錦雲❷於江閣。

【注釋】❶天衢　京城的大路，此處泛指大道。❷錦雲　彩雲。

【語譯】在天路踏著月光步行，在江上樓閣欣賞彩雲。

【研析】此條寫景，夜晚看銀河與明月交輝，清晨在江閣看彩霞飛舞，頗有詩意。

五·一三二　幽人清課，詎但啜茗焚香；雅士高盟，不在題詩揮翰。

【語譯】隱者的清雅功課，哪裡只是喝茶焚香；雅士高尚的聚會，不在於揮筆寫詩。

【研析】《菜根譚》說：「幽人清事，總在自適。」自適的事情很多，不一定喝茶焚香。高雅人士的聚會，也不一定要揮毫題詩，清談一番，也自有趣。

五·一三三　以養花之情自養，則風情日閒；以調鶴之性自調，則真性自美。

【語　譯】以養花的情趣自我修養，那麼風雅的情趣日見悠閒；以馴鶴的性情自我調節，那麼真性情自然美好。

【研　析】此條出自鄭瑄《昨非庵日纂》。養花需細心，用養花的功夫自我修養，就會憐香惜玉，風情日廣。馴鶴應順其自然，以馴鶴的方法自我調節，就會保持自己純真的天性。人情物理，自有相通之處，中國哲學更講究天人合一，把自然法則引入道德修養之中。

五·一三四　熱湯❶如沸，茶不勝酒；幽韻❷如雲，酒不勝茶。茶類隱，酒類俠；酒固道廣，茶亦德素❸。

【注　釋】❶熱湯　開水。❷幽韻　幽深的韻味。❸德素　道德純潔。

【語　譯】熱力像滾燙的開水，茶比不上酒；幽深的餘味如雲彩連綿不斷，酒比不上茶。茶像隱士，酒像俠客；酒固然有很多的用途，茶也有純潔的道德。

【研　析】此條以物喻人。酒力強勁，茶味悠長；酒如俠客，全憑血氣之勇；茶如隱士，風韻綽約淡雅。

五·一三五　老去自覺萬緣都盡，那管人是人非；春來倘有一事關心，只在花開花謝。

【語譯】老了自己覺得一切念想都沒有了，哪裡還去管別人的是是非非；春天來臨如果還有一件事要關心，那就只關心花開花落。

【研析】此條出自屠隆《娑羅館清言》。老年人飽經滄桑，看透世事，對生活逐漸失去了追求，也不再管別人的是是非非。有句俗言說得很形象：「人到六十，有官無官一個樣；人到七十，有錢沒錢一個樣；人到八十，男人女人一個樣。」到春天只關心花開花謝，也是表示與世無爭的態度。

五·一三六 是非場裡，出入逍遙；順逆境中，縱橫自在。竹密何妨水過，山高不礙雲飛。

【語譯】在是非場裡，出入逍遙；在順境或逆境中，縱橫自在。竹子密了不妨礙水流過，山高了不妨礙雲彩飄飛。

【研析】此條所言為人生最高境界，能夠不受環境制約，隨心所欲。這樣的境界，在《莊子·逍遙遊》中曾有所描繪。

五・一三七 口中不設雌黃，眉端不掛煩惱，可稱煙火神仙❶；隨意而栽花柳，適性以養禽魚，此是山林經濟❷。

【注釋】❶煙火神仙　吃飯的神仙。煙火，指熟食。傳說中神仙不食人間煙火，煙火神仙則是生活在人間，有正常飲食的神仙，即凡人中的神仙。❷山林經濟　治理山林的才幹。經濟，本指治國的能力。

【語譯】嘴裡不批評別人的是非，眉端不顯露煩惱，可以算是人間的神仙；隨意栽柳不去故意培植，養鳥養魚要適應牠們的天性，這就是治理山林的才幹。

【研析】此條前三句說不卷入世間是非，心中沒有煩惱，就像神仙一樣快樂逍遙。俗話說：「禍從口出。」說話不慎就會卷入是非之中，帶來無窮的煩惱。「遇事一問三不知」，是明哲保身的訣竅。後三句宣揚順情適性的思想。「有心栽花花不發，無意插柳柳成行」，世間萬物的榮枯盛衰，有其自然規律，不是人力所能干預的。晚明以李贄為代表的啟蒙思潮，認為萬物各有其性，只有順應自然，讓萬物各得其所，宇宙才能充滿生氣，社會才能和諧發展。李贄還認為，君主以一己之是非為天下之是非，以一己之好惡為天下之好惡，把自己的意志強加於百姓，只會給社會帶來動亂，給人民帶來苦難。這種尊重個性，主張民權的思想，在封建社會中是難能可貴的。

五・一三八 午睡欲來，頹然自廢，身世❶庶幾渾忘；晚炊既收，寂然無營，煙火❷聽其更舉。

【注　釋】❶身世　自身與世界。❷煙火　指煮飯的煙和火。

【語　譯】午後睡意襲來，精神萎靡不能自主，自身和世界幾乎全都忘卻；晚飯已經做好，寂靜地無所事事，聽任煙火再次點燃。

【研　析】人吃飽了，血液集中在胃裡，大腦缺血，便覺睏倦，俗稱「飯後睏」。「身世庶幾渾忘」，暗用莊子夢蝶的典故，意為睏倦時不知身在何處。一般人在白天做事，吃過晚飯便是休息時間，不再做事，故曰「晚炊既收，寂然無營」。

五・一三九　花開花落春不管，拂意事休對人言；水暖水寒魚自知，會心處還期獨賞。

【語　譯】花開花落春天是不管的，不如意的事情不要對人講；水的冷暖魚自己知道，心領神會的地方還是希望獨自欣賞。

【研　析】此條也見於《菜根譚》，用比興的手法表達生活經驗。花開花落，是花自開自落，並不是春天主宰花的開落，不如意的事情也不用對人說，因為別人無法排解你的憂患，只能靠自己來解決。水的冷暖，只有生活在水中的魚自己知道，因此領悟的道理，也只有自己能體會，別人並不能理解。「花開花落」句，出自元馮海粟〈落梅〉：「花開花落春不知，清風明月自綢繆。」「冷暖自知」，佛禪用以比喻證悟的境界。

五．一四〇　心地上無波濤，隨在皆青山綠水；性天❶中有化育❷，觸處見魚躍鳶飛。

【注釋】❶性天　即天性，此處指天地自然。❷化育　生長養育。

【語譯】心中沒有風浪，隨地都是青山綠水；天地自然有生長養育的本能，到處都能見到魚躍鳶飛。

【研析】境由心生，心地寧靜，所見皆青山綠水。順應自然，便能見到萬物欣欣向榮的景象。「魚躍鳶飛」一語見於《詩經》，後來以此形容自然的蓬勃生機。

五．一四一　寵辱不驚❶，閒看庭前花開花落；去留無意，謾隨天外雲卷雲舒。

斗室中萬慮都捐，說甚畫棟飛雲，珠簾卷雨❷；三杯後一真❸自得，誰知素弦❹橫月，短笛吟風。

【注釋】❶寵辱不驚　謂受寵受辱都無動於衷，將得失置之度外。❷說甚畫棟飛雲二句　語本王勃〈滕王閣〉詩：「畫棟朝飛南浦雲，珠簾暮捲西山雨。」此處指樓宇之宏麗。❸一真　元真，指人的自然天性。❹素弦　沒有裝飾的琴。

【語譯】寵辱不驚，悠閒地看著庭前花開花落；去留無心，聽任天外白雲舒卷。在狹小的房中萬種思慮全都消除，說什麼畫棟飛雲，珠簾捲雨；喝了三杯酒就自然恢復了本性，誰知道素琴彈奏到月斜，短笛在風中吟唱的雅趣。

【研析】此條言人生態度，應該淡泊於名利進退，不羡慕榮華富貴，追求悠閒適意的生活。對於功名利祿，得之不喜，失之不憂，寵辱不驚，去留無意，這樣才能心境平和，淡泊自然。前四句觀物照人，文字優美，富有哲理，成為後人經常引用的名句。

五·一四二　得趣不在多，盆池拳石❶間，煙霞❷俱足；會景❸不在遠，蓬窗竹屋下，風月自賒❹。

【注釋】❶拳石　盆景中的假山。❷煙霞　指山水。❸會景　欣賞景色。會，作領悟、會意解。❹賒　多。

【語譯】尋求趣味不在多，一盆池水一塊山石，山水都有了；欣賞景色不在遠處，草窗竹屋下，美景自然多。

【研析】有趣之人，所到處皆有趣味，能從山石盆景中領略到崇山峻嶺的煙霞之趣。善於欣賞景色的人，在平凡的蓬窗竹屋下也能發現風月無限。強調以心攝境，主觀對客觀的超越，是中國古代美學的特色。

五・一四三 **會得個中❶趣，五湖之煙月盡入寸衷❷；破得眼前機❸，千古之英雄都歸掌握。**

【注釋】❶個中 其中。❷寸衷 指心。❸機 機巧、詭詐。

【語譯】能領悟天地間蘊含的意趣，五湖的風光都在心中；能識破眼前的機巧，千古英雄都在掌握之中。

【研析】此條也見於《菜根譚》，言個別與一般的關係。朱熹講「理一分殊」，天理是宇宙的普遍規律，體現於各個具體事物中。他用「月印萬川」來說明這個道理，天上的月亮只有一個，但月影倒映在每一條河中，每條河都有一個月亮。五湖的風光各有特色，但其體現出來的審美意趣是相同的。如果有了審美胸襟和眼光，即使從一個水潭，也能領會到五湖的秀美。歷史的發展也有其普遍規律，千古英雄都有共性，如果能識破眼前人物的心機，那麼就能理解千古英雄的心機了。

這裡講了從一般到個別，和從個別到一般的兩種認識途徑。

五・一四四 細雨閒開卷，微風獨弄琴。

【語譯】細雨中悠閒地打開書卷，微風中獨自撫琴。

【研析】此二句寫文人的悠閒自得。細雨敲窗，百無聊賴，藉讀書消磨時光；微風吹拂，心情悠閒，藉彈琴以自娛。

五・一四五 水流任意景常靜，花落雖頻心自閒。

【語譯】流水隨意景物常靜，花落雖然頻繁心中悠然自得。

【研析】這是一副對聯，用流水無心襯托景物常靜，用花落頻繁襯托心中悠然，構思頗為巧妙。

五・一四六 殘曛❶供白醉❷，傲他附熱之蛾。一枕餘黑甜❸，輸卻分香之蝶。閒為水竹雲山主，靜得風花雪月權。

【注釋】❶殘曛　落日殘照。❷白醉　謂溫暖如醉。❸黑甜　黑甜鄉，謂夢鄉。

【語譯】落日殘照下溫暖如醉，傲視那些撲火取暖的飛蛾。枕上酣睡多夢，不如分香採花的蝴蝶。悠閒時成為水竹雲山的主人，寧靜時擁有主宰風花雪月的權力。

【研析】「殘曛供白醉」二句，言沉浸於自然美景，不屑像飛蛾撲火那樣追逐名利。「一枕餘黑甜」二句，用莊子夢蝶的典故，言夢醒後為世事纏繞，不如分香採花的蝴蝶那樣逍遙自在。閒人才能遊山玩水，做水竹雲山的主人；只有心地寧靜，才能領略風花雪月的韻趣。

五・一四七　半幅花箋❶入手，剪裁就臘雪春冰❷；一條竹杖隨身，收拾盡燕雲楚水。

【注釋】❶花箋　精緻華美的箋紙，用以寫詩作畫。❷剪裁就臘雪春冰　指以臘雪春梅為題材寫詩作畫。剪裁，指文藝創作中對題材的取捨安排

【語譯】半幅花箋在手，剪裁成臘月的雪和春天的冰；一條竹杖隨身，收拾盡燕地的雲和楚地的水。

【研析】這是一副對聯，曾收入明喬應甲的《半九亭集》，上聯寫吟詩作畫，下聯寫雲遊四方。「剪裁」指文藝創作過程中對題材的取捨和安排。「剪裁就臘雪春冰」指以臘雪春冰為題材的詩或

畫。古代燕國在今河北北部和遼寧西部，屬北方；楚國在今湖南、湖北、安徽、江蘇、浙江、江西、四川等地，大部份屬南方。燕雲楚水泛指四面八方。

五・一四八 心與竹俱空，問是非何處安覺；貌偕松共瘦，知憂喜無由上眉。

【語譯】心與竹子一樣虛空，問是非在什麼地方安頓；相貌和松樹一樣瘦挺，就知道憂愁喜悅都不會掛上眉頭。

【研析】此條也見於《菜根譚》，「貌偕松共瘦」作「念與山共靜」。此聯以物寫人，竹子中間是空的，如果人心像竹子那麼虛空，就放不下是是非非。松樹的形象是硬瘦，傲霜斗雪不凋枯，風雷擊打不動搖，如果人像松樹那樣硬瘦堅挺，就能夠經得住任何考驗，喜憂不形於色。「貌偕松共瘦」與「念與山共靜」相比，形象更加鮮明。

五・一四九 芳菲❶林圃❷看蜂忙，覷破幾多塵情世態❸；寂寞衡茅❹觀燕寢，發起一種冷趣幽思。

【注釋】❶芳菲 形容花草盛美。❷林圃 林園。❸塵情世態 即人情世態。❹衡茅 簡陋的茅屋。

【語　譯】在花草盛美的林園中看蜜蜂忙碌，就能看破多少人情世態；在寂寞的小茅屋中看燕子睡覺，就會引發出一種清冷的趣味和深遠的思緒。

【研　析】看到蜜蜂在花叢中辛勤地採蜜，就聯想到人們為名利而忙碌奔波；看到棲息在茅屋下的燕子，想起劉禹錫的〈烏衣巷〉詩：「舊時王謝堂前燕，飛入尋常百姓家。」感歎世事的變遷和無常。此條表現出作者以冷淡觀物的態度，有見於人事變化無常，採取不介入世事的心境來面對人生，擺脫塵俗對人內在精神的干擾。

五・一五〇　何地非真境❶？何物非真機❷？芳園半畝，便是舊金谷❸；流水一灣，便是小桃源。林中野鳥數聲，便是一部清鼓吹❹；溪上閒雲幾片，便是一幅真畫圖。

【注　釋】❶真境　仙境。❷真機　玄妙的道理。❸金谷　晉代富豪石崇所建的園林，在洛陽西北。❹鼓吹　指器樂合奏曲。

【語　譯】什麼地方不是仙境？什麼事物不包含玄妙的道理？半畝花園，就是往日的金谷，一灣流水，就是小小的世外桃源。林中野鳥鳴叫數聲，就是一部清雅的器樂合奏曲；溪上幾片悠閒的白雲，就是一幅真實的圖畫。

【研　析】一草一木，皆具有天地自然之美；一事一物，皆蘊含著玄妙的道理。若有審美的眼光和胸襟，就能從半畝園林、一灣流水中發現金谷、桃源之美，也能從鳥叫聲裡欣賞到音樂的韻趣、從飄蕩的閒雲體會到心境的悠然。

五·一五一　人在病中，百念灰冷，雖有富貴，欲享不可，反羨貧賤而健者，是故人能於無事時常作病想，一切名利之心，自然掃去。

【語　譯】人在病中，一切的念頭都破滅了，雖然富貴在身，想要享受卻享受不了，反而羨慕那些貧賤而身體健康的人。因此人能在平安無事的時候，經常想到生病的情景，一切名利之心，自然就會蕩然無存。

【研　析】健康是人生之本，有人說健康是「1」，家庭、事業、金錢、地位都是「0」。「0」只有跟在「1」的後面，才有價值；如果沒有「1」，再多的「0」也是毫無意義的。「英雄就怕病來磨」，病魔纏身，什麼事情也做不成，即使現成的榮華富貴，也無福消受，到了這種地步，所有的理想和追求都化為烏有。

五·一五二　竹影入簾，蕉陰蔭檻，故蒲團一臥，不知身在冰壺鮫室❶。

【注釋】❶鮫室　鮫人水中的居室。張華《博物志》：「南海水有鮫人，水居如魚，不廢織績，其眼能泣珠。」

【語譯】竹影映入簾內，芭蕉的綠蔭覆蓋門檻，所以在蒲團上臥睡，不知道此身在冰壺鮫室。

【研析】竹影、蕉陰，形容環境之幽清；蒲團一臥，形容心境之悠閒。身在冰壺鮫室，形容冰清玉潔，一塵不染。

五·一五三　萬壑松濤，喬柯❶飛穎❷，風來鼓颶謖謖❸有。秋江八月聲迢遞，幽岩之下，披襟當之，不知是羲皇上人。

【注釋】❶喬柯　樹木的高枝。❷穎　嫩芽、芽尖。❸謖謖　大風的聲音。

【語譯】萬條溝壑松濤陣陣，高枝上嫩芽飛舞，風吹過發出巨大的聲響。八月秋天的江上風聲傳遞得很遙遠，在幽深的岩石下，敞開衣襟迎著風，不知道自己成了伏羲以前的古人。

【研析】風撼松林，聲如波濤，因稱松濤。松濤聲宏亮時有排山倒海之勢，令人震撼，細微時幽咽深沉，令人遐想。古人多喜歡以松濤入詩，如「萬壑松濤撼明月」、「石上松濤雨濕衣」、「響入松濤震崖谷」、「夜入松濤枕上眠」。秋日天高氣爽，臥岩石之下，身心愉悅，忘卻世事煩惱，好似回到清平的上古時代。「不知是羲皇上人」，用陶淵明〈與子儼等疏〉語：「常言五六月中，北窗下臥，遇涼風暫至，自謂是羲皇上人。」

五・一五四 霜降木落時，入疏林深處，坐樹根上，飄飄葉點衣袖，而野鳥從梢飛來窺人。荒涼之地，殊有清曠之致。

【語譯】在霜降葉落的時候，進入稀疏樹林的深處，坐在樹根上，落葉飄飄點染衣袖，野鳥從樹梢飛來偷窺來人。荒涼的地方，很有清曠的意趣。

【研析】此條寫景如畫，在樹林深處，坐樹根上，落葉點染衣袖，頗有清曠之趣，枝葉間一隻野鳥，振翅欲飛，給冷寂的畫面增添幾許生氣。

五・一五五 明窗之下，羅列圖史琴尊❶以自娛，有興則泛小舟，吟嘯覽古於江山之間。渚茶❷野釀❸，足以消憂；蓴鱸稻蟹，足以適口。又多高僧隱士，佛廟絕勝❹。家有園林，珍花奇石，曲沼高臺，魚鳥流連，不覺日暮。

【注釋】❶尊 即「樽」，古代的酒杯。❷渚茶 顧渚茶，產於浙江長興顧渚山的茶。❸野釀 山野之人釀的酒。❹絕勝 絕好的勝地，指風景優美之處。

【語　譯】明亮的窗下，羅列著圖畫、史書、古琴、酒樽來自娛自樂，有興致就駕著小船，在江水群山之間吟詠長嘯，遊覽古跡。顧渚山的茶，山野人家釀的酒，足以消除憂愁；蓴菜鱸魚和稻田裡的蟹，足以飽口福。又有很多高僧隱士，佛廟勝地。家裡有園林，珍貴的花和奇異的石頭，曲折迴繞的池水高高屹立的樓臺，魚鳥流連忘返，不知不覺就到了傍晚。

【研　析】此節文字寫閒居生活的悠閒，出自宋蘇舜欽〈答韓持國書〉。蘇舜欽是北宋著名詩人，與歐陽脩齊名，時人稱之為「歐蘇」，又與梅堯臣合稱「蘇梅」。因支持范仲淹的慶曆革新，遭彈劾罷官，閒居蘇州，築滄浪亭自娛。〈答韓持國書〉敘述了作者隱居生活的情形，同時暴露了世態炎涼和政治的黑暗，抒發了蒙冤受屈、壯志難酬的悲憤。

五・一五六　山中蒔花❶種草，足以自娛，而地樸人荒❷，泉石都無，絲竹絕響，奇士雅客，亦不復過，未免寂寞度日。然泉石以水竹代，絲竹以鶯舌蛙吹代，奇士雅客以蠹簡❸代，亦略相當。

【注　釋】❶蒔花　栽花。❷地樸人荒　田地貧瘠人煙稀少。❸蠹簡　被蟲蛀蝕的書籍，泛指破舊的書。

【語　譯】在山中栽花種草，足以娛樂自己，可是田地貧瘠人煙稀少，山泉奇石全都沒有，聽不到一點音樂，奇士雅客也不再來往，未免寂寞地打發日子。然而以流水竹子代替山泉奇石，以鶯啼蛙鳴代替音樂，奇士雅客以舊書代替，也大致相當。

【研析】此條寫隱居荒僻之地，無園林絲竹之盛，也無奇士雅客過訪。然有流水竹林可賞，鶯歌蛙鳴可聽，書籍可作伴，也可消解寂寞，表現了作者甘於清貧，以苦為樂的品格和胸懷。

五·一五七　閒中覓伴書為上，身外無求睡最安。

【語譯】空閒時找書為伴是最好的，一身之外無所追求，睡覺就最安穩。

【研析】這是一副對聯，蘇州耦園有清代劉墉所書此聯。上句言清閒的時候，最好的事情是讀書。讀書能增長知識，加強修養，所以黃庭堅說三日不讀書，則面目可憎，語言無味。讀書有兩種，一是職業的讀書，為功名、事業而讀書，把讀書當做謀生的唯一手段；一是休閒的讀書，全從興趣出發，沒有絲毫的功利目的。休閒的讀書，才是件快樂的事情。下句言清心寡欲，一無所求，夜晚睡覺便能安穩。若白天奔走紅塵之中，為功名利祿勾心鬥角，夜晚也睡不好覺。古往今來，有多少人做不盡「黃粱夢」、「南柯夢」，從無靜心的時候。

五·一五八　栽花種竹，未必果出閒人；對酒當歌，難道便稱俠士。

【語譯】栽花種竹，未必一定出自閒人之手；對著酒杯唱歌，難說就稱得上俠士。

【研　析】栽花種竹，要有悠閒的心情，有些閒人身閒心不閒，並無栽花種竹的情趣。對酒當歌，並不一定是俠士，酒徒無賴也常對酒當歌。

五・一五九　虛堂留燭，抄書尚存老眼；有客到門，揮麈但說青山。

【語　譯】在虛空的堂屋中留下蠟燭，抄書還有一雙老眼；有客人到門，揮舞拂麈只談論青山。

【研　析】古代刻書不易，書籍流通不廣，抄書成為學習的重要途徑。〈李氏山房藏書記〉引蘇軾語云：「余猶見老儒先生，自言其少時欲求《史記》、《漢書》而不可得，幸得見之，皆手自書寫，日夜誦讀，唯恐不及。」宋濂幼時家貧，無錢購書，只能借書抄錄，他在〈送東陽馬生序〉中說：「余幼時即嗜學，家貧無從致書以觀，每假借於藏書之家，手自筆錄，計日以還。」明代嘉靖之後，印刷出版事業有了很大的發展，但抄書之風依然盛行。文徵明〈朱性甫先生墓誌銘〉載：「（朱）居常無他過從，惟聞人有奇書，輒從以求，以必得為志，或手自繕錄，動盈筐篋。」古人以抄書為樂，張溥每讀一書，要抄錄七遍，以增強記憶，故名其齋為「七錄齋」，其文集為《七錄齋集》。

五・一六〇　千人亦見，百人亦見❶，斯為拔萃出類之英雄；三日不舉火，十年不製衣❷，殆是樂道安貧之賢士。

【注　釋】❶千人亦見二句　語出《世說新語・賞譽》：「劉萬安，即道真從子，庾公所謂『灼然玉舉』。又云：『千人亦見，百人亦見。』」見，同「現」。顯示；顯露。❷三日不舉火二句　出自《莊子・讓王》：「曾子居衛，縕袍無表，顏色腫噲，手足胼胝，三日不舉火，十年不製衣。……曳縱而歌〈商頌〉，聲滿天地，若出金石。天子不得臣，諸侯不得友。」

【語　譯】在千人中也能顯示自己，在百人中也能顯示自己，這才是出類拔萃的英雄；三天不生火做飯，十年不做新衣服，這才是樂於求道安於貧困的賢士。

【研　析】威武不能屈，貧賤不能移，在艱難困苦之中，能堅守節操道義，是中國歷代所頌揚的優秀品格。

五・一六一　帝子之望巫陽，遠山過雨❶；王孫之別南浦，芳草連天❷。

【注　釋】❶帝子之望巫陽二句　用楚懷王巫山夢見神女的典故。帝子，帝王之子，此處指楚懷王。巫陽，指巫山。❷王孫之別南浦二句　用白居易〈賦得古草原送別〉：「遠芳侵古道，晴翠接荒城。又送王孫去，萋萋滿別情。」詩意。王孫，貴族子弟，後用於對男性的尊稱。南浦，南面的水邊，古代詩文中常用作送別之地。

【語　譯】帝子望著巫山，遠處的山峰飄過一陣雨來。在南浦送別王孫，芳草伸展到天際。

【研　析】此節文字出自宋文天祥〈五色賦記〉。〈五色賦記〉分別描寫赤、黑、白、黃、青五種顏色的事物，雨後之山、南浦芳草為青色。

五・一六二　室距桃源❶，晨夕恆滋蘭茝❷；門開杜徑❸，往來唯有羊求❹。

【注　釋】❶室距桃源　化用唐盧照鄰〈三月曲水宴〉詩：「門開芳杜徑，室距桃花源。」距，抵達；通到。❷蘭茝　香草名。❸杜徑　長滿芳杜的小路。杜，杜衡，芳草名。❹羊求　指漢代的羊仲、求仲。趙岐《三輔決錄》：「蔣詡字元卿，舍中三徑，唯羊仲、求仲從之遊。」

【語　譯】居室通向桃源，早晚經常灌溉蘭茝；門開在長滿芬芳的杜衡小路上，往來的人只有羊仲、求仲。

【研　析】此條描寫隱居的清幽。世外桃源，遠離塵囂。蘭芷是芳草，在古代詩文中為美德的象徵，「晨夕恆滋蘭茝」，形容隱居者志節高尚。羊仲、求仲是古代有德之士，「往來唯有羊求」，說自己只與賢者往來，不與俗人為伍。

五・一六三　枕長林❶而披史，松子為飧❷；入豐草❸以投閒❹，蒲❺根可服。

【注　釋】❶長林　高大的樹林。❷飧　同「餐」。❸豐草　茂密的草。❹投閒　置身於清閒的境地。❺蒲　香蒲，水生植物。

【語　譯】枕著高大的樹木披閱史書，把松子當做飯食；進入茂密的草叢中，置身於清閒的境地，蒲根可以食用。

【研析】南朝梁元帝〈與劉智藏書〉：「松子為餐，蒲根是服。」古人認為服食松子、菖蒲可以延年益壽、長生不老。《神仙傳》載：帝堯時，偓佺服食松子，活到七百歲；漢武帝時，王興服食菖蒲，長生不老。

五·一六四 一泓溪水柳分開，盡道清虛攪破；三月林光❶花帶去，莫言香粉❷消殘。

【注釋】❶林光 透過樹林的陽光。❷香粉 即花粉。

【語譯】一道溪水被柳樹分開，都說清澈平靜的水被攪破；三月林中的陽光被落花帶走，不要說花粉已經消殘。

【研析】此條寫景，溪流兩岸楊柳飄拂，映照在溪中打破了水面的平靜。暮春林中落花飛舞，散發出濃郁的香氣。景色如畫，且富有動感。

五·一六五 荊扉晝掩，閒庭❶宴然❷，行雲流水❸襟懷；隱不違親，貞不絕俗，泰山喬岳❹氣象。

【注釋】❶閒庭　寂靜的庭院。❷宴然　安定、寧靜。❸行雲流水　比喻順應自然，毫無拘執。❹喬岳　本指泰山，後泛指高山。

【語譯】柴門白天關著，寂寞的庭院中一片寧靜，有行雲流水般胸襟；隱居不離開親人，貞潔不排斥世俗，有泰山宏偉的氣象。

【研析】以行雲流水形容胸襟的澹宕灑脫，以高山峻嶺形容節操的堅定不移，是中國古代文學作品中常有的意象。隱居並不絕情，貞潔不孤芳自賞，是更高一層的境界。

五·一六六　窗前獨榻❶頻移，為親夜月；壁上一琴常掛，時拂天風❷。

【注釋】❶獨榻　孤枕獨眠之榻。❷天風　風行天上，故稱天風。

【語譯】頻繁移動窗前獨眠的床榻，為的是親近夜晚的月亮；牆上經常掛著一把琴，不時地被風吹拂。

【研析】這是一副對聯，上聯暗含見月思親之意，當從李白〈靜夜思〉詩中化出。下聯言琴掛壁上，天風拂過，發出自然之音，足以怡人心神。宋釋重顯有詩云：「拂盡天風不自知。」也有順應自然的意思。所以下聯也有禪趣。

五・一六七 蕭齋❶香爐書史，酒器俱捐；北窗石枕松風，茶鐺將沸。

【注釋】❶蕭齋　梁武帝建寺院，令蕭子雲在牆上書一蕭字，後以蕭齋稱書齋或寺廟。

【語譯】書齋裡只有香爐史書，酒具全部拋棄；北窗下枕著石枕傾聽松林的風聲，茶鍋將要燒開。

【研析】香爐書史，代表文人優雅的生活的方式，酒器代表世俗的生活享受。「北窗石枕松風」，用陶淵明「北窗下臥，遇涼風暫至，自謂是羲皇上人」的典故。

五・一六八 明月可人，清風披坐，班荊問水，天涯韻士高人，下箸❶佐觴❷，品外澗毛溪蔌❸，主之榮也。高軒❹寒戶❺，肥馬嘶門，命酒呼茶，聲勢驚神震鬼，疊筵累几，珍奇罄地窮天，客之辱也。

【注釋】❶下箸　用筷子取食物。箸，筷子。❷佐觴　指下酒菜。❸澗毛溪蔌　泛指野菜。澗毛，山澗中的草。溪蔌，溪邊的野菜。❹高軒　高大的房舍。❺寒戶　此處指禁衛森嚴，令人生畏的門戶。

【語譯】明月宜人，清風吹拂著座位，鋪開荊草觀水，聚集了天下風雅之士和志趣高尚的人，吃的下酒菜，是稱不上上品的山澗溪水中的野菜，這是主人的榮耀。高大的房屋森嚴的門戶，肥馬在門外嘶叫，命人取酒倒茶，聲勢能驚動鬼神，盤子堆積在几桌上，搜羅盡天地間的奇珍美味，這是客人的恥辱。

【研　析】此條上半段言高人韻士集會的幽賞雅趣，下半段言豪門富家的奢靡鬧雜，兩相對照，表現了作者崇尚簡樸，反對豪華的生活態度。

五・一六九　賀函伯❶坐徑山❷竹裡，鬚眉皆碧；王長公❸龕❹杜鵑樓下，雲母❺都紅。

【注　釋】❶賀函伯　賀世壽，字函伯，丹陽人。明萬曆三十八年進士，官至兵部侍郎、戶部尚書。❷徑山　天目山東北峰。❸王長公　王世貞，字元美，太倉人。明嘉靖二十六年進士，官至刑部尚書。世貞為萬曆年間文壇盟主，與弟世懋皆聞名於世，人以「長公」稱之。❹龕　龕居，居住在石龕之中。龕本指供奉神佛的石室或小閣。❺雲母　指雲母竹。相傳安徽鳳陽有雲母山，盛產雲母，山上竹子也為白色，與雲母相似，故稱雲母竹。

【語　譯】賀函伯坐在徑山的竹林裡，鬍子眉毛都成了綠色，王長公住在長滿杜鵑樓下的石室中，雲母竹都成了紅色。

【研　析】此條形容竹子青翠，將黑色的鬚眉都染成綠色；形容杜鵑花紅豔，將白色的雲母竹染成了紅色。賀世壽（函伯）性愛山水，王世貞（長公）晚年信佛，故將此兩人嵌入對聯。

五·一七〇 坐茂樹以終日，濯清流以自潔。採於山，美可茹❶；釣於水，鮮可食。

【注釋】❶茹 吃。

【語譯】坐在茂密的樹林中度過一日，在清澈的水流中洗滌使自己清潔。在山中採集果蔬，美味可食；在水中釣魚，鮮美可吃。

【研析】此條出自韓愈〈送李愿歸盤谷序〉。序作於唐德宗貞元十七年（西元八〇一年），當時韓愈三十四歲，離開徐州幕府，到京城謀職。自貞元八年（西元七九二年）中進士以來，在將近十年的時間裡，韓愈一直為仕進汲汲奔走，卻始終沒有得到朝廷的重用，處境艱難，心情抑鬱。他的好友李愿歸隱盤谷，韓愈作序為其送行，借此宣洩心中不平之氣。此節文字，表達了韓愈對隱居山林悠閒生活的嚮往。「濯清流以自潔」，用「滄浪之水清兮，可以濯我足」的典故，表示自己清高脫俗的品格。

五·一七一 年年落第，春風徒泣於遷鶯❶；處處羈遊❷，夜雨空悲於斷雁。

【注釋】❶遷鶯 謂黃鶯飛升移居高樹，比喻登第升官。❷羈遊 指人在旅途，羈留他鄉。

【語　譯】年年落第，遷徙的黃鶯徒勞地在春風中哭泣；到處流浪，孤獨的大雁在夜雨中空自悲切，酒壺彌漫著溫香，玉笛的聲音舒緩從容。

【研　析】此條文字出自北宋錢熙〈三酌酸文〉。錢熙為福建南安人，雍熙二年舉進士，一生仕途蹭蹬，積憤成疾，卒時年僅四十八。作有〈四夷來王賦〉、〈三酌酸文〉。〈三酌酸文〉記述其早年博取功名過程中的辛酸往事，文采斐然，如「渭川凝碧，早拋釣月之流；商嶺排青，不逐眼雲之客」，「年年落第，春風徒泣於遷鶯；處處羈游，夜雨空悲於斷雁」。情景交融，令人一唱三歎。錢熙卒後，李慶孫曾作輓聯：「四夷妙賦無人誦，三酌酸文舉世傳。」此聯被稱為中國的第一副輓聯。

五・一七二　金壺❶霏潤❷，瑤管❸春容❹。

【注　釋】❶金壺　酒壺的美稱。❷霏潤　彌漫溫香。❸瑤管　玉笛。❹春容　聲音舒緩從容。

【語　譯】從金壺中倒出的美酒散發出淡淡的香氣，從玉笛中奏出的聲音舒緩從容。

【研　析】此二句出自宋王應麟所編《玉海》。《玉海》一書，乃為宋代應試博學宏詞科所編，分二十一門二百四十多類，採錄歷代掌故，所引材料自經史子集至百家傳記，包羅萬象。此兩句歸入「聖文」類，為帝王所寫的書法。

五・一七三 菜甲❶初長，過于酥酪❷。寒雨之夕，呼童摘取，佐酒夜談，嗅其清馥之氣，可滌胸中柴棘❸，何必純灰三斛。

【注　釋】❶菜甲　菜初生的葉芽。❷酥酪　酥油奶酪。❸胸中柴棘　心中的不滿和怨恨。

【語　譯】菜芽剛長出來，比酥油奶酪的營養好。在下著寒雨的傍晚，叫童子摘取菜芽，下酒夜談，聞著它的清香味道，可以洗滌心中的不滿和怨恨，何必用三斛純灰來清洗腸胃。

【研　析】此條言隱居田園生活之樂。《南史・荀伯玉傳》云：「若許某自新，必吞刀刮腸，飲灰洗胃。」後以「飲灰洗胃」比喻悔過自新。此處言以純灰三斛，洗滌胸中柴棘，當喻指通過隱居田野，遠離塵世，消除胸中世俗之念，使心地更加澄淨。

五・一七四 暖風春坐酒，細雨夜窗棋。

【語　譯】坐在溫暖的春風中喝酒，在細雨敲窗的夜晚下棋。

【研　析】此二句寫文人悠閒生活，十個字中僅「坐」為動詞，通過名詞的排列描寫出意象密集的場景，是中國古典詩歌的一個特色，最著名者為馬致遠的〈秋思〉。暖風、春、酒，給人以溫暖舒適的感覺。細雨和夜營造了清冷寂寞的氛圍，而棋則用以消愁遣悶。

五・一七五　秋冬之交，夜靜獨坐，每聞風雨瀟瀟❶，既淒然可愁，亦復悠然可喜。至酒醒燈昏之際，尤難為懷❷。

【注釋】❶瀟瀟　狀聲詞。形容風雨聲。❷難為懷　難以忍受。

【語譯】秋冬相交的時候，在寧靜的夜晚獨自坐著，每當聽到急驟的風雨聲，既感到淒涼令人憂愁，也讓人感到悠閒可喜。到酒醒來燈火昏黃的時候，更難以忍受。

【研析】此條寫悲秋。秋天西風淒緊，草木凋零，蕭瑟的景象勾引起人們悲愴的心情，自宋玉在〈九辯〉中高唱：「悲哉秋之為氣也，蕭瑟兮草木搖落而變衰。」打開了文人的悲秋情結。中國古代悲秋的詩文汗牛充棟，郁達夫在〈故都的秋〉中說：「有些批評家說，中國的文人學士，尤其是詩人，都帶有很濃厚的頹廢色彩，所以中國的詩文裡，頌贊秋的文字特別多。但外國的詩人，又何嘗不然？……足見有感覺的動物，有情趣的人類，對於秋，總是一樣能特別引起深沉、幽遠、嚴厲、蕭索的感觸來的。」此條寫秋冬之交，比早秋、中秋更覺悲涼，秋夜之悲更甚於白日，秋夜風雨交加，更是愁上加愁了。

五・一七六　長亭❶煙柳，白髮猶勞，奔走可憐名利客；野店❷溪雲，紅塵不到，逍遙時有牧樵人。天之賦命實同，人之自取則異。

【注釋】❶長亭　古代在路旁每十里修一亭子，供行人休息，稱為長亭。近城的亭子也是送別之處。❷野店　鄉村旅舍。

【語譯】長亭送別處煙霧籠罩著柳樹，那些頭髮已白還在勞碌的人，都是為名利四處奔走的可憐客；鄉村旅舍面對溪水白雲，是紅塵吹不到的地方，時常有逍遙的牧民和樵夫往來。上天賦予人的命運是相同的，而人自己的選擇就各不相同。

【研析】「天之賦命實同」，主張人的天性是相同的，包含了「天賦人權」的自由、平等思想。明代中期，王陽明創立「心學」，提出人人皆有良知，百姓與聖人的天性是相同的，因此人人皆可為堯舜。但他又認為，要成為聖人，就要在破除私欲上下功夫，只有聖人才能做到無私欲，普通百姓是達不到這樣境界的，因此世上聖人極少，大多是芸芸眾生。李贄繼承了泰州學派的思想，認為人的自然本性是「好貨好色」，聖人和普通人沒有什麼不同，每個人都有追求欲望滿足的權利。李贄的思想是對陽明心學的突破。這一節文字覺得為名利而奔走的人很可憐，讚賞逍遙世外，脫離紅塵的隱士，其觀點與陽明心學相近。

五・一七七　富貴大是能俗人之物，使吾輩當之，自可不俗；然有此不俗胸襟，自可不富貴矣。

【語譯】富貴是特別能使人變俗氣的東西，但是讓我們這些人擔當，自然可以不俗；然而有這樣不俗的胸襟，自然可以不要富貴了。

【研　析】富貴能使人安於現狀，耽於享樂，變得平庸世俗。中國古代許多文人雅士視富貴為俗物，避之唯恐不及。其實富貴貧寒並不能決定一個人的雅俗，有的人富貴而不俗氣，有的人貧寒並不高雅。權勢和金錢是富貴的象徵，有的人藉權勢欺壓良善，滿足私欲，此為大俗；有的人一身正氣，公正廉明，全心為民，不謀私利，此為大雅。有的人雖然富有，但精神很貧乏，只知道吃喝玩樂，此為大俗；有的人熱心慈善福利事業，為社會做出貢獻，此為大雅。富貴本身無善惡，就看你如何對待富貴。那些躲避富貴的人，是害怕把持不住自己，心中並未徹底消除富貴之念。若胸襟坦蕩寬廣，視富貴為無物，就不會害怕富貴，也不會把富貴看作禍水了。

五・一七八　風起思蓴，張季鷹之胸懷落落❶；春回到柳，陶淵明之興致翩翩❷。然此二人，薄宦❸投簪❹，吾猶嗟其太晚。

【注　釋】❶風起思蓴二句　用張季鷹見秋風起，思念家鄉的蓴菜和鱸魚，因而辭官的典故。❷春回到柳二句　用陶淵明不願為五斗米折腰而辭官的典故。陶淵明宅旁有五棵柳樹，自稱「五柳先生」。翩翩，欣喜自得的樣子。❸薄宦　淡於仕宦，輕視官職。❹投簪　丟下固定冠帽的簪子。比喻棄官。

【語　譯】秋風起思念蓴菜，張季鷹胸懷磊落；春天來臨柳樹發芽，陶淵明的興致很高。然而這兩個人，雖然淡於仕宦辭職回家，我還是感歎他們辭官太晚了。

【研析】張季鷹思念家鄉的蓴菜鱸魚而掛冠，陶淵明不願為五斗米而折腰，成為中國歷史上隱士高人的典範。然而在作者看來，他們入仕再歸隱，還不如不入仕途，那才是真正的淡於功名。

五·一七九 黃花紅樹，春不如秋；白雪青松，冬亦勝夏。春夏園林，秋冬山谷，一心無累，四季良辰。

【語譯】黃的菊花楓樹的紅葉，這樣的景色春天不如秋天；白雪覆蓋著青松，這樣的景色冬天也勝過夏天。春夏的景色在園林，秋冬的景色在山谷，如果心內沒有牽掛，四季都是好時光。

【研析】一年四季的景致，各有不同的特色，就看你有沒有審美的胸襟和眼光，去領略大自然的美景。

五·一八〇 聽牧唱樵歌，洗盡五年塵土腸胃；奏繁弦急管❶，何如一派山水清音❷。

【注釋】❶繁弦急管　謂樂曲聲緊密而急促。❷清音　清越的聲音。

【語譯】聽牧人和樵夫歌唱，能洗淨沉澱在腸胃中五年的塵土；緊密急促的管弦聲，怎麼比得上山水發出的清越聲響。

【研　析】讚賞天地自然之音，反對人工雕琢，是明代中後期「以自然為美」觀念的表述。

五・一八一　孑然❶一身，蕭然四壁❸，有識者當此，雖未免以冷淡成愁，斷不以寂寞生悔。

【注　釋】❶孑然　孤獨；孤單。❷蕭然四壁　謂家庭貧窮，一無所有。

【語　譯】獨自一人，家中空蕩蕩，有見識的人身處這樣的環境，雖然未免因為冷清而產生憂愁，但斷然不會因為寂寞而產生後悔之心。

【研　析】先知者總是孤獨的，見識高超的人，對事物的認識和處世的方法與常人不同，往往不能被人理解，因而陷入窮困的境地。然而，有見識者不會因此而改變自己的信仰和觀點，雖然會感到寂寞，卻並不後悔。

五・一八二　從五更枕席上參看❶心體❷，心未動，情未萌，才見本來面目；向三時飲食中諳練❸世味，濃不欣，淡不厭，方為切實功夫。

【注　釋】❶參看　探究。❷心體　此處指思想、內心。❸諳練　熟知。

【語　譯】五更天在床上探究自己的思想，這時思想沒有啟動，情感沒有萌發，才能看到自己的本來面目；向三頓飲食中瞭解人情世態，味道濃了不欣喜，味道淡了不厭煩，才是切實的功夫。

【研　析】此條也見於《菜根譚》。上句言人應該經常自省，這樣才不至於迷失本性。五更清晨，精神爽朗，正適宜作自我反省的功夫。若在白天，事務纏身，精神疲憊，就不能冷靜地反省自己。下句言從飲食的濃淡體察到人情的冷暖，是理學「格物致知」的功夫，即從日常生活中每一件具體的事情中去領會「道理」，也就是「世事洞明皆學問」的意思。

五·一八三　瓦枕石榻，得趣處下界有仙；木食草衣，隨緣時西方無佛。

【語　譯】以瓦為枕以石為榻，獲得樂趣的地方如同仙人就在人間；以樹上的野果充飢，穿著草做的衣服，順應自然的時候處處有佛，佛就不在西方了。

【研　析】此條也見於吳從先《小窗自紀》。瓦枕石榻，其樂趣宛如神仙；木食草衣，隨緣自在如入極樂世界。快樂源於心境，卡耐基說：「生活的快樂是由心境決定的。思想的運用和思想的本身，就可以把地獄造成天堂，把天堂造成地獄。一個人的思想選擇什麼，他就會得到什麼。選擇快樂，他就會得到快樂；選擇憂傷，他就會憂傷；選擇失敗，他就會失敗。」中西哲人對快樂有相同的看法。

五・一八四 當樂境而不能享者，畢竟是薄福之人；當苦境而反覺甘者，方才是真修之士。

【語　譯】處於快樂的境地而不能享受的人，畢竟是福分淺薄的人；處於艱苦的境地反而覺得甘甜的人，方才是精誠修煉的人。

【研　析】「人生得意須盡歡，莫使金樽空對月」，應該充分享受生活，莫蹉跎大好時光，便是惜福。能夠坦然面對窮困的處境，是一種精神境界，只有懷抱遠大的理想、堅定的意志和高尚的品格，才能甘於淡泊，苦中作樂。顏回「一簞食，一瓢飲，在陋巷，人不堪其憂，回也不改其樂」，因此成為孔子最得意的弟子。

五・一八五 半輪新月數竿竹，千卷藏書一盞茶。

【語　譯】半輪新月映照著數竿竹子，泡上一盞茶閱讀千卷藏書。

【研　析】新月皎潔，竹子清高，經常作為高雅脫俗的意象出現於古典詩歌之中。明代後期，文人有藏書的癖好，出現了許多有名的藏書家和私人藏書樓，如陳繼儒的寶顏堂、錢謙益的絳雲樓、范欽的天一閣、毛晉的汲古閣等，「千卷藏書」反映了當時藏書的風氣。

五·一八六 偶向水村江郭❶，放不繫之舟❷；還從沙岸草橋❸，吹無孔之笛。

【注釋】❶水村江郭　水邊的村落，江邊的城郭。❷不繫之舟　沒有纜繩拴縛，自由漂流的小船。《莊子·列禦寇》：「巧者勞而知者憂，無能者無所求，食而遨遊，泛若不繫之舟，虛而遨遊也。」❸草橋　長滿草的橋。

【語譯】偶而向水村江郭放出沒有拴縛的小船，還從沙灘和草橋上吹奏沒有孔竅的笛子。

【研析】放不繫之舟，自在而無所羈絆。吹無孔之笛，猶如彈無弦之琴，樂趣在吹笛的過程，而不在笛聲的悠揚。古人往往率性行事，只求過程，不問結果。王子猷雪夜訪戴逵，興起而往，興盡而返，船到門口不停即回，他追求的意境和彈不弦之琴、吹無孔之笛是一樣的。

五·一八七 物情❶以常無事為歡顏，世態以善托故❷為巧術。

【注釋】❶物情　人情物理；世情。❷托故　找藉口推託。

【語譯】人情以經常沒有事情而高興，世態以善於找藉口推託為巧妙的本領。

【研析】多一事不如少一事，是通常人的想法，然也有喜歡惹是生非的人，不可一概而論。

五·一八八 善救時若和風之消酷暑，能脫俗似淡月之映輕雲。

【語譯】善於匡救時弊，就像溫和的風消除酷暑，能脫離世俗，就像淡淡的月光映照著輕雲。

【研析】此條也見於《菜根譚》，文字略有不同。匡時救弊，如春風消除酷暑，意為社會和政治的改革，不能操之過急，要像春風潤物，潛移默化。脫離世俗，要像淡月映照薄雲，不是刻意為之，而是出於自然，不露痕跡。

五·一八九 廉所以懲貪，我果不貪，何必標一廉名，以來貪夫之側目❶；讓所以息爭，我果不爭，又何必立一讓名，以致暴客❷之彎弓。

【注釋】❶側目　斜著眼睛看人。形容人的不滿和憤怒。❷暴客　強盜。

【語譯】廉潔是用來懲戒貪汙的，我本來就不貪，又何必標榜一個廉潔的名聲，因此招徠貪婪之人的憤恨；謙讓是用來平息紛爭的，我本來就不去爭，又何必立一個謙讓的名聲，以致強盜對我彎弓相向。

【研析】廉潔和貪汙是相對而言的，如果沒有貪汙，也就顯示不出廉潔。當一個政府在強調倡廉反腐時，這個政府的腐敗已經形成相當嚴重的問題了。在非常廉潔的社會中，是不需要大張旗鼓地反貪汙的。謙讓和爭奪也是相對而言的，如果像《鏡花緣》中的君子國，每個人都是謙謙君子，謙讓已經深入每個人的本性，也就無須把謙讓作為美德來提倡了。

五·一九〇 曲高每生寡和之嫌，歌唱需求同調；眉修❶多取入宮之妒，梳洗切莫傾城❷。

【注釋】❶眉修 眉毛修長。形容貌美。❷傾城 傾國傾城。形容女子之絕色。

【語譯】曲調太高雅經常會產生很少人應和的嫌隙，歌唱需要得到志趣相同之人的欣賞；面容姣好多受宮人的嫉妒，梳妝切莫太漂亮。

【研析】「曲高和寡」意為高雅的文藝不被一般人理解和賞識，通常表示文人的懷才不遇，或諷刺普通人缺乏風雅和水平低下。然而換個角度看問題，文藝應該適合不同層次接受者的需要，文藝工作者應該創作出適合接受者欣賞水準的作品。有句成語叫「對牛彈琴」，牛本來就聽不懂琴，對牛彈琴就是無的放矢，諷刺的不是牛，而是彈琴的人。

五·一九一 隨緣❶便是遣緣❷，似舞蝶與飛花共適；順事自然無事，若滿月偕盆水同圓。

【注釋】❶隨緣　順應機緣，不自我執著，不堅持己見。❷遣緣　結緣。

【語譯】順應機緣就是結緣，就像飛舞的蝴蝶和飄落的花都很歡樂；順應事情的發展自然就沒有事情，就像滿月和盆裡的水一樣圓。

【研析】此條也見於《菜根譚》，人們要順應自然，不要用人力去破壞自然和社會的和諧。

五·一九二　耳根似飆谷投響，過而不留，則是非俱謝；心境如月池浸色，空而不著，則物我兩忘。

【語譯】耳根如同暴風吹過山谷發出巨大的聲響，風過去了聲響也就消失，那麼是非都消失了；心境如同月色映照在水池中的顏色，虛空而不執實，那麼就達到物我兩忘的境地。

【研析】此條也見於《菜根譚》，言若能六根清淨，了無牽掛，就能達到無我無物的境界。

五·一九三　心事無不可對人語，則夢寐俱清；行事無不可使人見，則飲食俱健。

【語譯】心事沒有不能對人講的，那麼睡覺做夢都很坦然；做事情沒有不可讓人看見的，那麼飲食都會很健康。

【研 析】胸懷坦蕩，行為磊落，才能生活得舒心適意。如果心懷鬼胎，行為詭異，必然寢食難安。

◎新譯歷代寓言選

黃瑞雲／注譯

寓言是一種特殊的文類，它以短小精悍的故事，寄寓深刻的意義，用以揭示真理，總結教訓，諷刺醜惡。寓言有著強大的生命力，幾千年來一直鮮活地存在人們的思想、論著甚至口語之中。中國古代寓言最大的特色，是總與當時的哲學思想、政治理念綰結在一起，它的創作在百家爭鳴的先秦諸子論著中即已廣泛運用，兩漢以降以至明清，歷代也都各有其著名作家、作品與特色。本書從分散在浩如煙海的古籍中，精選出符合短小精悍之類型與精神的寓言二五一則，深入注譯研析，除了探討作品的內涵及所運用的藝術表現之獨特性外，更注重揭示它在題材意義、哲思鎔鑄與歷史教訓上的普遍性。

◎新譯搜神記

黃鈞／注譯　陳滿銘／校閱

魏晉南北朝時期的志怪小說，以大量虛構的故事、奇幻的境界、離奇的情節、簡潔的語言、優美的文筆，為中國小說的發展奠定了基礎。其中由東晉著名史學家干寶所撰寫的《搜神記》，是諸多志怪小說中成就最高、影響最大、最具有代表性的作品。它廣搜民間各種關於神異、奇蹟、鬼怪以及神仙方士的傳說，並旁採正史中有關祥瑞、異變的記載，內容豐富生動，異想奇思紛呈，對後世傳奇、小說和戲曲都有深刻啟發與影響，也是研究古代神話和民間傳說的寶庫。本書正文以各善本參校，導讀詳盡，注譯精當，人名、地名可考者皆有注釋，是讀者進入志怪小說瑰奇世界的最佳途徑。